Gra
królowych

SARAH GRISTWOOD

Gra królowych

※

Kobiety, które stworzyły szesnastowieczną Europę

PRZEŁOŻYŁ
ADAM TUZ

Prószyński i S-ka

Tytuł oryginału
GAME OF QUEENS
THE WOMAN WHO MADE SIXTEENTH-CENTURY EUROPE

Copyright © 2016 by Sarah Gristwood
All rights reserved

Projekt okładki
James Jones, za zgodą Oneworld Publications

Zdjęcia na okładce
© Active Museum/Alamy/Indigo Images; Art Collection 2/Alamy/Indigo Images

Redaktor prowadzący
Adrian Markowski

Redakcja
Anna Płaskoń-Sokołowska

Korekta
Mirosława Kostrzyńska
Maciej Korbasiński

Łamanie
Jolanta Kotas

ISBN 978-83-8123-207-4

Warszawa 2018

Wydawca
Prószyński Media Sp. z o.o.
02-697 Warszawa, ul. Gintrowskiego 28
www.proszynski.pl

Druk i oprawa
OZGraf SA
10-417 Olsztyn, ul. Towarowa 2

Mojej najstarszej bratanicy, Emily West

Gra królowych: spis postaci

Hiszpania i cesarstwo Habsburgów

Izabela I Kastylijska (1451–1504)
Izabela, jako królowa Kastylii panująca od 1474 roku, przez małżeństwo z Ferdynandem II Aragońskim (1452–1516) zjednoczyła dwa główne królestwa hiszpańskie. Małżonkowie panowali razem jako słynna para potężnych monarchów katolickich. Wydali na świat syna, który żył krótko, a także kilka cieszących się dużymi wpływami córek. Po śmierci Izabeli władzę w Kastylii przejęła ich najstarsza żyjąca córka – Joanna „Szalona" (1479–1555), ale Ferdynand nie chciał się zrzec władania tym królestwem.

Maksymilian I Habsburg, Święty Cesarz Rzymski (1459–1519)
Po ślubie z Marią Burgundzką (1457–1482), księżną władającą regionem, który później miał być znany jako Niderlandy, Maksymilian żywił ambicję zjednoczenia jak najwięcej europejskich włości pod panowaniem swojego rodu Habsburgów. Owocem małżeństwa jego syna Filipa I Pięknego, księcia Burgundii (1478–1506), z Joanną – córką Ferdynanda i Izabeli – był (oprócz innych dzieci) przyszły cesarz Karol V.

Małgorzata „Austriacka" Habsburżanka (1480–1530)

Maksymilian i Maria Burgundzka mieli też córkę – Małgorzatę. Obiecana młodemu francuskiemu królowi Karolowi VIII, Małgorzata jako mała dziewczynka została wysłana do Francji, gdzie miała dorastać. Po rozpadzie tego sojuszu poślubiła Jana – syna i następcę tronu Izabeli i Ferdynanda, a po jego przedwczesnej śmierci – księcia Sabaudii. Kiedy i on zmarł, wróciła do Niderlandów, gdzie przez wiele lat sprawowała władzę jako namiestniczka w imieniu bratanka Karola. Jedną z jej dwórek była dwunastoletnia Anna Boleyn.

Karol V Habsburg (1500–1558)

Karol odziedziczył po Maksymilianie, dziadku ze strony ojca, austriackie włości oraz tytuł elekcyjny Świętego Cesarza Rzymskiego, burgundzkie dziedzictwo ojca Filipa Pięknego (Niderlandy) oraz kastylijskie – po matce Joannie – i aragońskie – po dziadku ze strony matki Ferdynandzie, nie wspominając o ziemiach Nowego Świata. Gdy się przekonał, że osobiste sprawowanie władzy nad tak wielkim dziedzictwem jest ponad jego siły, scedował władzę nad austriackimi włościami i wschodnią Europą oraz rządy w Świętym Cesarstwie Rzymskim na młodszego brata, Ferdynanda (1503–1564). Takie skupienie władzy nad wieloma regionami w rękach jednego rodu ustaliło dominację Habsburgów w XVI wieku.

Maria „Węgierska" (1505–1558)

Maria, kolejna z rodzeństwa Karola V i Ferdynanda, była żoną króla Węgier* do czasu, aż w wyniku bitwy pod Mohaczem (węg. Mohács) została młodą wdową. Następnie sprawując władzę

---

* Ludwika II Jagiellończyka (przyp. tłum.).

w imieniu Ferdynanda Habsburga, starała się powstrzymywać napór Turków osmańskich. Bratanica i wychowanka Małgorzaty Austriackiej, zastąpiła ją później na stanowisku namiestniczki Niderlandów. Wszystkie trzy siostry Marii zostały małżonkami królów: Eleonora (1498–1558) najpierw została królową Portugalii, a następnie Francji, Izabela (1501–1526) – królową Danii, Norwegii i Szwecji, a Katarzyna (1507–1578) – królową Portugalii, którą później władała jako regentka.

Krystyna Duńska (1521–1590)

Córka Izabeli i jej męża, króla Danii Chrystiana II, po zdetronizowaniu ojca została wychowana przez ciotkę Małgorzatę Austriacką i siostrę Marię Węgierską. Najpierw wyszła za księcia Mediolanu, a następnie za księcia Lotaryngii; brano ją pod uwagę jako kandydatkę na żonę króla Anglii Henryka VIII. Krystyna z determinacją uczestniczyła w rozgrywkach na europejskiej scenie politycznej, starając się odzyskać skandynawskie królestwa ojca. Była również kluczową negocjatorką podczas zawierania ważnego porozumienia pokojowego w Cateau-Cambrésis.

Małgorzata „Parmeńska" (1522–1586)

Nieślubna córka Karola V, wychowana również przez Marię Węgierską, którą w 1555 roku zastąpiła na stanowisku namiestniczki Niderlandów, gdzie sprawowała rządy w imieniu przyrodniego brata, króla Hiszpanii Filipa II. Syn Małgorzaty, książę Parmy Aleksander Farnese był wybitnym generałem w służbie króla Filipa.

Filip II (1527–1598)

Filip II, określany mianem króla Hiszpanii, był również dziedzicznym władcą Niderlandów, a także coraz ważniejszych ziem

Nowego Świata. W młodości dzięki małżeństwu z Marią I Tudor został królem małżonkiem Anglii; w późniejszych latach po matce odziedziczył prawa do tronu Portugalii*. Sławę – a raczej niesławę – przyniosła mu wyprawa wojenna Wielkiej Armady, wysłanej w 1588 roku przeciwko królowej Anglii Elżbiecie I.

Francja

Anna de Beaujeu (Anna Francuska) (1461–1522)

Najstarsza córka króla Francji Ludwika XI Walezjusza (1423–1483), w imieniu niepełnoletniego młodszego brata Karola VIII (1470–1498) sprawowała rządy we Francji jako faktyczna, choć nie z nazwy, regentka. Anna była osobą potężną i wpływową, autorką poradnika dla szlachetnie urodzonych dam, porównywanego z *Księciem* Machiavellego. Pomagała w wychowywaniu Małgorzaty Austriackiej oraz Ludwiki Sabaudzkiej.

Anna Bretońska (1477–1515)

Anna, która w 1488 roku odziedziczyła po ojcu niezależną władzę w księstwie Bretanii, miała nadzieję na zachowanie suwerenności tej krainy w obliczu zagrożenia ze strony Francji. Po kilkumiesięcznym konflikcie zbrojnym w 1492 roku została zmuszona do poślubienia młodego króla Francji Karola VIII, który z pomocą swojej siostry, Anny de Beaujeu, w znacznej mierze pozbawił ją władzy. Zgodnie z postanowieniami intercyzy po śmierci Karola musiała poślubić jego sukcesora, następnego króla Francji Ludwika XII (1462–1515).

---

* Filip II objął panowanie w Portugalii siłą, pokonując w wojnie kontrkandydata do tronu (przyp. tłum.).

Ludwika Sabaudzka (1476–1531)

Początkowo Ludwika pozostawała w chłodnych stosunkach z Anną de Beaujeu, ale jej pozycja rosła, w miarę jak kolejni francuscy królowie umierali bez następców tronu, aż następnym w kolejce do objęcia sukcesji został Franciszek, syn Ludwiki i hrabiego Angoulême. Po tym, jak syn w 1515 roku objął królewską władzę jako Franciszek I (1494–1547), Ludwikę powszechnie uważano za podporę jego tronu.

Małgorzata z Nawarry (Małgorzata z Angoulême, 1492–1549)

Ludwika, oprócz Franciszka, urodziła też córkę Małgorzatę. Tych troje łączyła tak bliska więź, że nazywano ich „trójcą". Oba małżeństwa Małgorzaty (z księciem Alençon i z królem Nawarry Henrykiem II) nie osłabiły oddania, z jakim traktowała brata, ani jej wpływów na jego dworze. Jako pisarka, intelektualistka i reformatorka Kościoła katolickiego, Małgorzata mogła stanowić wzór dla młodej Anny Boleyn.

Guillaume Gouffier, senior de Bonnivet (1488?–1525)

De Bonnivet, szlachcic i żołnierz, wychowywał się razem z przyszłym królem Franciszkiem I, którego nauczycielem był starszy brat Guillaume'a, Artus Gouffier. Mianowany w 1515 roku admirałem Francji, dzięki łaskom Franciszka kierował wieloma ważnymi kampaniami wojskowymi i dyplomatycznymi. Jego tożsamość przypisuje się drapieżnemu bohaterowi niektórych fragmentów zbioru opowiadań *Heptameron* pióra Małgorzaty z Nawarry.

Katarzyna Medycejska (1519–1589)

Córa możnego rodu florenckich bankierów de' Medici, osobiście zaznała aż nadto gorzkich przeżyć podczas wojen na początku

XVI wieku, wreszcie dzięki małżeństwu z przyszłym królem Henrykiem II (1519–1559) została królową małżonką Francji. Dopiero jednak po śmierci Henryka w 1559 roku stała się potężną postacią stojącą za trzema synami, którzy kolejno zajmowali tron Francji: Franciszkiem II (1544–1560), Karolem IX (1550–1574) i Henrykiem III (1551–1589).

Franciszek Gwizjusz (drugi książę de Guise, 1519–1563) i Henryk Gwizjusz (trzeci książę de Guise, 1550–1588) oraz ród Gwizjuszy
Głównymi rywalami Katarzyny Medycejskiej w walce o władzę we Francji byli członkowie potężnego rodu Gwizjuszy. Wojownik i książę Franciszek oraz jego brat Karol, kardynał Lotaryngii, jako wujowie młodej Marii Stuart wywierali na nią i jej męża, króla Francji Franciszka II, szczególny wpływ. Po śmierci Franciszka de Guise (w wyniku zamachu w 1563 roku) jego syn Henryk został przywódcą Ligi Katolickiej w czasie francuskich wojen religijnych.

Joanna d'Albret (1528–1572)
Córka Małgorzaty z Nawarry, w 1555 roku odziedziczyła po ojcu władzę w królestwie Nawarry. Wychowana przez matkę w duchu reformatorskim, w 1560 roku publicznie przeszła na wiarę protestancką i stała się pierwszą wielką bohaterką reformacji. W małżeństwie z Antonim de Bourbon (1518–1562) urodziła syna, Henryka z Nawarry (1553–1610), który w końcu został królem Francji Henrykiem IV.

Szkocja

Małgorzata Tudor (1489–1541)

Małgorzata, starsza siostra Henryka VIII, poślubiła króla Szkocji Jakuba IV (1473–1513), który zginął z rąk żołnierzy jej brata pod Flodden, pozostawiając w jej rękach regencję sprawowaną w imieniu syna Jakuba V (1512–1542), podówczas małego dziecka. Małgorzata postanowiła zachować władzę, niemniej nie była pewna, czy zdoła ją dzierżyć samodzielnie, zawarła zatem dwa kolejne, katastrofalne związki małżeńskie.

Archibald Douglas, szósty hrabia Angus (1489?–1557)

Małgorzata Tudor poślubiła drugiego męża, hrabiego Angus, w 1514 roku prawdopodobnie po to, by pozyskać wsparcie jego potężnego klanu Douglas. Relacje między małżonkami szybko się popsuły i hrabia Angus stał się jednym z głównych rywali Małgorzaty o kontrolę sprawowaną nad jej synem, młodym królem. W tym małżeństwie urodziła się córka, lady Małgorzata Douglas (hrabina Lennox, 1515–1578), od której wywodzą się przyszli monarchowie władający zjednoczonymi Wyspami Brytyjskimi.

Jan Stuart (Stewart), drugi książę Albany (1481?–1536)

Chociaż wychowany we Francji i żonaty z francuską dziedziczką tytułu arystokratycznego, książę Albany był wnukiem piętnastowiecznego króla Szkocji Jakuba II. Czyniło go to oczywistym kandydatem na następcę Małgorzaty Tudor w roli regenta rządzącego w imieniu jej małoletniego syna Jakuba V. Od 1515 roku rządził Szkocją jako regent i wykazywał się w tej dziedzinie znacznymi talentami, choć nigdy nie zdołał nawiązać pełnego porozumienia z krajem.

Maria de Guise (1515–1560)

Maria, francuska arystokratka z potężnego rodu Gwizjuszy, w 1538 roku poślubiła króla Szkocji Jakuba V. Monarcha zmarł w 1542 roku krótko po narodzinach swego jedynego dziecka – Marii Stuart, przyszłej królowej Szkocji. Od tego czasu Maria de Guise poświęciła życie staraniom o zachowanie tronu Szkocji dla córki.

Jakub Hamilton, drugi hrabia Arran, książę Châtelherault (1519?–1575)

Pochodzenie hrabiego Arran od wcześniej panującego króla Szkocji Jakuba II stało się źródłem jego przekonania, że ma prawo do głównych ról w szkockiej polityce. Chwiejny (a może pragmatyczny) Hamilton po śmierci Jakuba V rywalizował jednak o władzę z Marią de Guise i był solą w oku jej córki, Marii Stuart.

Jakub Stewart, pierwszy hrabia Moray (1531/2–1570)

Lord Jakub, nieślubny syn króla Jakuba V, przed powrotem do kraju młodej siostry przyrodniej, Marii, wywalczył sobie w szkockich kręgach władzy mocną pozycję, z której nie miał zamiaru zrezygnować. Oddany wyznawca religii protestanckiej, z doradcy Marii przedzierzgnął się w jednego ze sprawców jej upadku i regenta jej syna, który zastąpił ją na tronie.

Maria I Stuart, królowa Szkocji (1542–1587)

Maria, królowa Szkocji od najwcześniejszego dzieciństwa, większą część lat młodzieńczych spędziła we Francji, oczekując na zawarcie małżeństwa z najstarszym synem Katarzyny Medycejskiej, Franciszkiem. Po przedwczesnej śmierci męża w 1561 roku wróciła do Szkocji i starała się objąć rządy w tym niespokojnym kraju. Jej imię rozsławiły popełnione przez nią błędy, przyczyną zaś wszystkich byli mężczyźni: Rizzio, lord Darnley i hrabia Bothwell.

Równie jednak znaczący dla jej ostatecznego upadku i egzekucji w Fotheringhay był fakt, że dzięki swemu pochodzeniu była katolicką rywalką Elżbiety I Tudor do tronu Anglii.

Henryk Stuart (Stewart), lord Darnley (1545–1567)

Jako syn lady Małgorzaty Douglas, córki Małgorzaty Tudor, lord Darnley miał prawa do tronu Anglii. Być może to stało się uzasadnieniem zawartego w 1565 roku małżeństwa z królową Szkocji Marią. Osobowość męża wkrótce przekonała Marię, że małżeństwo było pomysłem chybionym, ale mord popełniony na nim w Kirk o'Field rzucił cień na reputację królowej i bezpośrednio doprowadził do jej obalenia.

Jakub Hepburn, czwarty hrabia Bothwell (1534?–1578)

Bezpośrednią przyczyną upadku Marii stało się jej trzecie małżeństwo z hrabią Bothwell, zawarte w maju 1567 roku, gdy hrabiego nadal powszechnie podejrzewano o zamordowanie lorda Darnley. Być może Maria oddała mu rękę pod przymusem, gdy hrabia ją uprowadził i zgwałcił. Po klęsce i zdetronizowaniu królowej Hepburn umknął za granicę. Zmarł w Danii jako więzień, podobno obłąkany.

Jakub VI (1566–1625)

Jakub, syn królowej Szkocji Marii i lorda Darnley, jak kilku jego poprzedników na szkockim tronie, został ukoronowany jeszcze w kołysce, gdy jego matkę zmuszono do abdykacji. Wychowany w surowej tradycji szkockiego Kościoła reformowanego, nauczył się widzieć w Marii przykład złych rządów, a być może również kobiecych słabości. Pozostawał w przyjaznych stosunkach z Elżbietą I, a po jej śmierci w 1603 roku wstąpił na tron Anglii jako Jakub I.

Anglia

Henryk VII (1457–1509)

Pierwszy monarcha z dynastii Tudorów wywalczył koronę Anglii w bitwie pod Bosworth w 1485 roku. Poprzez małżeństwo z Elżbietą, dziedziczką linii Yorków, zjednoczył roszczenia do tronu Yorków i Lancasterów, kładąc tym kres wojnie Dwóch Róż, lecz wydaje się, że nikt nie sądził (nawet w stronnictwie Yorków), iż Elżbieta z Yorku sama zdołałaby objąć panowanie. Mariaż następcy tronu, królewicza Artura, z Katarzyną, córką hiszpańskich władców Ferdynanda i Izabeli, był nie lada wyczynem jak na chwiejną, nowo powstałą dynastię.

Katarzyna Aragońska (1485–1536)

Najmłodsza córka hiszpańskiej pary królewskiej – Ferdynanda i Izabeli – najpierw wyszła za Artura, najstarszego syna Henryka VII, a po jego przedwczesnej śmierci zawarła słynne i kontrowersyjne małżeństwo z jego młodszym bratem Henrykiem VIII. Przez ponad dziesięć lat panowania Henryka tworzyli kochające się małżeństwo, ale związek legł w gruzach, gdy Katarzyna nie zdołała urodzić mu syna.

Henryk VIII (1491–1547)

Henryk, najlepiej znany ze swych sześciu żon i zerwania z Rzymem z powodu pragnienia dochowania się męskiego następcy tronu, był prawdziwym renesansowym monarchą. Rywal Franciszka I i Karola V, dążył do odegrania poważniejszej roli na europejskiej scenie politycznej. Kiedy w 1509 roku wstąpił na tron, jego starsza siostra Małgorzata była już żoną króla Szkocji, lecz zaaranżował małżeństwo młodszej siostry, Marii (1496–1533), z królem Francji Ludwikiem XII. Później król tolerował drugie małżeństwo Marii ze swoim faworytem Karolem Brandonem (lordem Lisle, księciem Suffolk, 1484–1545).

Thomas Wolsey, kardynał (1473?–1530)

Zawrotna kariera Wolseya, syna rzeźnika, który od skromnych początków wspinał się po szczeblach coraz wyższych godności kościelnych, wyniosła go aż na prominentną pozycję w kręgach władzy dworu Henryka VIII. Lord Kanclerz Anglii, a od 1515 roku kardynał, dzierżył ster dyplomacji przez większą część wczesnego okresu panowania Henryka. Jego upadek – równie spektakularny jak wcześniejszy wzrost potęgi – nastąpił wskutek niepowodzenia w walce o rozwód Henryka z Katarzyną Aragońską.

Thomas Cromwell (1485?–1540)

Cromwell, protegowany Wolseya, przetrwał upadek swojego mentora i – rozpocząwszy karierę od jeszcze skromniejszych początków – stał się szarą eminencją zajmującą się po trosze wszystkimi sprawami państwowymi. Jako człowiek świecki zaangażowany w reformy religijne, otrzymał jedyną w swoim rodzaju władzę nad rodzącym się Kościołem anglikańskim, którą wykorzystał do przygotowania planu rozwiązania klasztorów. Cromwell początkowo wspierał Annę Boleyn, następnie z nią zerwał i przyczynił się do jej upadku. Własny kres zawdzięczał popieranej przez siebie kolejnej, czwartej żonie Henryka, Annie Kliwijskiej, od której król się odwrócił.

Anna Boleyn (1501?–1536)

Narodziny Anny w porównaniu z innymi postaciami nie wzbudziły rozgłosu. Wychowywała się jednak pod kuratelą Małgorzaty Austriackiej, a następnie na francuskim dworze. Mimo niełaski i śmierci na szafocie, angielski protestantyzm i panowanie jej córki Elżbiety stanowią jej nienaruszalne dziedzictwo.

Edward VI (1537–1553)

Trzecia żona Henryka VIII dała mu wreszcie wytęsknionego syna, ale Edward przeżył nieco ponad sześć lat od chwili, gdy jako dziewięciolatek objął po ojcu tron. Cechujący panowanie króla chłopca żarliwy protestantyzm znalazł wyraz w jego zamiarze przekazania sukcesji nie przyrodnim siostrom, Elżbiecie i Marii, a kuzynce, lady Joannie Grey (1537–1554), wnuczce Marii, młodszej siostry Henryka VIII.

Maria I Tudor (1516–1558)

Maria, córka Katarzyny Aragońskiej i Henryka VIII, mocno przeżyła rozpad małżeństwa rodziców i nie chciała za przykładem ojca przejść na religię reformowaną. Minęło wiele naprawdę trudnych dla niej lat, zanim w 1553 roku śmierć młodszego brata, Edwarda, wyniosła ją na tron. Po objęciu panowania jej wysiłki na rzecz przywrócenia katolicyzmu oraz małżeństwo z Filipem, następcą tronu Hiszpanii, przyniosły jej przydomek „krwawa Maria".

Elżbieta I Tudor (1533–1603)

Jako córka Anny Boleyn, miała równie trudną drogę do tronu Anglii, lecz jej długie panowanie zapisało ją w ludzkiej pamięci jako największą angielską monarchinię. Z historii wiadomo o jej długoletniej rywalizacji z krewniaczką panującą po drugiej stronie szkockiej granicy, Marią Stuart. Rzadziej się wspomina jej relacje z innymi europejskimi władczyniami.

Robert Dudley, pierwszy hrabia Leicester (1532–1588)

Robert Dudley, choć był synem człowieka, który wyniósł na tron lady Joannę Grey, stał się wielkim ulubieńcem Elżbiety I (zdaniem niektórych był jej kochankiem) oraz najdłużej branym pod uwagę kandydatem do jej ręki. Reputacja i królowej, i hrabiego ucierpiała wskutek śmierci w podejrzanych okolicznościach jego żony, Amy Dudley. Hrabia jednak pozostał bliskim doradcą i przyjacielem Elżbiety.

William Cecil, pierwszy baron Burghley (1520–1598)
Cecil, wielki dygnitarz za panowania Elżbiety I, tuż po jej wstąpieniu na tron objął stanowisko Głównego Sekretarza Stanu, później zaś Lorda Wielkiego Skarbnika. Podobnie jak jego rywal Dudley, był żarliwym protestantem i nakłaniał królową do udzielania pomocy europejskim współwyznawcom. Ze szczególną determinacją zwalczał katolicką królową Szkocji Marię Stuart.

Reformatorzy

Marcin Luter (Martin Luther, 1483–1546)
Temu niemieckiemu teologowi i byłemu zakonnikowi przypisuje się zasługę zainicjowania protestanckiej reformacji; w 1517 roku ponoć przybił do wrót kościoła w Wittenberdze dziewięćdziesiąt pięć tez, w których uskarżał się na zepsucie w Kościele katolickim. Odmawiając ich odwołania, doprowadził do wielkiego rozłamu w Europie, ale idee Lutra (nadal zgodne w pewnych kluczowych punktach z doktryną katolicką) w wielu krajach miały zostać zastąpione nowymi, bardziej radykalnymi koncepcjami, szerzonymi głównie przez reformatorów szwajcarskich.

Jan Kalwin (Jean Calvin lub Cauvin, 1509–1564)
Kalwin, szeroko znany jako przywódca kościoła protestanckiego w Genewie, urodził się we Francji, lecz umknął z ojczyzny, gdy w 1534 roku zdecydowane kroki władz wymusiły podział wśród reformatorów na tych, którzy szukają możliwości reform w ramach Kościoła katolickiego, oraz zdecydowanych przeciwników

głównych koncepcji katolicyzmu. Doktryna ruchu, który zaczęto nazywać kalwinizmem, zawierała pogląd, że los każdej ludzkiej duszy jest predestynowany, a zbawienie człowieka zależy całkowicie od wszechwładzy Boga i nie mają na nie wpływu obrzędy religijne ani dobre uczynki.

John Knox (1513?–1572)

Szkocki reformator i buntownik, skazany niegdyś we Francji na galery za udział w rebelii, rozpoczął nowe życie w Anglii. Pod wpływem wygnańców z kontynentalnej części Europy jego zajadłe nastawienie antykatolickie tylko się utrwaliło. Otwarcie krytykował katolicką królową Szkocji Marię Stuart, ale przez swoje najsłynniejsze dzieło *The first blast of the trumpet against the monstrous regiment of women* (*Pierwszy zew trąby do walki przeciw potwornemu zastępowi kobiet*) naraził się również protestantce Elżbiecie I Tudor.

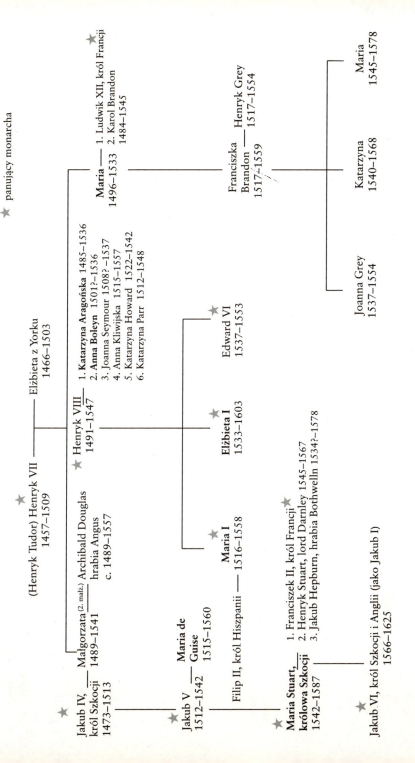

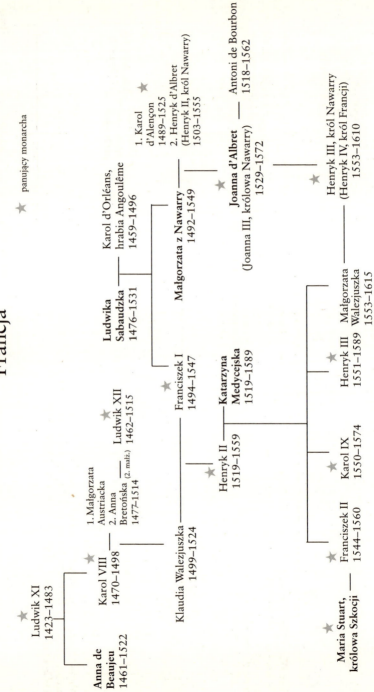

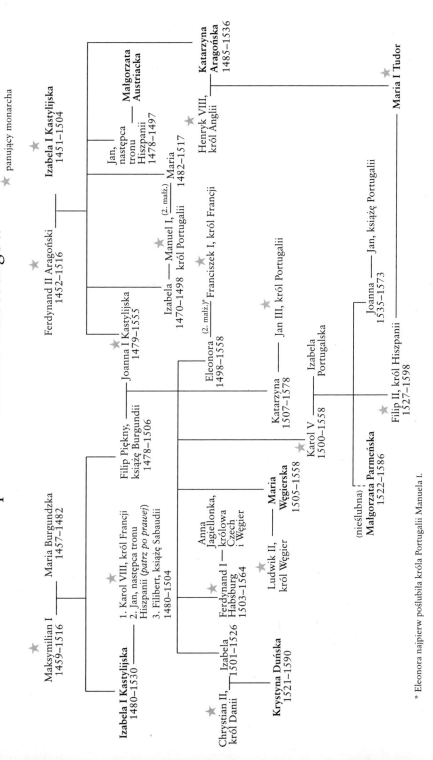

Chronologia wydarzeń

11 grudnia 1474 r.	Izabela Kastylijska jako Izabela I zostaje panującą królową Kastylii, obejmując po śmierci swojego przyrodniego brata tron, do którego rościła sobie prawa również jego domniemana córka, „la Beltraneja".
20 stycznia 1479 r.	Mąż Izabeli, Ferdynand, obejmuje następstwo po ojcu i zostaje królem Aragonii. Razem z Izabelą skutecznie sprawują wspólną władzę jako „katolicka para królewska" Hiszpanii.
27 marca 1482 r.	Maria Burgundzka, sprawująca władzę w księstwie Burgundii, umiera, a jej następcą zostaje jej młody syn Filip I Piękny.
30 sierpnia 1483 r.	Karol VIII Walezjusz zastępuje na tronie ojca Ludwika XI i zostaje królem Francji. W okresie niepełnoletności trzynastoletniego króla rządy sprawuje Anna de Beaujeu jako faktyczna regentka.

16 lutego 1486 r.	Maksymilian I Habsburg, wdowiec po Marii Burgundzkiej, zostaje wybrany na Świętego Cesarza Rzymskiego.
6 grudnia 1491 r.	Anna Bretońska, władająca księstwem Bretanii, zostaje zmuszona do poślubienia króla Francji Karola VIII, co zapoczątkowuje włączenie Bretanii na stałe do Korony francuskiej.
1492 r.	Ferdynand i Izabela podbijają Grenadę (2 stycznia), kładąc kres panowaniu Maurów nad południową częścią Hiszpanii, na żądanie generalnego inkwizytora Tomása de Torquemady nakazują wygnanie hiszpańskich Żydów (31 marca) oraz podpisują umowę z włoskim nawigatorem Krzysztofem Kolumbem, zezwalając mu na ogłaszanie w swoim imieniu prawa do wszystkich nowo odkrytych ziem.
7 kwietnia 1498 r.	Ludwik XII Walezjusz zastępuje na tronie swojego krewniaka, Karola VIII, i zostaje królem Francji.
26 listopada 1504 r.	Joanna „Szalona" zastępuje na tronie swoją matkę Izabelę i zostaje tytularną królową panującą Kastylii. O władzę w kraju rywalizują jej ojciec Ferdynand i mąż Filip Piękny, książę Burgundii.
22 września 1506 r.	Filip Piękny umiera, a wdowa po nim, Joanna, spędza większość życia w przymusowym odosobnieniu; kontrolę nad Kastylią przejmuje Ferdynand

	Aragoński. Niderlandzkie włości Filipa przechodzą na jego sześcioletniego syna Karola.
18 marca 1507 r.	Małgorzata Habsburżanka (Austriacka) zostaje mianowana namiestniczką Niderlandów, rządzącą w imieniu swojego bratanka, Karola.
21 kwietnia 1509 r.	Henryk VIII Tudor zostaje królem Anglii jako następca ojca Henryka VII. Niezwłocznie żeni się z Katarzyną Aragońską.
9 września 1513 r.	Bitwa pod Flodden między Anglią a Szkocją. Król Szkocji Jakub IV Stewart ginie, a jego następcą zostaje roczny syn Jakub V; matka króla, Małgorzata Tudor, sprawuje władzę regentki.
1 stycznia 1515 r.	Królem Francji zostaje Franciszek I Walezjusz, zastępując na tronie swojego kuzyna, a zarazem teścia, Ludwika XII.
23 stycznia 1516 r.	Po śmierci Ferdynanda władza w Aragonii przypada jego wnukowi – Karolowi, władającemu już Niderlandami. 14 marca Karol obwieszcza, że przejmuje władzę nad wszystkimi ziemiami hiszpańskimi, nominalnie dzieląc ją z uwięzioną matką Joanną „Szaloną", oficjalnie panującą królową Kastylii.
31 października 1517 r.	Marcin Luter wywiesza u wrót kościoła zamkowego w Wittenberdze dziewięćdziesiąt pięć tez potępiających zepsucie w Kościele katolickim.

28 czerwca 1519 r.	Karol V Habsburg zostaje wybrany na Świętego Cesarza Rzymskiego, następcę swojego dziadka, Maksymiliana.
3 stycznia 1521 r.	Papież Leon X (pierwszy papież z rodu florenckich bankierów de' Medici) ekskomunikuje Marcina Lutra.
18 kwietnia	Luter stawia się przed obliczem Sejmu Rzeszy Niemieckiej w Wormacji, lecz nie chce się wyrzec swoich przekonań.
8 kwietnia	Karol V przekazuje władzę nad dziedzicznymi włościami Habsburgów w Austrii bratu Ferdynandowi (swojemu regentowi w Świętym Cesarstwie Rzymskim), zatrzymując dla siebie kontrolę nad ziemiami w Hiszpanii, Niderlandach i Nowym Świecie.
24 lutego 1525 r.	Karol V w bitwie pod Pawią zadaje druzgocącą klęskę armii francuskiej i bierze do niewoli króla Franciszka I.
29 sierpnia 1526 r.	Bitwa pod Mohaczem; armia osmańska pod wodzą sułtana Sulejmana Wspaniałego pokonuje siły węgierskie, co doprowadza do późniejszej reorganizacji na Węgrzech. Tureckie zagrożenie od wschodu staje się w ciągu następnych dziesięcioleci coraz ważniejszym czynnikiem w polityce europejskiej.
6 maja 1527 r.	Rzym zostaje splądrowany przez wojska cesarza, a papież Klemens VII (drugi papież z rodu Medyceuszy, stryj Katarzyny Medycejskiej) musi się ratować ucieczką.

	Ten fakt ma poważne następstwa dla papieskiego śledztwa w sprawie ważności małżeństwa Henryka VIII i Katarzyny Aragońskiej.
3 sierpnia 1529 r.	Pokój Dam, zawarty w Cambrai i podpisany przez Małgorzatę Habsburżankę (Austriacką) w imieniu jej bratanka, Karola V, oraz Ludwikę Sabaudzką w imieniu syna, Franciszka I.
1 października	Kolokwium w Marburgu, dysputa między Marcinem Lutrem a bardziej radykalnym szwajcarskim reformatorem Ulrichem Zwinglim, ilustruje ważne różnice teologiczne między różnymi odłamami nowej reformowanej religii. W roku następnym, 1530, protestanccy książęta niemieccy zrzeszają się w związku szmalkaldzkim – sojuszu obronnym przeciwko dominacji Świętego Cesarza Rzymskiego Karola V.
3 stycznia 1531 r.	Maria Węgierska na prośbę swojego brata, Karola V, obejmuje namiestnictwo Niderlandów po śmierci ich ciotki, Małgorzaty Austriackiej.
styczeń? 1533 r.	Król Anglii Henryk VIII żeni się potajemnie z Anną Boleyn, która 1 czerwca zostaje ukoronowana na królową przed narodzinami ich córki Elżbiety (7 września).
23 marca 1534 r.	Pierwszy akt sukcesji gwarantuje następstwo angielskiego tronu dzieciom

	króla Henryka VIII i Anny Boleyn oraz uznaje królewnę Marię za nieślubne dziecko. Wydany w listopadzie akt supremacji ogłasza Henryka „jedynym najwyższym zwierzchnikiem Kościoła anglikańskiego na ziemi".
7 stycznia 1536 r.	Umiera pierwsza żona Henryka VIII Katarzyna Aragońska.
19 maja	Druga żona Henryka VIII Anna Boleyn zostaje stracona.
30 maja	Henryk VIII bierze ślub z trzecią żoną Joanną Seymour.
13 października	Uczestnicy Pielgrzymki Łaski protestują przeciwko zerwaniu przez Henryka VIII z Rzymem oraz kasacie zakonów, lecz spotykają się z surowymi represjami.
15 kwietnia 1542 r.	Umiera król Szkocji Jakub V, a tron obejmuje, w niemowlęcym wieku, jego córka Maria, co rozpoczyna proces powolnego wzrostu wpływów w kręgach władzy wdowy po Jakubie, Marii de Guise.
13 grudnia 1545 r.	Papież Paweł III zwołuje sobór trydencki, którego dwadzieścia pięć sesji zostaje zawieszone do roku 1563. Sobór powszechny scalił doktryny obowiązujące w Kościele katolickim i potępił idee protestantyzmu. Można go uważać za początek kontrreformacji.
28 stycznia 1547 r.	Umiera Henryk VIII, a królem Anglii zostaje jego syn Edward VI Tudor.

31 marca	Henryk II Walezjusz obejmuje tron Francji po ojcu Franciszku I.
6 lipca 1553 r.	W wyniku przedwczesnej śmierci Edwarda VI tron – zaledwie na dziewięć dni – obejmuje lady Joanna Grey, zanim władzę przejmie przyrodnia siostra Edwarda Maria Tudor. Ukoronowana jako królowa Maria I, przystępuje do przywrócenia w Anglii religii katolickiej.
25 maja 1555 r.	Joanna d'Albret zostaje panującą królową Nawarry.
25 października 1555 r.	Maria Węgierska rezygnuje z namiestnictwa Niderlandów.
16 stycznia 1556 r.	Karol V ustępuje z tronu Hiszpanii na rzecz syna, Filipa II Habsburga, któremu już w październiku poprzedniego roku przekazał władzę w Niderlandach.
17 listopada 1558 r.	Elżbieta I Tudor, jako królowa Anglii, obejmuje władzę po przyrodniej siostrze, Marii.
3 kwietnia 1559 r.	Traktat podpisany w Cateau-Cambrésis, w którego zawarciu główną rolę odegrała Krystyna Duńska, kończy trwające sześćdziesiąt pięć lat przerywane działania wojenne, toczone w dużej mierze na tle sprzecznych roszczeń do Niderlandów.
2 maja	Do Szkocji powraca z wygnania John Knox. W Genewie, gdzie był bliskim współpracownikiem Jana Kalwina, opublikował pamflet *The first blast*

	of the trumpet against the monstrous regiment of women.
10 lipca	Franciszek II Walezjusz (mąż królowej Szkocji Marii I Stuart) zostaje królem Francji, obejmując panowanie po ojcu Henryku II. Następuje wzrost potęgi rodu Gwizjuszy.
5 grudnia 1560 r.	Karol IX Walezjusz po śmierci brata, Franciszka II, zostaje królem Francji. W okresie jego niepełnoletności władzę obejmuje jego matka Katarzyna Medycejska, rywalizująca o wpływy z Gwizjuszami.
9 sierpnia 1561 r.	Królowa Szkocji Maria I Stuart wraca do kraju i obejmuje czynne rządy.
1 marca 1562 r.	Masakra w Wassy, mord popełniony na francuskich protestantach przez ludzi księcia Gwizjusza, rozpoczyna francuskie wojny religijne.
25 lipca 1564 r.	Maksymilian II Habsburg zostaje Świętym Cesarzem Rzymskim, obejmując tron po ojcu Ferdynandzie I.
10 lutego 1567 r.	Lord Darnley, drugi mąż królowej Szkocji Marii Stuart, zostaje zamordowany.
15 maja	Maria wychodzi za hrabiego Bothwell, powszechnie obarczanego odpowiedzialnością za zamordowanie lorda Darnley.
24 lipca	Maria zostaje zmuszona przez zbuntowaną szlachtę do abdykacji na rzecz małego syna, Jakuba VI.

5 września	Książę Alby przybywa do Niderlandów w celu stłumienia gwałtownych zamieszek i ustanawia Radę Zaburzeń. Małgorzata Parmeńska składa urząd namiestniczki, a surowe rządy księcia Alby wyznaczają początek długiej rewolty Holendrów przeciwko hiszpańskiej władzy.
16 maja 1568 r.	Królowa Szkocji Maria Stuart ucieka do Anglii, gdzie rozpoczyna się dla niej prawie dwudziestoletni okres uwięzienia.
7 października 1571 r.	Liga europejskich mocarstw katolickich odnosi w bitwie morskiej pod Lepanto wielkie zwycięstwo nad Turkami osmańskimi.
9 czerwca 1572 r.	Umiera Joanna d'Albret, a tron Nawarry przejmuje po niej syn Henryk.
24 sierpnia	Uroczystości weselne po ślubie króla Nawarry Henryka Burbona z córką Katarzyny Medycejskiej, które miały zabliźnić religijne podziały, stają się sygnałem do strasznej rzezi protestantów, znanej pod nazwą masakry w noc świętego Bartłomieja.
30 maja 1574 r.	Henryk III Walezjusz zostaje królem Francji, obejmując panowanie po swoim bracie Karolu IX.
26 lipca 1581 r.	Siedem północnych (i w dużej mierze protestanckich) prowincji Niderlandów proklamuje formalną niepodległość, wyzwalając się spod władzy Hiszpanii.

8 lutego 1587 r.	Królowa Szkocji Maria Stuart zostaje stracona w Fotheringhay.
8 sierpnia 1588 r.	Nadciągająca wroga flota – Wielka Armada, wysłana przez króla Hiszpanii Filipa II przeciwko Anglii – skłania Elżbietę I do wygłoszenia przemowy do żołnierzy w Tilbury. Większość nieprzyjacielskiej wyprawy pada ofiarą sztormowej pogody.
2 sierpnia 1589 r.	Król Nawarry Henryk Burbon wstępuje na tron Francji jako Henryk IV, po swoim krewniaku i szwagrze Henryku III. Ten fakt kładzie kres dynastii królewskiej Walezjuszy i rozpoczyna rządy dynastii Burbonów.
24 marca 1603 r.	Elżbieta I umiera, pozostawiając tron Anglii królowi Szkocji Jakubowi VI Stuartowi, synowi królowej Marii Stuart.

Wstęp

Królowa tajne swe zamiary
Chyżymi kroki w czyny wciela,
Zdradziecko spada na ofiary
I gromi w krąg nieprzyjaciela.
Tak silna jest wobec rywali,
Że kogo spotka – wnet obali.

The Chesse Play (*Gra w szachy*)
Nicholas Breton, 1593

W krajach Wschodu, gdzie po raz pierwszy pojawiła się gra w szachy, wszystkie figury symbolizujące ludzi były płci męskiej, a u boku króla stał generał lub główny doradca – wezyr. Kiedy po arabskiej inwazji na Europę w VIII wieku gra rozpowszechniła się na naszym kontynencie, pierwszy raz na szachownicy pojawiła się królowa – nadal jednak jako figura w porównaniu z innymi bezsilna, mogła bowiem przesuwać się ruchem skośnym tylko o jedno pole na raz. Dopiero w Hiszpanii pod rządami Izabeli Kastylijskiej królowa uzyskała na szachownicy niemal nieograniczoną mobilność, którą przyznajemy jej po dziś dzień.

Nowe możliwości tej bierki opisano w dwóch powstałych w Hiszpanii książkach, w których jest mowa o „szachach damy" lub „szachach królowej". W 1493 roku tłumacz przekładający na włoski dzieło Jacobusa de Cessolisa *Liber de moribus hominum et officiis nobilium sive super ludum scaccorum* (*Księga o obyczajach ludu i powinnościach szlachty, czyli księga szachów*) w istocie rozważał, czy królowej naprawdę należy przyznać rycerską moc, „albowiem to nietypowe, by niewiasty nosiły oręż, ze względu na ich wątłość". W opublikowanym dwie dekady później w oficynie Williama Caxtona tłumaczeniu angielskim nade wszystko podkreślano „skromność" i niewinność królowej.

Tłumacze jednak nigdy nie poznali Izabeli, „królowej wojowniczki", która sama namiętnie grywała w szachy. Prawdopodobnie to przykład Izabeli i wcześniejszych od niej prawdziwych władczyń w dużej mierze spowodował odzwierciedlenie tych postaci na szachownicy[1].

Alegoryczne znaczenie gry było oczywiste dla ówczesnych ludzi; właśnie to uczyniło ją – o czym świadczą liczne ilustracje – podstawowym elementem dworskich romansów. Zmiana reguł rządzących ruchami bierek nie mogła jednak obyć się bez kontrowersji. Nowa gra stała się znana jako „szachy z szaloną królową" – po włosku *scacchi de la donna* lub *alla rabiosa*, po francusku *esches de la dame* lub *de la dame enragée*. Tak jednak miało już pozostać.

Okres od wstąpienia na tron Izabeli Kastylijskiej w 1474 roku aż do masakry w noc świętego Bartłomieja we Francji niemal wiek później (straszliwego wydarzenia, które spowodowało rozłam całego kontynentu) był Stuleciem Królowych. W tym czasie doszło do eksplozji kobiecych rządów, której z trudnością dorównuje nawet XX wiek. Były to lata narodzin nowej reformowanej religii, a także zarania znanego nam dziś świata, a przez większość tego okresu duże obszary Europy pozostawały pod władzą, której ster dzierżyła pewną ręką panująca królowa albo regentka. Osobistości te tworzyły żeński klan, którego przedstawicielki były świadome więzi łączących je jako kobiety, a także umiejętności sprawowania władzy w specyficznym, kobiecym stylu.

W niniejszej książce śledzę przekazywanie władzy z matki na córkę, drogę od mentorki do protegowanej. Od Izabeli Kastylijskiej do jej córki, Katarzyny Aragońskiej, i dalej – do jej córki, Marii Tudor. Od francuskiej wdowy Ludwiki Sabaudzkiej do jej córki, pisarki i reformatorki, Małgorzaty z Nawarry, z kolei od Małgorzaty nie tylko do jej córki, Joanny d'Albret, lecz też do jej wielbicielki, Anny Boleyn, a tym samym do Elżbiety Tudor.

W miarę jak mijał XVI wiek, córki najpotężniejszych kobiet stawały na czele wielkich podziałów religijnych nękających ten okres. W większości starały się – choć nie wszystkie – w pewnej mierze zachowywać tolerancję religijną, zanim ich nadzieje legły w gruzach w obliczu innych, skrajniejszych poglądów.

Religia wielu z nich pomogła osiągnąć nadrzędną pozycję; religia ostatecznie rozdzieliła je i położyła kres Stuleciu Królowych. Sama jednak skala władzy sprawowanej przez szesnastowieczne kobiety (a także wyzwań, przed którymi stały) wciąż stanowi spektakularne zjawisko, a zarazem ostrzeżenie dla nas, żyjących w dzisiejszych czasach.

Przez całe stulecie Habsburgowie mieli się okazać mężnymi, choć nieoczekiwanymi orędownikami władzy sprawowanej przez kobiety. Ich imperium – które w tym stuleciu zaczęło sięgać od Morza Śródziemnego do kanału La Manche i od wspaniałości Alhambry do pochmurnego nieba nad Antwerpią – z pewnymi godnymi uwagi wyjątkami oglądało kobiety raczej w roli namiestniczek niż panujących królowych. Niderlandy przeszły z rąk panującej księżnej pod sześćdziesięcioletnią władzę niemal nieprzerwanej serii gubernatorek, z których każda była bratanicą poprzedniczki. Wielka europejska rywalka Habsburgów – Francja – przestrzegała prawa salickiego, zabraniającego kobietom dziedziczenia tronu. Jednak i ona szczyciła się wspaniałą tradycją sprawowania przez kobiety władzy w imieniu nieobecnego męża lub niepełnoletniego syna. U zarania tej ery Anglia była chyba najmniej sprzyjającym kobietom państwem ze wszystkich europejskich potęg. Nie obowiązywało tam prawo salickie, niemniej Henryk Tudor, gdy został królem Anglii Henrykiem VII, połączył w swoich roszczeniach do tronu wynikające z królewskiej krwi prawa dwóch kobiet: swojej matki, Małgorzaty Beaufort, i żony Elżbiety z Yorku. Nikomu, w tym i samym wspomnianym tu damom, jego postępek nie wydał się niczym niezwykłym. Niemniej to właśnie w Anglii kobieta – Anna Boleyn – wtrąciła naród w otchłań rewolucji religijnej. To Anglia – w osobie córki Anny – wydała na świat zapewne najbardziej podziwianą władczynię w historii.

To właśnie stało się swoistym impulsem do napisania tej książki. Pisałam wcześniej o dwóch królowych o tym samym imieniu – Elżbiecie z Yorku i Elżbiecie I – chciałam zatem połączyć swoje przemyślenia i ustalić, jaką naukę z tych siedemdziesięciu lat wyciągnęła Anglia? Co przygotowało ją do zaakceptowania na tronie panującej królowej? I dlaczego w następstwie tego faktu kraj zaprzestał dalszych prób? Odpowiedź na to pytanie może się kryć w Europie.

Europejskie władczynie uznawały siostrzane więzi przekraczające granice państw, niekiedy nawet sprzeczne z interesami ich krajów. Świadomie odwoływały się do swojego kobiecego statusu, by załatwiać sprawy w innym stylu. W 1529 roku słynny pokój dam w Cambrai, kończący długotrwałą wojnę między Hiszpanią a Francją, zawarły Małgorzata Austriacka, ciotka cesarza z rodu Habsburgów i jego namiestniczka, oraz Ludwika Sabaudzka, matka francuskiego króla. Książęta mogli się lękać ujmy na honorze w wyniku wystąpienia z inicjatywą pokojową, lecz (jak pisała Małgorzata) „damy mogły przystąpić" do takiego przedsięwzięcia.

To wydarzenie wyznaczyło pewien ideał, który odbijał się echem przez całe stulecie. W kolejnych dekadach podjęto wiele prób, choć nieudanych, wskrzeszenia idei pokoju dam[2]. Szesnaście lat przed Cambrai Małgorzata Tudor w przeddzień bitwy pod Flodden, która kosztowała życie jej męża, króla Szkocji, pragnęła się spotkać ze swoją bratową Katarzyną Aragońską, władającą Anglią pod nieobecność męża, Henryka VIII: „Gdybyśmy się spotkały, kto wie, co za naszą sprawą zrządziłby Bóg?". Maria Stuart zawsze żywiła nadzieję, że gdyby tylko dane jej było spotkać się z Elżbietą Tudor, Anglia i Szkocja mogłyby zawrzeć trwały pokój.

Pochodzenie córki od matki, fizyczne lub duchowe, biegnie niczym arteria przez szesnastowieczną Europę. Koligacje zaś między kobietami tworzą skomplikowaną sieć. Małgorzata Habsburżanka („Austriacka") przyszła na świat jako córka władczyni, księżnej Burgundii. Jako małe dziecko została wysłana na francuski dwór, gdzie dostała się pod wpływ wspaniałej Anny de Beaujeu, następnie jako nastolatka trafiła na dwór Kastylii i stała się synową Izabeli oraz bratową Katarzyny Aragońskiej. Później, już w wieku dorosłym, odegrała główną rolę w wychowaniu Anny Boleyn.

W późniejszych dekadach XVI wieku potężne kobiety znalazły się jednak w klimacie bardzo odmiennym od tego, jakim cieszyły się ich poprzedniczki. Elżbietę I, postać z końcowej części tej opowieści, łączy wiele podobieństw z bohaterką jej początkowych stron, Małgorzatą Austriacką. Ale dwudziestoparoletnia Małgorzata zdążyła już zasmakować życia w czterech królestwach, podczas gdy noga Elżbiety Tudor nigdy nie postała za granicą. Żadna z dwóch kobiet nie wydała na świat żywego dziecka, mimo to Małgorzata zasłynęła jako Wielka Matka Europy (*La Grande Mère de l'Europe*), Elżbieta zaś wolała tożsamość dziewicy.

Reformacja na całym obszarze kontynentu wykreśliła linie podziałów, lecz niektórym ze wspomnianych kobiet przyniosła skutek odwrotny – obdarzyła je sławą trwalszą niż ta, którą w przeciwnym razie mogłyby się cieszyć. Idea tej książki (choć wówczas sobie tego nie uświadamiałam) narodziła się pod wpływem lektury klasycznej pozycji Garretta Mattingly'ego *The Defeat of the Spanish Armada* (*Klęska hiszpańskiej Armady*), którą czytałam jako nastolatka, łowiąc wtrąconą mimochodem uwagę autora, że w 1587 roku, kiedy stracono królową Szkocji Marię Stuart, upłynęło sześćdziesiąt lat, odkąd zaczęły się formować strony konfliktów religijnych, a stary porządek stanął do walki z nowym, „zawsze zaś wskutek jakiegoś zrządzenia losu po jednej lub po drugiej stronie, a zwykle po obu stronach, ludzie jednoczyli się pod przewodem kobiety".

W tak zwanej debacie o ginokracji, dotyczącej zdolności kobiet do sprawowania władzy, dwoje pisarzy wpłynęło na ówczesną myśl polityczną w stopniu wymagającym poświęcenia im specjalnej wzmianki. Pierwszym z nich był oczywiście Niccolò Machiavelli, którego *Książę* ukazał się po raz pierwszy nakładem prywatnym w 1513 roku. Drugą z tych osób jest Christine de Pizan, autorka francusko-włoska i – jak twierdzą niektórzy – wczesna feministka, pierwsza kobieta, która stała się zawodową pisarką. Jej dzieło z początku XV wieku – *Le Livre de la Cité des Dames* (*Księga o Mieście Kobiet*) – nie utraciło nic ze swej aktualności do wieku XVI (a może nawet XXI), czego dowodzi przejawiane przez wiele kobiet z niniejszej opowieści zainteresowanie nim. Anna de Beaujeu i Ludwika Sabaudzka swoje egzemplarze książki otrzymały w spadku, a Małgorzata Austriacka przekazała jej trzytomowe wydanie bratanicy, Marii Węgierskiej. Anna Bretońska i Małgorzata Austriacka, podobnie jak Elżbieta Tudor, miały również zestawy gobelinów na motywach *Miasta Kobiet*. Christine, aż nadto świadoma klerykalnego sposobu przedstawiania kobiet jako cór Ewy – słabych i zasadniczo niegodnych zaufania – wkłada w usta Sprawiedliwości naganę pod adresem „pewnych pisarzy", którzy „tyle krytykują kobiety", a także uwagę, że „mało jest krytycyzmu pod adresem kobiet w świętych przypowieściach oraz historiach o Jezusie Chrystusie i jego apostołach" mimo tego, co mieliby do powiedzenia późniejsi słudzy Chrystusa.

Machiavelli, który przedstawiał kapryśną Fortunę pod postacią kobiety, jako podstawowy obowiązek i przyjemność księcia widział wojnę. W przeciwieństwie do tego lansowany przez Christine model cnotliwego władcy umniejszał jego rolę jako wojownika (nastręczała ona bowiem władczyni problemów natury praktycznej, jeśli pominąć kwestię wszelkich wrodzonych skłonności pacyfistycznych) i akcentował „roztropność", stanowiącą w pojęciu Arystotelesa punkt wyjścia dla wszystkich pozostałych cnót. Roztropność była cnotą przypisywaną większości wspomnianych kobiet, zaś autorka *Miasta Kobiet* dołożyła starań, by opisać wiele dam ze starodawnej i nowszej historii Francji, które z powodzeniem rządziły narodami lub krainami.

Ciągłość doświadczeń – powtarzalność tropów i wzorców w ciągu omawianego stulecia – stanowi coś w rodzaju motywu przewodniego tej książki. Można pozwolić, by większość z nich ujawniła się w toku narracji, lecz jeden powraca tak uporczywie, że zasługuje na specjalną wzmiankę: to kwestia częstości, z jaką debaty o tych potężnych kobietach skupiają się na ich ciałach. Okazuje się, że każda z nich odgrywała rolę wykraczającą poza powinności typowej małżonki – maszyny do rodzenia dzieci – niemniej w tej opowieści roi się od dyskusji na temat dziewictwa i płodności, a kobiety najłatwiej można było atakować, kwestionując ich niewinność lub atrakcyjność. Rodzą się nawet pytania, czy podział suzerenki na ciało naturalne i ciało polityczne nie byłby najlepszym sposobem na dopuszczenie kobiet do władzy. Taka idea prawdopodobnie stała za słynnym przemówieniem Elżbiety I w Tilbury: „Wiem, że mam ciało słabej i wątłej kobiety, ale serce i odwagę króla...".

Silne kobiety z piętnastowiecznej Italii wprawdzie nie mieszczą się, niestety, w tematyce tej opowieści, jednak chyba najbardziej uderzającym przykładem „tych, które zdołały się wyrwać" (a także kolejną postacią sugerowaną jako pierwowzór nowej królowej w szachach) była Katarzyna Sforza. Machiavelli, który poznał ją jako ambasador, opisał, jak podczas oblężenia, gdy jej dzieci wzięto jako zakładników, Katarzyna podciągnęła suknię, obnażyła się przed oblegającymi i odparła, że ma środki po temu, by w razie konieczności wydać na świat kolejne dzieci. Prawdopodobnie była ona postacią wybitną nawet wśród sobie współczesnych, niemniej akcentowanie potęgi kobiecej sfery fizycznej to nadal zjawisko o niesłabnącej sile.

Współczesne porównania często bywają krzywdzące, dlatego w dużej mierze wykluczyłam je z treści książki. Niemniej właśnie teraz nie można ich całkowicie zignorować. Dekadę przed okresem, w którym pracowałam nad niniejszą publikacją – dokładnie 19 stycznia 2006 roku – na łamach „New York Timesa" ukazał się dwuznaczny komplement pod adresem grupy kobiet z różnych krajów. Gazeta nazwała je „najciekawszą i najznakomitszą grupą liderek", jaka kiedykolwiek się zebrała, „z jednym możliwym wyjątkiem: królowej Elżbiety I samotnie siedzącej przy obiedzie".

W ciągu ostatnich dziesięciu lat sporo się zmieniło w kwestii roli kobiet na scenie międzynarodowej, mnóstwo rzeczy jednak nie uległo zmianie – w tym ekspozycja dużej części ich historii.

Jeśli pominąć Elżbietę i jej krewniaczki, władczynie szesnastowiecznej Europy nie zawsze są postaciami znanymi przeciętnemu czytelnikowi w krajach anglojęzycznych. Można uważać tę książkę za otwarcie w partii szachów, w której stawką jest zmiana tego stanu rzeczy. Mam jednak nadzieję, że uda mi się osiągnąć przynajmniej jedno: dowieść, iż Elżbieta I mogła zasiadać do obiadu w jakiejś nadzwyczajnej kompanii.

Od autorki

Z szesnastu bohaterek tej książki cztery nazwano jakąś wersją imienia „Małgorzata", a kolejne cztery – wariantami imienia „Maria". Wobec tego nie zamierzam przepraszać, że staram się je jak najwyraźniej odróżniać od pozostałych, nawet kosztem konsekwencji. Tak więc Małgorzata Austriacka zachowuje swój rodzinny tytuł mimo trzech małżeństw, a Małgorzata „z Nawarry" występuje w opisach z tym przydomkiem nawet przed zawarciem małżeństwa z królem tego niewielkiego kraju, bowiem pod tym tytułem jest najbardziej znana i pod nim ukazują się jej publikowane do dziś dzieła literackie. Ponadto dla jasności tu i ówdzie unowocześniłam pisownię, interpunkcję i sposób używania dużych liter.

CZĘŚĆ I

1474–1513

„Skoro daliście kobietom umiejętność czytania, wstrzemięźliwość, wielkoduszność i umiar, dziwię się, że nie pozwalacie im rządzić miastami, ustanawiać prawo i dowodzić armią...".
Magnifico, również ze śmiechem, odpowiada:
„Zapewne nie byłoby w tym nic złego... Czy nie sądzisz, że znalazłoby się wiele takich kobiet, które znałyby się na kierowaniu miastami i armiami równie dobrze jak mężczyźni? Ja jednak nie obarczałbym ich takimi obowiązkami, gdyż staram się kształtować je na damy dworu, nie na królowe".

Il Cortegiano (*Dworzanin*),
Baldassare Castiglione, 1528

1
Wprowadzenie

Niderlandy, rok 1513

Dziewczyna, która latem 1513 roku przybyła na niderlandzki dwór, była córką dworzanina, znającą, z racji wychowania, kroki niebezpiecznego, dworskiego tańca – życia, w którym zaletami płaci się za obecność wśród możnych, a ich łaski kupuje się pochlebstwem. Wiedziała, że wielka gala bożonarodzeniowego balu maskowego może skrywać przesłanie, wzrost lub upadek rodzinnej fortuny nieraz zależy od kaprysu władcy, a na wielkiej szachownicy europejskiej polityki nawet ona może mieć do odegrania rolę.

Oczywiście na razie nikt nie miał pojęcia, jak ważna to będzie rola.

Przybyła jako ostatnia z osiemnastu dam dworu, oczekujących na przyjazd namiestniczki Niderlandów Małgorzaty Austriackiej. Jako zaledwie dwunastoletnia dziewczyna została przekazana pod opiekę nieznajomego (jednego z giermków namiestniczki), który miał ją zabrać z rodzinnej posiadłości ziemskiej w angielskim regionie Weald of Kent i eskortować w rzadko podówczas odbywanej podróży morskiej. Musiała być wtedy podekscytowana, lecz na pewno też przerażona. Prawdopodobnie po przybyciu na miejsce czuła się osamotniona jak nigdy w życiu, nawet wtedy, gdy przeszło dwadzieścia lat później przekroczyła bramy londyńskiej twierdzy Tower. Miała dwanaście lat, w każdym razie mniej więcej tyle. Nie mamy pewności co do daty narodzin Anny Boleyn. Domyślamy się jej częściowo na podstawie znanej nam daty jej przybycia na dwór Małgorzaty Austriackiej (w 1513 roku) oraz faktu, że dwanaście lat to najniższy wiek, w którym dziewczynę można było obarczyć takimi obowiązkami.

„Stwierdzam, że mimo młodego wieku jest tak bystra i sympatyczna, że to ja jestem wobec Ciebie, Panie, bardziej zobowiązana za jej przysłanie niż Ty wobec mnie", pisała Małgorzata do ojca Anny. Wyrazy uznania znaczyły tym więcej, że sama Małgorzata odbyła polityczną praktykę na europejską skalę, z którą nawet w XVI wieku nic nie mogło się równać. Trzydziestotrzyletnia dama po sześcioletnim okresie sprawowania rządów w Niderlandach w imieniu ojca, Maksymiliana I Habsburga, oraz jego wnuka, a jej bratanka, Karola, cieszyła się międzynarodowym autorytetem. Opis wczesnej fazy kariery Małgorzaty Austriackiej czyta się jak leksykon postaci szesnastowiecznej Europy. Ponadto miała ona odegrać znaczącą rolę w życiu dwóch najbardziej kontrowersyjnych królowych w historii Anglii.

„Cokolwiek czynisz, wstąp na służbę damy cieszącej się dobrą opinią, stałością ducha i umiejętnością wydawania sprawiedliwych osądów", pisała w instrukcjach dla córki jedna z mentorek Małgorzaty, francuska regentka Anna de Beaujeu. Gdyby Anna Boleyn miała się nauczyć tego, że kobieta może wysuwać idee, sprawować władzę i kierować własnym przeznaczeniem, nie mogłaby trafić w lepsze ręce.

Kontrowersyjny niemiecki uczony Henryk Korneliusz Agryppa zadedykował Małgorzacie Austriackiej swoje dzieło *O ślachetności a zacności płci niewieściej*. Autor twierdził, że różnice między mężczyznami a kobietami mają naturę wyłącznie fizyczną: „Albowiem niewiasta z mężem jednegoż jest zmysłu, rozumu i mowy, do jednegoż się błogosławieństwa ciągną, gdzie żadnej różności płci nie będzie"*, a jedynym powodem podrzędnej pozycji kobiet jest brak edukacji oraz zła wola mężczyzn.

Anna Boleyn szkolną francuszczyzną – francuski bowiem był wybranym językiem dworu Małgorzaty Austriackiej – pisała do ojca o swej determinacji do jak najpełniejszego wykorzystania podarowanej przez los sposobności. Jej listy odznaczały się specyficzną gramatyką i pisownią (w tym samym liście pisała, że postara się dobrze opanować francuski w mowie, „a także w piśmie"), choć rodziły się pod okiem nauczycielki. Dwór Małgorzaty może i był ośrodkiem władzy i przyjemności, lecz też jedną z najwspanialszych europejskich instytucji edukacyjnych. Francuski dyplomata Lancelot de Carles opisał później, jak młoda Anna „pilnie słuchała szacownych dam, ze wszystkich sił starała się perfekcyjnie je naśladować i robiła tak dobry użytek ze swego umysłu, że w krótkim czasie opanowała ten język".

Portrety damy, którą w 1513 roku poznała Anna Boleyn, zdradzają subtelny zestaw oznak. Od czasu zakończenia trzeciego, i ostatniego, małżeństwa Małgorzata Austriacka dbała o to, by portretowano ją zawsze we wdowim czepcu, a białe nakrycie głowy i rękawy sukni jako jedyne elementy łagodziły atramentową czerń jej stroju. Na pierwszy rzut oka wydawałoby się, że trudno sobie wyobrazić bardziej ponurą postać. Pozory jednak bywają zwodnicze. Wdowi wygląd można by z pozoru przyjąć za oznakę wyrzeczenia się zbytku, nieomal słabość lub milczący

---

* H.K. Agryppa, *O ślachetności a zacności płci niewieściej*, tłum. M. Wirzbięta (1575), Akademia Umiejętności, Kraków 1891 (przyp. tłum.).

apel o współczucie. W istocie jednak umożliwiał on kobiecie sprawowanie moralnej oraz praktycznej władzy, gdyż symbolizował jedyną rolę, która pozwalała jej działać samodzielnie, skoro nie była ani dzieckiem, ani czyjąś własnością.

W heraldyce czerń była barwą wiarygodności (*loyaute*). Małgorzata Austriacka słynęła z rzetelności, lecz także – jak zauważył pewien przybysz z Italii – ze „wspaniałej i prawdziwie cesarskiej prezencji", ponadto „śmiała się z pewnością w najsympatyczniejszy sposób". Czarna tkanina, której głębia koloru wymagała użycia najdroższego barwnika i dużego nakładu pracy, była w XVI wieku najbardziej luksusowym materiałem. Jasne futro, którym obszyte są rękawy Małgorzaty na portrecie przechowywanym obecnie w Wiedniu, to kosztowne skóry gronostajów. Dwór, na który przybyła Anna Boleyn – czy to w letnim pałacu w Veure (La Veuren), czy w głównej siedzibie Małgorzaty w Mechelen – był środowiskiem cechującym się kulturą i luksusem. Do ilustrowanych ksiąg, jakie Anna Boleyn mogła zobaczyć w bibliotece Małgorzaty, należało słynne już dzieło *Trés Riches Heures du Duc de Berry* (*Bardzo bogate godzinki księcia de Berry*), otrzymane w spadku po ostatnim mężu, a także nowsze książki, zdobione kwiatami na marginesach stron. Później Anna miała wymieniać z Henrykiem VIII liściki wypisywane na marginesach jednej z takich właśnie książek.

Erazm z Rotterdamu był jednym z artystów i myślicieli, których Małgorzata Austriacka chętnie widziała w Mechelen. W jej siedzibie – ceglanym gmachu, na pozór dużym, lecz skromnym jak na pałac – dzieła o tematyce religijnej sąsiadowały z renesansowymi aktami. Namalowana przez van Eycka dla jej pradziadka Filipa Dobrego *Mappa mundi* wisiała wśród nowszych nabytków. Jeden z nich opisano w spisie posiadanych przez Małgorzatę dzieł sztuki jako „*Ung grant tableau* (duży obraz) *qu'on appelle*,

Hernoul-le-fin", obecnie zaś nazywa się go *Portretem małżonków Arnolfinich*. W spisie z 1516 roku czytamy, że „podarował go Pani Don Diego". Don Diego de Guevara, Hiszpan w służbie rodu Małgorzaty, był kolejnym dworzaninem z młodą krewną, którą chciał umieścić na książęcym dworze, a *Portret małżonków Arnolfinich* („*fort exquis*", czyli „przepiękny", jak go opisano w jednym z późniejszych spisów ruchomości Małgorzaty) mógł stanowić wyraz jego wdzięczności, a także oznakę powodzenia, jakim cieszyły się wówczas takie miejsca.

Na ścianach pałacu w Mechelen wisiały draperie z niebieskiego i żółtego adamaszku, zdobione zieloną taftą, albo należąca do Małgorzaty legendarna kolekcja gobelinów, z których słynęły Niderlandy. Później, po powrocie konkwistadora Cortésa z Meksyku, w zbiorach Małgorzaty znalazły się: należąca do Montezumy peleryna z piór, mozaikowate maski azteckie i wypchany rajski ptak. Jako północna pionierka gabinetów osobliwości, tak uwielbianych przez włoskich mecenasów, namiestniczka zatrudniła do opieki nad kolekcją kuratora i dwóch pomocników.

Anna de Beaujeu pisała, że opiekunowie młodych dziewcząt powinni „dbać o to, by służyły Bogu, codziennie słuchały mszy, odprawiały godzinki i inne nabożeństwa, modliły się o odpuszczenie grzechów, chodziły do spowiedzi i często rozdawały jałmużnę. A także pociesząć je i umilać im młodość, żeby zachować ich miłość, niekiedy trzeba pozwalać im figlować, śpiewać, tańczyć i bawić się radośnie, lecz przyzwoicie, bez obłapiania, bójek czy kłótni"[1].

Ponieważ Anna jako *fille d'honneur** nie miała konkretnych obowiązków, mogła obserwować rozrywki Małgorzaty Austriackiej, a może nawet w nich uczestniczyć. Namiestniczka nie rozstawała się z obitym purpurowym aksamitem, imitującym księgę

---

* Dama dworu, dwórka (przyp. tłum.).

pudełkiem z farbami, których często używała. Kolejną ważną rozrywkę stanowiła muzyka. Chór Małgorzaty przeszedł do legendy, a ona sama znakomicie grała na instrumentach klawiszowych i komponowała. Zapisane w jej śpiewniku msze, motety i pieśni wyszły spod pióra kompozytorów, których później lubiła Anna, gdy w wyniku jej zainteresowania muzyką zadzierzgnęła się więź między nią a Henrykiem VIII.

Małgorzata dla odprężenia grywała również w szachy posrebrzanymi i pozłacanymi bierkami z chalcedonu i jaspisu. Jej matka chrzestna, Małgorzata z Yorku, poprzednia właścicielka posiadłości w Mechelen, w obitym fioletową taftą gabinecie trzymała tomy poświęcone tej grze. Jednak Małgorzata Austriacka rozgrywała partie na większej szachownicy, na której w późniejszych latach miała zagrać również Anna Boleyn.

Tradycją prosperującej kupieckiej społeczności Niderlandów była mobilność społeczna. *Portret małżonków Arnolfinich* przedstawia nie arystokratów, lecz ambitną, kupiecką parę małżeńską. Być może i to miało wpływ na Annę. Można by rzec, że i sami Boleynowie stanowili przykład angielskiej mobilności społecznej. Nie żeby Anna pochodziła z tak skromnego rodu, jak często się twierdzi. Familia Boleynów nie stroniła od dochodów z kupiectwa, ale twórcą rodzinnej fortuny stał się pradziadek Anny, który doszedł do stanowiska Lorda Burmistrza Londynu. W przebojowej epoce Tudorów wiele możnych rodów miało bliższe niż Boleynowie związki z handlem. Anna górowała urodzeniem nad dwiema innymi żonami Henryka; jej matka, potomkini potężnego rodu Howardów, była najstarszą córką hrabiego Surrey, późniejszego księcia Norfolk, ojciec – Thomas był skoligacony z irlandzkim rodem hrabiów Ormonde, jego matka zaś dziedziczyła połowę fortuny Ormonde'ów.

Thomas rozpoczął karierę w królewskiej służbie jako stosunkowo ubogi młody człowiek na dorobku, jednak jego pozycja szybko rosła. Był przy ślubie Katarzyny Aragońskiej z następcą Henryka VII w 1501 roku, należał też do eskorty wiozącej najstarszą córkę króla, Małgorzatę Tudor, na ślub z królem Szkocji w 1503 roku. Do czasu, gdy w 1509 roku na tronie zasiadł Henryk VIII, Thomas Boleyn zdążył przekroczyć trzydziestkę, był więc w nieco zbyt dojrzałym wieku, żeby znaleźć się w gronie bliskich kumpli króla, ale jako znakomity partner na turniejach, a także poliglota i bystry dworzanin, należał do ludzi, jakimi Henryk chętnie się otaczał.

W 1512 roku Thomasa wysłano z pierwszą misją dyplomatyczną na dwór Małgorzaty Austriackiej. Posada dla Anny Boleyn świadczyła o tym, w jak dobrych stosunkach w trakcie swego dziesięciomiesięcznego pobytu Thomas pozostawał z Małgorzatą. Istnieje udokumentowana wzmianka, że tych dwoje podało sobie ręce w zakładzie, iż w ciągu dziesięciu dni osiągną postęp w negocjacjach; stawką miały być konie różnych ras: jej hiszpański rumak przeciwko jego kucowi. W liście do Thomasa o postępach Anny Małgorzata pisała: „po Twoim powrocie, Panie, nie będziemy potrzebowali innej niż ona pośredniczki".

Poza ogólnymi, niosącymi lekki posmak erotyki wzmiankami o kosmopolitycznym blichtrze na francuską modłę wczesne doświadczenia Anny z pobytu za granicą nie zaznaczają się chyba tak silnie jak powinny, jeśli wziąć pod uwagę jej obraz w naszych oczach. Zwykle przedstawia się ją raczej na tle Hever, uroczej, ufortyfikowanej posiadłości ziemskiej w regionie Weald of Kent, zakupionej i przebudowanej przez jej pradziadka, a w 1505 roku odziedziczonej przez Thomasa. W Hever Anna spędziła większość dzieciństwa. Tam, przygotowując się do wyjazdu za granicę, spacerowała po zachwycających wiosennym rozkwitem sadach i ogrodach. Z intensywnością inteligentnej nastolatki starała się w ostatnim spojrzeniu utrwalić ich wspomnienie.

W Mechelen pod zarządem Małgorzaty pięknych ogrodów też było w bród, jednak autorzy współczesnych opisów dworskiego życia rozwodzą się nad kryjącymi się wśród roślinności sidłami i pokusami. Klasy dążące za Tudorów do awansu społecznego obawiały się dworu, a zarazem go potrzebowały. Był on jedynym miejscem, gdzie można było uzyskać świecki awans, ale każde przejęzyczenie lub błąd taktyczny, wybujałe ambicje czy źle ulokowana lojalność mogły, całkiem dosłownie, kosztować życie. Do takiego świata krewni wysłali Annę Boleyn – niczym wycelowany pocisk rakietowy.

Przebywała tam jako agentka i ambasadorka swej rodziny, czyli w roli podobnej do tej, jaką z pewnością odgrywał jej ojciec w służbie Anglii. Ale jak ta długa rozłąka odbiła się na jej relacjach z rodziną? W następnej dekadzie czasem spotykała się z ojcem i pozostałymi krewnymi, kiedy koleje ich karier powiodły ich na drugi brzeg kanału La Manche, jednak przez dłuższy czas musiała sobie radzić sama. W późniejszych latach uważano, że nie przejawia właściwej kobietom uległości wobec wskazówek udzielanych przez rodzinę – rozumianą szerzej jako klan Howardów – ale dlaczego miałaby przejawiać taką postawę po dziesięcioleciu, w którym polegała głównie na własnym rozeznaniu?

Na dworze, gdzie Małgorzata Austriacka codziennie konsultowała się ze swoją radą, Anna – obdarzona bystrym umysłem, determinacją, a nade wszystko dostrzeżoną przez de Carlesa umiejętnością bacznej obserwacji – z pewnością nauczyła się nie tylko francuskiego. Mogła bowiem obserwować kobietę sprawującą władzę, a może nawet czerpiącą radość – w ramach starannie wytyczonych granic – z własnej seksualności.

W wytwornym, wyrafinowanym świecie Małgorzaty Anna Boleyn mogła się nauczyć czegoś jeszcze. Dwór niderlandzki (dawny dwór księstwa Burgundii) był scenerią wielkiej gali i rewii miłości dworskiej, tego wielkiego spektaklu aktorstwa obu płci, które zdominowało europejskie wyższe sfery na trzy stulecia, a swój wpływ wywiera na nas nawet dzisiaj[*].

„Panie ojcze", pisała Anna , „z Twojego listu wyrozumowałam, że pragniesz, żebym jako kobieta cieszyła się dobrą reputacją [*toufs onette fame*], gdy zjawię się na dworze...". Z pobytu w Mechelen mogła jednak wynieść wiele zróżnicowanych nauk. Angielski dwór przez długi czas zapożyczał najlepsze idee z Burgundii. Z jednej strony Małgorzata przestrzegała ścisłej etykiety. Anna i pozostałe dwórki były starannie pilnowane. Z drugiej zaś – Małgorzata napisała skierowany do swych młodych dam dworu wiersz, w którym przestrzegała je przed traktowaniem tej gry nazbyt poważnie:

Strzeżcie się, damy, rycerzy wytwornych,
Co służby ofiarowują,
Gdyż pod pozorem słówek dwornych
Zdradę wam szykują.

Najlepszymi środkami obrony dla dziewczyny były rozsądek i pewność siebie. „Dworne słówka" to gra dla dwojga. Anna

---

[*] Księstwo Burgundii objęło nie tylko położone na południu ziemie utożsamiane przez nas z dzisiejszą Burgundią, lecz także znaczną część współczesnej Belgii i Holandii. Ponieważ pierwotna Burgundia została niemal natychmiast przekazana Francji na mocy postanowień intercyzy ślubnej Małgorzaty Austriackiej, wygodniej będzie mówić od razu o Niderlandach. Przed końcem XVI wieku owe Niderlandy miały się podzielić na katolickie Niderlandy należące do Hiszpanii oraz na siedem niepodległych prowincji protestanckich (przyp. aut.).

Boleyn opanowała ją po mistrzowsku, mało tego – nikt w Europie nie rozegrał partii o bardziej ważkim wyniku.

Małgorzata mimo wdowiego stroju pozwalała otoczeniu na grę w dworską miłość w stopniu, który w istocie mógł prowadzić do nieporozumień w kontaktach z przedstawicielami mniej elastycznych kultur. Wiedziała jednak – czego miały dowieść rychłe wydarzenia – kiedy przerwać grę. Anna Boleyn powinna była wziąć to pod rozwagę.

Piętnaście lat później Europa usłyszała o Annie Boleyn jako rywalce Katarzyny Aragońskiej, królowej Anglii i byłej szwagierce Małgorzaty Austriackiej. Obie toczyły walkę, w której siła osobowości (i osobistego powabu) była po jednej stronie medalu, podczas gdy drugą stronę zajmowała polityka.

Pobyt Anny na dworach – najpierw niderlandzkim, później francuskim – nadał jej kosmopolityczny polor, którym tak zniewalała Henryka VIII. Uczynił z niej godną rywalkę Katarzyny w jeszcze innym sensie. Obserwowanie kobiety sprawującej władzę w sposób wciąż mało znany w Anglii pozwoliło Annie zasmakować tego rodzaju europejskiego szkolenia, jakie mogła odbyć sama Katarzyna, córka Izabeli, panującej królowej Kastylii.

Historia Anny Boleyn i Katarzyny Aragońskiej oraz ich córek była częścią znacznie szerszego europejskiego obrazu. W nadchodzących latach kobiety związane z królewskimi dynastiami Wysp Brytyjskich miały zostać uwikłane – lub same się wplątać – w sieć rywalizacji i wzajemnej zależności, którą tworzyły damy z rodów Habsburgów, Walezjuszy i Medyceuszy, kobiety w każdym calu równie barwne. Żeby jednak to zrozumieć, trzeba pokrótce zapoznać się z wydarzeniami minionych dekad.

2
„Nauki dla mojej córki"

Hiszpania, Francja, 1474–1483

Trzynastego grudnia 1474 roku – następnego dnia po otrzymaniu wiadomości o śmierci przyrodniego brata, króla Henryka – Izabela Kastylijska wkroczyła do wielkiego kościoła w Segowii, stolicy Kastylii, odziana w skromną żałobną biel. Kiedy po mszy wyłoniła się ze świątyni, skrzyła się od blasku zdobiących ją klejnotów. W przedsionku, na wzniesionym naprędce podwyższeniu udrapowanym brokatem, została obwołana królową Kastylii. Izabela miała się stać pierwszą, a przy tym słynniejszą z dwóch kobiet, które w XVI wieku ustanowiły precedens żeńskich rządów.

W koronacyjnym pochodzie przez kręte ulice miasta Izabela Kastylijska jechała konno, a idący pieszo przedstawiciele szlachty podtrzymywali tren jej sukni. Na jej spotkanie wyjechał samotny jeździec z obnażonym mieczem zwróconym ku górze – tradycyjnym symbolem królewskiej władzy. Kiedy w dalekiej Saragossie wieść usłyszał mąż Izabeli, Ferdynand Aragoński, nawet on był zaszokowany faktem, że żona zagarnęła symboliczny miecz. Doradcy zapewnili go, że zdoła ułagodzić połowicę, jeśli będzie „wytrwale spełniał wymogi małżeńskiej miłości". Przerażony Ferdynand jednak protestował, twierdząc, że nigdy nie słyszał o królowej uzurpującej sobie prawo do tego męskiego atrybutu.

Po pięciu latach małżeństwa powinien był lepiej znać swoją Izabelę. Bądź co bądź złamała już zwyczaje, ustanawiając inny precedens: sama zaaranżowała ich małżeństwo. Ferdynand, następca tronu sąsiedniego królestwa graniczącego z Pirenejami, był dla Izabeli przydatnym sojusznikiem w walce o sporne prawo do własnego tronu.

Izabela nie dziedziczyła z urodzenia praw do berła Kastylii. Przed nią było dwóch męskich następców tronu: przyrodni brat Henryk oraz rodzony brat Alfons. Kiedy jednak po objęciu tronu przez Henryka nie pojawiło się dziecko, które mogłoby objąć po nim sukcesję, zaś Alfons w okresie panowania Henryka nagle zmarł, sytuacja Izabeli się zmieniła. To wtedy zawarła sojusz z Ferdynandem, zagwarantowawszy sobie na mocy postanowień intercyzy, że w Kastylii będzie przewyższać męża rangą. Jej mąż był doświadczonym wojownikiem, mógł więc rozgrywać za nią bitwy i dać jej dzieci. Partnerstwo zrodziło się na gruncie praktycznym, niemniej miało się stać jednym z najbardziej udanych w świecie chrześcijańskim.

Ferdynand sprawdził się jako reproduktor, choć w chwili objęcia przez Izabelę panowania małżonkowie mieli tylko córkę. Użyteczne miały się okazać również jego umiejętności militarne, jako że Izabela nie była jedyną kandydatką na panującą królową Kastylii. Jej bratowa, żona Henryka, w końcu urodziła córkę Joannę, choć plotka głosiła, że spłodził ją nie Henryk, a kochanek królowej Beltrán de la Cueva. To dało Izabeli sposobność uznania własnych praw do tronu za słuszniejsze niż prawa dziecka obdarzonego przydomkiem „la Beltraneja"; pokonana Joanna, jako kilkunastoletnia dziewczyna, miała się usunąć w cień – pójść do klasztoru. W latach siedemdziesiątych XV wieku w Hiszpanii (podobnie jak w Anglii około siedemdziesięciu lat później) koleje dziedziczności zrządziły tak, że o tron toczyły spór dwie kobiety.

Warto zadać sobie pytanie, czy gdyby kobieta rzuciła wyzwanie mężczyźnie, nie odniosłaby mimo wszystko zwycięstwa? Prawa Izabeli usankcjonował jednak również pewien teoretyk, brat Martín de Córdoba, w swoim dziele *El Jardín de nobles doncellas*: „Niektórzy, moja Pani, (…) niechętnie przyjmują to, że królestwo lub inne państwo trafia pod władzę niewiasty. Jednak, jak objaśnię poniżej, nie zgadzam się z tym, gdyż od samego zarania świata widzimy, że Bóg zawsze obarczał kobiety odpowiedzialnością za zbawienie ludzkości, ze śmierci zatem rodzi się życie".

Walki z tymi, którzy opowiedzieli się za „la Beltraneją" (wojna o sukcesję kastylijską), ciągnęły się przez kolejne pięć lat. Dopiero pod koniec lat siedemdziesiątych XV wieku Ferdynand i Izabela mogli się czuć pewnie w Kastylii. Do tego czasu Izabela urodziła też syna, Jana. Po nim miały się pojawić jeszcze trzy córki: Joanna, Maria i Katarzyna.

Przyszedł czas na krucjatę mającą na celu wyparcie z kraju Maurów, którzy od wielu lat zasiedlali południowy kraniec Hiszpanii. Po tym, jak Ferdynand w 1479 roku objął sukcesję po ojcu, współcześni różnili się w opiniach, czy w łączącym małżonków sojuszu to właśnie jemu przypada rola ważniejszego partnera. Mimo małżeńskiej intercyzy Ferdynand cieszył się w królestwie Izabeli większym autorytetem niż ona w jego włościach. W przeciwieństwie do Kastylii – w odziedziczonej przez Ferdynanda Aragonii obowiązywała odmiana prawa salickiego, zabraniająca kobiecie sprawowania rządów, choć w odróżnieniu od przepisu dominującego we Francji dopuszczała dziedziczenie po linii żeńskiej. Ponieważ jednak prowincja Izabeli była o wiele większa i bogatsza, wenecki dyplomata zauważył, że najwięcej mówi się właśnie o królowej[1].

Trochę czasu minęło, zanim Ferdynand i jego doradcy zaakceptowali tę nietypową sytuację, ale w końcu małżonkowie uczynili wiele, by postępować zgodnie ze swoim słynnym hasłem:

„dowodzić, zarządzać, władać i panować jako jedność". Ich motto brzmiało: „*Tanto monta, monta tanto, Isabel como Fernando*" („Izabela czy Ferdynand – to jedno i to samo").

Izabela Kastylijska słynęła z tego, że towarzyszyła swojemu wojsku na polu bitwy – w siodle, zakuta w stal – o ile nie brała rzeczywistego udziału w walce. Skutecznie organizowała zapasy i zaopatrzenie oraz uzbrojenie, werbując tysiące robotników do budowy dróg, którymi mogły przejechać działa. Kolejną z jej innowacji był ruchomy szpital polowy składający się z sześciu dużych namiotów, ale jej wkład zaznaczył się jeszcze w dwóch innych aspektach. Po pierwsze, cieszyła się wręcz magicznym poważaniem wśród żołnierzy, mówiło się zatem, że jej obecność daje kastylijskim wojskom ostrogę do wywalczenia pewnego zwycięstwa. (Co ciekawe, żołnierze wznosili okrzyki na cześć „króla" Izabeli). Po drugie, znała taktykę, choć tu jej rolę trudno ocenić z całą pewnością, gdyż w sprawach wojskowych skrupulatnie zdawała się na opinię męża, przynajmniej publicznie.

Izabela nie wahała się zabierać ze sobą córek w drogę z jednego oblężenia na drugie, ale tylko syn Jan był szkolony na przyszłego władcę. Królowa (podobnie jak po niej Elżbieta Tudor) mogła uważać samą siebie za wyjątek w stosunku do zwykłej roli przypisywanej kobietom, zamiast się starać o jej ogólne rozszerzenie. Niemniej w zbliżającym się do końca XV wieku stanowiła wspaniały przykład monarchini.

W 1483 roku do Izabeli na przedniej linii europejskiej polityki dołączyła kolejna kobieta: Anna de Beaujeu, władająca Francją w imieniu swego trzynastoletniego brata, nowego króla. Francja miała długą tradycję wypełniania w imieniu męskiego krewnego obowiązków władcy przez kobiety z królewskiego rodu. *Miasto Kobiet* Christine de Pizan powstało na początku stulecia jako argument, że wcześniejsza francuska królowa Izabela Bawarska powinna była otrzymać zezwolenie na objęcie urzędu regentki podczas nawiedzających króla napadów szaleństwa. (Ponadto autorka przedstawiła Maryję jako regentkę sprawującą władzę w imieniu niebiańskiego syna).

Urodzona w 1461 roku Anna de Beaujeu (znana również jako Anna Francuska) nie mogła zostać następczynią tronu, bowiem Francja przestrzegała prawa salickiego. Zamiast tego jako trzynastolatka poślubiła brata księcia Burbonii, łagodnego mężczyznę, starszego od niej o dwadzieścia jeden lat. W wieku dwudziestu dwóch lat Anna uniknęła szkód wynikających ze związków krewniaczych, które podkopały zdrowie tak wielu jej krewnych. Jej ojciec Ludwik XI Walezjusz nazywał ją „najmniej głupią z kobiet", nie chcąc przyznać, że należałoby się jej miano sprytnej. Na łożu śmierci król zerwał z tradycją i to Annie (a nominalnie też jej mężowi) powierzył obowiązki młodego króla Karola VIII zamiast zgodnej ze zwyczajem kombinacji, w której skład weszliby: jako opiekunka wdowa po umierającym, czyli matka chłopca, oraz męscy krewni tworzący radę regencyjną. Za to wdowie po Ludwiku, Karolinie Sabaudzkiej, zakazano wszelkich kontaktów z synem.

Chociaż prawo salickie wykluczało kobiety z dziedziczenia, a nawet z przekazywania prawa do tronu, w pewnym sensie sprzyjało ono władzy dam. Pisarz z tamtych czasów, Jean de Saint--Gelais, ujął to następująco: osoba nieletniego króla powinna się znaleźć w rękach „najbliższych mu osób nieuprawnionych [*non capables*] do objęcia sukcesji". Mniej niebezpieczne mogło się wydawać powierzenie w pewnej mierze władzy kobiecie – gdyż nie mogło być mowy o zawłaszczeniu przez nią najwyższej władzy monarszej – niż krewnemu płci męskiej.

Anna de Beaujeu – *Madame la Grande* – była postacią kontrowersyjną, prawdziwą córą szanowanego ojca[2]. Ludwik zrobił wiele – nie bez kosztów ponoszonych przez jego poddanych – dla zwiększenia potęgi i terytorium Korony francuskiej. Anna była niewątpliwie obdarzona podobnymi zdolnościami, choć działała w ramach ograniczeń narzucanych jej przez nie zawsze łatwą sytuację. Jeden ze współczesnych jej ludzi nazwał ją „herod-babą (...), kobietą prawdziwie przewyższającą płeć męską, (...) która nie zrzekła się męskiej postawy zdecydowania i odwagi". Z urodzenia stała na wysokości zadania sprawowania suwerennej władzy, „gdyby natura nie poskąpiła jej odpowiedniej płci".

Niekiedy wyjątkowe kobiety chwalono, że prawie wcale nie przypominają kobiet, wydawało się również, iż czasem one same skłaniają się ku temu werdyktowi. Christine de Pizan pisała, że gdy owdowiała, sama przeistoczyła się w mężczyznę, żeby utrzymać rodzinę. Jeden z najskuteczniejszych sposobów Anny de Beaujeu, jak zauważono, polegał na tym, że nie obnosiła się ze swoją pozycją i zazwyczaj zadowalała się działaniami zakulisowymi. Była również godną uwagi szachistką.

W napisanym w późniejszym okresie życia tomie porad *Enseignements à ma fille* (*Nauki dla mojej córki*) Anna ostrzega dziewczynę: „Musisz patrzeć tak, żeby zauważać wszystko, nie widząc niczego; słuchać tak, żeby dosłyszeć wszystko, lecz nie wiedzieć o niczym; mówić tak, żeby odpowiadać każdemu, lecz nie powiedzieć nic, co mogłoby komuś zaszkodzić". Kieruj się własnym zdaniem, pisała, „w sprawach, które mogą dotyczyć twojego honoru", chyba że „jest coś, co z najwyższym trudem możesz ukryć", a i wtedy zwierzaj się tylko członkom rodziny.

Anna popierała cnoty zalecane kobietom – pobożność i uległość – lecz nie dla nich samych, jeśli się przyjrzeć uważniej, a jako taktykę. Prawdopodobnie dlatego *Nauki...* porównuje się z *Księciem* Machiavellego. Perfekcyjność i wybiegi zalecane mężczyznom i kobietom mogą się różnić, jednak bez wątpienia oba tomy wyszły spod pióra pisarza, który w cnocie upatrywał narzędzie[3].

W nadchodzącym stuleciu Francja miała ujrzeć kilka godnych uwagi przykładów sprawowania władzy przez kobiety, które – bezpośrednio lub pośrednio – skorzystały ze wzoru Anny de Beaujeu. W słynnym *Dworzaninie* (opublikowanym w Wenecji w 1528 roku) Baldassare Castiglione wspomina o Annie oraz Izabeli Kastylijskiej przy omawianiu pomyślnych kobiecych rządów, ponieważ obie dowiodły, że ich wpływy sięgają daleko poza granice ich własnych krajów.

3
Młodzieńcze doświadczenia

Niderlandy, Francja, 1483–1493

Anna de Beaujeu i Izabela Kastylijska bardziej bezpośredni wpływ – jako mentorki – wywarły na kolejną godną uwagi damę: Małgorzatę Austriacką. Małgorzata osiągnęłaby poziom godny tego, by w omówieniu, jakie przedstawił Castiglione, posłużyć za trzeci przykład sprawującej pomyślne rządy władczyni. Była jednak ona ledwie dzieckiem, gdy w 1483 roku – podobnie jak inna młoda dziewczyna, Ludwika Sabaudzka, z którą dorosła Małgorzata miała zasiąść do stołu rokowań – dostała się pod opiekę Anny de Beaujeu.

Matka Małgorzaty, panująca księżna Burgundii Maria, odziedziczyła swe włości wczesną, chłodną wiosną 1477 roku po swoim ojcu Karolu „Zuchwałym". Dziewiętnastoletnia Maria stanęła w obliczu trudnej próby. Zaraz po śmierci jej ojca król Francji Ludwik XI wysunął roszczenia do znacznej części jej ziem, a państwa-miasta Flandrii wykorzystały tę okazję, by zażądać szerszej autonomii. Maria jednak miała poparcie swej macochy, Małgorzaty z Yorku, wdowy po Karolu, siostry króla Anglii Edwarda IV i przyszłego króla Ryszarda III. Obie kobiety przeciwstawiły się francuskim najeźdźcom. Doszły do porozumienia ze Stanami Generalnymi (niderlandzkim parlamentem), choć przedtem, na mocy decyzji Stanów, niektórzy z ich doradców zostali aresztowani i bezwzględnie straceni. Zdołały też doprowadzić do zaplanowanego od dawna małżeństwa Marii z arcyksięciem austriackim Maksymilianem, synem Świętego Cesarza Rzymskiego*. Małżeństwo zostało zawarte latem tego samego roku, a los pobłogosławił je dwojgiem zdrowych dzieci: Małgorzatą „Austriacką" i jej bratem Filipem Pięknym. Jednak w marcu 1482 roku Maria Burgundzka zginęła w wypadku podczas jazdy konnej. W domu Maria pozostawiała opiekę nad dziećmi w rękach macochy Małgorzaty z Yorku. Księżna Burgundii pisała o niej, że zawsze otacza „naszą osobę oraz nasze włości i władzę tak pełną i doskonałą miłością i dobrą wolą, że nigdy nie zdołamy wystarczająco się jej odpłacić i jej tego wynagrodzić". Młodsza zaś Małgorzata – córka chrzestna starszej – miała podzielać uczucia matki. Jednakże ród książąt Burgundii we wszystkim, z wyjątkiem nazwy, był dynastią królewską, a dzieci królewskiej dynastii, szczególnie dziewczynki, nigdy nie miały łatwego życia.

Księżna Maria chciała zachować swoje włości dla potomków, na czas ich niepełnoletności pozostawiając władzę regenta mężowi Maksymilianowi. Stopień, w jakim Niderlandy były gotowe pogodzić się z obcą dominacją Habsburgów, miał jednak się stać zarzewiem narastającego konfliktu. Władze miejskie Gandawy odebrały Maksymilianowi prawo wychowywania młodego Filipa,

---

* Starodawny tytuł Świętego Cesarza Rzymskiego – choć przez ostatnie stulecie pozostawał w posiadaniu członków rodu Habsburgów, był nazwą urzędu elekcyjnego, do którego mogli kandydować europejscy władcy. Stworzony w 800 roku przez Karola Wielkiego, wiązał się ze szczególnymi obowiązkami w Kościele katolickim i w jego obrębie cieszył się prestiżem jako świecki równoważnik religijnej władzy papieskiej. Najważniejsze było to, że tytuł nadawał posiadaczowi nie tylko nadrzędną zwierzchność nad konglomeratem kościelnych i świeckich księstw, z których składały się Niemcy, lecz także wiązał się ze zmiennym wpływem na inne regiony, przede wszystkim w Italii. Cesarstwo zostało zlikwidowane dopiero w epoce napoleońskiej (przyp. aut.).

nowego księcia Burgundii. Małą Małgorzatę Austriacką na mocy podpisanego dwa dni przed Bożym Narodzeniem 1482 roku traktatu z Arras, sankcjonującego zawarcie pokoju między Francją a Burgundią, obiecano na żonę trzynastoletniemu francuskiemu delfinowi, który wkrótce miał panować jako król Karol VIII pod opieką swej siostry, Anny. Ziemie, takie jak okolice miasta Mâcon, miały się stać własnością Francji jako posag Małgorzaty, pod warunkiem że nie będzie ona rościć sobie żadnych praw do dawnych włości matki. Oczywiście Małgorzata była za młoda, by zgłosić sprzeciw. Ojciec – ambitny, agresywny i nastawiony niezwykle wrogo wobec francuskiego ekspansjonizmu – był wściekły z powodu konieczności oddania tych ziem. Maksymilian jednak został odcięty od władzy nad włościami zmarłej żony przez radę regencyjną, mianowaną do sprawowania kontroli nad niepełnoletnim synem.

Zaledwie rok po śmierci matki trzyletnia Małgorzata – prezentująca się olśniewająco, odziana, niczym dorosła, w czarny aksamit zdobny perłami – została wysłana do Francji, eskortowana przez wspaniałą świtę. Zaledwie garstce osób pozwolono z nią zostać, gdy wieziono ją przez Francję w triumfalnym pochodzie. Na granicy powitała ją Anna de Beaujeu, której pozycja – córki panującego króla – była niższa niż status Małgorzaty. Trzyletnia księżniczka otrzymała przywilej ceremonialnego wjazdu do Paryża, którego zaledwie dwa miesiące wcześniej Annie odmówiono.

W zamku Amboise nad Loarą, który miał się stać jej główną rezydencją, 22 czerwca 1483 roku Małgorzata Austriacka spotkała się i formalnie zaręczyła z przyszłym mężem, którego w istocie oficjalnie poślubiła już następnego dnia. Oto stała się małżonką delfina Francji. Dwa miesiące później, 30 sierpnia, zmarł stary król Ludwik XI. Małgorzata została nominalnie królową Francji, a praktycznie dostała się pod władzę Anny de Beaujeu – nie tylko opiekunki młodego króla, lecz także faktycznej regentki królestwa. Przejęcie władzy przez Annę de Beaujeu spotkało się z oporem. Niepokoiło ją między innymi to, że przedstawiciele rozczarowanej francuskiej magnaterii mogą spróbować uprowadzić młodego króla. Donoszono, że książęta naradzają się nad odesłaniem Anny z powrotem do obowiązków dworskich. Powoli jednak Anna zdołała zmusić większość oponentów do zaakceptowania status quo, w wyniku czego – choć deklarowała, że Karol VIII, jako nastolatek, wykazuje już wystarczającą dojrzałość, by nie wymagać regencji – wraz z mężem zachowała kontrolę nad osobą króla[1].

Jedynym magnatem, który nie dał się zawojować, był książę Orleanu; w przeciwnym razie mógłby oczekiwać, że będzie przewodniczył radzie regencyjnej. Krewny króla był ponadto mężem Joanny – garbatej młodszej siostry Anny de Beaujeu. Ów związek zaaranżował cynicznie stary król w nadziei, że ambitny książę Orleanu nie dochowa się następcy; stwierdził bezdusznie, iż „utrzymanie dzieci, jakich się dorobią, nie będzie ich zbyt dużo kosztować".

Zimą przełomu lat 1484–1485 książę Orleanu zadeklarował, że uwolni młodego króla Karola ze „szponów" siostry Anny, i wszczął bunt. Annie de Beaujeu i wojskom królewskim, zawsze z młodym królem jako symbolicznym przywódcą, mającym kamuflować trudną do strawienia myśl o kobiecie dowodzącej kampanią wojskową, udało się go stłumić. Joanna, żona księcia Orleanu (córka zmarłego króla Ludwika XI, podobnie jak Anna de Beaujeu), stanęła po stronie siostry przeciwko mężowi, natomiast ich matka, królowa wdowa Karolina Sabaudzka – po stronie zbuntowanego księcia. Przyszedł czas, by powściągnąć ambicje orleańskiego klanu wszelkimi dostępnymi środkami. Jednym z nich był mariaż – tym łatwiejszy, że Anna de Beaujeu wychowywała nie tylko Małgorzatę Austriacką, lecz sporo innych dziewcząt z arystokratycznych rodów, złączonych z nią więzami wpływów lub pokrewieństwa.

Wśród dziewcząt tych znalazła się ośmioletnia wówczas Ludwika Sabaudzka, późniejsza przeciwniczka, ale też sojuszniczka Małgorzaty Austriackiej, obecnie zaś pionek, który można było wystawić w grze przeciwko klanowi orleańskiemu. Ludwika urodziła się w 1476 roku jako córka młodszego syna księcia Sabaudii; współcześni nadali jej ojcu przydomek *Monsieur sans terre* (Pan bez ziemi). Po śmierci matki siedmioletnią Ludwikę (i jej młodszego brata, Filiberta) oddano na wychowanie Annie de Beaujeu, kuzynce ze strony ojca, a także ciotce przez małżeństwo matki.

W licznej rodzinie Ludwice Sabaudzkiej daleko było do pozycji ważnej osoby i na pewno traktowano ją zupełnie inaczej niż Małgorzatę Austriacką. Podczas gdy w rachunkach dworu Małgorzaty zachowały się zapisy świadczące o istnieniu świty godnej królowej – dwudziestu damach dworu i sześciu dworzanach, kapelanie i skarbniku, lekarzu i sekretarzach, nie mówiąc o kucykach i papugach, sokołach i ogarach oraz strojach, nawet dla lalek – status osób z jej otoczenia był znacznie niższy. Ludwika otrzymywała osiemdziesiąt liwrów rocznie, z których musiała sobie sprawić suknię dworską na uroczystości państwowe. Kto by przypuszczał, że pewnego dnia Małgorzata i Ludwika zasiądą przy stole rokowań jak równa z równą?

Ludwika Sabaudzka, odkąd ukończyła dwa lata, była nominalnie zaręczona z Karolem, hrabią Angoulême, młodszym potomkiem z linii orleańskiej Walezjuszy, prawie dwadzieścia lat starszym od niej. Związek z Ludwiką, niemającą grosza przy duszy – jej kolejne upokorzenie – był sposobem, w jaki król Francji

Ludwik XI chciał podciąć skrzydła linii orleańskiej. Kiedy w 1487 roku hrabia d'Angoulême za przykładem krewnego przyłączył się do kolejnej rebelii (tak poronionej, że znana jest obecnie jako szalona wojna), w celu pohamowania jego ambicji polecono mu, by podjął dalsze kroki dla zawarcia ślubu z Ludwiką na warunkach nader korzystnych dla panny młodej. Ceremonia ślubna odbyła się 16 lutego 1488 roku. Zachował się list od ojca Ludwiki, który w ustawicznych wędrówkach rzadko pojawiał się u jej boku; treść pisma odzwierciedla rozterki dwunastolatki.

Ojciec w żartobliwym tonie pisał do swej nowej żony, że Ludwika wypytywała go o noc poślubną w sposób zdradzający przejęcie. Spojrzenie na kontekst zdania ujawnia jednak mroczniejszy obraz sytuacji: „Córka twierdzi, że nadal jest zbyt wąska, i nie wie, czy może od tego umrzeć, do tego stopnia, iż codziennie pyta, jak duża i długa jest ta jego »rzecz«, czy może tak jak jej ramię; to zdradza, że nie może już się doczekać, kiedy zajmie się tym samym, co starsze mężatki...".

Kiedy ostatecznie zamieszkała z mężem – w jego zamku w dolinie Loary albo w Cognac – Ludwika Sabaudzka musiała się pogodzić z faktem, że służbą Karola d'Angoulême zarządza jego kochanka, córka jednego z urzędników hrabiego, Jeana de Polignac, a nieślubne dzieci męża z kilkoma kobietami mają się wychowywać razem z dziećmi Ludwiki. Wydaje się jednak, że metresa hrabiego wzięła jego młodą żonę pod swoje skrzydła, a Ludwika zaakceptowała jej przyjaźń; nauki Anny de Beaujeu o dyskrecji i pragmatyzmie nie poszły w las. Istniały też czynniki rekompensujące jej przykrości. Ludwika wychowała się w rodzinie ceniącej książki, a kulturalny Karol miał godną uwagi kolekcję, liczącą dwieście lub więcej woluminów. Jego biblioteka zawierała romanse, rozprawy teologiczne, dzieła Boecjusza i Owidiusza oraz wszechobecnej Christine de Pizan, a dwór hrabiego był domem dla artystów, zwłaszcza ilustratora Robineta Testarda, oraz literatów, takich jak bracia Saint-Gelais.

Wszystkie dziewczęta z arystokratycznych rodów musiały się nauczyć jednego: żeby podnieść swoją pozycję na dworze męża, trzeba urodzić mu męskiego dziedzica. Ludwika, nadal młoda dziewczyna, lecz już zaniepokojona, po zaledwie trzech latach małżeństwa zwróciła się do świątobliwego pustelnika o modlitwy w intencji jej płodności. Ten zapewnił ją nie tylko o tym, że ma widoki, by doczekać syna, lecz także (jak później wspominała) o stojących przed owym synem chwalebnych perspektywach.

W 1492 roku Ludwika urodziła córkę Małgorzatę, a dwa lata później przyszedł na świat jakże ważny syn. Ludwika zapisała w swoim dzienniku: „Franciszek, z łaski bożej król Francji, mój łagodny Cezar, ujrzał po raz pierwszy światło dzienne w Cognac około dziesięciu godzin po południu 12 dnia września 1494 roku"[2].

Do tego czasu zaszły też zmiany w życiu najważniejszej z towarzyszek zabaw Ludwiki Sabaudzkiej. W 1491 roku stabilne i wystawne życie Małgorzaty Austriackiej jako królowej Francji raptownie się zakończyło. Trzy lata wcześniej ważne księstwo Bretanii odziedziczyła młoda księżna, podobnie jak Maria, matka Małgorzaty, odziedziczyła księstwo Burgundii. W chwili wzięcia w posiadanie swojej dziedziny Anna Bretońska nie miała jeszcze dwunastu lat, niemniej zamierzała przejąć rządy. W tym celu zawarła małżeństwo *per procura* z Maksymilianem I, ojcem Małgorzaty Austriackiej, starszym od niej o całe dekady, ale zachwyconym możliwością zadania ciosu znienawidzonym Francuzom i rozciągnięcia władzy Habsburgów nad terytoriami leżącymi na wschód i na zachód od Francji, a tym samym ujęcia tego kraju w morderczy uścisk.

Anna de Beaujeu, nadal dominująca siła we Francji, miała jednak wobec Bretanii inne plany. Zdecydowała się zaanektować to księstwo, orężem bądź innym sposobem. Anna Bretońska została przekonana – albo zmuszona przez francuskie wojska otaczające granice jej włości – do porzucenia Maksymiliana I i poślubienia Karola VIII, choć ceremonia przebiegała niezbyt radośnie (pannie młodej pewnie trudno było się cieszyć po tym, jak ponoć musiała się zaprezentować nago doradcom pana młodego, żeby zademonstrować, że jest zdolna do macierzyństwa). Małżeństwo Karola VIII z Małgorzatą Austriacką zostało unieważnione; nie było to ustaleniem nietypowym w przypadku związku między osobami niepełnoletnimi, który nie został skonsumowany.

Małgorzatę Austriacką odsunięto na korzyść dziedziczki bogatszych włości; stała się ofiarą sporu Francji z jej ojcem Maksymilianem I. Niemniej przetrzymywano ją w kraju jeszcze przez dwa lata, istniało bowiem pytanie, co począć z ziemiami, które wniosła w posagu. Ostatecznie w maju 1493 roku Maksymilian wynegocjował ich zwrot na mocy nowego traktatu, tymczasem Małgorzatę przeniesiono z królewskiej rezydencji w Amboise i ulokowano w warunkach, które uważała za upokarzające. Zdążyła już się przywiązać do Karola VIII, on zaś do niej, a obecnie czuła się osamotniona. Zachował się jej rozpaczliwy list do Anny de Beaujeu, w którym błagała, żeby nie pozbawiano jej kuzynki i towarzyszki: „To moja jedyna rozrywka, a skoro ją straciłam, nie wiem, co zrobię".

Anna Bretońska również miała się przywiązać do swojego mało entuzjastycznie nastawionego męża, Karola, ale czuła się odsunięta na boczny tor – w sprawach własnego księstwa nie miała prawa głosu, ambasadorów zaś przyjmowała wyłącznie w obecności Anny de Beaujeu. Sama Anna de Beaujeu i jej mąż cieszyli się już mniejszymi niż dawniej wpływami i więcej czasu spędzali w swoich posiadłościach. Niemniej kiedy przyszła pora na wyprawę wojenną Karola VIII do Italii, Annę de Beaujeu ponownie wezwano do objęcia władzy i powierzono jej zwierzchność nad Anną Bretońską. Prawdopodobnie zawsze istniały obawy o to, co może zrobić młoda królowa-księżna, która nigdy nie wyrzekła się marzeń o niepodległości Bretanii, jeśli pozostawi się ją bez nadzoru.

Anna Bretońska po krótkim czasie dała Karolowi VIII syna i kiedy trzynastoletnią Małgorzatę Austriacką ostatecznie odesłano do domu, przynajmniej przyszłość Francji wydawała się pewna. Małgorzata zabrała ze sobą pożegnalny upominek wykonany przez najbieglejszą hafciarkę Anny Bretońskiej. Obie kobiety zachowały łączącą je więź, ale Małgorzata żywiła trwałe poczucie urazy wobec kraju, który ją odrzucił. W drodze do domu odpowiedziała gorzkim żartem, gdy zaoferowano jej wino z mało wartościowych, posadzonych w tym samym roku krzewów winorośli (franc. *sarments*) – powiedziała, że doskonale pasuje ono do królewskich przysiąg (franc. *serments*).

Małgorzata Austriacka doświadczyła zrządzeń i odmian Fortuny, którymi tak mocno trapili się ludzie średniowiecza. „Zawsze pamiętaj, co mówi święty Augustyn: nie można być pewnym nawet jednej godziny", pisała Anna de Beaujeu. W tamtej chwili wydawało się, że Fortuna sprzyja Ludwice Sabaudzkiej, obecnie matce ważnego syna, lecz zapewne i ona przekonała się, że kobiecie niełatwo być panią własnego losu.

4
„Los jest bardzo okrutny dla kobiet"

Hiszpania, Sabaudia, Francja, 1493–1505

Małgorzata Austriacka i Ludwika Sabaudzka były młodymi kobietami szukającymi dla siebie miejsca w życiu. Przyszłość pierwszej z nich nie była jeszcze znana. W czerwcu 1493 roku w Cambrai (miejscu kilku późniejszych ważnych spotkań) ponownie spotkała się ze swą macochą i matką chrzestną Małgorzatą z Yorku, na której cześć otrzymała imię. W jej towarzystwie miała spędzić kilka następnych lat. Na horyzoncie jednak zawsze pojawiało się kolejne małżeństwo.

W 1493 roku ojciec Małgorzaty – Maksymilian – objął po swoim ojcu tron Świętego Cesarza Rzymskiego. Małgorzata, podobnie jak jej brat Filip, miała posłużyć do scementowania wielkiego przedsięwzięcia ojca: sojuszu antyfrancuskiego. Filip miał poślubić Joannę, córkę hiszpańskich władców – Ferdynanda i Izabeli; Małgorzata zaś została przeznaczona na żonę Jana, ich następcy tronu*. Wielka machinacja obejmowała też plany dotyczące najmłodszej córki hiszpańskich monarchów, Katarzyny Aragońskiej,

---
* Także i w tym przypadku wygodniej będzie pisać o Hiszpanii, aczkolwiek oficjalne zjednoczenie hiszpańskich królestw miało się dokonać dopiero w XVIII wieku (przyp. aut.).

która miała wyjść za następcę tronu Anglii, cementując kolejny intratny sojusz.

Piątego listopada 1495 roku w Malines Małgorzata Austriacka poślubiła *per procura* hiszpańskiego królewicza. Dyskusje o tym, czy powinna wyruszyć w rejs do Hiszpanii przed przybyciem Joanny do Flandrii, przypominają negocjacje w sprawie wymiany zakładników. Niemniej pod koniec stycznia 1497 roku Małgorzata była już w drodze. Panowała tak fatalna pogoda, że jej okręt musiał szukać schronienia u wybrzeży Anglii, w Southampton, ku zachwytowi angielskiego króla. Henryk VII przysłał list z zachętą, by Małgorzata zatrzymała się w mieście dostatecznie długo, żeby zdążył złożyć jej wizytę, ona zaś mogła uniknąć „wzburzenia i ryku morza". Mogła żałować, że tego nie uczyniła, gdyż w Zatoce Biskajskiej okręt dostał się w strefę tak silnych sztormów, że Małgorzata ułożyła sama sobie smutne epitafium:

> Tu spoczywa Margot, ochocza oblubienica,
> Choć dwukrotnie zamężna – w chwili śmierci dziewica.

Po bezpiecznym dobiciu do brzegów Hiszpanii Małgorzata spotkała się ze swą nową teściową Izabelą Kastylijską. Oto miała szansę w najbardziej bezpośredni sposób obserwować kobietę sprawującą królewską władzę. Małgorzata poznała damę, która w miarę upływu lat najswobodniej czuła się w szorstkim franciszkańskim habicie, ale publicznie potrafiła się pojawiać przyozdobiona rubinami wielkości gołębich jaj. Izabela zatrudniła wprawdzie nauczycielkę łaciny, żeby uzupełnić braki w edukacji, niemniej córki kształciła na królowe-małżonki, a nie na władczynie.

Pięć lat wcześniej Izabela Kastylijska w jednym triumfalnym roku 1492 wjechała konno do pałacu na wzgórzu Alhambra, zwyciężywszy wreszcie Maurów, od dawna okupujących południową Hiszpanię, wygnała z kraju Żydów i dokonała odkrycia Nowego Świata za pośrednictwem swojego protegowanego, Krzysztofa Kolumba. Zapewne jednak ważniejsza okazała się jej praca nad ugruntowaniem pozycji – lecz też nad kluczowymi reformami – Kościoła katolickiego w Hiszpanii.

W 1478 roku Izabela zwróciła się do papieża o zezwolenie na powołanie do życia hiszpańskiej inkwizycji. Urzędnicy jej oraz Ferdynanda poczynali sobie tak surowo, że sam papież poczuł się zmuszony do interwencji; jak na ironię, zastąpił ich cieszący się obecnie złą sławą Tomás de Torquemada, który wkrótce ustanowił nie tylko autorytatywną władzę duchową, lecz też skuteczną sieć trybunałów działających na wszystkich ziemiach pod władzą katolickich królów. Bodziec ten stał się motorem działań wymierzonych w Maurów i Żydów. Włości Izabeli Kastylijskiej z wyznawcami islamu u granic stanowiły linię frontu. Jednakże jej poczynania okazały się czymś w rodzaju uderzenia wyprzedzającego, co tłumaczyło, dlaczego protestantyzm nigdy naprawdę nie zapuścił się na Półwysep Iberyjski.

Impuls do tej zmiany wyszedł od samej Izabeli. Królowa przechwalała się swoim pragnieniem wykorzenienia innych, heretyckich nurtów wiary: „Zsyłałam wielkie klęski i wyludniałam całe miasta, krainy, prowincje i królestwa". Jej poczynania kosztowały życie wielu ludzi. Pewien ksiądz, świadek wygnania żydowskich rodzin od wieków żyjących w Hiszpanii, opisał wygnańców, którzy padali przy drogach, rodzili tam i umierali, „przeto nie było wśród chrześcijan nikogo, kto by ich nie żałował". Niemniej po śmierci Izabeli podejmowano nawet kroki zmierzające do jej kanonizacji.

Taki oto duch i naukę jej córki niosły poza granice, gdy wydawano je za mąż dla szerzenia wpływów dynastii Izabeli i Ferdynanda*. Małgorzata Austriacka po przybyciu do Hiszpanii miała sposobność zapoznania się przynajmniej z niektórymi nowymi szwagierkami. Najstarsza, ochrzczona imieniem Izabela – na cześć matki, której była następczynią – przed laty wyszła za następcę tronu Portugalii. Jej młody mąż zginął w wyniku upadku z konia zaledwie po siedmiu miesiącach małżeństwa. Poddając się wieloletniej presji rodziny, w 1497 roku Izabela poślubiła Manuela, który zastąpił jej pierwszego męża na portugalskim tronie. W chwili przybycia do kraju Małgorzaty Austriackiej Izabela właśnie wyjeżdżała, a Joanna już wyruszyła w drogę do Niderlandów[1].

Małgorzata Austriacka na pewno poznała najmłodszą szwagierkę, która szykowała się do ostatecznego opuszczenia hiszpańskiego dworu. Ślub Katarzyny Aragońskiej z angielskim królewiczem Arturem stawał się sprawą coraz bardziej palącą. W lipcu 1498 roku hiszpański ambasador w Anglii pisał: „Królowa oraz matka króla [Elżbieta z Yorku i Małgorzata Beaufort] życzą sobie, żeby księżna Walii [Katarzyna Aragońska] stale rozmawiała z przebywającą obecnie w Hiszpanii księżniczką Małgorzatą [Austriacką] po francusku, by nauczyć się tego języka i móc po przybyciu do Anglii posługiwać się nim w rozmowie. To konieczne, albowiem wspomniane damy nie rozumieją łaciny ani tym bardziej hiszpańskiego".

Małgorzatę powitano w Hiszpanii serdecznie, mimo pewnego zderzenia kulturowego. Siedemnastowieczny pisarz i jezuita Pedro Abarca w książce *Los Reyes de Aragon* (*Królowie Aragonii*) pisał, że Małgorzacie wprawdzie pozwolono zatrzymać wszystkie służące, do których była przyzwyczajona, nie ograniczano jej swobody ani dostępu do rozrywek, lecz przestrzeżono, by nie odnosiła się

---

* Izabela i Ferdynand należeli do różnych linii dynastii Trastámara (przyp. tłum.).

do grandów „familiarnie i otwarcie, jak to zazwyczaj się dzieje na dworach Austrii, Burgundii i Francji, lecz z powagą i wyważoną godnością, właściwą królom i królestwom Hiszpanii".

Po zaledwie kilku miesiącach od ślubu z Małgorzatą, jesienią 1497 roku, słabowity i przesadnie poważny Jan zmarł, a wdowa („tak przepełniona żalem", jak sama opisywała swój nastrój, „że nie było już miejsca na więcej smutku") straciła również jego dziecko. Jej nadworny poeta Jean Lemaire pisał później w dziele pod tytułem *La Couronne Margaritique* (*Wieniec dla Małgorzaty*), że musiała wycierpieć poród trwający dwanaście dni i nocy bez jadła i snu[2].

Małgorzata opowiedziała ojcu, że królowa Izabela nie odstępowała jej ani na chwilę i gdyby nie ta opieka ze strony teściowej, umarłaby. Ferdynand i Izabela pisali do Maksymiliana, że Małgorzata była „tak silna i pełna odwagi, jak by sobie tego Wasza Cesarska Mość życzył, i staramy się nieść jej pociechę (...), troszczymy się i będziemy się troszczyć o nią tak samo, jak byśmy postępowali, gdyby żył jej mąż". Szlachetna reakcja, zważywszy na to, że wielu współczesnych im ludzi uważało, iż Jan przypłacił śmiercią nadmierne folgowanie „przyjemnościom małżeńskim" z namiętną Małgorzatą.

Małgorzata Austriacka nie odgrywała obecnie w Hiszpanii żadnej rzeczywistej roli, podobnie jak we Francji, gdy porzucił ją Karol VIII. Jednak i w tym wypadku na pewien czas pozostała w swoim nowym kraju, gdzie zyskała sobie wielką popularność. Jej wyjazd opóźniał się wskutek targów między teściem a ojcem o jej posag, o możliwości przyszłego zamążpójścia, najdogodniejszą pozycję w trwających przepychankach z Francją, wreszcie – o trasę i porę podróży powrotnej. Na początku 1499 roku wróciła do Flandrii, przemierzywszy drogą lądową Francję, gdzie niegdyś tytułowano ją królową. Miała dziewiętnaście lat, a życie małżeńskie kolejny raz ją oszukało.

Przybyła w samą porę, by zostać matką chrzestną (wraz ze swoją matką chrzestną Małgorzatą z Yorku) syna swojego brata, księcia Burgundii Filipa Pięknego, oraz Joanny Kastylijskiej – który ostatecznie miał odziedziczyć Hiszpanię po matce, a niderlandzkie włości po ojcu. Dla dynastii habsburskiej narodziny małego Karola były triumfem, lecz na osobistym poziomie małżeństwo Filipa i Joanny okazało się katastrofą. Zapewne nie dla męża, który od początku traktował żonę z pogardą graniczącą z okrucieństwem, lecz dla Joanny reagującej na to szorstkie traktowanie tak niewolniczym oddaniem wobec Filipa – oraz, jeśli wierzyć wrogim doniesieniom, tak histeryczną zazdrością – że stało się to główną podstawą stawianych jej zarzutów dotyczących choroby psychicznej.

Małgorzata prawdopodobnie czuła się rozdarta w swoich osobistych sympatiach. W każdym razie wkrótce otrzymała własną rezydencję z dala od dworu – zamek le Quesnoy. Jeśli chodzi o politykę, to w marcu 1501 roku hiszpański ambasador Fuensalida z niezadowoleniem mógł stwierdzić w raporcie, że pani Małgorzata „po prostu we wszystkim ulega bratu". Na późniejszą prośbę z Hiszpanii, dotyczącą mediacji między zwaśnionymi małżonkami, wysłała Ferdynandowi odpowiedź, że nic nie jest w stanie zrobić. Hiszpański ambasador zamieścił w raporcie złowieszczą informację, że Małgorzata „właśnie wraca do swoich włości, nie może bowiem znieść wydarzeń, które musi oglądać...".

Pobyt Małgorzaty Austriackiej w Niderlandach nie miał trwać wiecznie. Kiedy była jeszcze w Hiszpanii, ojciec i brat wiedli dyskusje o jej kolejnym małżeństwie; wymieniali w nich kandydatury księcia Mediolanu i królów: Szkocji, Węgier, a nawet Francji, gdyż jej mąż z lat dziecięcych, Karol VIII, zmarł, a na tronie zasiadł nowy monarcha. W końcu na następnego męża Małgorzaty wybrano młodego księcia Sabaudii Filiberta, brata jej niegdysiejszej towarzyszki zabaw Ludwiki Sabaudzkiej.

Księstwo Sabaudii stanowiło bramę do Italii – scenerii znacznej części zbrojnej rywalizacji między europejskimi mocarstwami. Dzięki mariażowi krewni Małgorzaty Austriackiej zyskiwali dostęp do tego strategicznie kluczowego terytorium. Co więcej, choć Filibert formalnie był wasalem Maksymiliana I, jego francuskie wychowanie pod skrzydłami Anny de Beaujeu oznaczało, że pozostaje pod wielkim wpływem tego kraju. Ojciec i brat Małgorzaty mogli pragnąć zmiany tego stanu rzeczy.

Małgorzata nie przejawiała zapału do ponownego zamążpójścia. A jednak, mimo że ten trzeci mariaż miał się okazać najmniej ważny na wielkiej scenie europejskiej, dał jej najwięcej szczęścia. Filibert, przepadający za ucztami śmiałek, młodszy od niej tylko o kilka miesięcy, dzielił z bratem Małgorzaty przydomek „Piękny". Intercyza małżeńska została podpisana w Brukseli 26 września 1501 roku, a w październiku Małgorzata Austriacka wyruszyła w drogę (przez pierwsze pół ligi* towarzyszyła jej Małgorzata z Yorku; wtedy widziały się po raz ostatni). Na początku grudnia pod Genewą spotkała Filiberta, który przyjął ją entuzjastycznie. Po raz pierwszy Małgorzata miała partnera podzielającego jej witalność. Wspólnie objechali księstwo, a wiosną 1503 roku osiedli na zamku w Pont d'Ain, w pobliżu Bourg.

Wesołość Filiberta miała jednak drugą stronę. Książę spędzał czas na łowach, turniejach i balach, nie interesowało go zajmowanie się sprawami księstwa. Te rozstrzygał jego nieślubny przyrodni brat, René; tak się działo aż do przybycia Małgorzaty, która nie miała zamiaru pozostawić władzy w rękach „sabaudzkiego bękarta". Niezależnie od tego, czy powód jej wrogości był uzasadniony, wykorzystała każdy dostępny oręż – nawet własnego ojca – żeby

---

* Liga – dawna miara długości, wynosząca około 5 km (przyp. tłum.).

pozbawić René aktu legitymizacji, który dawał mu, jako nieślubnemu synowi, prawo do majątku. Jej motywy mogły mieć naturę polityczną – musiała się kierować interesami swojego rodu – albo osobistą. Doświadczenia zapewne nastawiły ją nieprzychylnie wobec władzy (zazwyczaj sprawowanej przez mężczyzn). Być może na przykładzie bratowej przekonała się, jaki los spotyka małżonkę królewskiego rodu, która wyrzeka się publicznych powinności. Tak czy inaczej „bękart" został uznany za zdrajcę. Znalazł schronienie we Francji, gdzie powitała go przyrodnia siostra Ludwika Sabaudzka.

Podczas gdy Filibert polował, ster władzy przejęła Małgorzata Austriacka, która praktycznie przekonała męża, żeby nie zaprzątał sobie swojej pięknej głowy takimi sprawami. Zwoływała radę, mianowała urzędników, omawiała politykę zagraniczną księstwa z bratem, kiedy ją odwiedzał i zatwierdzał wcielanie w życie planów ponownego zbliżenia z Francją. Nie zaniedbywała też udziału w ucztach i łowach; istnieje relacja, zgodnie z którą na jednym z balów maskowych wystąpiła w stroju królowej Amazonek – w szkarłatnym pióropuszu i zdobionym klejnotami kirysie oraz z obnażonym mieczem w dłoni (przywodzącym na myśl Izabelę Kastylijską). Doświadczenia w Sabaudii stanowiły jednak końcowy etap jej politycznej praktyki, generalną próbę przed poczynaniami na większej – europejskiej scenie, na którą za sprawą zrządzenia losu już wkrótce miała powrócić.

Lato 1504 roku było skwarne. Nawet Filibert nie mógł polować. W pierwszych dniach września wrócił do ulubionej rozrywki z tym większym entuzjazmem. Po porannym szaleńczym pościgu za dzikiem książę rzucił się w cień na ziemię, łapczywie zaspokoiwszy pragnienie wodą z fontanny; w rezultacie chwyciło go nagłe przeziębienie. Wezwani do pałacu lekarze byli zrozpaczeni. Małgorzata kazała zemleć na składniki do sporządzenia lekarstwa swoje cenne perły, lecz to nic nie dało; rankiem 10 września Filibert zmarł. Fama głosi, że damy dworu Małgorzaty musiały ją powstrzymać przed rzuceniem się z okna.

Rzuciła się natomiast w wir prac związanych z przebudową rodowego kościoła w Brou, miejscu spoczynku Filiberta; rozkazała wyryć na całym frontonie wymyślone przez siebie motto: *„FORTUNE. INFORTUNE. FORT. UNE".* Można to tłumaczyć jako sugestię, iż „los jest bardzo okrutny dla kobiet", albo na odwrót, że „szczęście i nieszczęście wzmacniają"; żeński rodzajnik nieokreślony *une* wyraźnie daje do zrozumienia, iż chodzi o kobietę[3]. W kolejnych latach w pałacu Małgorzaty Austriackiej w Mechelen miały stanąć drewniane popiersia jej oraz Filiberta; na swoim popiersiu Małgorzata, choć zamówiła rzeźby już po śmierci męża, zamiast wdowiego czepca ma włosy rozpuszczone niczym panna młoda. Życie małżeńskie zaśmiało się jej, dwudziestoczterolatce, w twarz po raz trzeci. Ojciec i brat początkowo pragnęli ponownie wydać ją za mąż, ale po trzech tak nieszczęśliwych próbach Małgorzata oznajmiła, że „nader niechętnie myśli o kolejnej".

Wraz z mężem straciła nowo uzyskaną rolę. Czy jednak na pewno? Filiberta zastąpił osiemnastoletni przyrodni brat. Pozornie, ze względu na jego wiek, Małgorzata mogłaby w pewnej mierze zachować władzę, jednak nowy książę, ku jej wściekłości, nie dotrzymał umowy. Jeśli myślał, „że tak prostackim potraktowaniem może nas poniżyć i przeforsować swoje zamiary, to się mylił", pisała później. „Mimo wszystko jesteśmy kobietą, a nasze serce jest z natury odmienne..."*.

---

* Nie sposób nie pomyśleć – dla porównania oraz dla kontrastu – o wygłoszonej w Tilbury przemowie Elżbiety I o „sercu i odwadze króla" (przyp. aut.).

We Francji Ludwika Sabaudzka także wcześnie została wdową. Młody delfin, którego Anna Bretońska urodziła królowi Francji Karolowi VIII, zmarł w 1495 roku. Mąż Ludwiki, Karol d'Angoulême, w drodze na pogrzeb delfina dostał gorączki i również umarł. Wdowa po nim, podobnie jak wiele omawianych tu kobiet, opierała się wszelkim próbom ponownego zamążpójścia i skupiła się na zachowaniu kontroli nad swoim synem Franciszkiem.

Książę Orleanu, jako najważniejszy krewny chłopca, twierdził, że Ludwika Sabaudzka nie może sprawować opieki nad dwojgiem dzieci, gdyż sama jest niepełnoletnia – we Francji wiek prawnej pełnoletności kobiet ustalono na dwadzieścia pięć lat. Młoda wdowa jednak argumentowała, że w Cognac, gdzie urodził się Franciszek, pozwala się sprawować opiekę kobietom czternastoletnim. Rada królewska wydała werdykt mniej więcej na jej korzyść, a księciu Orleanu powierzono tylko nadzór (pod warunkiem, że Ludwika ponownie nie wyjdzie za mąż).

Ludwika Sabaudzka zamieszkała w Cognac, skąd zarządzała obszernymi włościami. Tam też przystąpiła do wychowywania dwójki dzieci według niewzruszonej i oświeconej tradycji, jaką sama przyswoiła na dworze Anny de Beaujeu. „Ponadto, moja Córko, jeśli kiedyś, w przyszłości, Bóg zabierze Ci męża i zostaniesz wdową, będziesz odpowiedzialna za swoje dzieci, jak wiele innych młodych kobiet; miej cierpliwość, gdyż to podoba się Bogu, i zarządzaj mądrze", pisała Anna w swoich *Naukach*. Motto Ludwiki (zapożyczone od Lorenza de' Medici i wypisane na ścianie jej komnaty w Angoulême) brzmiało: „*Libris et liberis*" – „[Żyję] Dla książek i dzieci".

Jej córka Małgorzata miała tych samych nauczycieli, co syn. Oboje uczyli się hiszpańskiego i włoskiego od matki, a łaciny i historii biblijnych od dwóch humanistów, ponadto pewna miniatura przedstawia Małgorzatę grającą z bratem w szachy. Nie ma jednak wątpliwości, które z dwojga dzieci skupiało uwagę matki. Ludwikę Sabaudzką obwiniano o koncentrowanie się na Franciszku, ale sama Małgorzata podzielała jej obsesyjne zainteresowanie. Prawdopodobnie było to nieuniknione, gdyż bezdzietność kolejnych, żyjących krótko, francuskich królów coraz bardziej przybliżała Franciszka do tronu. Kiedy w 1498 roku Karol VIII nagle zmarł po uderzeniu głową o nadproże w drzwiach, berło przeszło w ręce Ludwika, księcia Orleanu, kuzyna męża Ludwiki Sabaudzkiej, hrabiego Angoulême. A Ludwik nadal był bezdzietny – cyniczne przewidywania dotyczące losów jego małżeństwa z kaleką Joanną sprawdziły się aż nazbyt dokładnie[4].

Po śmierci Karola VIII Anna Bretońska osunęła się w otchłań histerycznej żałoby, ale też podjęła niezwłoczne działania w celu przywrócenia praw przysługujących jej w dziedzicznym księstwie. Jej pierwsza ślubna intercyza stanowiła, że w razie śmierci króla Karola królowa będzie mogła ponownie wyjść za mąż wyłącznie za następnego króla Francji; był to sposób, w jaki zamierzano zapewnić ciągłość aneksji Bretanii przez Francję. Nowy król – Ludwik XII Walezjusz – podjął stosowne kroki w celu odsunięcia swej żyjącej żony, niepłodnej Joanny, jako powód wysuwając fakt, że małżeństwo nie zostało skonsumowane. Kobietę poproszono o zgodę na poddanie się upokarzającemu badaniu, następnie papież wydał odpowiedni dekret i Joanna usunęła się do klasztoru, a w końcu została kanonizowana.

Chociaż małżeństwo Ludwika XII i Anny Bretońskiej stanowiło dla obu stron polityczną konieczność, nie dawało gwarancji rozwiązania problemu sukcesji. Pan młody miał trzydzieści sześć lat i nie cieszył się dobrym zdrowiem, Anna zaś, mimo wielokrotnych ciąż z Karolem, nie wydała na świat następcy tronu.

Dopóki królowi Ludwikowi XII i jego nowej żonie nie urodził się syn, dopóty Franciszek, syn Ludwiki Sabaudzkiej, był domniemanym następcą tronu. W tych okolicznościach Ludwika musiała walczyć o zezwolenie na osobiste wychowywanie Franciszka. Była jednak zmuszona ulokować syna pod okiem Ludwika XII w Amboise nad Loarą, gdzie Franciszek oraz otaczająca go grupa młodzieży mogli się cieszyć łowami i pozorowanymi turniejami, które tak przypadły mu do gustu. Musiała też poddać się nadzorowi zaufanego człowieka Ludwika XII, seniora de Gié, który przez swą napastliwą koncepcję wywiązywania się z obowiązków sprawiał, że rodzina czasem czuła się jak w więzieniu. Dzieci Ludwiki nocowały w jej sypialni, a ceremonia wstawania z łoża młodego następcy tronu (*lever*) musiała się odbywać w asyście urzędnika. Pewnego dnia, gdy Ludwika oznajmiła, że dzieci jeszcze śpią, oficjel posunął się do wyważenia drzwi.

Anna Bretońska musiała ścierpieć wielokrotne ciąże. Dziennik Ludwiki nie pozostawiał wątpliwości co do uczuć jego autorki. W 1502 roku Ludwika pisała: „Anna, królowa Francji, w dniu świętej Agnieszki, 21 stycznia, urodziła w Blois syna; jednakże urodził się on martwy, zatem nie zagraża dojściu do władzy mojego Cezara". Nadal więc nie było ani śladu żywego dziecka płci męskiej. Kiedy w 1499 roku Ludwika przebywała z dziećmi w ustroniu Romorantin, dołączyła do nich królowa Anna, żeby uniknąć niebezpieczeństwa zarazy; powiła tam córkę – Klaudię. Czy w Romorantin narodził się również pomysł mariażu tej królewny z Franciszkiem, synem Ludwiki?

Prawdopodobnie żadna z matek nie życzyła sobie tego małżeństwa. Anna Bretońska w tajemnicy żywiła nadzieję na koligację poprzez małżeństwo Klaudii, dziedziczki Bretanii, z cesarskim rodem Habsburgów (Anna zawsze podtrzymywała kontakty z Małgorzatą Austriacką) i utrzymanie tym sposobem niezależności księstwa. Natomiast Ludwika Sabaudzka mogła rozważać fakt pochodzenia Klaudii z rodziny charakteryzującej się marną płodnością oraz skłonnością do lekkich wad wrodzonych, obecnych u tylu przedstawicieli tego klanu, kojarzącego w pary małżeńskie bliskich krewnych, w tym u Joanny, pierwszej żony Ludwika XII. Ludwika i Anna Bretońska nigdy nie były przyjaciółkami, choć w 1504 roku krótko współdziałały ze sobą, chcąc się pozbyć apodyktycznego seniora de Gié.

Jednakże w 1505 roku, kiedy Ludwika XII powaliła dramatyczna choroba, przedmiot dyskusji – małżeństwo dwunastoletniego Franciszka, następcy tronu, z siedmioletnią córką króla Ludwika Klaudią – stał się nakazem chwili. Ludwik życzył sobie, żeby opiekę nad Klaudią sprawowała jej matka Anna, ale przyznał Ludwice Sabaudzkiej miejsce obok niej w radzie regencyjnej. Obie kobiety, kładąc ręce na relikwii zawierającej kawałek Krzyża Świętego, przysięgły spełnić wolę króla. Ludwik XII wprawdzie wyzdrowiał, ale ceremonialne zaręczyny kontynuowano, po czym parę narzeczonych tymczasowo rozdzielono, by oboje mogli dorosnąć. Wiosną następnego roku podczas kolejnej oficjalnej ceremonii Franciszek został uznany za następcę tronu Ludwika XII.

Małgorzata Austriacka i Ludwika Sabaudzka wcześnie owdowiały. Przyszłość Małgorzaty znów spowiła ciemność, jednak Ludwika widziała przed sobą jasno wytyczoną ścieżkę.

5
Królewny na ślubnym kobiercu

Anglia, Szkocja, 1501–1505

Przeznaczeniem królewny było małżeństwo korzystne dla jej rodu. Jej osobiste szczęście albo jego brak były już kwestią zrządzenia losu. Na drugim brzegu kanału La Manche dwie inne dziewczyny z królewskich rodów właśnie poznawały moc drzemiącą w owej nauce.

Katarzyna Aragońska przybyła do Anglii w 1501 roku. Jej zaślubiny z następcą tronu, królewiczem Arturem, uczczono niezwykłą fetą. Izabela Kastylijska z mężem mieli pewne wyrzuty sumienia z powodu wysłania najmłodszej córki do odległej Anglii, gdzie reżim Tudorów wciąż stanowił kruchą nowość, ale Izabela nie należała do kobiet, które pozwalały, by sentymenty stanęły na drodze dynastycznym korzyściom.

Każda zagraniczna królewna stanęłaby w obliczu przerażających perspektyw, gdyby wyczerpana i znużona podróżą wylądowała na wybrzeżu obcego kraju po długim i niebezpiecznym rejsie – ze świadomością, że jej przyszłość zależy od zadowolenia mężczyzny (lub chłopca), którego za chwilę pozna, i że w najlepszym razie czeka ją balansowanie między lojalnością wobec niego a obowiązkami wobec ojczyzny. Potrzeba było wszystkich atrakcji – turniejów i występów akrobatów, widowisk i parad między pałacami nad brzegiem rzeki – żeby Katarzyna Aragońska mogła wytrwać z przyklejonym do twarzy rytualnym uśmiechem. Jako córka Izabeli mogła się poczuć zbita z tropu, gdy zdała sobie sprawę z ograniczeń władzy kobiety w angielskiej dynastii. Matka Henryka VII Małgorzata Beaufort – „milady matka króla" – wywierała na niego spory wpływ, czego nie można było powiedzieć o jego żonie Elżbiecie z Yorku. Ponadto Małgorzata Beaufort i Elżbieta z Yorku musiały pominąć własne, należne im z krwi królewskiej prawa do tronu, żeby mógł na nim zasiąść Henryk. Nikomu nie postałoby w głowie, że kobieta może władać Anglią, jak władała Kastylią, choć Katarzyna nie mogła wtedy wiedzieć, jak bardzo będzie ją prześladowało to założenie.

W styczniu 1502 roku młoda para wyruszyła do Ludlow, siedziby Artura, księcia Walii. Niespełna pięć miesięcy po ślubie nastąpiła jednak tragedia. Drugiego kwietnia 1502 roku królewicz Artur po krótkiej chorobie zmarł, pozostawiając zdruzgotanych rodziców i żonę, wydaną na pastwę najgłębszej niepewności. Kolejna panna młoda z królewskiego rodu owdowiała przedwcześnie; jeszcze jedna królewna pozostała zdana na własne siły w obcym kraju, w którym nie odgrywała już żadnej roli.

Na tym właśnie polegała dola królewny – na zamążpójściu za granicą. Do takiego samego losu szykowała się na angielskim dworze Tudorów jedna z nowo poznanych szwagierek Katarzyny. Małgorzata Tudor urodziła się w 1489 roku, jako najstarsza córka Henryka VII i Elżbiety z Yorku. Nie miała czterech lat, gdy jej sześcioletni brat Artur został wysłany do Ludlow, gdzie miał objąć godność księcia Walii. Odtąd Małgorzata dorastała z młodszym rodzeństwem: Henrykiem i Marią. Dzieci króla wychowywały się głównie w Eltham Palace pod samym Londynem. Desiderius Erasmus (Erazm z Rotterdamu), wielki niderlandzki humanista, który w 1499 roku razem z Thomasem More'em (Tomaszem Morusem) przybył, żeby złożyć wyrazy uszanowania, przedstawia szczęśliwy obraz królewskich dzieci, choć jego relacja nie pozostawia wątpliwości, że ośmioletni Henryk („już zdradzający pewne cechy królewskiej postawy") oczekiwał pierwszeństwa przed obiema dziewczynkami. I rzeczywiście mu je przyznawano. Już wtedy toczyły się dyskusje o przyszłości Małgorzaty Tudor.

W 1498 roku hiszpański ambasador doniósł w raporcie Ferdynandowi i Izabeli o propozycji małżeństwa ośmioletniej Małgorzaty z dwudziestopięcioletnim królem Szkocji Jakubem IV Stewartem, lecz dodał, że projekt ten ma wiele „niedogodności". Henryk VII mówił, że jego żona oraz matka Małgorzata Beaufort wspólnymi siłami starają się chronić małą Małgorzatę: „Królowa i moja matka nader gorąco sprzeciwiają się temu małżeństwu. Twierdzą, że gdyby zostało ono zawarte, bylibyśmy zobowiązani do wyprawienia królewny od razu do Szkocji, w takim zaś wypadku obawiałyby się, iż król Szkocji nie zechce czekać, wyrządzi jej krzywdę i narazi na szwank jej zdrowie".

„Czekać" – czytaj: odłożyć skonsumowanie małżeństwa. Małgorzata Beaufort aż za dobrze wiedziała, o czym mówi. Jako dwunastolatka wyszła za mąż, a w wieku trzynastu lat została matką; ponieważ była drobnej budowy ciała, ciąża wyrządziła jej trwałe szkody. Jeśli ochrzczona jej imieniem wnuczka odziedziczyła po babci wiotką posturę, powód do niepokoju był rzeczywisty i palący. Niemniej 25 stycznia 1502 roku (zaledwie po kilku tygodniach od wyjazdu Artura i Katarzyny do Ludlow) w Richmond Palace odbyła się formalna ceremonia zaślubin Małgorzaty Tudor z królem Szkocji. Przedstawiciele obu krajów złożyli podpisy pod trzema umowami składającymi się na opatrzony optymistyczną nazwą *Traktat o wiecznym pokoju*, mający położyć kres sporom między stale zwaśnionymi sąsiadami, a także ustalić szczegóły dotyczące mariażu Małgorzaty oraz jej wynoszącego 10 000 funtów posagu[1].

Następnego dnia po mszy, odprawionej w nowej kaplicy królewskiej, w wielkiej sali w komnatach królowej odbyła się ceremonia ślubna *per procura*, w której miejsce nieobecnego króla Jakuba IV zajął hrabia Bothwell. Henrykowi VII, jego żonie Elżbiecie i samej Małgorzacie zadano pytanie, czy wiadomo im o istnieniu jakiejkolwiek przeszkody w zawarciu związku i czy Małgorzata działa „bez przymusu i z własnej wolnej woli". Królewna potwierdziła, że się zgadza, „jeśli tak się podoba mojemu panu i ojcu, królowi, oraz mojej pani matce, królowej". Z szesnastowiecznego punktu widzenia było to całkowite i bezwarunkowe potwierdzenie.

Kiedy ceremonia dobiegła końca i zagrały trąby, królowa Elżbieta „niepowściągliwym gestem" (jak opisano we współczesnej kronice wydarzeń) ujęła córkę za rękę, po czym obie królowe „jadły razem ze wspólnej misy z pokrywą"; naczynie z pokrywą znamionowało ich królewską pozycję. Następnie przyszła pora na turnieje i wieczorną ucztę, a w katedrze Świętego Pawła odśpiewano *Te Deum*. Następnego ranka dwunastoletnia królowa Szkocji zjawiła się w wielkiej sali w komnatach matki i „ustami herolda" złożyła podziękowania wszystkim szlachetnym panom, którzy stawali dla niej w szranki, po czym rozdzieliła nagrody „według rad dam dworu". Pochwałę otrzymał pewien młody dżentelmen, Karol Brandon, o którym zrobi się głośniej kilka lat później. Uzgodniono, że Małgorzatę należy wyprawić na północ nie później niż we wrześniu 1503 roku. Na razie jednak miała pozostać pod opieką matki.

Fama głosi, że królewicz Henryk szlochał z wściekłości, kiedy sobie uświadomił, że siostra, jako królowa, przewyższa go rangą. Jeśli jednak wziąć pod uwagę ogólną sytuację, wkrótce Henryk miał się stać postacią o wiele ważniejszą. Zaledwie dwa miesiące po ślubie Małgorzaty Tudor nadeszła wieść, że w Walii zmarł ich brat Artur. Jeszcze gorsze wydarzenia miały dopiero nadejść. Kiedy ponure żałobne stroje Małgorzaty złagodziła biała, a później pomarańczowa barwa rękawów, młoda królowa dowiedziała się, że jej matka znów jest brzemienna. Elżbieta z Yorku myślała, że lata rodzenia ma już za sobą, lecz gdy zabrakło Artura – choć kraj miał następcę tronu – nie było nikogo w zapasie. W lutym 1503 roku, kilka dni po urodzeniu żyjącej krótko córki, królowa Elżbieta zmarła.

Wraz z nadejściem lata Małgorzata Tudor – bez matki, która by za nią stała – musiała się udać w podróż na północ, na spotkanie swego nowego życia. Wyruszyła 8 lipca, jak raportował Somerset Herald[*], „w bogatym stroju, wierzchem na zacnym stępaku (…) z nader szacowną eskortą w dobrym rynsztunku i ordynku", do Edynburga, gdzie miała zostać ukoronowana na królową Szkocji. Nie miała wtedy jeszcze nawet czternastu lat.

Spotkała się ze swym trzydziestoletnim mężem w Haddington, tuż za granicą Szkocji. Raport herolda z niezwykłą precyzją ukazuje etapy zapoznawania się dwojga ludzi w tych niełatwych okolicznościach. Kiedy przyprowadzono Jakuba IV do komnaty, która pełniła wówczas funkcję wielkiej sali apartamentów Małgorzaty, królowa powitała go w progu; oboje „składali sobie nawzajem dowody wielkiego szacunku, on z odkrytą głową, po czym pocałowali się". Następnie król przywitał się z resztą świty żony i „odeszli na stronę, gdzie długo prowadzili serdeczną rozmowę".

Kiedy Jakub wrócił następnego dnia, zastał Małgorzatę w komnacie przy grze w karty; żona „z dobrej woli" obdarzyła go

---

[*] Somerset Herald of Arms and Ordinary – tytuł herolda, początkowo w służbie księcia Somerset (stąd nazwa), później podniesionego do rangi urzędnika królewskiego (przyp. tłum.).

pocałunkiem. Podano chleb i wino; król najpierw usłużył żonie, zanim sam się posilił, później zaś grał jej na klawikordzie i lutni, „co bardzo jej się podobało". Następnego dnia, gdy dostrzegł, że taboret, na którym Małgorzata siedzi przy kolacji, „nie jest dla niej zbyt wygodny", oddał jej swoje krzesło. List Małgorzaty do ojca Henryka w Anglii, wysłany w pierwszych dniach małżeńskiego życia, tchnie nostalgią i niepewnością nastolatki starającej się wynegocjować swoją pozycję między możnymi na zagranicznym dworze. „Chciałabym być z Waszą Królewską Mością teraz i wielokrotnie więcej", pisała do ojca, wyrażając pragnienia wielu innych królewskich córek. Tak czy inaczej, wszystko wskazuje na to, że według standardów tamtych czasów Małgorzacie dopisało szczęście.

Katarzyna Aragońska z powodu śmierci swej serdecznej teściowej, Elżbiety z Yorku, znalazła się w gorszej sytuacji, choć przez krótki czas wydawało się, że ma przed sobą nowe, choć kontrowersyjne możliwości. Król Henryk VII był wdowcem, podobnie jak Katarzyna, wdowa po jego synu. Małżeństwo tych dwojga przez chwilę wyglądało na dobry sposób rozwiązania problemu, przynajmniej dla Henryka: umożliwiało zachowanie posagu Katarzyny oraz koneksji z Hiszpanią. Pogłoski o mariażu wprawiły jednak matkę Katarzyny, Izabelę Kastylijską, w przerażenie; związek teścia z synową byłby „bardzo złym postępkiem, o którym nigdy nie słyszano – sama wzmianka o tym razi uszy – przeto za nic w świecie nie zgodzimy się, by do tego doszło".

W czerwcu 1503 roku siedemnastoletnia Katarzyna Aragońska została więc zaręczona z jedenastoletnim bratem swego męża, królewiczem Henrykiem. Nie obyło się bez dyskusji, czy zaręczyła się jako wdowa po Arturze w pełnym tego słowa znaczeniu, czy może jako dziewica po nieskonsumowanym małżeństwie.

Między Henrykiem VII a Ferdynandem toczyła się jeszcze jedna przedłużająca się awantura o posag Katarzyny, która znalazła się między młotem a kowadłem dyplomacji ojca i teścia. Co więcej, wydarzenia w Hiszpanii wkrótce miały zmniejszyć atrakcyjność Katarzyny jako kandydatki na żonę. W listopadzie 1504 roku zmarła Izabela Kastylijska. Przyszłość jej kraju pozostawała otwartą kwestią. Z angielskiej perspektywy oznaczało to, że alians z Katarzyną to koligacja jedynie z jej ojcem Ferdynandem Aragońskim, a nie z władcą ważniejszej Kastylii. W czerwcu 1505 roku ojciec poinstruował królewicza Henryka, żeby zerwał zaręczyny z Katarzyną. Podczas gdy szwagierka Małgorzata Tudor wydawała się mieć w Szkocji zabezpieczoną przyszłość, Katarzyna ponownie stanęła w obliczu braku wyraźnych perspektyw w obcym kraju.

6
Zmiana pozycji

Niderlandy, Hiszpania, Anglia, Szkocja, 1505–1512

Na pozycję polityczną niektórych osób na drugim brzegu kanału La Manche śmierć Izabeli Kastylijskiej wywarła jeszcze bardziej bezpośredni wpływ. Jedną z nich była dawna bratowa Katarzyny Aragońskiej, czyli Małgorzata Austriacka, a drugą – jej siostra Joanna. Ta ostatnia była następczynią swej matki, Izabeli, ale od początku nie sprawiała wrażenia, jakby zamierzała sama ująć ster władzy. Spór rozgrywał się między mężem Joanny, księciem Burgundii Filipem Pięknym – bratem Małgorzaty – a jej ojcem Ferdynandem Aragońskim, wdowcem po Izabeli, który nie chciał zrezygnować z większej części ziem, nad którymi przez wiele lat sprawował współwładzę.

Wieści o dziedzictwie dotarły do Joanny, kiedy wraz z mężem przebywała w Niderlandach. Małżonkowie zaczęli się przygotowywać do powrotu do Hiszpanii. Sztormy zmusiły Filipa i Joannę do schronienia się w angielskim porcie. Dla Katarzyny Aragońskiej oznaczało to ekscytującą sposobność zobaczenia się z siostrą, ale Filip celowo trzymał Joannę z dala od dworu Henryka VII, zanim nie zapewnił sobie pozycji głównego gościa. Przez to Katarzyna mogła spędzić zaledwie kilka godzin z siostrą, którą prawdopodobnie miała zobaczyć po raz ostatni.

W Hiszpanii książę Burgundii Filip Piękny nagle zmarł na gorączkę. Zachowanie wdowy po nim ułatwiło jej męskim krewnym manewry mające ją zneutralizować. Wkrótce ogłoszono, że Joanna jest niezdolna do sprawowania władzy (czyli szalona), choć dziś ta diagnoza budzi podejrzenia. Sama Joanna pisała do ojca, że choć Kastylijczycy „chcą się zorientować, czy nie jestem przy zdrowych zmysłach (...), jeśli wpadałam w furię i nie zachowywałam się z właściwą godnością, to tylko z powodu zazdrości". Możliwe jednak, że do napisania tego listu zmusił ją mąż.

W grze królowych Joanna nie była liczącym się graczem. Większość życia spędziła uwięziona i nadal nie ma pewności, do jakiego stopnia było to nieuniknione. Z pewnością padła ofiarą spisku, w który jej mąż był co najmniej tak samo zamieszany jak jej ojciec. Zawarto bowiem ugodę, że ojciec Joanny, Ferdynand, będzie sprawował kontrolę nad Kastylią do czasu uzyskania pełnoletności przez jej sześcioletniego syna, Karola.

A co z Niderlandami, które Karol odziedziczył po śmierci ojca, a gdzie Filip i Joanna zostawili go, wypływając w rejs do Hiszpanii? Władza regencyjna przeszła tam na drugiego dziadka Karola, Maksymiliana I, ten jednak rezydował wówczas w swych austriackich włościach. Zatem cesarz za zgodą wszystkich zainteresowanych przekazał tę władzę swojej urodzonej w Niderlandach, niedawno owdowiałej (a tym samym przypadkowo dostępnej) córce Małgorzacie Austriackiej. Przedstawiciel Maksymiliana I opisał, jak w tygodniach poprzedzających śmierć Filipa Pięknego cesarz „przez cały miesiąc codziennie nalegał", żeby Małgorzata zgodziła się poślubić króla Anglii Henryka VII. Zapewniał nawet angielskiego monarchę, że osobiście uda się do Sabaudii, żeby ją przekonać. Teraz jednak rodzina znalazła inny sposób jej wykorzystania – dwudziestosiedmioletnia Małgorzata odkryła rolę, do której okazała się urodzoną kandydatką.

Kiedy los złożył władzę nad Niderlandami w jej rękach, przystąpiła do tej roli bardzo umiejętnie. Małgorzata z Yorku zmarła w 1503 roku, a Małgorzata Austriacka ulokowała swój dwór w starym domu matki chrzestnej w Mechelen. To tam dwa razy w tygodniu odbywały się posiedzenia rady, ale większość ze stu pięćdziesięciu dworzan Małgorzaty mieszkała w mieście*.

W marcu 1507 roku Małgorzata została zaprzysiężona jako generalna namiestniczka. Następnie zabrała swojego bratanka, Karola, w objazd po jego włościach. Składała przy tym w jego imieniu obietnicę zachowania praw i przywilejów każdej z siedemnastu prowincji, odbierała od nich przysięgę wierności oraz zwoływała Stany Generalne w celu podniesienia podatków, które miały pójść na wykupienie należących wówczas do Karola zastawionych posiadłości (Filip pozostawił księstwo w stanie dalekim od świetności). Międzynarodowa dyplomacja oraz działania związane z realizowaniem polityki ojca zajmowały jej sporo czasu.

Ręka Małgorzaty, jako kandydatki do małżeństwa, stanowiła pionek, którym Maksymilian I wciąż usiłował grać. Ale Małgorzata Austriacka nadal opierała się wszelkim pochlebstwom i zdecydowanie odmawiała zgody na ślub z królem Anglii Henrykiem VII, mimo zapewnień ojca, że co roku będzie mogła wracać do swoich włości na trzy lub cztery miesiące, zatem „nie będzie się czuła w Anglii uwięziona (...) z nieustępliwym mężczyzną". Mimo

---

* Tam Małgorzata miała wychowywać nie tylko bratanka, Karola, ale też trzy jego siostry. Młodszy brat Karola, Ferdynand, wychowywał się w Hiszpanii pod opieką dziadka, któremu zawdzięczał imię, a młodsza siostra Katarzyna, urodzona po powrocie Joanny do Hiszpanii, była więziona razem z matką (przyp. aut.).

to dała się przekonać do napisania do Henryka VII kilku pochlebczych listów i w ten sposób podtrzymać sojusz ojca z Anglią.

Śmierć księcia Burgundii Filipa Pięknego przyniosła potencjalne korzyści innej kobiecie. Henryk VII dążył wówczas do małżeństwa z owdowiałą Joanną, przy czym nie spędzała mu snu z powiek myśl o jej szaleństwie, „zwłaszcza gdy ich [Anglików] zapewniłem", raportował hiszpański ambasador, „że rozstrój umysłu nie uniemożliwi jej rodzenia dzieci". Na prośbę króla Henryka Katarzyna Aragońska, jako siostra Joanny, włączyła się do negocjacji. Miała wszelkie powody po temu, żeby tęsknić do obecności Joanny u boku Henryka VII, co mogłoby nie tylko wyzwolić ją ze stanu zawieszenia, lecz również rozwiać nieustanne troski finansowe. Spór o jej posag przeciągał się, ona zaś słała gorączkowe apele do ojca, zapewniając, że nie wydaje pieniędzy na błahostki, tylko na rzeczy niezbędne. (Hiszpański ambasador de Puebla słynął z tego, że stołuje się na dworze, żeby oszczędzać fundusze). Właśnie wtedy Katarzyna mogła złożyć na ręce teścia „listy uwierzytelniające", oficjalnie mianujące ją ambasadorką jej ojca, Ferdynanda.

Jednakże Ferdynand nie zamierzał przyznać Henrykowi VII decydującego głosu w sprawach Hiszpanii, który król Anglii mógłby uzyskać jako mąż Joanny. Mimo drobnego triumfu Katarzyny Aragońskiej rozpaczliwy ton jej listów w ostatnich latach panowania Henryka VII brzmi żałośniej niż jakikolwiek wątek późniejszej części opowieści.

W odróżnieniu od tych wydarzeń życie Małgorzaty Tudor w Szkocji przez pewien czas układało się tak przyjemnie, jak się zaczęło, za co podziękowania należały się prawdopodobnie jej mężowi. Jakub IV miał złożoną osobowość – pełną oddania i romantyczną.

Pewnego dnia postanowił wyruszyć na krucjatę, a tymczasem z radością oddawał się przeróżnym studiom, między innymi uczył się dentystyki*. Jednakże Jakub IV namiętnie praktykował również sztukę miłosną; Małgorzata od samego początku musiała sobie radzić z dowodami jego niewierności. Jesienią Jakub zabrał ją (wraz z jej damami, muzykami i osiemnastoma wozami „dobytku") na objazd przyznanych jej dożywotnio włości, rozpoczynając od romantycznego, stojącego nad brzegiem jeziora pałacu w Linlithgow. Kiedy wyruszyli w dalszą drogę do Stirling, Małgorzata dowiedziała się, że jej dożywotni zamek stanowi przytułek dla pół tuzina nieślubnych dzieci króla.

Jednakże wieloletnie oddanie Jakuba wobec kochanki, Janet Kennedy, być może ułatwiało mu zachowywanie powściągliwości przy innych okazjach. Ponad trzy lata od przyjazdu do Szkocji, w 1507 roku, siedemnastoletnia wówczas Małgorzata powiła syna. Jakub był wniebowzięty, lecz nie zapominał o żonie, która po porodzie poważnie zachorowała. Król udał się na pielgrzymkę do świątyni Świętego Niniana na wybrzeżu w regionie Galloway, żeby modlić się o jej powrót do zdrowia – w ciągu siedmiu dni przeszedł trasę długości prawie dwustu kilometrów. Dokładnie w chwili, gdy ukląkł przy grobie świętego, gorączka Małgorzaty ustąpiła. Przynajmniej tak relacjonowano we wszystkich chrześcijańskich krajach.

Tragicznym zrządzeniem losu niewiele ponad rok później dziecko zmarło, ale Małgorzata Tudor znów była w ciąży. Gdy jednak w lipcu 1508 roku urodziła dziewczynkę, ta nie przeżyła nawet jednego dnia. Oczywiście nie można było wówczas przewidzieć, jak dokładnie wydarzenia w Anglii odtworzą ten scenariusz,

---

* Płacił tym, którzy pozwalali mu wyrywać sobie zęby, zamiast odwrotnie; w dzisiejszych czasach z pewnością zaskarbiłby sobie tym sympatię wielu ludzi (przyp. aut.).

ale płodność Małgorzaty – lub jej brak – pociągała za sobą skutki rzutujące na los kraju; od śmierci królewicza Artura to ona była druga w kolejce do tronu.

Jak wiele innych królewien, Małgorzata Tudor stanowiła żywy zastaw sojuszu między dwoma krajami i początkowo wydawało się, że porozumienie między Anglią a Szkocją rozwija się pomyślnie. Jednakże w 1508 roku Jakub przyjął ambasadorów króla Francji Ludwika XII, który zawarł z Maksymilianem I sojusz przeciwko rosnącej potędze Wenecji, lecz bez udziału Anglii. Ponadto król Szkocji zirytował się na swojego teścia, który aresztował jego kuzyna, hrabiego Arran, za przejazd przez ziemie królestwa Anglii bez oficjalnego zezwolenia. Henryk VII wysłał na północ z misją załagodzenia sporu zdolnego młodego angielskiego urzędnika nazwiskiem Thomas Wolsey. Małgorzacie powierzono zadanie uzyskania dla Wolseya audiencji u Jakuba IV, gdyż jej mąż złowieszczo oznajmił, że jest zbyt zajęty „strzelaniem z dział i wytwarzaniem prochu". Po pięciu dniach królowa dopięła swego, choć przez brak doświadczenia w dyplomatycznych gładkich słówkach zaprzeczała każdemu Szkotowi, który potępiał poczynania jej ojca w Anglii.

Z chwilą śmierci Henryka VII – 21 kwietnia 1509 roku – Małgorzata Tudor (ponownie brzemienna) stała się następczynią angielskiego tronu. Jakub IV i nowy król Henryk VIII potwierdzili ważność *Traktatu o wiecznym pokoju*, a tymczasem urodzony w październiku w Holyrood syn Małgorzaty został ochrzczony imieniem Artur, bardzo istotnym w najnowszej i legendarnej historii Anglii. Ów Artur miał umrzeć jako roczne dziecko, ale oczywiście w tamtym okresie można było ze wszech miar żywić nadzieję, że Henryk VIII i jego nowo poślubiona królowa dochowają się własnych dzieci.

Po śmierci króla Anglii Henryka VII jego syn Henryk VIII natychmiast zaznaczył swoje wstąpienie na tron ślubem z Katarzyną Aragońską, wdową po bracie. Król, szczerze lub fałszywie, napisał do rezydującej w Niderlandach Małgorzaty Austriackiej, że takie było „wyraźne polecenie" umierającego Henryka VII. Ślub odbył się szybko i kameralnie, ale wspólna koronacja małżonków niespełna dwa tygodnie – 24 czerwca 1509 roku – później była huczną publiczną ceremonią. I choć nagła ulewa zmusiła przemoczoną królową do szukania schronienia pod markizą sklepu bławatnego, ponure dni Katarzyny dobiegły końca – w każdym razie tak się wówczas wydawało.

Jej pogrążony w mroku świat nagle się rozjaśnił. Z pozoru wyglądało to na romantyczną bajkę. Dwudziestoczteroletnia Katarzyna nadal cieszyła się promienną urodą, którą przyciągała uwagę zaraz po przyjeździe do Anglii. Ambasadorowie opisywali ją jako dorodną, życzliwą i wesołą, skłonną do uśmiechu nawet w obliczu przeciwności losu. Jednak, co ciekawe, listy, które wymieniała przed ślubem ze swym ojcem, sugerują kryjące się za miłosną fasadą bardziej pragmatyczne plany oraz aktywną rolę, jaką miała odegrać. Ferdynand nalegał, żeby córka użyła „całego kunsztu i roztropności", by szybko doprowadzić do „zawarcia umowy"[1]. Katarzyna zaś, gdy już bezpiecznie wyszła za mąż, pisała do Ferdynanda, że mocno pokochała nowego męża przede wszystkim za to, iż jest „szczerym synem Waszej Wysokości" i pragnie służyć Ferdynandowi „z większą miłością i posłuszeństwem" niż rodzony syn. To identyfikowanie się Katarzyny Aragońskiej z interesami Hiszpanii stanowiło potencjalne źródło niebezpieczeństwa. Na razie jednak młody Henryk VIII poprzez ślub zyskiwał partnerkę dysponującą większym doświadczeniem w sprawach światowych niż on sam.

Przedsmak kłopotów prawdopodobnie pojawił się w styczniu 1510 roku wraz z pierwszym poronieniem Katarzyny. Samo w sobie nie było to oczywiście niczym nietypowym. Z perspektywy czasu większym zmartwieniem – o czym możemy wnioskować na podstawie historii ginekologicznych perypetii Katarzyny i jej córki, Marii – był fakt, że lekarze uważali, iż Katarzyna poroniła jedno z bliźniąt i nadal jest brzemienna, choć nawet hiszpański ambasador informował w raporcie o powrocie u królowej cyklu miesięcznego. Pozostała w odosobnieniu, przygotowując się do porodu, aż wiosną zmuszono ją do dyskretnego opuszczenia ustronia. Do tego czasu jednak mogła już obwieścić, że ponownie spodziewa się dziecka.

W noworoczny poranek 1511 roku Katarzyna urodziła chłopca, którego w atmosferze radosnego świętowania ochrzczono imieniem Henryk. Zaledwie siedem tygodni później niemowlę zmarło, lecz ponownie należy zdać sobie sprawę, że w XVI wieku takie nieszczęścia nie należały do rzadkości. Relacje Katarzyny Aragońskiej z Henrykiem VIII nadal były bliskie i na tyle silne, że do 1513 roku królowa zdołała wpłynąć na męża i zwrócić jego kraj w stronę przymierza z Habsburgami i jej rodem. W oczywisty sposób nie zapomniała o więzi z Małgorzatą Austriacką, która znalazła się w gronie rodziców chrzestnych żyjącego krótko, zmarłego w niemowlęctwie synka.

Rola Małgorzaty Austriackiej jako namiestniczki Niderlandów nie zawsze była łatwa; w istocie sama pisała, że często chciałaby się znaleźć na powrót w matczynym łonie. Musiała ostrożnie postępować z ojcem; pewnego razu napisała: „Wiem, że wtrącanie się w rzeczone sprawy nie należy do mnie, jako że jestem niewiastą niemającą w tej materii doświadczenia, niemniej ze względu na poważne obowiązki, jakie mam wobec Ciebie, Panie, ośmielam się błagać Cię (...) o zajęcie się nimi, dopóki jest jeszcze czas". ("Niegrzeczna i nieuprzejma" – tymi słowy cesarz opisał radę wyrażoną w tak starannie wymijający sposób). Co więcej, musiała sama się upominać o zaspokojenie potrzeb Niderlandów, tak odmiennych od problemów nader ambitnej polityki ojca. Jednakże wcześnie odniosła w imieniu Niderlandów zwycięstwo – udało się jej uchylić bardzo szkodliwą dla interesów regionu umowę handlową z Anglią, znaną pod nazwą *Malus Intercursus*.

Pięć lat przed przybyciem do Niderlandów Anny Boleyn Małgorzata Austriacka była już główną postacią w Lidze z Cambrai, upoważniona w 1508 roku do reprezentowania ojca, cesarza Maksymiliana I, oraz byłego teścia, Ferdynanda, do wynegocjowania sojuszu z Francją, mającego wspomóc państwo papieskie w przeciwstawieniu się presji ze strony Wenecji. Maksymilian listownie przekazał jej radę, by zajęła wszystkie domy po jednej stronie Cambrai[2], a drugą stronę pozostawiła wysłannikowi francuskiego króla. Natomiast król Francji Ludwik XII napisał do niej osobiście familiarny list, w którym wspominał wspólne zabawy w Amboise, gdy była jeszcze mała. Nawet papież, kolejny partner w sojuszu przeciwko zakusom Republiki Weneckiej, zwyczajowo przysyłał Małgorzacie cenne dewocjonalia i relikwie, a Henryk VII polecał swemu ambasadorowi, by to z nią omawiał angielskie interesy. Jej nadworny poeta Jean Lemaire ujął rzecz następująco: „Pani Małgorzata w młodym wieku widziała i przeżyła więcej (...) niż jakakolwiek inna znana dama, bez względu na to, jak długo żyła".

Komentatorzy rozprawiali o jej „dwornych i pełnych delikatności manierach". Chociaż Małgorzata pisała do swego ambasadora w Anglii, że rokowania przyprawiają ją o ból głowy, a ona i jej oponenci często „działają sobie wzajemnie na nerwy", pragnęła wykorzystać w tych zmaganiach różnorodne umiejętności. Czy to właśnie na dworze Małgorzaty Austriackiej Anna Boleyn nauczyła się, że jej płeć – kobiecość, sama esencja seksualnego powabu – może stanowić oręż, gambit w wielkiej grze, która postawi ją naprzeciw innej kobiety, innej królowej, tak niechybnie jak czarną i białą królową po przeciwnych stronach szachownicy?

Liga z Cambrai nie przetrwała jednak długo po tym, jak papież zdecydował, że sama Francja stanowi większe zagrożenie niż Wenecja. W roku 1511 papież organizował już Świętą Ligę przeciwko Francji, do której zwerbował Maksymiliana i Ferdynanda, Wenecję i Henryka VIII. Ojciec pisał do Małgorzaty, że powinna wyciągnąć naukę z francuskiej przewrotności: „Mamy więcej doświadczenia w stosunkach z Francuzami niż Ty (…) i uważamy, że prędzej niż my dasz się złapać na ich gładkie słówka, przeto na przyszłość miej się bardziej na baczności".

W obliczu długotrwałego problemu (rewolty księcia Geldrii, pragnącego odzyskać niepodległość tej krainy) poruszona Małgorzata pisała do ojca pod koniec 1510 roku: „Wiesz, Panie, że jako kobiecie nie przystoi mi mieszać się do spraw wojny (…), ale błagam, abyś zasięgnął w tych wszystkich kwestiach dobrej rady". Mimo to po kilku miesiącach pisała: „Mój Panie, przygotowuję się (…) do wyruszenia na czele naszej armii. Wojsko i artyleria przedstawiają się bardzo dobrze". Ojciec pochwalił ją, że walczyła „z odwagą właściwą mężczyźnie, a nie kobiecie".

Rok 1512 był szczególnie wyczerpujący. Geldria otrzymała wsparcie od Francji, a Małgorzata nie miała funduszy na prowadzenie własnych lub ojcowskich kampanii. Jednak w 1513 roku potwierdzono zawiązanie nowej koalicji antyfrancuskiej, Małgorzata zaś odegrała w tym procesie główną rolę, jak sugeruje nazwa *Traktat z Mechelen*. Tym samym (w przeciwieństwie do swej bratowej, Joanny) znalazła się w centrum europejskiej dyplomacji.

7
Fałszywe zarzuty

Francja, Niderlandy, 1513

Kobieta nie ma tylu sposobów obrony przed fałszywymi zarzutami, co mężczyzna", pisał Castiglione. Małgorzata Austriacka znalazła się w gronie kobiet, które wkrótce miały dowieść słuszności tej maksymy. Po pierwszych sześciu latach sprawowania namiestnictwa wyglądała na kobietę, która dzierży ster wydarzeń nader pewną dłonią. Można by rzec: doskonała uczennica Anny de Beaujeu, ten rodzaj kobiety, który Anna miała na myśli, pisząc, że szlachetne damy są „i powinny być we wszystkim wzorem oraz przykładem dla innych".

Spora część rad Anny de Beaujeu skupiała się jednak na określonej kwestii:

> Nie pozwalaj, by mężczyzna dotknął twego ciała, bez względu na to, kim jest (…). Ani jedna na tysiąc nie ustrzeże się uszczerbku na honorze lub oszustwa, jakkolwiek zacna i szczera byłaby jej miłość. Wobec tego radzę, żebyś w takich sytuacjach zachowała największą pewność i unikała wszelkich schadzek na osobności bez względu na to, jak miłych.

Brzemię winy można było na siebie ściągnąć nawet najdrobniejszym potknięciem. Anna de Beaujeu pisała niepokojąco proroczo:

> Nie ma tak wartościowego mężczyzny, bez względu na to, jak szlachetnego rodu, który zdradą nie zwiódłby albo nie omamił kobiety o wysokiej pozycji ani nie uznałby tego za świetny żart (...). Nie ma mężczyzny na tyle doskonałego, by w sprawach miłosnych był szczery lub dotrzymywał słowa.

Słuszności tego stwierdzenia miała wkrótce dowieść sama Małgorzata Austriacka, a we Francji być może również córka protegowanej Anny de Beaujeu, dawnej towarzyszki zabaw Małgorzaty, Ludwiki Sabaudzkiej.

Wydarzenia z lat młodości córki Ludwiki, Małgorzaty z Nawarry, znamy głównie dzięki relacjom poświęconym jej bratu Franciszkowi, na którym koncentrowały się wszystkie nadzieje rodzinnej „trójcy"[1]. Długo trwały dyskusje o małżeństwie Małgorzaty. Jeszcze w dzieciństwie oferowano ją na żonę przyszłemu królowi Henrykowi VIII, lecz oferta została odrzucona, gdyż Anglicy uważali, że ich następca tronu zasługuje na córkę króla Francji, a nie tylko na jego kuzynkę.

Wobec prawdopodobnego wstąpienia Franciszka na tron oraz ustalenia jego małżeństwa z Klaudią, córką króla Ludwika XII, Anglia wystąpiła z kontrpropozycją: sugestią, że Małgorzata rzeczywiście mogłaby wyjść za młodego Henryka, gdyby Ludwika Sabaudzka poślubiła jego ojca, owdowiałego Henryka VII. Król Francji bał się jednak wzrostu angielskich wpływów we własnym kraju w wyniku takiego podwójnego mariażu. Kiedy w tej sytuacji Londyn zasugerował, że Małgorzata sama mogłaby pojąć za męża starzejącego się już Henryka VII, ta ponoć wystąpiła z pełną werwy odmową: „Gdy mój brat zostanie królem, poślubię mężczyznę młodego, bogatego i ze szlachetnego rodu i nie będę musiała po to przeprawiać się przez kanał!". W 1509 roku Małgorzata została jednak wydana za niezbyt imponującą personę – Karola, księcia Alençon. Umożliwiło to rozstrzygnięcie długotrwałego sporu terytorialnego między rodem Alençon i rodem Małgorzaty, czyli Angoulême.

W 1513 roku to nie Małgorzata z Nawarry przeprawiła się na drugi brzeg kanału La Manche, tylko Anglik, i to wiedziony nie celem miłosnym, lecz wojennym. Anglia dążyła wówczas, przynajmniej teoretycznie, do odzyskania potęgi i terytoriów na kontynencie, które dzierżyła przez znaczną część średniowiecza, a utraciła dopiero w XV wieku. Faktycznie zaś wojnę uważano za główne zajęcie oraz przyjemność władcy – Machiavelli dał to bardzo wyraźnie do zrozumienia – toteż Henryk VIII był zachwycony perspektywą prężenia muskułów w roli wojowniczego władcy, gdy sojusz z papieżem i cesarzem Maksymilianem I przeciwko Francji powiódł go za granicę na czele potężnej armii.

W sierpniu tego roku, po upadku miasta Thérouanne w pobliżu granicy francusko-niderlandzkiej, nastąpiło oblężenie i triumfalne zdobycie mocno ufortyfikowanego Tournai. Małgorzata Austriacka była tam, gdy traktat zawarty między jej ojcem Maksymilianem I a Henrykiem VIII skłonił angielskiego króla do sforsowania kanału. Jej ojciec błysnął donkiszoterią i zadeklarował zamiar ochotniczego wstąpienia na służbę w angielskim wojsku. Kiedy zaprosił córkę, by przyłączyła się do niego pod oblężonym Tournai, Małgorzata odparła, że zrobiłaby to w razie prawdziwej konieczności, w innym jednak wypadku „nie przystoi wdowie kręcić się przy armii i odwiedzać ją dla przyjemności". Czy protestowała na wyrost? Być może.

Później Małgorzata Austriacka rzeczywiście zabrała bratanka, Karola, na spotkanie ze swoim ojcem i Henrykiem VIII w Lille, po czym udali się do Tournai, co pociągnęło za sobą godne uwagi następstwa. Może nie były one warte odnotowania w kronikach wielkich wydarzeń w Europie, lecz ów nieznaczny dramat, który rozegrał się latem i w następnych miesiącach 1513 roku, wart jest rozbioru na czynniki pierwsze – nie tylko w celu uzyskania wglądu w osobowość protagonistów (w tym Henryka VIII), lecz też jako precedens sposobu, w jaki można było manipulować możną kobietą poprzez jej seksualność, sposobu, w którym, zwłaszcza w przypadku kobiety, sfera prywatna stawała się elementem polityki.

Kronikarz Tudorów Edward Hall opisał, jak Henryk VIII przyjął Karola i Małgorzatę pod Tournai i wprowadził ich do miasta „z wielkim triumfem. Zaczęły krążyć pogłoski, że lord Lisle poprosił lady Małgorzatę o rękę (...), ale czy złożył jej propozycję małżeństwa, czy nie, ona traktowała go nadzwyczaj przychylnie". Lordem Lisle był świeżo nobilitowany Karol Brandon, mężczyzna na dorobku, lecz już z barwną historią matrymonialną.

Brandon, pochodzący z drobnej szlachty ziemiańskiej (*gentry*)[*], wychował się na królewskim dworze. Jego ojciec zginął pod Bosworth, dzierżąc sztandar wojsk Henryka Tudora na polu bitwy, która przyniosła mu koronę i uczyniła zeń króla Henryka VII. Ojcowska ofiara przyniosła łaski synowi. Gwiazdor rycerskich szranków po raz pierwszy wystąpił publicznie na turnieju z okazji ślubu Katarzyny Aragońskiej z Henrykiem VIII, a co najważniejsze, szybko stał się serdecznym przyjacielem młodszego wiekiem władcy. W młodości podpisał intercyzę z jedną ze szlachetnie

---

[*] Ang. *gentry* – drobna szlachta angielska, w większości posiadająca własność ziemską, lecz bez przywilejów i tytułów arystokratycznych (przyp. tłum.).

urodzonych dwórek Elżbiety z Yorku, uczynił ją brzemienną, po czym zrezygnował z zawarcia związku, żeby zamiast niej poślubić jej owdowiałą majętną ciotkę. Sprzedał wiele należących do niej ziem, a następnie rozwiązał to małżeństwo, jako powód podając ich pokrewieństwo. Ponownie ożenił się z młodszą z kandydatek. Gdy ta zmarła w 1510 roku, Brandon odzyskał wolność. W kwietniu 1513 roku został odznaczony Orderem Podwiązki, a w maju otrzymał tytuł wicehrabiego Lisle, gdy zaręczył się z ośmioletnią Elżbietą Grey, dziedziczką tytułu baronowskiego Lisle.

Na kampanię w 1513 roku Brandon zebrał tysiąc pięciuset ludzi, a podczas oblężenia Tournai przeprowadził pomyślny atak na jedną z miejskich bram, za co Henryk VIII przekazał mu w nagrodę klucze do kapitulującego miasta. Przedstawiciel Małgorzaty Austriackiej przy angielskiej armii w raporcie poinformował ją, że wicehrabiego uważa się za „drugiego króla"; w każdym razie był on kimś, kogo miała uważnie obserwować.

Małgorzata i jej bratanek Karol spędzili w obozie wojsk angielskich dziesięć dni, które okazały się „wielką pociechą". (Dla uczczenia zwycięstwa Małgorzata otrzymała w upominku sześcioczęściowy gobelin obrazujący motywy z *Miasta Kobiet* Christine de Pizan). Prawdopodobnie w składzie świty Małgorzaty Austriackiej znalazła się też Anna Boleyn – mogła obserwować ów fenomen, jakim był młody Henryk VIII. Świadkowie relacjonują, że pewnego wieczoru Henryk tańczył „od chwili zakończenia biesiady niemal aż do nastania dnia, w samej koszuli [czyli bez kaftana]" z Małgorzatą oraz jej „młodymi damami".

Małgorzata Austriacka mogła jednak mieć oko nie tylko na Henryka. W ciągu tych dziesięciu dni widziała, jak Brandon i król Henryk przyjmują na turnieju wszystkie wyzwania, noszą identyczne szaty ze szkarłatnego aksamitu ze złotymi ozdobami, jak Brandon zjawia się z królem w przebraniu na balu maskowym po uczcie składającej się ze stu dań. Dwudziestego października Małgorzata wróciła z bratankiem do Lille, lecz plotki o jej wizycie w Tournai nie milkły.

Przyznanie Brandonowi tytułu księcia Suffolk mogło stanowić wyraz hołdu dla jego waleczności we Francji, tak wielki awans spotykający człowieka jego pokroju wywołał jednak cały chór międzynarodowych komentarzy. W gronie ludzi zaszokowanych tym faktem znalazł się Erazm z Rotterdamu. Niektórzy twierdzili, że tak spektakularne wyniesienie Brandona miało na celu uczynienie z niego stosowniejszej partii dla Małgorzaty: „Plotka głosi, że Małgorzata, córka Maksymiliana, ma poślubić nowego księcia, którego król uczynił niedawno arystokratą z masztalerza". W maju Brandon i Henryk VIII ponownie bronili się na turnieju pod hasłem „Któż zatrzyma pragnącego odejść?", co mogło sugerować, iż Brandon wkrótce wyruszy w podróż za granicę.

Jeśli Brandon rzeczywiście miał zakusy na rękę Małgorzaty Austriackiej, wyglądało na to, że Henryk zachęca ich oboje. Król uznał, że roztropnie będzie przynajmniej okazać niezadowolenie, napisał więc do Małgorzaty z obietnicą przykładnego ukarania plotkarzy. Przyznał jednak, „że w rozmaitych miejscach słychać wieść o rozważanym małżeństwie między Tobą, Pani, a naszym bardzo drogim i lojalnym kuzynem oraz doradcą, księciem Suffolk". Uczucia Małgorzaty można poznać z dwóch długich listów, podpisanych po prostu inicjałem „M" (patrz: notka w spisie źródeł). „M" nie ważyła się pisać bezpośrednio do króla ani do księcia „z obawy, że moje listy zostaną zachowane w złej intencji". Dyskrecja była dewizą jej poczynań, choć wszystkie te zabiegi okazały się zatrzaskiwaniem wrót stajni po ucieczce konia, ale w tonie piszącej wielokrotnie pobrzmiewa nuta niemal histerycznej ostrożności.

Małgorzata oznajmiła, że po kilkudniowym pobycie w Tournai uderzyły ją sentyment króla Henryka dla Brandona oraz

„cnota i wdzięk" osoby księcia („wydało mi się, że niewielu widziałam dżentelmenów bliskich mu pod tym względem"). Z powodu „zawsze okazywanego przezeń pragnienia, by mi służyć" Małgorzata musiała „traktować go z całym honorem i uprzejmością". Wydawało się, że „zupełnie odpowiada" to królowi Henrykowi, który rzeczywiście „wielokrotnie ze mną rozmawiał, by się dowiedzieć, czy ta dobra wola (...) może się rozciągać aż na obietnicę małżeństwa". Według Małgorzaty Henryk utrzymywał, że to (związek miłosny zgodny z własnym wyborem kobiety?) „należy do stylu dam w Anglii i (...) nie jest tam uważane za coś złego". Małgorzata zaś odparła, że „tutaj nie jest to w zwyczaju, byłby to więc dla mnie dyshonor i zostałabym uznana za głupią i płochą".

Henryk VIII jednak nie przyjmował żadnych argumentów. Małgorzata Austriacka musiała przyjąć kolejny apel: Anglicy wkrótce będą musieli opuścić kraj. To stwierdzenie Małgorzata odebrała lepiej, lecz, jak pisała, Henryk ostrzegł ją, że na pewno będzie musiała kogoś poślubić, że „jestem jeszcze zbyt młoda, by trwać w takim stanie; że w jego kraju za mąż ponownie wychodziły damy w wieku pięćdziesięciu i sześćdziesięciu lat". Małgorzata upierała się, że nie pragnie powtórnego zamążpójścia: „Zaznałam u boku mężów zbyt wielu nieszczęść", jednak mężczyźni nie chcieli dać jej wiary. Jeszcze dwa razy Henryk w obecności Brandona namawiał Małgorzatę na mariaż, powtarzając jej, że może będzie musiała się zgodzić na ten krok. Nieprzekonany protestami, „kazał mi złożyć obietnicę, że gdyby nakłaniał mnie do tego ojciec lub ktokolwiek inny, nie zgodzę się na małżeństwo [z] księciem z jakiegokolwiek kraju na świecie, przynajmniej aż do jego powrotu lub do końca roku".

O co tu chodziło? Czy Henryk naprawdę bawił się w Amora i dla sportu starał się pomóc kumplowi w zawarciu świetnego małżeństwa? Czy raczej próbował uniknąć sytuacji, w której Małgorzata wyjdzie za innego kandydata, mniej korzystnego dla Anglii? A co z uczuciami najbardziej zainteresowanych osób?

W trakcie spotkania, które sprawia wrażenie trójstronnej rozmowy, w jej komnacie „w Tournai pewnego wieczoru po kolacji, całkiem późną porą", Brandon oznajmił Małgorzacie, że nigdy się nie ożeni. Jak pisała, nie będzie miał „damy czy pani serca bez mego nakazu, lecz pozostanie na całe życie moim szczerym i pokornym sługą". Widać tu wątki rodem z kanonów dworskiej miłości; Małgorzata Austriacka, dziecię zdecydowanie rycerskiego dworu, prawdopodobnie dała się podejść – „[Obiecałam] być mu taką panią serca przez całe życie, podobnie jak on, który, jak mi się zdawało, pragnął jak najszczerzej mi służyć". Po tym zaś, rzekła Małgorzata ze złością, nie ma i nie powinno być więcej mowy o romansie, gdyby nie pewne „uprzejme listy", które nie zostały ostrożnie zachowane w ukryciu.

Bądź co bądź nie dała sobą całkowicie owładnąć. Nie na tyle, by nie zastanawiać się, czy król Henryk jako „pośrednik" nie zapewnia (z jakichkolwiek przyczyn) o uczuciach Brandona bardziej niż sam zainteresowany, albo by nie zauważyć, że wiele pytań o pogłoski na temat małżeństwa ma chyba więcej wspólnego z Henrykiem niż z nią samą.

Jak pisała, usłyszała, iż Brandon popisywał się jej brylantowym pierścieniem, „czemu nie mogę dać wiary, poczytuję go bowiem za mężczyznę cnotliwego i mądrego". Pewnego wieczoru w Tournai „po uczcie padł przede mną na kolana, przemawiając i zbytkując, ściągnął mi pierścień z palca, sam go założył i pokazał mi, na co ja wybuchnęłam śmiechem".

Małgorzata nazwała Brandona rabusiem (*laron*) i oznajmiła, że nie sądziła, iż król toleruje złodziei w swej kompanii. Brandon nie rozumiał tego słowa „laron", więc Małgorzata spróbowała flamandzkiego określenia „dieffe" i błagała go (raz tamtego wieczoru, kiedy wydawał się jej nie rozumieć, i drugi raz następnego ranka za pośrednictwem króla) o zwrot pierścienia, „ponieważ jest zbyt znany". W zamian ofiarowała mu jedną ze swoich bransolet – mniej znaczącą, choć też rozpoznawalną ozdobę.

Brandon pierścień zwrócił, jednak ponownie zabrał go w Lille; mówił, że podaruje jej inne, jeszcze piękniejsze pierścienie. „Nie chciał" pojąć jej protestów, a Małgorzata mogła tylko błagać, by nigdy nikomu nie pokazywał klejnotu. To zdarzenie sprawiło, że przekroczyła granice wyznaczone przez rozwagę. Ale sprawa pierścienia w gruncie rzeczy należała, lub powinna była należeć, do elementów dworskiej gry. Niewątpliwie była zabawą, pochlebstwem, autentyczną serdecznością wobec kobiety, jak stale przypominał jej Henryk VIII, nazbyt młodej, by rezygnować z miłości, ale też faktem, który sam w sobie nie zasługiwał na to, by brać go poważnie.

Część poważna zdarzenia nastąpiła w drugim liście, w którym Małgorzata Austriacka obiecała ukazać „wszystkie niedogodności, jakie mogą z tego wyniknąć". Ku swemu przerażeniu przekonała się, że o sprawie mówi się w kraju i za granicą, nawet w Niemczech, „tak otwarcie, że jest ona nawet w rękach cudzoziemskich kupców". Angielski kupiec śmiał nawet przyjmować w tej kwestii zakłady; choć Małgorzata była wdzięczna Henrykowi za wszystko, co uczynił dla stłumienia rozgłosu, pisała: „Mimo to widzę, iż pogłoska tak się zakorzeniła w ludzkiej fantazji (...), [że] stale żyję w strachu".

List ukazuje autorkę nie jako potężną intrygantkę, lecz bardzo rozzłoszczoną, wciąż młodą kobietę. Niemniej Małgorzata Austriacka dokonała wyboru: władza ponad przyjemnością. Jednakże w takie same sidła, jakie pochwyciły nawet pewną siebie i doświadczoną Małgorzatę Austriacką, w tym samym roku mogła się uwikłać bardziej podatna na niebezpieczeństwo Małgorzata z Nawarry.

Małgorzata z Nawarry, bystra, obdarzona złożoną osobowością, skłonna do samokrytyki i konfliktów, napisała ogromną liczbę dzieł, później opublikowanych, nader niezwykłych jak na jej epokę, bowiem zgłębiających nieomal obsesyjnie ścieżki kobiecego umysłu. Najbardziej godnym uwagi jest napisany w późniejszym okresie jej życia *Heptameron* – zbiór opowiadań o miłości i pożądaniu, rzekomo wymienianych między sobą w grupie wędrowców podczas przymusowej przerwy w podróży[*]. Choć wzorowany na *Dekameronie* Boccaccia (podobnie jak *Le Livre de la Cité des Dames* Christine de Pizan), *Heptameron* zawiera części tak mocno rozbrzmiewające echem rzeczywistego życia, że nie sposób całkiem pominąć idei, iż jest to książka w pewnym stopniu autobiograficzna (patrz: notka w spisie źródeł).

Niemal współczesny jej pisarz – Pierre de Bourdeille, senior de Brantôme, identyfikuje Małgorzatę oraz młodego szlachcica nazwiskiem Guillaume Gouffier, senior de Bonnivet, jako bohaterów konkretnego opowiadania o napaści na tle seksualnym. Chociaż znaczna część dzieł pióra de Brantôme'a jest obsceniczna aż do granic pornografii, jest on świadkiem wiarygodnym, ponieważ jego matka i babka były damami dworu Małgorzaty z Nawarry.

Bohaterami dziesiątej noweli *Heptamerona* są Florynda i Amadur. Czy pod kwiecistymi imionami kryją się Małgorzata i kochliwy de Bonnivet? W noweli Amadur żeni się z Adventuradą, ulubioną damą dworu Floryndy, która przedwcześnie umiera; w rzeczywistości de Bonnivet poślubił Bonaventure, damę dworu

---

[*] W katalogu Biblioteki Narodowej autorka wydania polskiego figuruje jako Małgorzata d'Angoulême (królowa Nawarry) (przyp. tłum.).

Małgorzaty, która zmarła w podobnie młodym wieku. Florynda znała Amadura od dzieciństwa; podobnie prawdziwy de Bonnivet wszedł do rodzinnego kręgu Małgorzaty, gdy jego starszy brat został mianowany nauczycielem czuwającym nad edukacją jej brata, Franciszka. To działo się w młodości Małgorzaty, lecz w 1513 roku już od czterech lat była ona mężatką, zatem stanowiła uczciwą zdobycz w zasadniczo cudzołożnej grze dworskiej miłości.

W grudniu 1513 roku Małgorzata i jej mąż d'Alençon odwiedzili w Cognac Ludwikę Sabaudzką. Kiedy Franciszek wyjechał, by do nich dołączyć (de Bonnivet znalazł się w jego świcie), nieszczęsny d'Alençon spadł z konia i złamał ramię. Następnie, o ile wydarzenia z *Heptamerona* są w jakimś stopniu autobiograficzne, de Bonnivet znalazł się na drodze do „tego, czego cześć niewieścia wzbrania*". Bohaterowie opowiadania mają schadzkę, podczas której Amadur chwyta ręce Floryndy, a jej stopy ujmuje „w swoje mocne dłonie". „Florynda patrzyła na jego twarz, niegdyś piękną, a teraz czerwoną jak ogień, na wzrok, już nie łagodny, ale dziki i wściekły, i zdało się jej, że płonące skry sypią się z jego oblicza". Kiedy Florynda odpiera jego napaść, on twierdzi, że chciał tylko wystawić ją na próbę; to znajomy wątek z dworskiej historii miłosnej[2].

Małgorzata z Nawarry miała za sobą trudne, wręcz dramatyczne doświadczenia emocjonalne**. W liście do swej powierniczki w sprawach duchowych pisała, że w dzieciństwie Ludwika Sabaudzka tak ją „zbiła i zgromiła" za jakąś „głupotę i podstęp", iż

---
* Wszystkie cytaty w: Małgorzata z Nawarry, *Heptameron*, tłum. Teresa Giermak-Zielińska, Collegium Columbinum, Kraków 2012 (przyp. tłum.).
** Przejawiana przez Małgorzatę całe życie troska o zakładanie szpitali i opiekę nad osieroconymi dziećmi sprawia, że bardzo trudno nie pomyśleć o księżniczce innego ludu, która brak miłości w bezpośredniej bliskości domu rodzinnego próbowała skompensować miłością do całego świata, w nadziei, że świat ją pokocha (przyp. aut.).

dziewczynka nie mogła uwierzyć, że matka naprawdę ją kocha. Stała obecność motywu napaści seksualnej w literackich dziełach Małgorzaty może jednak sugerować też jakąś określoną obawę lub traumę. Narratorka *Heptamerona*, Parlamente, przestrzega słuchaczki przed męską zdradliwością: „Miłość kobiety, której ostoją jest Bóg i cześć niewieścia, jest (...) słuszna i roztropna (...). Miłość dla większości [mężczyzn] polega głównie na przyjemności, a kobiety, nie wiedząc o ich złych intencjach, często wyobrażają sobie nie wiadomo co".

Być może Małgorzata z Nawarry, podobnie jak Małgorzata Austriacka, dostała bolesną nauczkę. Na pewno kryła się w niej lekcja również dla Anny Boleyn, choć czas miał dopiero pokazać, na ile ją sobie przyswoiła.

8
Flodden

Szkocja, Anglia, 1513

Ten sam konflikt między Francją a jej sąsiadami, który powiódł Karola Brandona na przeciwny brzeg kanału La Manche, rozgrywał się na Wyspach Brytyjskich, gdzie miał się toczyć przez pierwszą część stulecia. Stara sojuszniczka Francji, Szkocja, zwykle szła za jej przewodem, podczas gdy w Anglii Katarzyna Aragońska była jedną z głównych orędowniczek wojny przeciwko Francji, starodawnej antagonistce jej aragońskiego ojca.

Wenecki ambasador ujął rzecz następująco: „Król skłania się do wojny, której niechętna jest rada; królowa zaś obstaje przy swoim, a najmądrzejsi doradcy w Anglii nie mogą jej się przeciwstawić". Jednakże wszelkie wznowienie odwiecznego konfliktu między Anglią a Szkocją boleśnie naraziłoby Katarzynę Aragońską na antagonizm ze strony siostry jej męża, żony króla Szkocji Małgorzaty Tudor.

Kiedy latem 1513 roku Henryk VIII wyruszył na wojnę we Francji, Katarzyna została mianowana „regentką i gubernatorką" Anglii, choć miała ją wspierać rada złożona z przedstawicieli arystokracji. Jej nominacja mogła wzbudzić kontrowersje. Pół wieku wcześniej, kiedy Małgorzata Andegaweńska, żona

Henryka VI, w okresach niezdolności męża do sprawowania władzy[*] próbowała zastępować go w obowiązkach, w rezultacie doszło do walki potężnych stronnictw, która osiągnęła kulminację w postaci konfliktu domowego: wojny Dwóch Róż. „Rzecz niesłychana to zaiste była, / Że krajem niewiasta-regentka rządziła", głosiła popularna rymowanka. Ponadto Małgorzatę Andegaweńską opisywano jako „rosłą i ociężałą kobietę", to zaś szło w parze z oszczerstwami dotyczącymi jej prowadzenia się w sferze seksualnej. Wstąpienie Henryka VIII na tron odbyło się jednak, jak to określił Wielki Herold Anglii, „pod nadzorem matki rzeczonego zmarłego króla", czyli Małgorzaty Beaufort, matki Henryka VII. Wpływ Katarzyny na mężowską politykę był faktem akceptowanym, nawet jeśli niezbyt mile widzianym. Zanosiło się na inny konflikt.

„Stary sojusz" Szkocji i Francji ustawił również ten pierwszy kraj na kursie kolizyjnym ze „świętym przymierzem", w którego skład wchodziła Anglia, co wciągnęło obu wyspiarskich sąsiadów w wojnę przeciwko sobie. Katarzyna – podobnie jak jej matka Izabela Kastylijska – osobiście towarzyszyła armii w marszu na północ, kiedy Szkoci, korzystając z nieobecności Henryka VIII, najechali kraj. Peter Martyr d'Anghiera, historyk i nauczyciel zatrudniony na hiszpańskim dworze, słyszał, że Katarzyna – „naśladując swoją matkę Izabelę" – wygłosiła poruszającą mowę, żeby dodać żołnierzom ducha; powiedziała, iż „powinni być gotowi do obrony swojego terytorium, że Pan obdarza uśmiechem tych, którzy bronią ojczyzny".

W liście wysłanym do Niderlandów (zawiera on wzmiankę na temat przebywającego tam wraz z królem Henrykiem, pnącego się w górę Thomasa Wolseya) królowa napisała, że jest bardzo

---
[*] Henryk VI cierpiał na chorobę psychiczną (przyp. tłum.).

zajęta „robieniem sztandarów, chorągwi i odznak". Napisała też do Małgorzaty Austriackiej, prosząc o przysłanie Henrykowi lekarza. Ponadto, podobnie jak wcześniej jej matka Izabela, Katarzyna rzuciła się w wir najbardziej fundamentalnych przygotowań do wojny. Organizowała wysyłanie na północ wojska i funduszy, artylerii, zaopatrzenia i okrętów, zwierzając się Wolseyowi, że „to zajęcie bardzo przypada jej do serca".

Pierwszą linię angielskiej obrony na północy zorganizował hrabia Surrey; drugi rzut armii stacjonował w regionie Midlands. Jednakże Katarzyna (która wiozła w bagażu lekki, pozłacany hełm z koroną) była gotowa w razie konieczności osobiście objąć dowodzenie trzecim rzutem, rozwiniętym jeszcze dalej na południe, choć prawdopodobnie znów była w pierwszych tygodniach ciąży. Rozwój wydarzeń sprawił, że siły pod jej komendą okazały się zbędne, ale inna możliwość była na tyle realna, iż wenecki ambasador w Londynie pisał w raporcie: „Nasza królowa również wyruszyła w pole przeciw Szkotom, stojąc z licznymi siłami o sto mil stąd".

Zapał przejawiany przez Katarzynę Aragońską ostro kontrastował z uczuciami Małgorzaty Tudor, którą Katarzyna poznała dekadę temu, po pierwszym przybyciu do Anglii, i z którą na osobistym poziomie w znacznym stopniu się solidaryzowała.

Małgorzata Tudor zawsze poważnie traktowała myśl, że jej misja polega na stworzeniu bliższych relacji między Anglią a Szkocją, ale niemal od początku panowania brata to marzenie wyglądało na kruche. Jej mąż Jakub IV był przerażony zawiązaniem się antyfrancuskiej ligi utworzonej przez Anglię i jej sojuszników, w tym Hiszpanię, Święte Cesarstwo Rzymskie i państwo papieskie. Pisał listy – i to samo nakazywał Małgorzacie – do koronowanych głów w Europie, błagając o pomoc w utrzymaniu pokoju.

Wiosną 1512 roku miłym zdarzeniem stały się narodziny kolejnego syna. Natomiast nadzieje Małgorzaty Tudor na angielsko-szkockie przymierze wydawały się płonne, tym bardziej gdy królowa Francji Anna Bretońska przysłała Jakubowi IV swoją rękawiczkę wraz z listem, w którym błagała, by wystąpił w roli jej obrońcy. Małgorzata z przerażeniem skonstatowała, że mąż bierze tak poważnie gest rodem z rycerskich konwenansów. Według późniejszych opowieści królowa śniła, że mąż spada z klifu, ona zaś obserwuje ze zgrozą, jak jej własne klejnoty zmieniają się z brylantów we wdowie perły.

Swego rodzaju rodzinne relacje między obu krajami trwały; ambasador przysłany na północ na rozmowy z Jakubem IV przywiózł list od Henryka VIII do Małgorzaty. Kiedy królowa Szkocji niedawno była w ciąży, Henryk i Katarzyna przysłali jej przechowywany w opactwie westminsterskim pas Matki Boskiej. Gdy jednak przy obiedzie z ambasadorem Małgorzata zasypywała go pytaniami o niewidzianego od dekady brata oraz rozprawiała o zapale, z jakim i on, i jej mąż zajmowali się rozbudową floty, dyplomata założył, że królowa zbiera informacje o marynarce wojennej na polecenie męża. Nic dziwnego, że Małgorzata, jak stwierdził w raporcie ambasador, „z miejsca" zakończyła spotkanie.

Upadek *Traktatu o wiecznym pokoju* między Anglią a Szkocją – do tego czasu już nieunikniony – stanowił fakt tym dziwniejszy, że Małgorzata Tudor i jej szkocki syn nadal byli następcami tronu Henryka VIII. Król Anglii przebywał we Francji w chwili przybycia szkockiego herolda z aktem wypowiedzenia wojny. Henryk krzyknął, że Jakub IV jest człowiekiem pozbawionym honoru i że on sam jest „właścicielem" Szkocji, którą Jakub dzierży wyłącznie z tytułu złożonego hołdu. To „on wskutek małżeństwa z siostrą króla Anglii powinien zaliczyć angielskiego króla do swoich sojuszników", rzekł Henryk. „Ale dla mnie liczy się tylko sprawa złego potraktowania mojej siostry, która z bożą pomocą znajdzie się w Anglii, i to na takich warunkach, że szkockiego króla nie będzie kosztowała ani pensa".

Jakub IV przewidująco nie czekał na odpowiedź Henryka VIII, zanim zaczął mobilizować wojsko. Wezwał Małgorzatę do Linlithgow, żeby po drodze do armii zobaczyć się z żoną. Królowa Szkocji (podobnie jak Katarzyna) ponownie była we wczesnej ciąży. Król zlekceważył koszmar żony o jego śmierci oraz jej błagania, żeby nie jechał. „To nie sen. Czeka cię walka z potężnym ludem", przekonywała. Jeśli naprawdę wypowiedziała te słowa, to być może z przerażeniem i zarazem z dumą, gdyż Anglicy byli również jej ludem. W Linlithgow stoi wieża, z której Małgorzata – jak głosi kolejna romantyczna opowieść – wypatrywała sobie oczy, spoglądając na południe i wyczekując powrotu Jakuba. Mówi się również, że była tak pewna, co się stanie tamtego dnia, iż nawet nie wysłała nikogo na poszukiwania męża na polu bitwy pod Flodden, gdzie 9 września spotkały się obie armie.

Szkoci ponieśli ogromne straty w ludziach, sięgające nawet dziesięciu tysięcy żołnierzy. Katarzyna w Anglii w liście do Henryka opisała zwycięstwo triumfalnymi słowy, wysłała nawet mężowi płaszcz zabitego szkockiego króla Jakuba IV. Pisała, że przysłałaby mu samego króla (jako jeńca czy może w postaci zwłok?), „ale nie ścierpiałyby tego nasze angielskie serca".

Kiedy wieść o śmierci męża przemierzyła ponad dwieście kilometrów wyboistych dróg i dotarła do Linlithgow – do Małgorzaty Tudor – dwudziestotrzyletnia ciężarna wdowa zaczęła działać szybko i zdecydowanie. Chociaż bitwa rozegrała się dość daleko na południe od granicy, angielskie armie mogły wkroczyć na terytorium Szkocji. Małgorzata zabrała osiemnastomiesięcznego synka, nowego króla Jakuba V, w głąb kraju, do należącego do niej zamku w Stirling, gdzie skaliste granie mogły przynajmniej dawać poczucie, że warownia jest odporna na atak. To tam 21 września, zaledwie dwanaście dni po śmierci ojca, Jakub V został ukoronowany podczas uroczystości nazwanej żałobną koronacją.

Po katastrofie pod Flodden przy życiu pozostało zaledwie piętnastu świeckich lordów i garść biskupów, którzy mogli pomóc Małgorzacie w rządzeniu krajem. Wciąż jeszcze oszołomiona rada, licząca tylko dwudziestu trzech członków, pospiesznie odczytała i zatwierdziła testament spisany przez Jakuba przed wyjazdem z Linlithgow, mianujący Małgorzatę regentką rządzącą w imieniu syna. Bądź co bądź zaledwie pół wieku wcześniej Szkocja ujrzała inną królową małżonkę, Marię z Geldrii, w roli regentki sprawującej rządy w imieniu syna, dziewięcioletniego Jakuba III. Małgorzata miała być „wyznaczoną na mocy testamentu opiekunką" nowego króla Jakuba V, choć nie mogła działać bez stale gotowej rady lordów w pełnym składzie.

Małgorzata Tudor i jej szkocka rada działali szybko, starając się przywrócić porządek w zrujnowanym kraju. Kiedy wrzesień ustąpił miejsca październikowi, rozesłano królewskie obwieszczenia zakazujące plądrowania domostw i napastowania kobiet pozostałych (jak wiele niewiast wówczas) bez męskiej ochrony. Umocnienia Stirling oraz innych fortec wzmocniono, nie było bowiem ze wszystkich powyższych powodów dostatecznej liczby ludzi do ich obsadzenia.

Bardzo szybko jednak w szkockim systemie dowodzenia zaczęły się pojawiać pęknięcia. Kiedy Małgorzata napisała do papieża, sugerując swoich kandydatów do objęcia kilku wakatów w diecezjach, powstałych po śmierci biskupów pod Flodden, spotkała się z zarzutami, że nie zasięgnęła w sprawie ich wyboru opinii lordów. Znacznie poważniejszą kwestią było pytanie, jaką linię należy przyjąć w dążeniach do porozumienia z Anglikami, których wojska w ramach odwetu nadal paliły plony i najeżdżały wsie wzdłuż szkockiej granicy. Wielu młodszych wiekiem lordów chciało kontynuować wojnę i pomścić krewniaków. W tym celu wyglądali pomocy od tradycyjnego sprzymierzeńca – Francji. Chcieli też wojskowego dowódcy, oczywistego kandydata, który obecnie (ponieważ Jakub V, jeszcze małe dziecko, nie miał rodzeństwa) był następcą tronu Szkocji.

Jan Stuart (Stewart), książę Albany, kuzyn Jakuba IV, spędził całe życie na emigracji we Francji, jego ojca bowiem wygnano za próbę zagarnięcia tronu Szkocji. Obecnie zaś wielu lordów uważało, że należy go ponownie wezwać do kraju. Dwudziestego szóstego listopada rada zwróciła się do króla Francji z prośbą o odesłanie księcia Albany do Szkocji „dla jej obrony". Małgorzata nadal miała odgrywać rolę regentki i opiekunki małego monarchy, którego miano „strzec zgodnie z zamysłem wyrażonym w testamencie zmarłego króla". Henryk VIII był przerażony, żywił bowiem przekonanie, że książę może łatwo zdetronizować bezbronnego małego władcę. Mógłby go wywieźć na Hebrydy Zewnętrzne, a stamtąd nie wiadomo gdzie, podobnie jak brat jego pradziadka Ryszard III, który zgodnie z rozpowszechnionym przekonaniem usunął swoich bratanków, zwanych książętami z Tower. Henryk ujrzał się w roli naturalnego obrońcy swojego szkockiego siostrzeńca. Jednak Szkoci widzieli całą sytuację w innym świetle.

Małgorzatę Tudor musiał nękać konflikt lojalności, znany wielu królewskim małżonkom, ale o tyle gorszy, że jej mąż faktycznie zginął z rąk żołnierzy jej brata. Mimo to, w obliczu zadania, które tak nagle na nią spadło, Henryk był najbliższym naturalnym doradcą i obrońcą jej oraz syna, który jej pozostał. Szkoccy lordowie zaś musieli widzieć Małgorzatę w rozproszonym świetle – z jednej strony była ich królową, żoną ukochanego króla Szkocji i matką obecnego władcy, z drugiej zaś siostrą Henryka VIII, człowieka, który odpowiadał za śmierć tegoż króla oraz sprowadził na nich klęskę i hańbę. Wiadomość, którą Henryk VIII wysłał na północ, była taktownie wyważona: bratowa Małgorzaty, Katarzyna Aragońska, śle jej pozdrowienia – ale im bardziej królowa Szkocji zdawała się zwracać o pomoc do brata, tym bardziej dwuznaczny stawał się jej obraz w oczach poddanych.

Mimo całego triumfalizmu Katarzyna wyrażała osobiste współczucie wobec Małgorzaty: „Królowa Anglii z miłości do królowej Szkocji z chęcią wysłałaby kogoś ze swoich sług, by niósł jej pociechę". Małgorzata odpisała z prośbą, by Katarzyna polecała ją pamięci Henryka. W tygodniach po bitwie pod Flodden Katarzyna rzeczywiście wysłała zakonnika nazwiskiem Bonaventure Langley, żeby przedyskutował zawarcie rozejmu. Jak to bywa, osobiste kobiece więzi stanowią fasadę działań politycznych. Według jednej z relacji Małgorzata twierdziła, że wojny dałoby się uniknąć, gdyby tylko mogła się spotkać z poznaną na angielskim dworze bratową: „Gdybyśmy się spotkały, kto wie, co za naszą sprawą zrządziłby Bóg?". Jednakże wszelkie zbliżenie z królową Anglii mogłoby królową Szkocji narazić na cios.

Małgorzata Tudor zmagała się również z innymi niekorzystnymi okolicznościami. W odróżnieniu od współczesnych jej europejskich dam lub Katarzyny, wychowała się pod opieką kobiety – Elżbiety z Yorku – trzymanej z dala od władzy przez męża Henryka VII. Usilnie starała się zająć miejsce, do którego wzorem innych Tudorów rościła sobie prawa, lecz żadne życiowe doświadczenia nie przygotowały jej na objęcie tej funkcji.

W nadchodzących latach miała się znaleźć w innej pułapce czyhającej na możne kobiety. Były to sidła, w które uwikłały się Małgorzata z Nawarry i Małgorzata Austriacka, pułapka, która na angielskim dworze (choć już nie na dworach we Francji czy Niderlandach) miała się okazać ostatnią, śmiertelną partią do rozegrania. Tymczasem bohaterka tego legendarnego dramatu wkrótce miała się przenieść z orbity Małgorzaty Austriackiej pod skrzydła Małgorzaty z Nawarry – w wyniku zmian na europejskiej scenie politycznej, które posłały młodą Annę Boleyn w dalszą drogę.

Część II

1514–1521

Jeśli chodzi o zarządzanie własnymi sprawami, [owdowiałe kobiety] muszą zależeć wyłącznie od siebie; jeśli chodzi o zwierzchność, nie wolno im nikomu przekazywać władzy. Ponadto musisz się strzec kłamliwych i bezczelnych popleczników, zwłaszcza tych, z którymi masz często do czynienia, to bowiem rodzi możliwość powstawania podejrzeń.

Anna Francuska (Anna de Beaujeu),
Enseignements à ma fille (*Nauki dla mojej córki*), opublikowane 1517–1521

9
Koło Fortuny

Francja, Niderlandy, 1514–1515

Machiavelli wyobrażał sobie Fortunę pod postacią kobiety. Jednakże wydarzenia następujące bezpośrednio po traumatycznym roku 1513 nie pozostawiały wątpliwości, że żaden duch siostrzanej solidarności nie skłoni Fortuny, by dała kobietom fory. Na wirującym kole bogini ludzkich losów miały wkrótce się znaleźć Ludwika Sabaudzka we Francji i Małgorzata Austriacka w Niderlandach.

Dziewiątego stycznia 1514 roku, tuż przed swoimi trzydziestymi siódmymi urodzinami, zmarła Anna Bretońska, żona Ludwika XII. Jej pogrzeb stał się ceremonialną paradą stosowną dla uczczenia nie tylko królowej, ale i króla, towarzyszyła mu zaś publicznie okazywana żałoba; jedno i drugie mogło stanowić wyraz uznania za mężną batalię, jaką Anna, wbrew niesprzyjającym szansom, toczyła o zachowanie niezależności swojego księstwa.

Śmierć Anny Bretońskiej była jednak niczym kamień wrzucony do stawu. Wzburzone przezeń zmarszczki na wodzie miały dosięgnąć Małgorzatę Austriacką, a także rodzinę Ludwiki Sabaudzkiej.

W uroczystościach pogrzebowych wybitną rolę odegrała Anna de Beaujeu, a także Ludwika Sabaudzka i jej dzieci. Córka Ludwiki, Małgorzata, miała objąć rolę starszej siostry dwóch pozostałych córek Anny: czternastoletniej Klaudii (obecnie noszącej tytuł księżnej Bretanii, dzięki intercyzie zawartej przez Annę przed ślubem z Ludwikiem XII) oraz małej Renaty, która miała przejąć od Małgorzaty niektóre jej idee. Ludwika zapisała w dzienniku: „Anna, królowa Francji, przemierzywszy drogę od życia ku śmierci, pozostawiła w moich rękach zarząd jej dobrami, fortuną i córkami (...). Z tego obowiązku wywiązałam się honorowo i uprzejmie; to wiadoma wszystkim, uznana i dająca się udowodnić prawda, znajdująca potwierdzenie w opinii publicznej".

Plany wcielono w czyn zgodnie z ustaleniami. Czternastego maja Franciszek odbył z Klaudią wiążącą ceremonię ślubną; to małżeństwo dało mu tytuł księcia Bretanii. De Fleuranges, przyjaciel Franciszka, pisał, że Klaudia po matce Annie Bretońskiej odziedziczyła niechęć do męża i jego klanu: „Nie było dnia, żeby te dwa rody się nie kłóciły". Nie chodziło jednak o osobistą zgodność, a Franciszek musiał być pewny siebie, skoro następnego dnia wyruszył na łowy.

Nadzieje Ludwiki i jej rodziny opierały się na niezdolności pary królewskiej Francji do wydania na świat syna. Ale śmierć Anny Bretońskiej, otwierająca drogę do znalezienia królowi Ludwikowi XII młodszej żony, mogła przysporzyć im zmartwień.

Młodsza siostra Henryka VIII, osiemnastoletnia Maria Tudor, od dawna była przeznaczona na mocy małżeńskiego kontraktu na żonę Karola, bratanka Małgorzaty Austriackiej. Jeszcze niedawno Maria korespondowała z Małgorzatą na temat modnego wśród flamandzkich dam stylu sukni. Wcześniej jednak, w 1514 roku, gdy Małgorzata Austriacka coraz bardziej desperacko ponaglała ojca, by dążył do mariażu jej bratanka z angielską królewną – mariażu o kluczowym znaczeniu dla pokoju w jej niderlandzkich włościach – Maksymilian I i jej niegdysiejszy teść Ferdynand zmówili się, że zachowają przed nią w sekrecie nader odmienne plany. W 1514 roku Ferdynand napisał do jej ambasadora (czy ów dyplomata miał pokazać list Małgorzacie?), że jest ona „najważniejszą personą w świecie chrześcijańskim, odgrywa bowiem rolę mediatora w niemal wszystkich negocjacjach między książętami". W kolejnym liście zapewniał, że „Pani Małgorzata to osoba, od której, bardziej niż od kogokolwiek innego na świecie, zależy wojna lub pokój". Niemniej pochlebstwa te miały na celu utrzymywanie jej pod kontrolą.

Ferdynand i Maksymilian zamyślali ożenić Karola zamiast z Marią Tudor – jak wcześniej ustalono dla scementowania sojuszu między Anglią a Habsburgami – z francuską królewną, małą Renatą. Ponadto Ferdynand oferował owdowiałemu niedawno Ludwikowi XII nową żonę: albo samą Małgorzatę, albo jej bratanicę Eleonorę. Ludwik wybrał ponętną Eleonorę i nakreślono artykuły małżeńskiego kontraktu.

Ferdynand pisał:

> Pani Małgorzata rozmyśla nad wielką różnicą wieku między królem Francji [pięćdziesiąt jeden lat] a panią Eleonorą [siedemnaście lat]. [Ambasador] Lanuza ma jej wyjaśnić, że w małżeństwach między wielkimi królami różnicy wieku nigdy nie bierze się pod uwagę. (...) Pani Małgorzata myli się, jeśli uważa za wadę to, iż pani Eleonora jest tak szczupła. Generalnie szczupłe kobiety (...) rodzą więcej dzieci niż tęgie.

Zrozpaczona Małgorzata pisała do Maksymiliana I, że dobrze Hiszpanii myśleć o zawarciu pokoju z Francją, Hiszpanię chroni bowiem bariera w postaci gór, Anglię zaś – morze. Natomiast

Niderlandy, od dawna stanowiące obiekt francuskiej pazerności, nie mają dla osłony takich geograficznych wybryków natury. Wszystkie chwyty należy jednak uznać za dozwolone przy próbie scalenia imperium, Francji i Hiszpanii, w jedną przyszłą „rodzinę", której głową, zgodnie z własnymi wyobrażeniami, miał być Maksymilian. Kiedy zaś i Anglia zawarła z Francją pokój, zaszła kolejna zmiana planów matrymonialnych. Proponowane małżeństwo Ludwika XII z Eleonorą nie wchodziło w grę. Zamiast Eleonory król Francji miał poślubić kobietę obiecaną Karolowi, bratankowi Małgorzaty: siostrę króla Anglii Henryka VIII, Marię.

Oprócz pospiesznie skompletowanej wyprawy ślubnej oraz przysłanego przez króla Francji w prezencie ogromnego brylantu zwanego Zwierciadłem Neapolu, Maria Tudor miała zabrać ze sobą świtę złożoną z licznych angielskich dam. Boleynowie nie mogli przepuścić takiej okazji. W sierpniu 1514 roku Thomas Boleyn napisał do Małgorzaty Austriackiej list z pytaniem, czy mogłaby zwolnić ze służby jego córkę, która przeniesie się na dwór Francji – dzięki Małgorzacie tak dobrze włada już bowiem francuskim! Miejsce przyznane Annie Boleyn przez Małgorzatę w dowód wielkiej łaski miało powędrować do lamusa w obliczu jeszcze bardziej obiecującej sposobności.

Nazwisko Anny nie figuruje na liście osób towarzyszących Marii w podróży z Anglii, a zapisy dotyczące jej bytności we Francji pochodzą z nieco późniejszego okresu. Nie wiadomo, gdzie przebywała przez tych kilka miesięcy. Kiedy nadszedł list od Thomasa Boleyna, Małgorzata Austriacka przebywała wraz z dworem w Zelandii i właśnie to mogło być powodem opóźnienia. Małgorzata mogła też grać na zwłokę z niechęci do najdrobniejszych działań sprzyjających angielsko-francuskiemu mariażowi albo przez czystą irytację. Ponadto ślub Marii Tudor – co Małgorzata miała dotkliwie odczuć – w tamtym roku nie był bynajmniej jedynym królewskim mariażem.

W maju Maria, bratanica Małgorzaty Austriackiej, została wezwana na wiedeński dwór Maksymiliana I w ramach przygotowań do jej ślubu z synem króla Węgier*. W czerwcu Małgorzatę zawezwano, żeby w bardzo krótkim czasie zorganizowała ślub kolejnej bratanicy – Izabeli, liczącej niespełna trzynaście lat, ze starszym o dwie dekady królem Danii Chrystianem II. Jego ambasadorowie przyjechali w środę, a w sobotę wyrazili życzenie, by ślub odbył się następnego dnia, kiedy Chrystian miał być koronowany. „Miłościwy Panie", odpisała ojcu Małgorzata, „bardzo trudno było zorganizować tak uroczystą ceremonię w tak krótkim czasie (...), ale pragnąc ich zadowolić i spełnić ich pragnienia, wyraziłam zgodę (...) i dołożyłam wszelkich starań, żeby wszystko zaaranżować i uporządkować". Przynajmniej panna młoda, jak napisała ze wzruszeniem, prezentowała się jako postać, „na którą z pewnością miło było popatrzeć". To małżeństwo miał czekać niepomyślny koniec, lecz przez następny rok Izabela, podobnie jak jej starsza siostra Eleonora (powtórnie zaręczona z następcą tronu Portugalii) miała pozostać pod opieką Małgorzaty[1].

Małgorzata Austriacka odczuwała również presję z powodu wypadków w Niderlandach. Jej bratanek Karol, obecnie nastolatek, zaczynał mieć dość rządów despotycznej ciotki. Namiestniczka od dawna spierała się z Guillaumem de Croÿ, panem** de Chièvres, szlachcicem, którego jej brat mianował na czas swej nieobecności gubernatorem i którego Małgorzata później

---

* Chodzi o Ludwika, syna ówczesnego króla Czech i Węgier Władysława II Jagiellończyka (przyp. tłum.).
** Franc. *sieur* – tytuł szlachecki odpowiadający angielskiemu tytułowi lordowskiemu *sir* (przyp. tłum.).

zastąpiła. De Chièvres pozostał nauczycielem i mentorem jej młodego bratanka i dobrze z nią współpracował do czasu, aż liga antyfrancuska, którą Małgorzata pomagała tworzyć, uraziła jego silne profrancuskie sympatie. Kryzys osiągnął punkt krytyczny z powodu sprawy na pozór pozostającej bez związku z podłożem kontrowersji.

Kastylię – jedną z prowincji, którymi Karol miał władać – ogarnął ruch nacjonalistyczny; Kastylijczyków niepokoiły na równi ówczesne rządy Ferdynanda Aragońskiego oraz przyszłe losy pod berłem chłopca wychowującego się wyłącznie w Niderlandach. Frakcją kastylijską na dworze Małgorzaty Austriackiej kierował don Juan Manuel de la Cerda, agitator polityczny, którego Ferdynand pragnął dostać w swoje ręce. Małgorzacie wydawało się, że aresztowanie don Juana z zamiarem wyekspediowania go do Aragonii będzie sprawą stosunkowo błahą, lecz posunęła się za daleko.

Don Juan był rycerzem Orderu Złotego Runa, chwalebnego burgundzkiego odznaczenia zakonu rycerskiego, który z dumą nosili nawet cieszący się przywilejami zagraniczni mężowie, tacy jak Henryk VIII. Teraz zaś rycerze pod wodzą Karola jako tytularnego przywódcy oraz pana de Chièvres zjawili się u Małgorzaty całą deputacją, wymachując z wściekłością statutami stanowiącymi, że członka zgromadzenia rycerzy tego orderu mogą sądzić wyłącznie jego konfratrzy. Oburzona Małgorzata niczego nie pojmowała: „Ach, Szlachetni Panowie, gdybym była mężczyzną, jak jestem kobietą, kazałabym wam przynieść mi wasze statuty i wyśpiewywać z nich cytaty!". Zapewne wiedziała, że jej była teściowa Izabela Kastylijska przekonała kurię papieską do oddania jej w zarząd trzech takich rycerskich zakonów, choć nie bez pewnych narzekań ze strony mężczyzn, którzy uznali to za „potworność".

Afera zakończyła się tym, że Maksymilian I (który niegdyś sam przewodził zgromadzeniu) rozkazał sprowadzić don Juana na śledztwo do Niemiec, Małgorzata Austriacka zaś straciła sporą część przychylności miejscowej szlachty.

Pod wpływem pana de Chièvres Stany Generalne zażądały uznania pełnoletności Karola, proponując Maksymilianowi I dużą sumę za wyrażenie zgody. Cesarz nawet nie ostrzegł Małgorzaty, że zamierza tak uczynić. Nie dziwota, że namiestniczka żaliła się w listach do ojca, iż nie darzy jej pełnym zaufaniem i nawet zagraniczni ambasadorowie wydają się lepiej zorientowani w wydarzeniach niż ona.

Listy rozesłane przez Karola do różnych niderlandzkich prowincji wiosną 1515 roku oznajmiały, że „to właściwe i uzasadnione, by wszystkie sprawy tyczące się naszych praw, dostojeństwa, panowania, a nawet wymierzania sprawiedliwości oraz innych kwestii, były odtąd prowadzone w naszym imieniu i pod naszym tytułem".

Maksymilian I osobiście napisał do Karola (wysyłając kopię listu do Małgorzaty): „nie wątpimy, z uwagi na cześć i miłość, jaką winien jesteś naszej wielce drogiej córce, a Twojej ciotce, iż będziesz się z nią porozumiewać w głównych i najbardziej uciążliwych sprawach oraz zasięgać jej dobrych rad i z nich korzystać". Cesarz jednak miał się przekonać, że i on we włościach Karola nie liczy się już tak bardzo jak dawniej.

Teraz, gdy Małgorzata Austriacka została wyeliminowana, skargi na jej rządy ruszyły lawinowo. Obwiniano ją, że nie utrzymała w mocy porozumienia, które zawarła z Anglią, handlowym partnerem Niderlandów, a niderlandzkie fundusze wydawała na cudzoziemskie wojny – choć ściślej można by rzec, iż zupełnie nie potrafiła powstrzymać przed tym ojca – a nawet o to, że bezprawnie się wzbogaciła.

W tych trudnych okolicznościach musiała trzymać się dzielnie, towarzyszyła bowiem bratankowi w długiej podróży, która wyznaczyła moment przekazania w jego ręce władzy. Pisała jednak do ojca, że zadaje sobie pytanie, czy nie powinna usunąć się do własnych włości na południu i poświęcić się swym „drobnym sprawom". Wkrótce po wyzwoleniu się Karola spod jej kurateli, gdy Maksymilian I mimo to nadal bombardował ją poleceniami, odpisała ojcu, że jego list przekazała panu de Chièvres i tylko tyle może zrobić, „teraz bowiem nie mieszam się do żadnych spraw".

Faktycznie zaś czas miał pokazać, że Małgorzata Austriacka jest za bardzo zdeterminowanym i przebiegłym politykiem, by zbyt długo pozostać w cieniu. Owszem, można ją było przechytrzyć, ale nadal była osobą, przy której nawet najgroźniejsze samce alfa musiały stąpać ostrożnie. Po tamtym sześciomiesięcznym objeździe prowincji z bratankiem na posiedzeniu rady odczytała Karolowi na głos memorandum obalające wysuwane wobec niej oskarżenia, zaplanowane, jak rzekła, „w celu rzucenia podejrzeń na mnie, twoją uniżoną ciotkę, żeby odebrać mi twą życzliwość i zaufanie, co byłoby marną odpłatą za usługi, jakie ci dotąd oddałam".

„Ponadto Dostojna Pani użyczyła swoich funduszy na sprawy państwowe i ogromnie zredukowała wydatki własnego dworu (…). Przez trzy lata była daleka od pobierania wynagrodzenia za swoje usługi, za to przez cały ten okres wydawała swój posag". Po zakończeniu jej przemowy uzgodniono, że „Dostojna Pani była całkowicie odsunięta od wszelkich spraw". Małgorzata Austriacka „z godnością" usunęła się na pewien czas i wróciła do książek, swoich włości oraz nieustających planów wybudowania zmarłemu mężowi Filibertowi nagrobka w Brou. Zrobiła to jednak bez żadnego miecza Damoklesa, wiszącego jej nad głową.

10
„Wspaniały prezent noworoczny"

Francja, 1514–1515

Kolejna śmierć we francuskim rodzie królewskim wkrótce miała się okazać jeszcze jednym obrotem koła Fortuny. W jego wyniku gwiazdę Małgorzaty Austriackiej wydawał się czekać upadek, natomiast gwiazda jej niegdysiejszej towarzyszki zabaw Ludwiki Sabaudzkiej miała się spektakularnie wznieść. Jednakże po drodze czekało ją kilka budzących obawę zdarzeń.

Przyjazd do Francji Marii Tudor – młodej, ponętnej i, jak należało przypuszczać, płodnej – nie mógł być mile widziany przez Ludwikę i jej rodzinę. Uzasadniona bowiem była obawa, że spłodzenie syna przez starego króla przekreśli szansę Franciszka na tron. Wiekowy już Ludwik XII wydawał się oczarowany nowo poślubioną żoną i twierdził, że w sypialni dokonał wspaniałych wyczynów.

Zapewne nikt do końca w to nie wierzył. Przyjaciel Franciszka, dworzanin i amator przygód de Fleuranges zanotował to, co od niego zasłyszał: „O ile tylko ludzie wierutnie nie łżą, teraz wiem, że król i królowa nie zdołają się dochować dzieci". Istniały jednak inne możliwe powody do zmartwień. Franciszek, jako królewski zięć i domniemany następca tronu, przewodził uczcie wydanej na powitanie Marii Tudor i odgrywał rolę gwiazdora na turnieju na jej cześć. Wyraźnie nawiązał też nić porozumienia ze swą piękną dziewiętnastoletnią teściową. Wkrótce Ludwikę zaczęto ostrzegać, żeby miała oko na syna, by sam nie spłodził męskiego potomka, który zajmie mu tron. Obawy Ludwiki miały jednak trwać krótko.

De Fleuranges powtarzał plotki, jakoby król Anglii podesłał francuskiemu monarsze młodą klaczkę, żeby ten pocwałował na niej do nieba lub do piekła. Okazało się to aż nazbyt dokładną przepowiednią. Niespełna trzy miesiące po ślubie z Marią Tudor, 1 stycznia 1515 roku, jej mąż Ludwik XII zmarł.

De Fleuranges opisał, jak nowy król Franciszek I Walezjusz wdział żałobny strój, po czym, „zjawiwszy się pospiesznie w pałacu, powiadomił o wszystkim książąt i pierwsze damy królestwa, zwłaszcza swoją matkę, Dostojną Panią Ludwikę. Muszę powiedzieć, że to był wspaniały prezent noworoczny". Ludwika zanotowała: „W pierwszym dniu stycznia straciłam męża i 1 stycznia mój syn został królem Francji".

Formalnie rzecz biorąc, nie było wiadomo, czy Franciszek jest królem, do czasu uzyskania potwierdzenia, czy Maria Tudor nie zaszła w ciążę. Przeważyła jednak reguła „Król umarł – niech żyje król", tym bardziej że nikt nie sądził, by narodziny pogrobowca były prawdopodobne. Oficjalny okres żałoby skrócono i już pod koniec miesiąca Franciszek został ukoronowany.

Dla nowej linii francuskiej dynastii Maria Tudor, wdowa po starym królu, oznaczała wolny koniec nici sukcesji. Jednakże Maria sama znalazła rozwiązanie problemu; kolejna siostra z rodu Tudorów była gotowa przedłożyć namiętność nad względy polityczne. Wolsey od najwcześniejszych dni jej wdowieństwa niezwłocznie przestrzegał, że Maria nie chce słyszeć o żadnym nowym „posunięciu matrymonialnym", które można by jej przedstawić. „Ufam królowi, mojemu bratu, nie spodziewaj się zatem po mnie, panie, takich dziecinnych postępków", odparła z oburzeniem Maria ze swego wdowiego odosobnienia.

A „posunięć" na horyzoncie było w bród. Krążyły plotki na temat księcia Lotaryngii, o odsunięciu przez Franciszka I Klaudii dla ożenku z Marią, o snutych przez jej brata planach scementowania jej ręką kolejnego zagranicznego przymierza, tym razem z Habsburgami. Być może to oraz świadomość, że spory o jej posag odegrają główną rolę w jej przyszłości, jeśli stanie się ona przedmiotem negocjacji między dwoma królami, skłoniły Marię Tudor do działania.

Przed wyjazdem z Anglii skłoniła brata do nieoficjalnej obietnicy, że jeśli wyjdzie za starzejącego się króla Ludwika XII, następnego męża będzie mogła wybrać sama. A wiedziała już wtedy, na kogo padnie jej wybór. Karol Brandon eskortował ją do Francji; w styczniu został przysłany, żeby wynegocjować jej powrót do Anglii. Było wiadomo, że tę parę ciągnie do siebie; po przyjeździe Brandona Maria posłała po niego. „Nigdy nie widziałem niewiasty tak pogrążonej we łzach", napisał 5 marca Brandon, usprawiedliwiając się w liście przed Wolseyem. „Królowa nie chciała mi dać spokoju, aż wreszcie zgodziłem się na małżeństwo z nią i, szczerze mówiąc, z serca ją poślubiłem i ległem z nią w łożu".

Tkwiło w tym postępku coś więcej niż *lèse-majesté*, ale oboje w pewnej mierze mogli polegać na ochronie ze strony Francuzów, dla których takie rozwiązanie okazało się dogodnym sposobem uniknięcia wydatków związanych ze stałym pobytem królowej wdowy we Francji albo wykorzystania Marii do scementowania jakiegoś niepożądanego politycznego aliansu. Jeśli chodzi o brata Marii – Henryka VIII, to była inna historia, jednak nawet on nie gniewał się aż tak, by nie dać się udobruchać obietnicą, że małżonkowie przekażą mu posag Marii i wszelkie dobra, które otrzymała w wyniku mariażu. (Ku wściekłości Franciszka I Maria dodatkowo osłodziła bratu tę ugodę, przemycając do Anglii wspaniałe Zwierciadło Neapolu). Po powrocie do kraju jej nowe małżeństwo zostało potwierdzone publiczną ceremonią i odtąd Maria Tudor miała się zadowalać życiem w zaciszu domowym. Wiele angielskich dam wróciło wraz z nią do kraju, lecz Anna Boleyn (prawdopodobnie ze względu na tak dobre opanowanie francuskiego) została za granicą[*]. Jeśli wierzyć późniejszym relacjom, we wczesnym okresie pobytu we Francji Anna miała obserwować krótki związek swej siostry z lubieżnym Franciszkiem oraz dostrzec zgubny wpływ tejże relacji na reputację Mary Boleyn. Kolejne lekcje niebezpiecznej dla kobiet miłosnej gry.

Nie wszystkie damy z królewskich rodów wybrałyby dla siebie taką przyszłość, jaką wybrała Maria Tudor. Ludwika Sabaudzka zanotowała w dzienniku chłodną uwagę, że Maria w ostatnim dniu marca wyszła za Brandona, „osobę niskiego stanu". Prawdopodobnie pod względem temperamentu Ludwika miała więcej wspólnego z Małgorzatą Austriacką – i ona bowiem mogłaby ręczyć za urok Brandona – ale wieść o potajemnym związku przyjęła bez zrozumienia. Był to postępek, jak pisała do Maksymiliana I, tak bezsensowny, że jej samej taki pomysł nigdy nie przyszedłby do głowy.

Ludwika Sabaudzka miała prawie czterdzieści lat i nadal była w kwiecie wieku, kiedy jej syn Franciszek I odziedziczył francuski

---

[*] Od dawna toczą się dyskusje, czy Anna Boleyn, mianowana damą dworu królowej Klaudii, spędziła na nim cały okres swego pobytu we Francji, czy może została przeniesiona na dwór Małgorzaty z Nawarry, która z większym prawdopodobieństwem była jej mentorką. Zaangażowanie Małgorzaty w sprawy dworu brata czyni jednak takie rozróżnienie zbędnym i możemy założyć, że Anna przynajmniej znakomicie się orientowała w poczynaniach tej charyzmatycznej postaci (przyp. aut.).

tron. Można odnieść wrażenie, że od początku zajmowała się rzemiosłem rządzenia – przynajmniej we wczesnym stadium panowania króla – co najmniej tak samo pilnie jak jej syn. „Najlepszym przyjacielem młodzieńca jest jego matka", takie motto mogłoby dotyczyć monarchów we wczesnym okresie współczesnych dziejów. Niedawno dwóch nowych angielskich władców – Edward IV i Henryk VII – traktowało swoje matki jak mentorki (choć w odróżnieniu od nich Franciszek I nie musiał walczyć o koronę). Główni urzędnicy państwowi uzyskali zatwierdzenie swoich stanowisk (jak d'Alençon, szwagier Franciszka I, mąż jego siostry, Małgorzaty, który został obwołany drugą osobą w królestwie, czy de Bonnivet – admirał Francji), ważne funkcje przydzielono również kilku zaufanym urzędnikom Ludwiki. Ona sama zaś otrzymała majątki ziemskie – księstwa Angoulême i Andegawenii, hrabstwa Maine i Beaufort oraz baronię Amboise – które uczyniły ją posiadaczką ogromnych bogactw.

Nie zapomniano też o wcześniejszej guwernantce francuskiej rodziny królewskiej Annie de Beaujeu. Jej zięcia, księcia Burbonii (de Bourbon), mianowano konetablem Francji. Miała to być nominacja brzemienna w konsekwencje, gdyż scalenie własnych włości Burbona z tymi, które mogła odziedziczyć Zuzanna, córka Anny, tworzyło olbrzymie i potencjalnie kontrowersyjne skupisko ziem w centralnej części Francji. Anna, podobnie jak Ludwika i Małgorzata – ale w przeciwieństwie do żony Franciszka I, ciężarnej królowej Klaudii – towarzyszyła królowi podczas koronacji w Reims.

Ludwika Sabaudzka pisała w dzienniku:

> Tego dnia, w święto nawrócenia świętego Pawła 1515 roku, mój syn został namaszczony i wyświęcony w katedrze w Reims. Składam za to dzięki miłościwemu Bogu jako hojną

odpłatę za wszystkie przeciwności i niedogodności, jakie spotkały mnie we wczesnych latach życia i w kwiecie młodości. Pokora dotrzymywała mi towarzystwa, a cierpliwość nigdy mnie nie opuściła.

Co się tyczy pokory, to nie wszyscy ją dostrzegali. Karol Brandon pisał o Ludwice do Henryka VIII: „To ona wszystkim kieruje i potrafi to dobrze robić; nigdy bowiem nie widziałem kobiety podobnej do niej pod względem rozumu, honoru i godności. Ona i król, jej syn, mają wielki zmysł do wszelkich spraw".

Poseł z Wenecji zapytał weterana wojen, marszałka Trivulzia, kto naprawdę sprawuje władzę w kraju i kontrolę nad królem. Odpowiedź brzmiała: Ludwika Sabaudzka

> Rości sobie prawo do zarządzania wszystkim, nie pozwalając mu działać bez jej zgody (…). To jego matka razem z panią de Bourbon [nadal czynną Anną de Beaujeu] i panem de Boisy [dawnym guwernerem Franciszka I, bratem de Bonniveta] naprawdę wszystkim rządzą. To wielka szkoda, że tkwi pod pantoflem. Ale czego się spodziewać po kimś, kto tak żyje? Wstaje z łoża dopiero na chwilę przed południem. Następnie, gdy już się ubierze i wysłucha mszy, udaje się prosto na obiad. Zaraz po tym wymyka się do matki. Później, po krótkiej chwili spędzonej z radą, rzuca się w wir rozrywek trwających bez przerwy aż do kolacji.

Teraz Wenecja już wiedziała, do kogo się zwracać. „Najznakomitsza matka najbardziej chrześcijańskiego króla" wkrótce miała zapewnić Wenecjan, że jej syn okaże się „największym i najwierniejszym przyjacielem", jakiego kiedykolwiek miało ich miasto.

Kiedy na rok przed wstąpieniem syna na tron Ludwika Sabaudzka bawiła w Blois, w jej komnacie zawalił się sufit. „Sądzę, że był to znak, iż całość tego rodu ma się oprzeć wyłącznie na mnie", pisała później w dzienniku, „i boską wolą zostałam wyznaczona, by przyjąć na siebie ten obowiązek". Pod wieloma jednak względami stanowiło to zarazem brzemię, jak i sposobność. Kiedy wenecki poseł dorzucił, że matka Franciszka I „wkłada całą energię w gromadzenie pieniędzy", ta opinia miała przylgnąć do Ludwiki. Zapewne wynikało to również z pewnej cechy matki króla, którą jeden z autorów nazwał żądzą poczucia bezpieczeństwa, a którą Ludwika dzieliła z matką Henryka VII, lady Małgorzatą Beaufort. Henryk podzielał wszak matczyne skąpstwo, Ludwika zaś stała w obliczu nader rzeczywistego problemu: swobody, z jaką syn potrafił trwonić fundusze, przynajmniej na kosztowne rozrywki wojenne.

Na Ludwikę Sabaudzką w nieunikniony sposób spadła duża część zadań związanych z pomaganiem Franciszkowi I w rozwiązywaniu trudnych problemów stosunków zagranicznych. Relacje króla z Karolem V, jako władcą Niderlandów, na krótką metę wydawały się zabezpieczone dzięki zaręczynom cesarza z Renatą, czteroletnią córką Ludwika XII (to jeszcze jeden królewski mariaż, który nigdy nie miał się ziścić). Ludwika miała też nadzieję, że przeciągnie na stronę Francji papieża, aranżując małżeństwo jego brata z rodu Medyceuszy ze swoją przyrodnią siostrą Filibertą Sabaudzką.

Jednakże trójstronne stosunki między francuską Koroną, państwem papieskim oraz świeckimi i religijnymi podmiotami we Francji od dawna były napięte. W 1516 roku Franciszek I, z pewnością posłuszny zakulisowym radom Ludwiki, wraz z papieżem Leonem X wypracował ugodę nazwaną konkordatem bolońskim. Porozumienie przyznawało królowi prawo mianowania własnych dostojników religijnych. To jednak skłóciło go z paryskim parlamentem i z kadrą uniwersyteckiego wydziału teologicznego, które uprzednio uczestniczyły w takich nominacjach*. Podobne oburzenie parlamentu wzbudziło przyznanie królewskiej siostrze Małgorzacie i jej mężowi, księciu Alençon, corocznej pensji w wysokości dwudziestu tysięcy liwrów oraz lukratywnego prawa wyznaczania zarządców wszystkich francuskich gildii handlowych, a także księstwa Armagnac, które parlament uważał za nierozerwalnie związane z francuską Koroną.

Rola Małgorzaty w sporach brata z parlamentem i władzami religijnymi miała być brzemienna w następstwa, zwłaszcza dla niej samej. Na razie jednak szczodrość króla oznaczała, że jej mąż pogodził się z tym, iż miejsce żony jest przede wszystkim na dworze jej brata, gdzie brała na siebie wiele ceremonialnych obowiązków królowej, podobnie jak matka przejmowała sporą część powinności króla. W czwartej noweli *Heptamerona* Małgorzata pisała o młodym księciu, który „chętnie oddawał się przyjemnościom, takim jak polowanie, gry, kobiety"; jego żonie „wcale nie podobały się mężowskie zabawy i była z tego powodu niezadowolona, dlatego też pan oprócz żony zabierał ze sobą siostrę". Swoje listy do brata najczęściej podpisywała jako najpokorniejsza i najposłuszniejsza poddana i siostra albo ulubienica (*mignonne*).

Królowa Klaudia była nieśmiała, niezbyt ładna, dotknięta wadą powodującą utykanie i niemal stale brzemienna (rodziła w latach: 1515, 1516, 1518, 1519, 1520, 1522 i 1523), choć zaledwie dwoje dzieci przeżyło rodziców. Wydaje się jednak, że Ludwika Sabaudzka – a z pewnością i Małgorzata – ceniły ją za to, co ona

---

* Paryż miał zdecydowanie najpotężniejszy z siedmiu parlamentów Francji, będących raczej najwyższymi sądami w danej prowincji, a nie zgromadzeniami prawodawczymi. Franciszek I przemawiał w parlamencie ustami swego kanclerza, Duprata, wieloletniego współpracownika Ludwiki (przyp. aut.).

mogła zrobić dla Franciszka, a czego one nie mogły. Chociaż jej niemal współczesny biograf, senior de Brantôme, pisał o tyranizowaniu Klaudii przez teściową oraz ignorowaniu przez męża, nie ma dowodów, że królowa była niezadowolona ze sposobu traktowania; bądź co bądź wychowała się częściowo pod skrzydłami Małgorzaty i Ludwiki.

Relacje między matką a synem były tak bliskie, że gdy Franciszek wbił sobie cierń w stopę, Ludwika pisała: „prawdziwa miłość zmusiła mnie do tego, by odczuwać taki sam ból". Żywiła zatem mieszane uczucia wobec wrodzonej śmiałości syna. Z przerażeniem patrzyła, jak na dworze w Amboise król uwolnił schwytanego odyńca tylko po to, by położyć go własnoręcznie zadanym ciosem miecza. Nieskończenie gorsza była obawa, gdy okazało się ponad wszelką wątpliwość, że Franciszek I ma zamiar zrealizować swe ambicje i zagarnąć sporne tereny wokół Mediolanu, do których rościł sobie dziedziczne prawa.

Przed wyjazdem na wojnę do Italii wraz ze wszystkimi szlachetnie urodzonymi krewnymi król obwieścił, że podczas jego nieobecności matka będzie sprawować władzę regentki: „Postanowiliśmy pozostawić rządy w naszym królestwie wielce ukochanej i drogiej pani matce, księżnej Angoulême i Andegawenii, do której mamy całkowite i idealne zaufanie, a która – dzięki swej cnocie i roztropności – będzie wiedziała, jak go nie zawieść".

Chociaż wojny włoskie miały się okazać nieskończenie długotrwałym epizodem, w 1515 roku starania Franciszka I zostały uwieńczone imponującym sukcesem. We wrześniu rozegrała się bitwa pod Marignano – według słów jednego z obserwatorów: starcie gigantów – w której siły Franciszka odniosły przytłaczające zwycięstwo nad armią szwajcarskich najemników zebraną przez ród Sforzów, aktualnych władców Mediolanu, w sojuszu z państwem papieskim. Król przechwalał się przed matką, że jeszcze nigdy nie było tak zażartej i okrutnej batalii. Ludwika i Klaudia niezwłocznie wyruszyły z pielgrzymką do opactwa Notre Dame de la Guiche, żeby podziękować za uchronienie „tego, którego kocham bardziej niż siebie, mojego syna, wspaniałego i triumfującego Cezara, poskromiciela Szwajcarów". Dziesiątego października Franciszek wkroczył w chwale do Mediolanu, niczym uosobienie młodego króla wojownika.

Na wieść o powrocie Franciszka spod Marignano Ludwika Sabaudzka, Małgorzata i Klaudia wyruszyły na spotkanie „triumfującego Cezara", jak na kartach dziennika nazywała go matka. „Bóg wie, że ja, biedna matka, nie posiadałam się z radości, widząc syna całego i bezpiecznego po tym wszystkim, co wycierpiał i zniósł w służbie wspólnemu dobru". Zanim nastał styczeń 1516 roku, wszystkie trzy wraz z królem triumfalnie wjechały do Marsylii.

W pierwszej połowie XVI wieku w Europie wzorce wyznaczali trzej młodzi mężczyźni, celebrujący swą burzliwą młodość: Franciszek I Walezjusz, Karol Habsburg i król Anglii Henryk VIII Tudor. Za każdym z nich stała kobieta – matka, ciotka lub żona. I jeśli w ostatnich latach kilka kobiet starało się balansować między wymogami stawianymi przez sprawowaną władzę a swoim przeznaczeniem, to Ludwice chyba udawało się to najlepiej.

11
„Jedna z dam najbardziej doświadczonych przez los"

Szkocja, Anglia, 1515–1517

Sprawy Małgorzaty Tudor, starszej siostry Henryka VIII, przez długi czas układały się źle. Jednakże śmierć króla Francji Ludwika XII wywarła wpływ sięgający daleko poza granice kraju, nawet do odległej Szkocji, „starego sojusznika" Francji. Jeszcze jesienią 1513 roku król Henryk otrzymywał w Anglii od swoich agentów raporty, że szkoccy lordowie „nie są zadowoleni z tego, że królowa ma rządzić, bo obawiają się, iż będzie zbytnio się zgadzała z Anglią". Nawet kiedy w lutym 1514 roku Małgorzata zdołała przeforsować niełatwy pokój z Anglią, nie wszyscy członkowie jej rady cieszyli się z tego.

Kiedy jednak w marcu, wezwana przez szkocki parlament, stawiła się przed przedstawicielami ludu w ósmym miesiącu ciąży, wiwatowano wniebogłosy na jej cześć, tym bardziej że w swej uprzejmej przemowie większość rzeczywistych spraw rozstrzyganych podczas tamtej sesji pozostawiła innym i pozwoliła parlamentowi przejąć kontrolę nad wszystkimi najważniejszymi twierdzami w kraju. Jako madonna, matka, pamiątka po zmarłym królu, cieszyła się życzliwością. Dopiero próby przekraczania tak wytyczonych granic napotykały trudności.

Trzydziestego kwietnia Małgorzata powiła drugiego syna – Aleksandra, księcia Ross. W Anglii zaś Henryk VIII i Katarzyna Aragońska, która prawdopodobnie zeszłej jesieni poroniła, nadal nie mieli dziecka. Objęcie następstwa angielskiego tronu przez potomków Małgorzaty Tudor wydawało się bardziej prawdopodobne niż kiedykolwiek. Latem królowa opuściła miejsce odosobnienia, a 12 lipca szkoccy arystokraci jednomyślnie podpisali oświadczenie popierające jej władzę regentki. „Miłościwa Pani", zapisano w dokumencie, „wiedzeni jedną myślą i wolą, z radością zgadzamy się ze wszystkimi lordami królestwa spełnić życzenie Jego Królewskiej Mości i Waszej Królewskiej Mości oraz nakaz wspólnego dobra". W ciągu paru tygodni sytuacja uległa jednak całkowitej zmianie.

Czternastego sierpnia podczas przeprowadzonej w tajemnicy ceremonii Małgorzata Tudor po raz drugi wyszła za mąż – za hrabiego Angus. Wybranek, mniej więcej w jej wieku (miał dwadzieścia cztery lata), należał do potężnego, choć kontrowersyjnego klanu Douglas i był znienawidzony przez większość arystokratów.

Historycy często woleli postrzegać Małgorzatę jako osobę głupią, ulegającą urokowi przystojnego oblicza. Być może tak było – a może po prostu, jak inne kobiety w tej opowieści, miała zamiar uniknąć ponownego wydania za mąż przez męskich krewnych dla ich osobistych celów. Istnieje też możliwość, że starała się wzmocnić swoją władzę[1]. Przez całe ostatnie stulecie klan Douglas stał niemal na równi ze szkocką Koroną. Jeśli taki był motyw decyzji królowej, nie mogła chyba dokonać mniej roztropnego wyboru.

Dwudziestego szóstego sierpnia rada zażądała od Małgorzaty Tudor wezwania z Francji Jana Stuarta (Stewarta), księcia Albany, który miał objąć urząd gubernatora Szkocji, czyli w zasadzie zająć miejsce Małgorzaty. Większość członków rady poparła żądanie, by królowa wydała im Wielką Pieczęć i nie ogłaszała żadnych dalszych proklamacji. Zanim nadeszła połowa września, kwestionowali już nawet to, czy królowa powinna zachować prawo opieki nad synem, małym królem Jakubem V. Postanowienia zawarte w testamencie zmarłego męża zależały od tego, czy Małgorzata nie wyjdzie ponownie za mąż. Obecnie królowa zrzekła się tych przywilejów, jak to w cięty sposób ujął lord Home:

> Okazywaliśmy dotychczas naszą chęć honorowania władzy królowej, lubo sprzecznej ze starodawnymi prawami i zwyczajami tego królestwa. Cierpieliśmy jej władzę i byliśmy jej posłuszni dopóty, dopóki ona sama zachowywała swoje prawa, pozostając we wdowieństwie. Teraz zaś, gdy się ich zrzekła poprzez małżeństwo, czemu nie mielibyśmy wybrać kogo innego na miejsce, które dobrowolnie opuściła?

Wysłano zatem głównego herolda (Lyon Herald), żeby poinformował Małgorzatę, że została pozbawiona władzy regentki. Herold nie zwracał się do niej słowami „Wasza Królewska Mość", lecz nazywał ją „Milady, matką króla" – tytułem, który jej babka i imienniczka Małgorzata Beaufort nosiła z taką dumą. Małgorzata Tudor przyjęła go mniej życzliwie. A dziadek i mentor jej nowo poślubionego męża, stary lord Drummond, dopuścił się rażącego naruszenia dobrych obyczajów – trzepnął herolda w ucho.

Małgorzata przymknęła oko na obraźliwy czyn lorda Drummond wobec głównego herolda, za to zrobiła poważniejszy krok – mianowała męża, hrabiego Angus, którego własny stryj nazywał nieopierzonym młodym głupcem, swoim współregentem. Hrabia dowiódł słuszności tej opinii, atakując Lorda Kanclerza, który wyraźnie dał do zrozumienia, że nie aprobuje tego małżeństwa, a także przejmując Wielką Pieczęć. Oburzona arystokracja wstrzymała Małgorzacie rentę wdowią, a Lord Kanclerz i jego stronnicy ruszyli na wyprawę do Edynburga i zawładnęli miastem.

Wywiązała się wojna domowa albo coś bardzo podobnego. Małgorzata i hrabia Angus razem z synami Małgorzaty niezwłocznie umknęli do zamku w Stirling. „Partia moich przeciwników nadal działa w złych zamiarach; podjęła w parlamencie kroki zmierzające do przywłaszczenia sobie królewskiej władzy i przedstawienia mnie oraz moich lordów jako buntowników, żeby pozbawić nas dobrej reputacji" – tak królowa opisała sytuację w liście do brata Henryka VIII.

Szkoccy lordowie pozwoliliby jej sprawować opiekę nad synami, gdyby zrezygnowała z władzy regentki, ale Małgorzata Tudor nie chciała o tym słyszeć. Zapewniła Henryka, że synowie są „bardzo dziarscy". List zakończyła jednak zdaniem: „Jeśli nie przyślesz mi szybko z pomocą ludzi i funduszy, będzie mi bardzo trudno". Ponaglała brata, żeby wysłał angielskie wojska do rejonu, w którym jej mąż próbował przyjść z odsieczą oblężonemu zamkowi w St Andrews. Armia miała się podać za siły przybywające z misją pokojową, a Szkotom miano zapowiedzieć, że „ich ziemie i dobra nie doznają szwanku, gdyż szkody zostaną wynagrodzone w dwójnasób i trójnasób". Jednakże zasadniczo królowa wzywała nieprzyjaciela do wzięcia kraju pod okupację.

„Bracie, całe dobro moje i moich dzieci spoczywa w Twoich rękach", pisała. Ostrzegała, że przeciwnicy podrabiają jej podpis, więc Henryk powinien uznawać za autentyczne wyłącznie listy podpisane „Twoja kochająca siostra Małgorzata R"[*], a nie „Małgorzata R". Pod koniec stycznia 1515 roku Henryk VIII przysłał list zawierający radę, by królowa uciekała w stronę granicy, ale

---

[*] „R" – skrót od łacińskiego *regina* (królowa) (przyp. tłum.).

Małgorzatę przerażały trudności natury praktycznej oraz następstwa takiego kroku dla władzy jej i jej syna. "Dzięki Bogu jestem taką kobietą, która może uciekać z dziećmi w ramionach", odpisała. Gdyby do tego doszło, "niedługo powinnam być z Tobą". Jednakże była królową, a śmierć starego króla Francji Ludwika XII, choć z jej siostry Marii zrobiła wesołą wdówkę, dramatycznie osłabiła pozycję Małgorzaty, pozbawiając ją rodzinnych więzi z francuskim tronem.

Obietnica złożona przez króla Ludwika szwagrowi Henrykowi VIII, że zatrzyma księcia Albany we Francji i nie dopuści, by ten stał się w Szkocji rywalem Małgorzaty, umarła wraz z nim. Drugiego kwietnia 1515 roku książę Albany opuścił francuski dwór.

Od samego początku, gdy tylko książę Albany na wezwanie rady przybył do Szkocji, by rozdzielić Małgorzatę z jej synem królem, to prawdopodobnie Franciszek I ponosił winę "za to okrucieństwo", jak odnotował wenecki ambasador. Francuski ambasador w Londynie napisał do matki króla, Ludwiki Sabaudzkiej, list zawierający prośbę o odwołanie oraz przestrogę, że na londyńskich ulicach słyszy się opinię, iż Henryk VIII powinien wypowiedzieć Francji wojnę za obrazę wobec jego siostry. Nastąpiły nieuniknione spory o to, kto będzie sprawował kontrolę nad młodym królem. Książę Albany, mężczyzna obyty i majętny – dzięki małżeństwu z wielką francuską dziedziczką – słabo mówił po angielsku, a jeszcze słabiej niż sama Małgorzata władał szkockim dialektem, ale świadomie i kompetentnie przystąpił do wypełniania swych obowiązków.

Książę Albany miał wyznaczyć czterech opiekunów spośród parów wybranych przez radę, a Małgorzata miała sprawdzić wybranych przez niego kandydatów. Przekazanie dziecka pod opiekę nowych mentorów stało się dramatyczną publiczną sceną.

Na placu zamku w Stirling stanęła Małgorzata Tudor, trzymając za rękę młodego króla, u jej boku stał hrabia Angus, a piastunka trzymała w ramionach młodszego syna królowej. Gdy jednak nadeszli przedstawiciele rady, Małgorzata oficjalnie wezwała ich do podania celu przybycia, po czym rozkazała opuścić im przed nosem kratę zamykającą zamkową bramę. Poprosiła o sześć dni zwłoki na rozważenie planu parlamentu, zignorowała męża, który namawiał ją do wyrażenia zgody, i wycofała się do wnętrza potężnej i łatwej do obrony bryły warowni w Stirling. Rozdrażniony hrabia Angus wyjechał do swoich włości.

Książę Albany oczywiście śledził poczynania królowej, zdecydowany wziąć zamek Stirling siłą, bez względu na to, ile miałoby trwać oblężenie. Kiedy Małgorzata ujrzała wyposażone w ciężką artylerię wojska, jakie zgromadził przeciwko niej książę, przeraziła się na tyle, by wyrazić zgodę. Nawet wtedy jednak skłoniła małego króla, by to on przekazał klucze do zamku – przyjęła klęskę z godnością. Podczas gdy książę Albany wyruszył za hrabią Angus i jego rodziną, Małgorzatę odprowadzono pod strażą z powrotem do Edynburga. Drugiego sierpnia podpisała oświadczenie wyrażające życzenie, by to Jan Stuart, książę Albany, rzeczywiście „sprawował opiekę i pieczę" nad obu jej synami; później twierdziła, że książę zmusił ją do tego „przebiegłymi i subtelnymi sposobami".

Przedstawiciel Henryka VIII, brata Małgorzaty, ponownie namawiał ją do ucieczki na południe, do opuszczenia Edynburga „wszelkimi politycznymi sposobami i roztropnością, jakich można użyć". Tym razem Małgorzata wyraziła zgodę. Była wtedy w zaawansowanej ciąży – nosiła dziecko męża, Archibalda Douglasa, hrabiego Angus – oznajmiła zatem księciu Albany, że na czas porodu i połogu „zajmie swoją komnatę" w Linlithgow. Po przybyciu na miejsce podała się za chorą, żeby hrabiemu Angus pozwolono ją odwiedzić. Po zapadnięciu zmroku oboje wymknęli się z garstką sług i – mimo ciąży Małgorzaty – pędem odjechali. Przed świtem dotarli do należącego do Douglasa zamku Tantallon nieopodal granicy.

Ze względu na wysłany przez księcia Albany pościg królowa i jej towarzysze musieli umykać tak spiesznie, że Małgorzata zostawiła swoje szaty, a nawet cenne klejnoty. Gdy ich oczom ukazał się zamek w Berwick, już na terytorium Anglii, dramatyczna przygoda przerodziła się w farsę, bo gubernator nie chciał ich wpuścić bez rozkazów. Wreszcie przybył przedstawiciel Henryka VIII, lord Dacre, żeby eskortować Małgorzatę do swej kwatery głównej w zamku w Harbottle.

Była to twierdza wojskowa, nieodpowiednia dla damy z królewskiego rodu, w dodatku oczekującej narodzin dziecka. Trudno było nawet o akuszerkę w tej surowej, nawiedzanej przez bandytów okolicy. Jednak to właśnie tam, przybywszy w stanie bliskim załamania, Małgorzata po długim porodzie wydała na świat córkę[2].

Później miała oskarżyć księcia Albany, że „ze strachu i wskutek zagrożenia życia" musiała uciec do Anglii mimo „zaawansowanej ciąży i rychłego porodu", w wyniku czego osiem dni od przekroczenia granicy „urodziłam dziecko czternaście dni przed czasem z wielką dla mnie szkodą i w najwyższym niebezpieczeństwie". Z pewnością minęło dziesięć dni, zanim zdołała usiedzieć na tyle długo, by przeczytać listy od brata, Henryka, i od Katarzyny Aragońskiej, a dopiero w listopadzie można ją było przewieźć w rozpaczliwie powolnym tempie do wygodniejszego zamku w Morpeth.

W tamtejszej warowni, gdy rozpoczęły się przygotowania do Bożego Narodzenia, Małgorzata wreszcie ujrzała całe mnóstwo upominków, jakie Henryk VIII i Katarzyna starali się przysłać jej do Harbottle: suknie, kotary na łoże oraz wszystkie ozdoby należne jej jako królowej. Kiedy przyniesiono ją na krześle do wielkiej sali, żeby mogła obejrzeć rozłożone suknie, zapłakała: „Oto widzicie, że król, mój brat, nie zapomniał o mnie i nie chciał, żebym umarła, nie mając w co się odziać". Oczywiście szaty stanowiły ważny wyznacznik jej pozycji, niezależnie od przyjemności z ich noszenia czy względów praktycznych.

Małgorzata prawdopodobnie odczuwała też objawy rwy kulszowej, nie mogła zatem się cieszyć olśniewającymi obchodami Bożego Narodzenia. Kucharz lady Dacre przyrządzał chorej mleko migdałowe i buliony obok bożonarodzeniowych potraw: pieczonych mięs, dziczyzny i galaretek, ale – jak pisał sir Christopher Garnyshe, którego Henryk wysłał na północ z upominkami – „Jej Miłość odczuwała taki ból w prawej nodze, że przez trzy tygodnie nie mogła wytrzymać na siedząco, gdy trwały prace nad jej łożem, a gdy podnoszono Jej Miłość z łoża, jej jęki i płacze wzruszały serce każdego człowieka". Niemniej, jak dodał, Małgorzata „przejawiała niesamowite upodobanie do strojów", każąc swoich damom dworu raz lub dwa razy dziennie prezentować sobie przysłane przez Henryka suknie.

W pierwszych miesiącach nowego roku wróciła do sił, lecz tylko po to, by wysłuchać strasznych wieści. Jej drugi syn Aleksander, książę Ross, pozostający w Szkocji pod opieką księcia Albany, zmarł na chorobę wieku dziecięcego. Gospodarze Małgorzaty wiedzieli o tym od Bożego Narodzenia, lecz postanowili oszczędzić jej tej wieści, gdy sama tak ciężko chorowała, tym bardziej że – jak zanotował sir Christopher – uwielbiała opowiadać o tym chłopczyku, wychwalając go „nawet bardziej niż jej starszego syna, króla". Sir Christopher dodał: „Uważam, że to jedna z dam najbardziej doświadczonych przez los".

Małgorzaty nie podniósł na duchu fakt, że jej mąż, hrabia Angus, po powrocie do swych włości w Szkocji postanowił tam zostać. Wolał zawrzeć porozumienie z księciem Albany, zamiast towarzyszyć żonie w ucieczce na południe, na angielski dwór, jako wygnaniec bez grosza przy duszy.

„Jeśli chodzi o zarządzanie swoimi włościami i sprawami, [wdowy] muszą polegać wyłącznie na sobie", pisała Anna de Beaujeu. Małgorzata Tudor – w odróżnieniu od Ludwiki Sabaudzkiej i Małgorzaty Austriackiej – nie dorosła do skorzystania z tej mądrej rady. Jednakże ona, w przeciwieństwie do wspomnianych dam, nie mogła skorzystać z przykładu Anny.

Z „wielkim trudem", jak to ujął lord Dacre, Małgorzata Tudor 8 kwietnia wyruszyła na południe. Szkoccy ambasadorowie dotarli do Londynu przed nią, ale Henryk VIII nie chciał ich widzieć przed spotkaniem z siostrą. W liście ze Stony Stratford Małgorzata napisała, że jest „w dobrym zdrowiu"; dodała: „cieszę się z rzeczonej podróży do Ciebie, jak każda kobieta zmierzająca do brata", ponadto „najbardziej ze wszystkiego pragnę znaleźć się w Twojej obecności i móc oglądać Twoją osobę". Dotarła do Londynu 3 maja. Wjechała do miasta w triumfalnym pochodzie – wierzchem na białym stępaku, którego przysłała królowa Katarzyna.

Na angielskim dworze znalazły się wtedy – jeśli wliczyć siostrę Henryka VIII Marię Tudor, królową wdowę Francji – trzy królowe. Rodzeństwo z domu Tudorów spotkało się po raz pierwszy od 1503 roku i bez względu na niedawne przeżycia Małgorzaty wieści od pozostałych dwojga oznaczały, że nadszedł czas świętowania. W marcu Maria Tudor urodziła Brandonowi syna w ich londyńskim domostwie, a w lutym Katarzyna Aragońska po raz pierwszy wydała na świat żywe dziecko Henryka, „żwawą córeczkę", jak opisał ją w liście do Erazma z Rotterdamu korespondent z Italii – królewnę Marię.

Wenecki ambasador Giustinian otwarcie napisał do kraju, że narodziny dziewczynki „okazały się irytujące, gdyż nigdy całe królestwo nie pragnęło goręcej niczego innego niż królewicza, wszystkim bowiem się wydawało, iż państwo będzie bezpieczne, jeśli Jego Królewska Mość pozostawi męskiego następcę tronu, natomiast w przypadku braku królewicza opinie byłyby przeciwne".

Jednakże Katarzyna Aragońska triumfowała, a Henryk wyraził przekonanie, że córka przynajmniej stanowi obietnicę odmiany losu na lepsze. Król oznajmił Giustinianowi: „Oboje jesteśmy jeszcze młodzi". Katarzyna chciała sama opiekować się dzieckiem, ale Henryk nalegał, żeby jej miejsce zajął cały zastęp opiekunek, zatwierdzonych przez jego babkę Małgorzatę Beaufort. Od dnia chrztu dzieckiem miała się zajmować lady guwernantka. Wszystko – aż po gronostajową narzutę w „kołysce stosownej do stanu" niemowlęcia – planowano zgodnie z tradycją.

Przez cały maj trwały zabawy i turnieje, na których Henryk i inni mężowie występowali w szkarłatnych szatach haftowanych w złote róże. Za kulisami jednak odczuwało się napięcie. Obu siostrom Tudor alarmująco brakowało funduszy. Maria Tudor i jej mąż Karol Brandon doszli do wniosku, że jedyny sposób poradzenia sobie z wymogami, jakie królowa wdowa Francji powinna spełniać w życiu publicznym, to ulokowanie jej prywatnego życia we włościach na prowincji. Małgorzata Tudor, która oczekiwała na wejście w życie pewnych ustaleń dotyczących odbioru zysków ze szkockich posiadłości, zależała od dobrej woli brata. Krążyły plotki, że jej życie w Szkocji na zawsze dobiegło końca. Giustinian słyszał, że Henryk VIII miał poszukiwać pretekstu do rozwiązania jej małżeństwa z hrabią Angus i wydania siostry za cesarza Maksymiliana I.

W istocie Henryk negocjował z księciem Albany i szkockimi władzami. Pierwszym punktem targów było zwrócenie

„Jedna z dam najbardziej doświadczonych przez los" 157

Małgorzacie garderoby i klejnotów, w tym kawałków szkarłatnego atłasu obszytego brylantami, białej tafty obszytej perłami, złotych kołnierzyków oraz czerwonego jedwabnego kapelusza zdobionego brylantami, podarowanego jej przez króla Francji. Szkoccy lordowie obiecali nawet wydobyć ze składu w Stirling „futrzane ozdoby", które Małgorzata otrzymała od nieżyjącego już męża, Jakuba. Zadeklarowali też, że pomogą jej komisarzom w uzyskaniu wglądu w sprawy dotyczące czynszów dzierżawnych. Ale z jakiegoś powodu nie napływały żadne fundusze. Przed Bożym Narodzeniem 1516 roku Małgorzata pisała, że brakuje jej pieniędzy na noworoczne upominki dla służby, co spowoduje skazę na honorze brata i jej samej.

Z trzech obecnych na angielskim dworze królowych nawet Katarzyna Aragońska, mimo urodzenia córki, miała swoje problemy. Od dawna cierpiała z powodu prowadzonej przez jej krewnych z kontynentu polityki izolującej Anglię od Ferdynanda Aragońskiego i cesarza Maksymiliana I, w wyniku czego Henryk VIII wydał siostrę za króla Francji. Hiszpański ambasador stwierdził, że podczas spaceru po mieście mówiono doń „dziwne słowa", i narzekał, iż czuje się niczym byk, w którego wszyscy miotają strzały. Samą zaś Katarzynę przerażały bezwzględne wolty, na jakie bez krzty lojalności pozwalał sobie jej ojciec. Albo po prostu (na co miał nadzieję hiszpański ambasador) uznawała za roztropne udawanie takiego stanu ducha.

Przyczyną tak dziwnego zachowania królowej jest fakt, że jej spowiednik, brat Diego, zalecił jej udawanie, iż zapomniała o Hiszpanii i o wszystkim, co się z nią wiąże, dla zaskarbienia sobie miłości króla Anglii i wszystkich Anglików. Ten zwyczaj tak wszedł jej w krew, że nie umie już się zmienić.

W stosownym czasie polityczna konieczność ponownie przywiodła Ferdynanda Aragońskiego i Henryka VIII do cokolwiek wymuszonego przymierza, Katarzyna Aragońska zaś znów znalazła się w sytuacji mediatorki, starającej się wyjaśnić jednemu królowi stanowisko drugiego. Jednakże w styczniu 1516 roku, zaledwie na kilka tygodni przed narodzinami córki Katarzyny, Ferdynand zmarł, skróciwszy sobie życie lekkomyślnym „stosowaniem się bardziej do rad swoich sokolników niż lekarzy". Do tego czasu polityczne stanowisko Katarzyny prawdopodobnie stało się już mniej ważne.

Król Henryk VIII w codziennych sprawach politycznych zawsze poszukiwał wsparcia, obecnie zaś znalazł je w korpulentnej postaci Thomasa Wolseya (choć należałoby rzec – od czasu nominacji z wiosny 1515 roku – kardynała Wolseya). Wolsey, który awansował w kosmicznym tempie, będąc wówczas mężczyzną zaraz po czterdziestce, w hierarchii władzy osiągnął pozycję, którą miał utrzymywać przez ponad dekadę.

Wolsey przyszedł na świat jako syn rzeźnika. Po studiach na Oksfordzie został wyświęcony i wstąpił na służbę Henryka VII, który mianował go królewskim kapelanem, a następnie dziekanem w diecezji w Lincoln. Henryk VIII po wstąpieniu na tron dał mu stanowisko swojego jałmużnika, lecz nawet to nie wyjaśniało wydarzeń, które wkrótce miały nastąpić. Duchowny bowiem oszałamiająco szybko awansował w hierarchii kościelnej: dziekan diecezji w Yorku, biskup Tournai (w podzięce za prace organizacyjne na rzecz stacjonującej tam armii Henryka), w marcu 1514 roku – biskup Lincoln, a we wrześniu arcybiskup Yorku. Rok później awansował na kardynała, a po czterech miesiącach został mianowany Lordem Kanclerzem. Zaledwie po sześciu latach od wstąpienia Henryka VIII na tron maczał swoje pulchne palce we wszystkich sprawach polityki krajowej i zagranicznej. Wyraźnie też było widać, że poglądy Wolseya na interesy Anglii nie zawsze harmonizują z naturalnie prohiszpańską polityką Katarzyny Aragońskiej.

To Wolsey odgrywał niepoślednią rolę w negocjacjach prowadzonych w imieniu Małgorzaty Tudor ze szkockimi lordami, w których wypracowano ugodę stanowiącą, że królowa – zaledwie po roku od przyjazdu na dwór brata – wróci na północ. Najpierw jednak miała się rozegrać dramatyczna scena. Wiosną 1517 roku doszło do wydarzeń, które przeszły do historii jako „zły dzień majowy" (*Evil May Day*), kiedy kilkuset londyńskich czeladników, wprawionych przez nieodpowiedzialnego kaznodzieję w ksenofobiczny amok, przetoczyło się rozszalałą falą przez ulice Londynu, atakując członków społeczności cudzoziemców.

Rozruchy szybko stłumiono, a ponad tuzin ich uczestników poddano karze powieszenia, wytrzewienia i poćwiartowania*, ale kilkuset innych nadal tkwiło w londyńskich lochach. Powszechny żal wzbudził fakt, że niektórzy z tych „biednych młodzianków" mieli zaledwie po trzynaście lat. Siódmego maja przyprowadzono ich na proces w Westminster Hall – związanych, ze stryczkami na szyjach, oczekujących na swój okropny los. Kiedy Wolsey zwrócił się do króla z prośbą o miłosierdzie, Henryk VIII surowo

---

* Ang. *hung, drawn and quartered*; ta metoda egzekucji polegała na chwilowym powieszeniu (a następnie uwolnieniu z pętli jeszcze żywej ofiary), kastracji i rozcięciu brzucha z wydobyciem wnętrzności, które palono przed wciąż żywym skazańcem, wreszcie odcięciu głowy i rozczłonkowaniu zwłok. Karę tę stosowano wobec zdrajców stanu płci męskiej. Niektórzy historycy (np. Ian Mortimer) twierdzą, że nie zawsze należy pojmować jedną z sentencji wyroku (*drawing*) jako wytrzewienie; egzekucje w tej najbrutalniejszej formie rzeczywiście się zdarzały, lecz wówczas w oficjalnych dokumentach najczęściej opisywano ten element kaźni w formie niepozostawiającej wątpliwości. Słowo *draw* częściej znaczy bowiem „ciągnąć" i w tym kontekście oznacza ciągnięcie za koniem przywiązanego do drewnianej ramy skazańca na miejsce egzekucji, co traktowano jako dodatkowy, hańbiący element kary (patrz: www.ianmortimer.com/essays/drawing.pdf) (przyp. tłum.).

odmówił (według zgodnego stanowiska tak właśnie by postąpił), po czym z takim samym dramatycznym apelem wystąpiły Katarzyna Aragońska i obie jej szwagierki z rodu Tudorów. Trzy królowe padły na kolana przed królem. Henryk zgodził się okazać łaskę i tonący we łzach więźniowie zostali uwolnieni. Była to scena rodem z eposów rycerskich. Oczywiście rola orędowniczki była tradycyjnie przypisywana królowej – od biblijnych postaci Estery i Batszeby aż po Matkę Boską.

Mniej więcej tydzień później Małgorzata Tudor opuściła miasto, częściowo pod wpływem niechęci brata do stałego jej utrzymywania, a częściowo wskutek optymistycznego przekonania, że zdoła odzyskać całą utraconą władzę w Szkocji. Jej nadzieje podsycał fakt, że niemal równocześnie z dotarciem Małgorzaty do szkockiej granicy jej nemezis, książę Albany, popłynął z powrotem do Francji, żeby odwiedzić żonę. Przed wypłynięciem przystał na warunki Henryka VIII i Wolseya (przynajmniej na kilka następnych miesięcy), przyznając Małgorzacie prawo pobytu w zamku w Stirling oraz swobodnego dostępu do syna. Królowa, powitana na granicy przez męża, hrabiego Angus, oraz arystokratów nominowanych na urzędy przez księcia Albany, musiała optymistycznie oceniać swoje perspektywy po powrocie.

Pierwszą przeszkodę napotkała, gdy udała się do zamku w Edynburgu na spotkanie z synem, którego nie widziała prawie dwa lata. Na miejscu odmówiono jej prawa wjazdu i poinformowano, że król został przewieziony do Craigmillar z powodu grasującej w mieście zarazy. Kiedy wreszcie przyznano jej ograniczony dostęp do syna, wyszło na jaw, że niektórzy lordowie wyraźnie się obawiają, iż królowa mogłaby go uprowadzić do Anglii.

Książę Albany był daleki od chęci pospiesznego powrotu do nużących obowiązków w Szkocji. Napisał więc do Małgorzaty, sugerując, że lordowie mogliby wyrazić zgodę na ponowne objęcie przez nią regencji. Małgorzata obstawała przy pomyśle sprawowania rządów razem z mężem, jako współregentem, na to zaś lordowie absolutnie nie chcieli się zgodzić. Ponownie otrzymała szansę objęcia w pewnym stopniu władzy i ponownie ją zaprzepaściła w wyniku głupiej decyzji.

Lordowie zaś wiedzieli więcej niż ona. Podczas pobytu Małgorzaty w Anglii jej mąż, hrabia Angus, żył w związku z lady Janet Stewart, z którą dawniej był zaręczony. Czerpał przy tym dochody z dzierżawy żoninych posiadłości Methven i Ettrick Forest. Nie wykazywał gotowości do zrefundowania jej zagarniętych przez siebie zysków. W ciągu następnych kilku lat Małgorzata poświęci mnóstwo energii na ich odebranie.

Zaledwie trzy miesiące od powtórnego przybycia do Szkocji napisała do Henryka VIII, błagając o pozwolenie na powrót do Anglii i separację z hrabią Angus. Henryk w odpowiedzi wysłał na północ zakonnika, który miał uprzytomnić jej znaczenie małżeństwa[3]. Sami szkoccy lordowie zgodzili się z angielskimi obserwatorami, że królową traktowano źle i „nie dotrzymywano wobec niej żadnych obietnic", jak stwierdził w raporcie przedstawiciel Henryka, lord Dacre. Jeśli jednak Szkoci, jak skarżyła się Małgorzata, dali jej „tylko piękne słówka", to samo dotyczyło jej brata. Ponieważ najlepszym szkockim sojusznikiem Anglii wydawał się klan Douglas, do którego należał hrabia Angus, Henryk VIII postanowił, że Małgorzata powinna pozostać jego żoną.

Wydawało się, że w pewnym okresie Małgorzatę bardziej poruszało niegodziwe zagarnięcie przez hrabiego Angus należnych jej zysków z Ettrick Forest niż jego związek z kochanką. Skarżąc się z tego powodu, nie mogłaby liczyć na większe współczucie, gdyż do tego czasu Katarzyna Aragońska musiała już znosić związek męża z niejaką Elizabeth Blount. Zyski zaś stanowiły bardziej konkretny powód zażaleń.

Zatargi Małgorzaty Tudor z mężem miały poważne następstwa polityczne, tym bardziej że książę Albany nie przejawiał chęci powrotu do Szkocji, a nawet wyznał jednemu z heroldów (Clarencieux Herald), iż wolałby złamać sobie obie nogi, niż postawić stopę na ojczystym brzegu. W Anglii tymczasem Henryk i Katarzyna przeżywali chwile grozy na wieść o tym, że Małgorzata dąży do formalnej separacji z hrabią Angus, czemu on się sprzeciwia, woląc rościć sobie mężowskie prawa do jej dochodów.

Jesienią Małgorzata napisała do brata, że w ciągu „tego półrocza" ona i hrabia Angus nie mieszkali razem, ona zaś musiała zastawić swoje klejnoty i srebra. „Jestem zdecydowana, [jeśli] mogę bez ujmy dla praw boskich i mojego honoru rozstać się z nim, dobrze bowiem pojmuję, że mnie nie kocha, gdyż co dzień mi to okazuje". Rozdzielono ją z synem, znosiła osobiste upokorzenia i życie w ubóstwie. W nadchodzących latach Małgorzata Tudor marzyła o odzyskaniu choć części władzy, ale energia i pomysłowość stale szły u niej w parze z aktami kompletnej głupoty.

12
W uznaniu „nieocenionych i chwalebnych zasług"

Niderlandy, Francja, 1516–1519

W Niderlandach inna Małgorzata – Austriacka – bardziej umiejętnie rozgrywała sprawę swojego powrotu do władzy. W wyniku serii wydarzeń musiała, chcąc nie chcąc, po niedługim czasie porzucić spokojne życie. Pierwsze z tych wydarzeń nadeszło szybko.

W styczniu 1516 roku zmarł Ferdynand Aragoński, a jego wnuk Karol dołączył jego włości do Kastylii, którą de facto władał podczas długiego okresu uwięzienia swojej matki, Joanny. Musiał się starać rządzić dwoma oddzielnymi królestwami leżącymi na dwóch przeciwnych krańcach kontynentu, bo władał też Niderlandami.

Nakazem chwili było złożenie przez Karola wizyty w Hiszpanii, i to szybko, gdyż hiszpańskie Kortezy stawiały opór władcy, którego nigdy nie widziano w kraju i który nie znał ani słowa w miejscowym języku. Żeby móc to bezpiecznie uczynić, Karol musiał pozostawić Niderlandy nie tylko na stopie pokojowej z sąsiadami – Francją i Anglią – lecz też w doświadczonych rękach. Maksymilian I nie miał wątpliwości, czyje powinny to być ręce, wychwalając w liście do Karola zalety „jakże zacnej i cnotliwej ciotki" i dodając, że Karol, Małgorzata i on sam stanowią dosłownie jedność („*une mêsme chose correspondant à ung mêsme désir et affection*"). Praktycznie tworzyli kolejną „trójcę", jeśli nie pod względem uczuciowo-emocjonalnym, jak francuska, to przynajmniej w kwestiach natury praktycznej.

W lutym 1517 roku Maksymilian I przybył do Niderlandów osobiście, żeby doprowadzić do pełnego pojednania między ciotką a bratankiem i omówić przyszłe sprawy, gdyż do obszernych terytoriów znajdujących się już pod władzą Karola miały po śmierci Maksymiliana dojść następne – nie tylko jego własne, dziedziczne włości w Austrii, lecz także Święte Cesarstwo Rzymskie, o którym marzyli również Franciszek I i Ludwika Sabaudzka. Kiedy w 1517 roku Karol wyruszył w drogę, pozostawił niespokojne Niderlandy (w północnych prowincjach wrzał bunt przeciwko władzy Habsburgów) w rękach rady regencyjnej pod nominalnym kierownictwem Maksymiliana. Jedno miejsce w radzie było zarezerwowane dla Małgorzaty, która powoli powracała do władzy.

Na początku 1518 roku zmarli dwaj członkowie rady rządzącej Niderlandami, zagorzali oponenci Małgorzaty. W lipcu, pismem z Saragossy, Karol przyznał „bardzo drogiej Dostojnej Pani i Ciotce" prawo składania podpisu „własną ręką na wszystkich listach, aktach i dokumentach wydawanych w naszym imieniu". Zadeklarował również, że ona „jedna" powinna „przyznawać nominacje w tej naszej krainie i dysponować nimi". Nadal wprawdzie nie oznaczało to pełnego namiestnictwa, ale Maksymilian I miał wszelkie powody, by w grudniu napisać do Małgorzaty, że ma nadzieję, iż Karol „jako dobry bratanek będzie coraz bardziej powiększał Twoje rzeczone uprawnienia".

Stałe gromadzenie przez Karola i jego habsburski ród terytoriów i godności doprowadziło do przemiany w europejskiej dyplomacji. W nadchodzących latach Franciszek I i Karol mieli się stać wielkimi rywalami, Anglii zaś miała pozostać do rozegrania subtelna, lecz często owocna partia, mająca na celu regulowanie równowagi między nimi. Jednakże w 1518 roku, kiedy Habsburgowie na pewien czas zawarli z Francją pokój, najpilniejszym zadaniem w kalendarzu angielskiej polityki zagranicznej stała się poprawa relacji między Anglią a jej odwieczną antagonistką. W planach na październik 1518 roku, podobnie jak cztery lata wcześniej, były angielsko-francuskie zaręczyny. Tym razem jednak królewna Maria, która miała połączyć kraj aliansem z Francją, nie była siostrą, lecz dwuletnią córką Henryka VIII i Katarzyny Aragońskiej; na mocy kontraktu przyobiecano ją siedmiomiesięcznemu delfinowi, synowi i następcy tronu Franciszka I. Tak jak przed czterema laty zdradzona poczuła się Małgorzata Austriacka, kiedy angielski alians jej bratanka zastąpiły zaręczyny niedoszłej kandydatki do jego ręki z francuskim królem, podobnie teraz Katarzyna Aragońska mogła jedynie zbulwersowaniem zareagować na obietnicę oddania jedynej córki wieloletniemu wrogowi rodzinnego kraju. Jako żona Henryka i królowa Anglii mogła jednak tylko robić dobrą minę do złej gry, co szlachetnie czyniła.

Piątego października w wielkiej sali apartamentów królowej w pałacu w Greenwich, zgodnie z wymogami protokołu, zadano Katarzynie pytanie, czy aprobuje mariaż siedzącej przed nią małej Marii. „Z wielką przyjemnością dajemy nasze królewskie słowo", odparła mężnie królowa. Zapewne pocieszała ją myśl, iż do rzeczywistego ślubu nie dojdzie jeszcze przez wiele lat, a między ustami i brzegiem pucharu z pewnością jeszcze wiele się może zdarzyć.

Francuskich wysłanników – którym przewodził nie kto inny, tylko de Bonnivet, występujący w dziełach pióra Małgorzaty z Nawarry – podejmowano z wielkimi honorami. Dwa dni przed oficjalną ceremonią Wolsey ugościł ich w York House

„najwystawniejszą kolacją, której podobnej – jak sobie wyobrażam – nigdy nie wydaliby Kleopatra ani Kaligula", pisał wenecki poseł Giustinian; „cała sala biesiadna była tak bogato zdobiona złotymi i srebrnymi wazami, że wyobrażałem sobie, iż goszczę w wieży Krezusa". George Cavendish, szlachcic anonsujący gości na dworze Wolseya oraz jego biograf, pisał, że celem uczty było „zgotowanie Francuzom tak triumfalnej owacji, żeby mogli nie tylko zdumiewać się nią na miejscu, lecz też wychwalać ją w składanych w kraju relacjach". Wśród dwunastu par zamaskowanych dżentelmenów i dam, którzy po uczcie rozpoczęli tańce, znaleźli się Henryk VIII i jego siostra Maria; była to zręczna alegoria, gdyż u boku króla Anglii tańczyła oto królowa wdowa Francji. Katarzyna Aragońska, korzystając z wymówki w postaci kolejnej, widocznej już ciąży, wcześnie udała się na spoczynek.

Ustalono, że spotkanie królów Anglii i Francji zostanie zorganizowane w 1519 roku (później miało zostać przełożone na rok 1520). Tymczasem Katarzyna miała wielkie nadzieje; nawet wenecki ambasador pisał: „Jeśli Bóg zrządzi, może wydać na świat syna". Lato królewska para spędziła na próbach pogodzenia różnorakich wymogów związanych ze zdrowiem królowej: jak trzymać się z dala od Londynu nawiedzonego wówczas przez epidemię „angielskich potów"[*], a przy tym „w niebezpiecznym dla niej czasie" (jak pisał Henryk) jak najmniej się przemieszczać. Niestety, nadzieje okazały się płonne. W listopadzie 1518 roku Katarzyna wydała na świat córkę, która albo urodziła się martwa, albo zmarła krótko po narodzinach.

Udrękę Katarzyny Aragońskiej pogłębiała jeszcze jedna okoliczność. Latem 1519 roku Henryk VIII wreszcie doczekał się

---

[*] „Angielskie poty" – śmiertelna choroba zakaźna, najprawdopodobniej wirusowa, nawiedzająca Anglię w XV i XVI wieku w kilku falach (przyp. tłum.).

zdrowego syna. Urodziła go jednak nie Katarzyna, lecz jego kochanka, Elizabeth („Bessie") Blount. Król uznał chłopca za swoje dziecko i nazwał go Henry Fitzroy. Stanowił on żywy dowód (gdyby jakikolwiek dowód był potrzebny w stuleciu, w którym z założenia przyjmowano „winę" kobiety), że to nie król, lecz królowa nie może wydać na świat syna. Ponadto dawał on Henrykowi VIII możliwość inną niż sukcesja córki Marii, gdyby płeć następcy tronu budziła kontrowersje większe niż pochodzenie z nieprawego łoża.

Tymczasem po drugiej stronie kanału La Manche w innego rodzaju walce o sukcesję w wielkim europejskim mocarstwie zaczął się liczyć nowy czynnik.

Batalia o to, kto zostanie następnym Świętym Cesarzem Rzymskim, nie była nowością. Dla uniknięcia długotrwałego bezkrólewia dyskretna kampania wyboru nowego cesarza toczyła się w pewnym stopniu jeszcze przed śmiercią poprzednika. Kolejny Habsburg w roli następcy Maksymiliana I był najbardziej prawdopodobnym kandydatem, ale z formalnego punktu widzenia nie było powodów, by uważać to za pewnik. Na początku panowania syna Ludwika Sabaudzka pozostawała w kontakcie ze swoim krewnym, elektorem Bawarii, popierającym kandydaturę Franciszka I.

Była to kwestia o kluczowym znaczeniu. Karol obawiał się ingerencji w sprawy jego dziedzicznych niemieckich włości, a nawet Niderlandów, gdyby cesarską koronę zdobył Franciszek I. O sprawie jeszcze bardziej palącej pisał ze swego punktu widzenia Franciszek: „Widząc wielkość królestw i władzy [Karola], można się obawiać, że z czasem wyrządzi mi niemożliwe do oszacowania szkody". Gdyby Karol uzyskał kontrolę nad Niemcami, a także Hiszpanią, Austrią i Niderlandami, Francja zostałaby niemal całkowicie okrążona od strony wszystkich granic lądowych.

Rywalizacja już wkrótce miała się rozpocząć. Dwunastego stycznia 1519 roku cesarz Maksymilian I zachorował i zmarł; wcześniej zalecił towarzyszącym mu osobom, by nie opłakiwały tak naturalnego i nieuchronnego wydarzenia, wyraził też życzenie, żeby pochowano go u boku Marii Burgundzkiej. Jego córka Małgorzata Austriacka wyraziła osobisty żal, jak często w życiu zwykła czynić, w długim wierszu. Nazwała w nim Maksymiliana swoim Cezarem, jedynym panem i ojcem (*„mon seul seigneur et père"*). Nie brakowało jej zajęć, bowiem batalia o tytuł po Maksymilianie oraz próby wywarcia wpływu na siedmiu elektorów zwiększyły ferwor i intensywność.

Przez całe lato 1518 roku Małgorzata Austriacka prowadziła też nową kampanię, tym razem z bankierską familią Fuggerów. Samego Karola zaszokowały sumy, jakie ciotka wydawała na jego wybory: ponad milion guldenów oprócz połowy miliona, którą Maksymilian jeszcze za życia wsparł sprawę wnuka. (Jednocześnie antwerpskim kupcom roztropnie zakazano pożyczania pieniędzy jakimkolwiek zagranicznym mocarstwom). Małgorzata ujęła rzecz alegorycznie; stwierdziła, że Karol „pisał, iż koń, na którym chce przyjechać, by nas powitać, jest bardzo drogi. Dobrze wiemy, iż jest drogi; ale sprawy mają się tak, że jeśli on [Karol] nie zechce go posiadać, znajdzie się nabywca gotów go kupić; skoro zaś [Karol] go ujeździł, żal byłoby z niego zrezygnować bez względu na koszty".

Franciszek I (twierdząc, że nie działa motywowany osobistą ambicją, lecz pragnieniem poprowadzenia chrześcijan przeciwko Turkom) również otwarcie wyrażał zamiar zdobycia cesarskiej korony „miłością, pieniędzmi lub siłą" (*„soit par amour, soit par argent, soit par force"*). Trzeba było mobilizować wojska i wzmacniać załogi pogranicznych miast. Jeden z ambasadorów Małgorzaty stwierdził, że nikczemność intryg wywoływała u samych przekupujących rumieńce wstydu. Starając się przeciwdziałać francuskim próbom rozstrzygnięcia sprawy *par amour*, czyli samą popularnością, Małgorzata korespondowała z elektorami, rozdzielała upominki wśród ich krewnych oraz urzędników, a wysłany przez nią sekretarz Jean de Marnix przekazywał w jej imieniu obietnice oraz ostrzeżenia. Rywalizacja o cesarski tron rzucała w tamtych miesiącach cień na wszystko, nawet na reakcję władz kościelnych na nową chmurę, która ukazała się na horyzoncie.

Dzień 31 października 1517 roku obchodzono później jako Dzień Reformacji. Tamtego dnia niemiecki zakonnik Marcin Luter (Martin Luther) podobno przybił kopię swoich dziewięćdziesięciu pięciu tez, czyli punktów spornych, u wrót kościoła w Wittenberdze. Niezależnie od tego, czy dosłownie tak było, nagana Lutra, dotycząca kościelnej praktyki handlowania odpustami, wywołała chór skarg*.

Jednakże w tamtym okresie przekonania samego Lutra były znacznie mniej radykalne niż te, które później zaczęto określać mianem „reform". Okazało się na przykład, że Luter nadal wierzy w czyściec i akceptuje pogląd, iż dobre uczynki i pokuta mogą się przyczynić do zbawienia człowieka, toteż pierwszą reakcją Watykanu było poinstruowanie niemieckiego zakonu augustianów, do którego należał Luter, by we własnym zakresie załatwiono to rutynowe i niepozbawione rozsądku wezwanie do przeprowadzenia reform.

---

* Istniało przekonanie, że odpust daje chrześcijaninowi prawo opłacenia – w sensie dosłownym, pieniędzmi – skróconego czasu przebywania duszy w czyśćcu. Koszty budowy nowego gmachu bazyliki Świętego Piotra w Rzymie stały się przyczyną wydania w 1515 roku papieskiej bulli obwieszczającej nowy odpust (przyp. aut.).

Papiestwo, mówiąc ogólnie, w obliczu zagrożenia tureckiego wiszącego nad wschodnią częścią Europy, miało na głowie mnóstwo problemów. Papież musiał w szczególności łagodzić swoje protesty w sprawie Lutra, żeby nie antagonizować jego protektora, księcia Saksonii Fryderyka III Wettyna, zwanego Mądrym. W czerwcu 1519 roku, miesiącu cesarskiej elekcji, Luter przybył na przeprowadzoną na uniwersytecie w Lipsku publiczną debatę, podczas której musiał zająć stanowisko konfliktujące go z całym Kościołem zachodnim. Na razie jednak najbardziej ekscytującą rywalizacją były wybory nowego cesarza.

Co najmniej nieprzekonująco brzmiało zapewnienie Franciszka I, że między nim a Karolem nie ma żadnego osobistego konfliktu, a cesarska korona jest dla nich niczym kochanka, o której rękę obaj rywalizują – z całą życzliwością i rycerskością. Istnieje jednak intrygująca sugestia, że damy – Małgorzata Austriacka i Ludwika Sabaudzka – mniej intensywnie okopywały się na swoich pozycjach niż mężczyźni, w których imieniu toczyły kampanię. Każda z nich miała bolesną świadomość kosztów elekcji.

De Fleuranges, przyjaciel Franciszka I, opisał spotkanie sprzymierzeńca Ludwiki z hiszpańskim ambasadorem Naturellim, podczas którego omawiano możliwość znalezienia trzeciego kandydata, którego zaakceptowałyby obie strony. Takiego, który (jak to ujął hiszpański dyplomata) „nie przynosiłby korzyści ani jednemu, ani drugiemu, lecz całemu światu chrześcijańskiemu i sprawie jedności Niemiec". Takie myślenie może trąciło donkiszoterią, ale wspomniane damy, jak się zdaje, powitały z zainteresowaniem pomysł, żeby obaj młodzi mężczyźni przestali się brać za łby; stało za tym poczucie, że porozumienie jest lepsze niż przytłaczająco kosztowne zwycięstwo. Naturelli pisał do Małgorzaty Austriackiej: „Przedstawiłem Dostojnej Pani [Ludwice] wszystkie argumenty z Twojego, Pani, listu do mnie". Nie odniosło to jednak żadnego skutku. Na liście kandydatów znalazł się nawet Henryk VIII, choć ostatecznie, ku swemu upokorzeniu, nie otrzymał ani jednego głosu.

Kampania Franciszka spoczywała w rękach jego dawnego kumpla, de Bonniveta, który imał się wszelkich wyborczych sztuczek. Kiedy w czerwcu we Frankfurcie rozpoczęła się elekcja, próbował w przebraniu wkraść się do miasta, do którego w trakcie wyborów nie mieli wstępu cudzoziemcy. Prowadzona przezeń kampania wyróżniała się jednak rażącym brakiem sukcesów. Papież (który jako jedyny mógł własnoręcznie włożyć cesarzowi koronę na głowę) pierwotnie obiecał poprzeć Franciszka, ale ostatecznie zmienił zdanie. Jednogłośnie wybrano Habsburga, który odtąd był cesarzem Karolem V, zapewne nie tyle ze względu na silniejsze korzenie rodzinne w tym regionie, ile z powodu faktu, że – posłuszny błaganiom elektorów o ochronę przed Francją – miał pod rozkazami olbrzymią armię najemników stacjonującą wokół miasta.

Ludwika Sabaudzka zrelacjonowała w dzienniku to wydarzenie ze stoicyzmem, powołując się na wolę Chrystusa. Wiedziała jednak, że Francja jest niebezpiecznie bliska okrążenia przez terytorium Habsburgów, a na kampanię obie strony wydały fortunę.

W październikowym raporcie Giustinian pisał, że Ludwika Sabaudzka i jej syn „są w całej Francji bardziej niepopularni, niż można wyrazić słowami". Ludwika „miała zainwestować w całym kraju znaczny kapitał i zamierza gromadzić fundusze w celu, jak się mówi, udzielenia pomocy królowi w razie niespodziewanej potrzeby". De Bonnivet, który być może chorował na kiłę, rozsądnie zabrał się za leczenie i nie spieszył z ponowną wizytą na francuskim dworze. Jego pozycja – jednego z kumpli Franciszka oraz czołowego negocjatora i autora politycznych machinacji – była zbyt dobrze ugruntowana, żeby coś mogło jej trwale zagrozić.

Niemniej pierwszy złoty okres panowania Franciszka I dobiegł końca.

W Niderlandach zaś Małgorzata Austriacka rozkazała ucztować przy blasku ognisk i wznosić modły dla uczczenia faktu, że „natchnieni przez Ducha Świętego" elektorzy wybrali jej bratanka. Jednogłośnie. Jeśli zaś mowa o owym bratanku, docenił on to, co należało docenić. Pierwszego lipca w uznaniu „wielkich, nieocenionych i chwalebnych zasług" podpisał w Barcelonie dokumenty mianujące „bardzo drogą Dostojną Panią i ciotkę" regentką i namiestniczką Niderlandów oraz wzywające do okazywania jej posłuszeństwa, jakie i on zamierza okazywać. Cały świat miał zobaczyć, że Małgorzata Austriacka odniosła zwycięstwo.

Przyszłość jednak miała w zanadrzu kolejną wielką, międzynarodową potyczkę.

13
Pole Złotogłowia

Calais, 1520

Czym było Pole Złotogłowia? Celebracją angielsko-francuskich dobrych stosunków (jak głosiła oficjalna teoria)? Sposobnością podjęcia przez dwóch młodych europejskich tytanów rywalizacji twarzą w twarz pod niezbyt przekonującą maską przyjaźni? Franciszek I dążył do zapewnienia sobie neutralności Anglii w ewentualnej wojnie z Karolem V, Henryk VIII zaś z przyjemnością pozwalał się kokietować obu stronom. Prawdopodobnie na to wydarzenie złożyły się wszystkie powyższe czynniki. Jedno nie ulegało wątpliwości: to było przyjęcie stulecia, zatem damy miały na nim do odegrania swoje role.

Henryk miał się zjawić na spotkaniu z francuskim królem w towarzystwie żony, Katarzyny Aragońskiej, oraz siostry, Marii Tudor, byłej królowej Francji. Franciszek zaś miał oczywiście przyprowadzić ze sobą żonę Klaudię, lecz także matkę Ludwikę Sabaudzką i siostrę Małgorzatę. Można też śmiało przypuszczać, że przyjechała i Anna Boleyn – poligloci byli wtedy na wagę złota. Z pewnością byli tam również jej rodzice, siostra, a prawdopodobnie też brat George.

Nic dziwnego, że Boleynowie stawili się w komplecie. Tak samo jak każdy, kto był kimś. Angielski orszak składał się z prawie sześciu tysięcy ludzi i przeszło trzech tysięcy koni. Chociaż nie zachowały się porównywalne dane liczbowe dotyczące strony francuskiej, dołożono wszelkich starań, żeby obu królom i obu krajom zapewnić równość pod każdym względem.

Przygotowania Katarzyny Aragońskiej rozpoczęto wcześnie, bowiem położono nacisk na to, by królowa prezentowała się imponująco. Ambasador Henryka VIII we Francji pisał z niepokojem: „Królowa Klaudia i matka króla podejmują wszelkie możliwe starania, żeby przyprowadzić na zgromadzenie najpiękniejsze damy i panny, jakie tylko można znaleźć (...). Mam przynajmniej nadzieję, Miłościwy Panie, że Jej Królewska Wysokość przyprowadzi takie osoby w swojej świcie, a wizerunek Anglii, który zawsze wzbudzał pochwały, i tym razem będzie się cieszyć taką samą opinią".

Jak mogła to odebrać Hiszpanka Katarzyna, którą mimo „nader pięknej cery" bystroocy przedstawiciele europejskiej dyplomacji chłodno nazwali „niezbyt urodziwą"? Katarzyna Aragońska działała jednak również w inny sposób – we współpracy z siostrzeńcem oraz byłą bratową Małgorzatą Austriacką stworzyła takie ramy organizacyjne Pola Złotogłowia, które miały otworzyć przed Henrykiem VIII całkiem nowe perspektywy w Europie. Marzył się jej sojusz z nowym cesarzem Karolem V, a nie z Francją. Jak zauważył wenecki ambasador, „jako Hiszpanka" już mogła się cieszyć gratyfikacją w związku z sukcesem siostrzeńca w cesarskiej elekcji.

Matka króla Francji aż za dobrze się orientowała, jak duża jest siła perswazji Katarzyny. Kilka miesięcy wcześniej Henryk i Franciszek uzgodnili, że nie będą się golić aż do spotkania. Henryk złamał tę umowę „na życzenie królowej", jak Thomas Boleyn zapewniał Ludwikę Sabaudzką, prawdopodobnie zamierzając jedynie zasugerować, że nie należy brać tego poważnie; bądź co bądź, królowa przy rozmaitych okazjach już wcześniej składała Henrykowi „wielkie supliki" o pozbycie się zarostu. Ale Ludwika Sabaudzka odczytała to inaczej. „Czy Jej Królewska Wysokość nie jest ciotką króla Hiszpanii [Karola]?", spytała znacząco Thomasa Boleyna. Wydawało się jednak, że przyjęła za dobrą monetę zapewnienia rozmówcy, potwierdzając uprzejmie, iż „ich [obu królów] miłość kryje się nie w brodach, lecz w sercach".

Później jednak zadała innemu angielskiemu ambasadorowi pytanie, czy Katarzyna Aragońska przejawia „jakiekolwiek większe oddanie sprawie tego zgromadzenia", czyli Pola Złotogłowia. Ambasador mógł jedynie udzielić mało przekonującej odpowiedzi, że Katarzynę „nic na świecie nie napawa większą radością i otuchą", niż sprzyjanie wszystkiemu, co mogłoby zadowolić jej małżonka.

W istocie zaś, według raportów, Katarzyna Aragońska nie taiła dezaprobaty wobec zaplanowanego spotkania, a jej narzekania znajdowały posłuch u antyfrancusko nastawionych Anglików. „Nie ma wątpliwości, że rozmowy z Francuzami są wbrew woli królowej i całej arystokracji", mówiono Karolowi V. Były one wszak drogie sercu Wolseya, który obecnie (jak się wyraził pewien obserwator z Italii) „władał królem i całym królestwem". Ale w pewnym sensie sytuacja międzynarodowa sprzyjała Katarzynie. Pozycja Henryka VIII – człowieka mogącego wpływać na kształt Europy – jako przeciwwagi między Francją a Świętym Cesarstwem Rzymskim była zbyt korzystna, by się z niej nie cieszyć.

Ponieważ Karol V wyrażał gorące pragnienie spotkania się z „wujem" Henrykiem (i ciotką Katarzyną), jego druga ciotka – Małgorzata Austriacka – zorganizowała liczne poselstwo do Anglii, w którego skład weszło kilku jej najbliższych współpracowników. Delegacja przybyła na początku kwietnia; dyplomaci zwrócili uwagę, że Henryk VIII może być pierwszym europejskim monarchą, z którym spotka się Karol V od czasu wstąpienia na cesarski tron. To w komnacie Katarzyny Aragońskiej podczas rozmów z udziałem Henryka i Wolseya Anglia postanowiła wyrazić zgodę. Podszyte niepokojem zapewnienia Henryka składane żonie sugerują, jaką wagę miała rola Katarzyny w podjęciu tej decyzji. Wkrótce potem ambasador Henryka VIII we Francji zawnioskował o przełożenie o tydzień spotkania z Franciszkiem I. Król Francji odmówił i poinformował, że Henryk powinien się stawić w Calais nie później niż 4 czerwca, uzasadniając swą decyzję rozsądną uwagą, że jego żona Klaudia będzie wówczas w siódmym miesiącu piątej już ciąży. Spotkanie Henryka z Karolem V o mały włos zostałoby udaremnione, gdyż rejs cesarza z Hiszpanii do Anglii opóźniły niesprzyjające wiatry. Karol pisał do Katarzyny z La Coruña: „Słyszeliśmy o wysiłkach i dobrej woli, jakie włożyłaś w zaaranżowanie tych spotkań. Skoro jednak morze jest tak zmienne, że ludzie nie zawsze zdołają zrobić to, czego chcą (.:.), błagamy Cię na wypadek jakiegoś opóźnienia, żebyś starała się – jak to już czyniłaś – nakłonić naszego brata i wuja, króla Anglii, by czekał możliwie jak najdłużej".

Karol V przybił do brzegu Anglii 26 maja, dzień po Henryku i Katarzynie, którzy pojawili się w Canterbury, jadąc na południowe wybrzeże – i akurat w momencie, w którym powinni byli wypłynąć w rejs w przeciwną stronę. Król Anglii, który pogalopował do zamku w Dover, by powitać gościa, wstrzymał jednak potężną kawalkadę jeszcze na cztery dni. Karola powitał arcybiskup w katedrze w Canterbury, a następnie poprowadzono go do pobliskiego arcybiskupiego pałacu, gdzie czekała już Katarzyna, spięta i ubrana w królewskie szaty. Kiedy cesarz, przedstawiciel jej rodziny, objął królową, ta wybuchnęła płaczem. Olbrzymia świta Karola, w tym dwieście dam odzianych zgodnie z hiszpańską modą – sugestywny widok dla Katarzyny Aragońskiej

– gościła w Canterbury przez trzy dni, wypełnione ucztami, tańcami i dworskimi romansami, w których hiszpańscy arystokraci celowali (jeden z nich posunął się do tego, że zemdlał porażony urodą pewnej damy; trzeba było chwycić go za wszystkie kończyny i wynieść z komnaty). Wreszcie oba orszaki, angielski i hiszpański, opuściły Canterbury i wyruszyły w drogę na południowe wybrzeże. Spotkanie było jednak tylko próbą generalną przed innym – angielsko-francuskim.

Katarzyna i Henryk wypłynęli z Dover 31 maja i po krótkiej, kilkugodzinnej żegludze zawinęli do Calais. Spotkanie miało się odbyć na równinie Val d'Or, pomiędzy angielską twierdzą Guisnes a francuskim miastem Ardres, tak żeby każdy monarcha mógł spać na własnym terytorium. Po czterech dniach orszak wyruszył do Guisnes. Pierwsze spotkanie obu królów wyznaczono na 7 czerwca, w Boże Ciało.

Powitanie, którego przygotowanie musiało zająć całe miesiące, było niezwykłe. Z Anglii przysłano ponad sześć tysięcy robotników, z których dwa tysiące miały pracować nad tymczasowym pałacem Henryka, fantazją sztuki iluzjonistycznej, wzniesionym na stałych fundamentach i olśniewającym wzrok rzędem szklanych okien (ostatniego krzyku mody), a wykończonym płótnem malowanym we wzór imitujący ścianę z cegieł. Budowla stanowiła połączenie najwyższego luksusu i praktyczności. Albo skąpstwa. Pewien obserwator zauważył bowiem, że całość można było zdemontować i jedynie za cenę transportu zawieźć z powrotem do kraju w celu ponownego wykorzystania. Ale były też posągi Kupidyna i Bachusa, z których wino z Bordeaux i małmazja płynęły do specjalnych srebrnych czarek (współcześni świadkowie zauważyli, że żadnej nie skradziono).

Apartamenty pod namiotami – błękitno-złotymi, złoto-szkarłatnymi, zdobionymi motywami nawiązującymi do heraldycznych bestii – łączyły osłonięte kotarami przejścia, przypominające rozkład pomieszczeń pałacu. Podobnie jak komnaty stałej rezydencji pachniały kwiatami, pyszniły się gobelinami, a w królewskiej kaplicy było w bród świętych relikwii. W oratorium Katarzyny na środku wisiała tarcza z godłem Anglii oraz – być może wyglądającym w tamtych okolicznościach prowokacyjnie – godłem Hiszpanii.

Były i inne namioty – około trzystu – w pasy zieleni i bieli, czyli barw Tudorów, przeznaczone na kuchnie lub sypialnie, a także malowane lub haftowane namioty dworzan. Nie żeby kwater wystarczyło dla wszystkich; nawet część „rycerzy i dam" musiała spać na sianie pod gołym niebem.

Strona francuska podeszła do problemu zakwaterowania w inny sposób. W Ardres prace skupiły się na kwaterze króla połączonej galerią z przystrzyżonych bukszpanów z wielkim, przeznaczonym na uczty pawilonem, którego strop imitował nocny nieboskłon. Ale i Francuzi sprowadzili mistrzowskich rzemieślników, którzy wznieśli fantastyczne namioty na samym Polu, wykonane z grubego płótna pokrytego bardziej luksusowymi tkaninami – jedwabiem, aksamitem i adamaszkiem – błękitnymi, fioletowymi i pąsowymi, zdobionymi barwami królewskich liberii: płową, białą i czarną. Pawilony Klaudii i Ludwiki Sabaudzkiej dekorowały złote i srebrne kotary z kwiatami lilii wyszytymi złotą nicią na, odpowiednio, fioletowym i pąsowym atłasie, a także z herbami obu dam. Jednakże kaprysy nietypowej pogody powaliły wiele francuskich namiotów.

Pomiędzy dwoma obozami długie na dwieście siedemdziesiąt pięć metrów pole turniejowe pyszniło się sztucznym Drzewem Honoru, ozdobionym setkami jedwabnych i atłasowych kwiatów reprezentujących angielskie głogi i francuskie maliny; na drzewie uczestnicy turnieju mogli wieszać swoje tarcze zdobione herbami.

Obaj królowie nie rywalizowali ze sobą, przynajmniej oficjalnie. Odbył się jednak zaimprowizowany pojedynek zapaśniczy, w którym Franciszek pokonał Henryka. (Moment zaskoczenia wykorzystał też, gdy zlekceważył wymogi protokołu regulującego ich normalne spotkania i pewnego ranka przyszedł do sypialni Henryka, upierając się, by osobiście odegrać rolę służącego króla Anglii). Szwagier Henryka, Karol Brandon, nie wyróżnił się na turnieju, odniósł bowiem ranę ręki, ale de Bonnivet wystąpił po stronie Francuzów jako jeden z głównych organizatorów walk.

Damy miały odegrać w turnieju ceremonialną rolę. Obie królowe spotkały się 11 czerwca w królewskim pawilonie, gdzie mogły przyjąć hołd rycerzy. Królowa Klaudia, w sukni ze srebrogłowia na półhalce ze złotogłowia, jechała w dopasowanej do jej wyglądu lektyce koronacyjnej. Za nią w trzech zdobionych srebrem wozach podążały damy, wśród nich zaś prawdopodobnie i Anna Boleyn. Ludwika Sabaudzka była ubrana w czarny aksamit, a szła na czele „nieskończonej liczby dam", w sukniach z pąsowego aksamitu z rękawami obszytymi złotogłowiem. Mówiono, że zakupiła „cały skład" olśniewających bibelotów.

Katarzyna Aragońska też od miesięcy kupowała tkaniny. Oczywiście mogła już olśniewać widzów przysłaną przez siostrzeńca świtą w szatach ze złotogłowia obszytego fioletowym aksamitem, z czarnego jedwabiu skrzącego się połyskliwą lametą, z pąsowej tkaniny przetykanej złotem oraz zdobionej „kosztownym złotogłowiem". Nawet jej pięćdziesięciu pięciu lokajów nosiło stroje z białego atłasu i zielonego aksamitu z hiszpańskimi „pierzastymi strzałami" wyhaftowanymi na kaftanach; siedmiu giermków miało na sobie pomarańczowe buty, czarne aksamitne peleryny, kurtki z zielonego i rudobrązowego aksamitu oraz żółte kaftany. Odnotowano, że Katarzyna nosiła fryzurę według „hiszpańskiej mody" – z włosami opadającymi na ramiona. Kryła się w tym milcząca manifestacja.

Niezależnie od wojny na stroje kobiety miały sposobność zabłysnąć poza polem turniejowym. Etykieta nakazywała, by obaj królowie byli goszczeni nie przez siebie nawzajem, lecz przez swoje damy. Henryk i Franciszek przy kilku okazjach jadali wspólnie w mniej oficjalnych okolicznościach, ale na wielkich ucztach 10, 17 i 24 czerwca dwaj królowie przy jednym stole mogli dać początek niezręcznym precedensom.

Zachowane raporty obserwatorów z Francji, Wenecji i Mantui podają, że królowie opuszczali swoje kwatery jednocześnie, co obwieszczano wystrzałem z armaty. Spotykali się na krótko na polu turniejowym, po czym ruszali dalej. Po raz pierwszy Katarzyna Aragońska podjęła Franciszka w swych przestronnych komnatach 10 czerwca; król zjadł posiłek podany na złotym talerzu, pod baldachimem z godłem państwa, otoczonym gobelinami. Poza miejscem, gdzie odbywało się przyjęcie dla głów koronowanych, długa sala była podzielona na dwie części – w jednej ucztowały sto trzydzieści cztery damy, w drugiej – około dwustu dżentelmenów.

W skład każdego z prawdopodobnie trzech zestawów dań wchodziło pięćdziesiąt potraw, słodkich lub pikantnych, misternie ozdobionych wymyślnymi, często alegorycznymi dziełami z marcepanu lub waty cukrowej. Z zapisów w księgach rachunkowych wynika, że podczas wizyty goście z angielskiego obozu zjedli prawie trzydzieści tysięcy ryb, delfina, przeszło sześć tysięcy sztuk ptactwa i niemal sto tysięcy jaj. Po posiłku w głównej sali rozpoczęły się tańce, które prowadziła królewska siostra, Maria Tudor, u boku francuskiego arystokraty. Potem Franciszek – namiętny tancerz, podobnie jak Henryk – wykonał taniec w masce „we włoskim stylu"[1]. Z kolei Henryk był podejmowany przez

Francuzów w sali ozdobionej różowym brokatem, w asyście dwudziestu czterech trębaczy, którzy mu przygrywali, gdy brnął przez solidny, czterogodzinny posiłek przed tańcami.

Za drugim razem, 17 czerwca, Franciszkowi towarzyszyła matka Ludwika Sabaudzka, a jego siostra Małgorzata partnerowała w tym czasie Henrykowi VIII. Obaj królowie wyślizgnęli się z sali, żeby przywdziać kostiumy na maskaradę. Franciszek i jego towarzysze nałożyli długie togi z kapturami i pióropuszami, żeby zatańczyć taniec „modny w Ferrarze". Henryk przyprowadził na maskaradę trzy grupy: on i jego przyjaciele mieli togi i sztuczne brody w stylu mediolańskim, inna grupa arystokratów była przebrana w czarne aksamitne kostiumy lekarzy, a trzecia obnosiła się z trzosami i pasami z foczego futra, odgrywając rolę przybyszów z „Rosji albo dalekiego wschodu". Henryk uwielbiał przebieranki (w kraju nikomu nie wolno było się przyznać, iż rozpoznał króla), wygląda na to, że Franciszek także. Podczas trzeciej, ostatniej uczty oba orszaki królewskie były w kostiumach. Grupę Anglików prowadziło dziewięć osobistości przebranych za bohaterskich wojowników – od Aleksandra Macedońskiego do króla Artura – na czele z Herkulesem, z maczugą pokrytą zielonym adamaszkiem i lwią skórą ze złotogłowia.

Cały przebieg tego długiego, międzynarodowego spotkania był wyreżyserowany niczym maskarada. Kiedy obie królowe spotykały się na mszy odprawianej pod gołym niebem w szrankach turniejowych, każda nalegała, żeby to partnerka jako pierwsza ucałowała Ewangelię, a ostatecznie padały sobie w objęcia. Współcześni odnotowywali dokładny ceremoniał: jak „angielski król ucztował w Ardres z francuską królową i księżną Alençon (...), przyklęknął na jedno kolano z beretem w dłoni, najpierw ucałował królową, następnie Dostojną Panią [Ludwikę Sabaudzką], później księżną Alençon [Małgorzatę z Nawarry]".

Starannie zapisywano nawet wymieniane upominki: angielska królowa podarowała francuskiej kilka kuców i stępaków z rzędami, siodło i uprząż otrzymała również Ludwika Sabaudzka. Klaudia dała Katarzynie Aragońskiej lektykę pokrytą złotogłowiem („wraz z mułami i paziami"). Ludwika Sabaudzka podarowała Wolseyowi cenny, wysadzany klejnotami krucyfiks, on zaś odwzajemnił się jej krzyżykiem z drogich kamieni, z zamkniętym w środku fragmentem Krzyża Świętego.

Za kulisami jednak rozgrywały się poważne sprawy. W Guisnes, zanim jeszcze królowie otworzyli turniej, Wolsey odwiedził francuski obóz i ustalił, że razem z Ludwiką Sabaudzką powinni rozstrzygnąć sporne kwestie między Anglią, Francją i Szkocją. Kardynał rzeczywiście był jednym z tych, którzy w wyniku całej imprezy odnieśli zwycięstwo, honorowano go bowiem jako osobistego wysłannika papieża (dzięki czemu mógł nawet Franciszka traktować jak równego sobie i prowadzić rozmowy ze wszystkimi). Małgorzata z Nawarry zaczęła zwracać się do niego per „ojcze", on zaś mawiał o niej jak o przybranej córce lub wnuczce (*filleule d'alliance*). W listach Małgorzata Austriacka nazywała Wolseya swoim drogim synem.

Obie grupy rozstały się 24 czerwca, a następnego dnia Anglicy dotarli z powrotem do Calais. Tutaj Henryk VIII czekał do 10 lipca. W pobliżu pozostawał też Franciszek I. Tamtego lata 1520 roku po Polu Złotogłowia nastąpiło, jak ustalono w maju, kolejne zgromadzenie. Henryk i Katarzyna Aragońska udali się do leżącego na wybrzeżu, na granicy z Niderlandami, miasta Gravelines. Tam spotkali się z Karolem V oraz Małgorzatą Austriacką, którzy wrócili razem z nimi do Calais, gdzie towarzyszyli królewskiej parze przez kilka dni, wypełnionych zabawą na bardziej ograniczoną skalę. Franciszek I podał do wiadomości, że przebywa w miejscu odległym o zaledwie dzień drogi konno i jeśli tylko zostanie zaproszony, bez ceremonii przyłączy się do rozmów. Zaproszenia nie otrzymał, ale kilku jego arystokratów wykorzystało angielskich przyjaciół, by wkręcić się na uczty.

Małgorzata Austriacka w krótkim okresie swego hiszpańskiego małżeństwa miała bliskie kontakty z Katarzyną Aragońską. Teraz, przy kolacji, odnowiły dziewczęcą więź. Karol V wykazał się szczególną siłą charakteru; ambitny Henryk VIII w kontaktach z Franciszkiem I był stale spięty i wyjechał daleki od przekonania, że dobrze wypadł podczas spotkań z królem Francji, natomiast cesarz zapewnił mu atmosferę skromności i mile widzianych pochlebstw, podkreślając znaczenie Henryka dla utrzymania równowagi w Europie. O ile Wolsey dążył do wymarzonego „uniwersalnego pokoju" – angielsko-cesarsko-francuskiego przymierza pod egidą Kościoła, wymierzonego przeciw niewiernym Turkom, zagrażającym wschodnim granicom Europy – o tyle Karol pragnął sojuszu z Anglią przeciwko Francji.

Nie uzyskał go (przynajmniej nie natychmiast), lecz spotkanie w Gravelines, podobnie jak Pole, można uznać za udane. Prawdopodobnie triumf odniosła subtelność Wolseya. Zdołał on bowiem, jak się zdaje, obiecać wszystko każdemu, formalnie nie łamiąc przy tym danego komukolwiek słowa. Bowiem według dostępnych przekazów (nie zachowały się dokładne protokoły rozmów) w Gravelines niczego nie uzgodniono, w przeciwieństwie do angielsko-francuskiej umowy dotyczącej małżeństwa delfina, syna Franciszka, z córką Henryka Marią.

Nastroje na francuskim dworze po powrocie były pozytywne, przynajmniej jeśli chodzi o Franciszka. W pewnej alegorycznej książce zebrała też pochwały za „rozsądek i wiedzę oraz boskie osiągnięcia Nasza Dama Zgody" Ludwika Sabaudzka. Sama Ludwika przejawiała optymizm. Jak doniósł w raporcie wenecki ambasador, przekazała zagranicznym posłom, że królowie Francji i Anglii rozstali się ze łzami w oczach oraz że planują wybudowanie kaplicy pod wezwaniem Matki Boskiej, patronki przyjaźni, a także pałacu, w którym będą mogli się spotykać co rok.

Jednakże tamtego lata, które spędzała w uroczym otoczeniu w Blois i Amboise, Ludwika musiała być bardziej niż jej syn świadoma kosztów niedawnego przedsięwzięcia. Może zbyt dobrze wiedziała, że dopiero czas rozstrzygnie, kto wówczas okazał się prawdziwym zwycięzcą. Franciszek I czy Karol V? Ostatecznie (podobnie jak w przypadku rywalizacji o koronę Świętego Cesarza Rzymskiego) miało się okazać, że wygrana nie przypadła w udziale Francji.

14
Reperkusje

Niderlandy, Francja, 1520–1521

W gronie zwycięzców ponownie znalazła się Małgorzata Austriacka. Jesienią 1520 roku wraz ze swoim bratankiem Karolem udała się z Gravelines do Maastricht, gdzie cesarz ponownie mianował ją namiestniczką Niderlandów. Osiemnastego września zapisał jej dożywotnio miasto Mechelen i otaczające je włości, a do darowizny dołączył dwieście tysięcy florenów. Następnie ciotka i bratanek pojechali do niemieckich posiadłości Karola, gdzie 23 października w Akwizgranie odbyła się koronacja i objęcie urzędu, na który Karola wybrano w poprzednim roku – króla Rzymian oraz Świętego Cesarza-Elekta Rzymskiego[1]. Książęta Niemiec złożyli mu przysięgę lenniczą, a Karol V obiecał stać na straży praw cesarstwa i Kościoła; przypasano mu miecz Karola Wielkiego i ukoronowano koroną owego słynnego poprzednika.

Małgorzata Austriacka zgodnie ze swoim pragnieniem zajęła wyróżniające się miejsce w katedrze. Pozbawiła nawet swoją rezydencję w Mechelen gobelinów i srebrnej zastawy, żeby uświetnić uroczystości koronacyjne. De Fleuranges opisał Ludwice Sabaudzkiej przebieg wydarzeń.

Tymczasem we Francji cała „trójca" przeżywała rozterki. Zimą 1520–1521 roku Franciszkowi I przytrafiły się trzy wypadki:

upadek z konia, figiel, który zakończył się pożarem, oraz pozorowana bitwa, która wymknęła się spod kontroli. Chociaż nie doznał żadnych trwałych urazów, w ostatnim zdarzeniu omal do tego nie doszło, co przyprawiło Ludwikę o palpitacje serca. Tak łatwo mogła wszystko stracić i uznać się za niewiastę zgubioną (*femme perdu*).

To zdarzyło się jeszcze przed powrotem króla na wojnę włoską. Władza nad Italią, a zwłaszcza spornymi terenami wokół Mediolanu i Neapolu, nadal stanowiła kość niezgody między Francją a cesarstwem. Franciszka, w znacznej mierze okrążonego od południa, wschodu i północy przez ziemie pod władzą Karola V, zaalarmował fakt, że nowy cesarski tytuł dał rywalowi punkt oparcia również na Półwyspie Apenińskim.

Wiosną 1521 roku Francja dokonała kilku wypadów na tereny położone za granicą; te akty francuskiej agresji pociągnęły za sobą odwet cesarstwa. Stawało się jasne, że Anglia, porzucając neutralne stanowisko, zostanie zmuszona do udziału w konflikcie. W sierpniu 1521 roku kardynał Wolsey popłynął na drugi brzeg kanału La Manche, do Calais, żeby wystąpić w roli mediatora między Karolem V a Franciszkiem I. Francuzi przysłali mu wino, a Małgorzata Austriacka (znając jego odrazę do konnej jazdy) – lektykę obitą czerwonym aksamitem, podszytym zielonym atłasem, na którego tle szaty kardynała bardzo się wyróżniały. Co jeszcze ważniejsze, choć mniej uchwytne – obie strony od dawna coraz głośniej wspominały o uzyskaniu dlań tronu papieskiego. Ponieważ jednak wszelkie rozmowy o pokoju spełzły na niczym, kardynał udał się do Brugii na kolejną rundę dyplomatycznych rozmów z cesarzem.

Pospiesznie dołączyła do nich nawet proangielsko nastawiona Małgorzata Austriacka, *la bonne Angloise*, uzupełniając znaczne upominki pieniężne dla członków angielskiej świty bardziej domowymi uprzejmościami, w tym codziennymi dostawami świeżych bułek, cukru i wina na śniadanie. Przysyłała Wolseyowi świece do oświetlenia sypialni, a jego muzycy grywali u niej na przyjęciach; w rezultacie Anglia zawiązała z Karolem V tajny sojusz. Miał on zostać w przyszłości scementowany ślubem cesarza z córką Henryka VIII Marią, choć wcześniej planowano wydać ją za francuskiego delfina. Małgorzata Austriacka była jedną z dwóch osób, które w imieniu cesarza złożyły podpis pod ugodą. W istocie to ona wypracowała z Wolseyem szczegóły porozumienia. A latem 1521 roku, gdy Karol szykował się do wojny z Francją, to ciotka Małgorzata przemową wygłoszoną do zgromadzenia rządzącego Niderlandami zapewniła mu rekrutów i fundusze.

Wojna, która miała zdominować wydarzenia następnych czterech lat, okazała się dla obu stron paraliżująco kosztowna. A Francja po prostu nie miała pieniędzy. Anglik William Fitzwilliam, który odwiedził ten kraj, pisał: „król pożycza od każdego, kto tylko coś ma, a jeśli ktoś odmówi pożyczki, zostanie ukarany jako przykład dla wszystkich pozostałych (...). Tracą wszystko, co mają, aż do ostatniej koszuli". W tej kryzysowej sytuacji Franciszek I i Ludwika Sabaudzka sięgali po doraźne środki, które wykopały przepaść pomiędzy nimi a możnymi arystokratami, a nawet na krótko poróżniły ich samych.

Wszystko to wiązało się z coraz starszą Anną de Beaujeu. Chociaż była ona mentorką i zastępczą matką wszystkich dziewcząt szlachetnych rodów, sama wydała na świat tylko jedno żyjące dziecko, córkę Zuzannę (adresatkę napisanych przez Annę *Nauk*), a i ona zmarła pod koniec kwietnia 1521 roku. Karol, jej mąż, wielki książę Burbonii, został więc bezdzietnym wdowcem. Zuzanna była nie tylko jego żoną, lecz też krewną, jej prawa do dziedzicznych włości Burbonów zjednoczyły się z jego prawami. Powstawało jednak pytanie: co z ziemiami Burbonów, które mógłby dziedziczyć on lub jego dzieci z jakiegoś drugiego małżeństwa? Albowiem Karol de Bourbon pochodził z młodszej linii rodu Burbonów, a Zuzanna była ostatnią przedstawicielką starszej. Prawa Karola do dziedziczenia mogły być teraz zakwestionowane, gdyż w żyłach Ludwiki Sabaudzkiej i Franciszka I również płynęła krew Burbonów (poprzez matkę Ludwiki,) natomiast król mógł rozsądnie twierdzić, że zgodnie z warunkami nadania tych włości wobec wygaśnięcia męskiej linii powrócą one do Korony.

Ludwika Sabaudzka, prawdopodobnie w ramach prób przecięcia tego węzła gordyjskiego, wykonała niezwykłe posunięcie. Ona, która zawsze tak zażarcie walczyła, żeby nie wyjść ponownie za mąż, pchnęła do księcia Burbonii wysłannika z propozycją zawarcia z nią małżeństwa. Jako że nie była już w wieku rozrodczym, tym sposobem włości powinny ostatecznie powrócić do Korony – czyli do jej syna.

Wzmiankę o tych oświadczynach zapisano tylko w siedemnastowiecznej kontynuacji kroniki spisanej pierwotnie przez sekretarza księcia de Bourbon, nie wiadomo zatem na pewno, czy książę rzeczywiście nazwał królewską matkę „najgorszą niewiastą w królestwie, postrachem wszystkich narodów". Dodał też, że nie poślubi jej nawet „za cały chrześcijański świat". Kiedy Ludwika to usłyszała, poprzysięgła, iż książę drogo zapłaci za swoje słowa. Król Anglii Henryk VIII w rozmowie z ambasadorem Karola V ułożył na kanwie tego wydarzenia osobistą opowieść: „Powstała wielka niezgoda między królem Franciszkiem a rzeczonym Burbonem, ponieważ nie chciał on poślubić Dostojnej Pani regentki, która darzy go bardzo wielką miłością". Książę de Bourbon jednak nie był zadowolony, mając poczucie, że nie przyznaje mu się w królestwie odpowiedniej pozycji.

Wewnętrzne kłopoty szły w parze z katastrofą za granicą, w trwającej właśnie wojnie włoskiej. Stoczona sześć lat wcześniej bitwa pod Marignano dała Francji kontrolę nad Mediolanem, ale w listopadzie 1521 roku Francuzi znów stracili miasto. Na dodatek (jak pisał w relacji z tamtych czasów Jean du Bellay), kiedy pokonany generał, odpowiedzialny za utratę Mediolanu, stawił się osobiście przed królem, by złożyć wyjaśnienia, ze złością zapewniał, że przeszkodził mu brak funduszy i odejście ze służby zaciężnych wojsk. Franciszek na to ryknął, że przecież wysłał pieniądze; skarbnik de Semblançay odpowiedział, że fundusze były gotowe do wysłania, ale przejęła je Ludwika Sabaudzka, twierdząc, iż musi spłacić dług. Sprawa przycichła, lecz konfrontacja syna z matką bez precedensu zaważyła na ich wzajemnych stosunkach.

W Niderlandach Małgorzata Austriacka była gotowa zastawić kosztowności, żeby sfinansować działania bratanka, który wiosną 1522 roku ponownie szykował się do odwiedzenia swych hiszpańskich włości. Wybuchł tam bowiem bunt *Comuneros*, rewolta Kastylijczyków przeciwko Karolowi, którego uważali za obcokrajowca – próba przywrócenia do czynnych rządów w kraju jego uwięzionej matki, Joanny, nominalnie nadal sprawującej władzę wspólnie z synem. Rękę Małgorzaty widać w polityce jej bratanka w pierwszych latach po 1520 roku. Jej lojalność nie pozostała bez nagrody. Karol oznajmił Stanom Generalnym, że pod jego nieobecność rządy będzie sprawować ciotka, „która tak długo oddawała godne pochwały, pamiętne usługi, okazując wielkie doświadczenie, że dobrze wie, jak się spisać z honorem przy sprawowaniu rzeczonych rządów i administrowaniu krajem". Karol rozstrzygnął również kwestię roszczeń Małgorzaty do posiadłości po jej ojcu Maksymilianie, których ostatecznie się zrzekła w zamian za sumę dwustu pięćdziesięciu tysięcy funtów, płatną w dziesięciu rocznych ratach[*].

Przed Małgorzatą stało niełatwe zadanie. W Niderlandach – jak miało się okazać w nadchodzących latach – szerzyły się problemy: finansowe, strukturalne i religijne. Niemniej, jak przystało na kobietę dążącą do awansu swego rodu i chętnie sprawującą władzę, mierzyła wysoko. Jeśli można mówić o rywalizacji między matką króla Francji a ciotką habsburskiego władcy, wydawało się, że Małgorzata Austriacka i Habsburgowie ponownie odnosili zwycięstwo.

Był jednak pewien szkopuł. Habsburgowie, nawet jeszcze bardziej bezpośrednio niż francuska monarchia, musieli sobie radzić z nieoczekiwaną groźbą, której konsekwencje – choć nie bardzo mogli zdawać sobie z tego sprawę – miały zdominować wydarzenia tamtego stulecia. W 1520 roku Marcin Luter, kwestionując autorytet papieża, doprowadził do wydania papieskiej bulli, czyli edyktu, potępiającej go jako heretyka. Luter publicznie spalił bullę wraz z tomami prawa kanonicznego, lecz już samo zerwanie z Kościołem skierowało jego myślenie na bardziej rewolucyjne tory.

Luter skłaniał się ku idei zbawienia człowieka poprzez samą wiarę, zbawienia, które zależy wyłącznie od wiary, a nie od dobrych uczynków; było to główne założenie religii reformowanej. Jednocześnie odrzucenie przez niego papieskiej władzy narzucanej z odległej Italii zaczęto utożsamiać z niezadowoleniem natury politycznej.

---

[*] Cesarz rozstrzygnął również kwestię pozycji brata, Ferdynanda, przekazując mu władzę nad dziedzicznymi ziemiami Maksymiliana w Austrii oraz powierzając mu namiestnictwo na czas swojej nieobecności na terytoriach niemieckich. To wyznaczyło początek podziału domu Habsburgów na dwie linie: hiszpańską, której głową był Karol (a później jego syn Filip), oraz austriacką (przyp. aut.).

W marcu 1521 roku Karol V udzielił Lutrowi oficjalnego posłuchania na forum Sejmu (zgromadzenia ustawodawczego) Rzeszy w Wormacji, mieście nad Renem. Doprowadziło ono jednak nie do ugody, lecz do sformalizowania opozycyjnego stanowiska. „Tu stoję, inaczej nie mogę", powiedział ponoć Luter; z kolei cesarz zadeklarował: „Moi przodkowie (...) zostawili po sobie święty obrządek katolicki, w którym powinienem żyć i umrzeć (...). Postanowiłem zatem rzucić na szalę tej sprawy wszystkie moje włości, moich przyjaciół, moje ciało i krew".

Małgorzata Austriacka sama należała do możnych dam nastawionych krytycznie do „nieskończonych nadużyć" Kościoła katolickiego i do czynionych przez papieża prób sprawowania świeckiej władzy w jej włościach; do grona przyjaciół zaliczała licznych humanistów i umiarkowanych reformatorów; na swoim dworze gościła Erazma z Rotterdamu. Niderlandy, dawne księstwo Burgundii, były siedzibą *devotio moderna*, bardziej duchowego modelu religii, atrakcyjnego zwłaszcza dla dam z arystokratycznych rodów, któremu hołdowała jej matka chrzestna, Małgorzata z Yorku.

Jednakże po przybyciu do Antwerpii jesienią 1520 roku papieskiego legata Małgorzata ujrzała, jak Erazma i jemu podobnych (w tym niektórych jej współpracowników) publicznie atakuje się w kazaniach, jak pali się księgi. Wymierzona w Lutra papieska bulla została opublikowana w pierwszej kolejności w Niderlandach. Namiestniczka wydała rozkazy, które w 1523 roku doprowadziły do spalenia na stosie dwóch reformatorów, członków zakonu Świętego Augustyna, oraz zrównania z ziemią ich klasztoru. Marcin Luter też był augustianinem, toteż uznano klasztor za ośrodek szerzący jego idee.

„Herezje Marcina Lutra", pisała Małgorzata do przeora w Brou, „są wielkim skandalem dla naszej Świętej Matki, Kościoła". Wydaje się prawdopodobne, że jej głównym priorytetem było i miało pozostać stłumienie sporu – o tyle, o ile było to możliwe. Jednakże w stosunkowo krótkim czasie stało się oczywiste, że Luter otworzył puszkę Pandory. Sam chyba był przerażony niektórymi poglądami i wierzeniami, jakie z niej uwolnił.

We Francji Małgorzata z Nawarry od dawna interesowała się reformą Kościoła katolickiego. W pewnym stopniu sprawa ta zajmowała nawet jej matkę Ludwikę Sabaudzką, podobnie jak dawniej Annę Bretońską i jej córki: Renatę i obecną królową Klaudię. Natomiast brat Małgorzaty – Franciszek – w tamtym okresie interesował się wszystkim, co pozwoliłoby mu choć o krok wyprzedzić władzę papieską. (Papież Leon X stanął już po stronie Karola V; w 1522 roku jego następcą został Hadrian VI, prałat, który dawniej był nauczycielem obecnego cesarza). Dla Małgorzaty luteranizm nigdy nie wchodził w grę, ale przez krótki okres zaraz po 1520 roku podążała ona drogą wyznaczoną przez cel całej „trójcy": zreformowanie Kościoła od wewnątrz i ukierunkowanie go bardziej na Biblię i rozprawy wyedukowanych kaznodziejów, z mniejszym akcentem na rytuały i recytowane z pamięci modlitwy.

W miarę upływu lat dwudziestych XVI wieku Małgorzata zbliżała się jednak do momentu osobistego kryzysu. Od czasu wstąpienia brata na tron jej życie wypełniała żonglerka ceremoniałem dworu oraz bardziej osobiste i duchowe rozterki. Wizyta złożona w 1517 roku w jej rezydencji przez króla i królową zaowocowała przyznaniem jej bogatego księstwa Berry, które nie tylko uniezależniło ją finansowo od męża, lecz też nadało jej status (w najwyższym stopniu nietypowy u królewskiej krewnej, a nie krewnego płci męskiej) *prince capétien* – księcia rodu Kapetyngów, wraz z prawem zasiadania w zwoływanych przez brata radach. Formuła dość długiego dokumentu nadania wyraźnie informuje, że miały to być włości pod zarządem Małgorzaty, wyjąwszy powinności z tytułu feudalnego posłuszeństwa wobec Francji. Dokument nie zawierał ani jednej wzmianki o jej mężu.

Podczas rewizyty przy okazji zaręczyn małoletniego delfina z córką Henryka VIII Marią pod koniec 1518 roku Małgorzata siedziała na dziedzińcu Bastylii obok Franciszka, na podium pokrytym złotogłowiem, w altanie z kwiatów i zieleni. Wiszący nad nimi błękitny baldachim, usiany gwiazdami i złotymi gałkami, zmienił dziedziniec zamku w zadaszoną salę; w tym czasie Ludwika Sabaudzka i królowa Klaudia siedziały na jednej z galerii. Król pojawił się na czele uczestników maskarady w białej atłasowej szacie haftowanej złotą nicią, a damy rozdawały słodycze.

Wiosną 1519 roku Małgorzata odegrała rolę sponsorki podczas chrztu Henryka, jej drugiego bratanka, syna króla Franciszka. Wraz z Małgorzatą dziecko nad chrzcielnicą trzymał Thomas Boleyn, nowy angielski ambasador we Francji, reprezentujący swego pana, na którego cześć nadano chłopcu imię. Jego córka Anna musiała być obecna podczas uroczystości (choć nie zauważono jej, a bynajmniej nie odnotowano jej bytności w dokumentach). Kiedy Małgorzata przystąpiła do reformowania miejscowego klasztoru w Almenesches, uzyskawszy zgodę papieża na wybranie kandydatki na nową przeoryszę, zadbała o wybudowanie na klasztornej ziemi niedużej rezydencji dla siebie.

We wczesnych latach panowania brata Małgorzata wraz z królewską świtą odwiedziła Lyon – i to właśnie w tym mieście, szczególnie opanowanym przez ruch reformatorski, w kościele Świętego Jana umieściła akcję siedemdziesiątej drugiej noweli cyklu *Heptameron*. W opowiadaniu księżna d'Alençon („późniejsza królowa Nawarry", jak sama Małgorzata) podsłuchuje przerywane płaczem modlitwy innej wiernej – brzemiennej zakonnicy uwiedzionej przez mnicha. W utworze księżna obiecuje zająć się sprawą zakonnicy i wszcząć reformy bardzo przypominające te podejmowane przez Małgorzatę w prawdziwym życiu.

Możliwe, że jesienią 1519 roku de Bonnivet dopuścił się wobec Małgorzaty kolejnej napaści na tle seksualnym, choć i w tym wypadku sugerują to niemal wyłącznie wątki literackie. Tej jesieni Franciszek w towarzystwie matki, siostry oraz grupy arystokratów – w tym męża Małgorzaty i de Bonniveta – wyruszył w niespieszną drogę do Cognac. Zatrzymali się w zamku Chambord, nowym przedsięwzięciu budowlanym króla, w Châtellerault, a w styczniu 1520 roku w nowym dziele de Bonniveta, rezydencji we włoskim stylu w Neuville-aux-Bois. Królewski orszak zaledwie po czterech dniach wyjechał, ale de Bonnivet został.

W czwartej noweli *Heptamerona* bohaterka leży w łóżku, przypuszczalnie rozebrana, gdy tymczasem bohater, „nie pozdrawiając i nie pytając o zgodę, położył się obok". W pierwszym odruchu kobieta chce oskarżyć napastnika i zażądać, by jej brat rozkazał ściąć mu głowę, jednak jej dama dworu (którą senior de Brantôme zidentyfikował w swoich dziełach jako panią de Châtillon, dawną guwernantkę Małgorzaty) ostrzega, że wówczas wszyscy orzekną: „biedny szlachcic (…), jeśli porwał się na taki czyn, to z pewnością dałaś mu do tego powody. (…) Każdy zatem będzie sądził, że nie odbyło się to bez twojego przyzwolenia". Dama ostrzega bohaterkę, by na przyszłość postępowała ostrożniej, gdyż „tak wiele kobiet, wiodących surowsze życie niż twoje, doznało upokorzenia od mężczyzn mniej godnych miłości niż ten, o kim mowa".

Wydaje się, że mniej więcej w tym okresie życia Małgorzata z Nawarry przeżyła jakąś traumatyczną sytuację. Na początku lata 1521 roku napisała niezwykły list, pierwszy z wielu, do Guillaume'a Briçonneta, biskupa z Meaux i reformatora, człowieka walczącego ze średniowiecznymi przesądami, ale ogarniętego duchem mistycyzmu, do którego odczuwała pociąg także Małgorzata. (Meaux miało się przekształcić w ośrodek działania grupy postępowego kleru, której kilku członków było powiązanych z Małgorzatą; ostatecznie wszyscy stali się celem ataków Kościoła katolickiego, z którym na tamtym etapie nikt nie zamierzał zrywać). „Muszę radzić sobie z niezliczonymi sprawami budzącymi mój niepokój, proszę Cię zatem, Panie, byś stanął przy mnie i udzielił mi duchowego wsparcia", pisała księżna.

Niektóre z poruszanych przez nią zagadnień współbrzmiały z nowymi założeniami religijnymi: „Wiedząc, że potrzeba tylko jednego, zwracam się do Ciebie z błaganiem, byś dopomógł mi dosięgnąć go [Boga] poprzez modlitwę". Część miała charakter bardziej osobisty: w drugim liście do Briçonneta pisała, że czuje się „bardzo samotna (...). Miej litość nade mną (...). Błagam, byś przynajmniej odwiedził mnie listownie i wzbudził w moim sercu miłość do Boga". Jej uporczywie powtarzane przekonanie, że jest „nic niewarta", „bezużyteczna" czy „gorzej niż martwa", należy odczytywać w kontekście teologii reformowanej, zakładającej, iż ludzie pozbawieni boskiej łaski nie przedstawiają żadnej wartości. Niemniej trudno nie doszukiwać się czegoś więcej, gdy Małgorzata błaga Briçonneta, by pomógł jej rozpalić „biedne serce pokryte lodem i martwe od chłodu", i gdy on po kilku latach gratuluje księżnej, że pokierowała się jego zasadą, by „mówić wszystko bez obawy".

Małgorzata często pisała też o swej „niepłodności". Miała trzydzieści lat, za sobą trzynaście lat życia małżeńskiego, i jeszcze nie urodziła dziecka. W 1522 roku była przekonana, że zaszła w ciążę, lecz okazało się, że to pomyłka. Pielęgnowała wówczas Ludwikę Sabaudzką, cierpiącą z powodu coraz poważniejszych napadów dny moczanowej. Briçonnet, starszy od niej o dwadzieścia lat, zaofiarował się, że będzie jej przybranym synem, co oboje traktowali poważnie (w myśl szesnastowiecznych obyczajów stanowiło to autentyczny związek *par alliance*), a Małgorzata podpisywała listy do niego słowami „Twoja niepłodna matka".

Briçonneta od początku nurtowało jednak coś innego: przekonanie, że Małgorzata do swoich duchowych dążeń powinna wciągnąć matkę i brata, dzięki czemu „wszyscy troje dacie przykład życia, rozniecicie płomień, który ogarnie i oświeci resztę królestwa". Kiedy nie zrobiła tego dostatecznie szybko, czynił jej wyrzuty: „Nie zdjęłaś jeszcze rękawiczek. Jeszcze nie widzę płomieni strzelających z Twoich rąk". W istocie, zanim skończył się rok 1522, próby instruowania Ludwiki Sabaudzkiej przez wysłannika Briçonneta, Michela d'Arande, skłoniły królewskiego spowiednika do złożenia skargi na ręce uniwersyteckich teologów. Była to pierwsza oznaka nadciągających kłopotów.

Anna de Beaujeu, ostatnia ze swego pokolenia, zmarła 14 listopada 1522 roku, zaledwie pięć tygodni po tym, jak Franciszek I nadał swojej matce Ludwice większą część spornych włości Burbonów. Anna zareagowała przyznaniem zięciowi Karolowi, księciu Burbonii, jej własnych posiadłości za „zacne, wielkie, godne pochwały i polecenia usługi i przyjemności", jakich zaznały od niego ona i jej zmarła córka Zuzanna. De Bourbon powziął śmiały, a nawet zdradziecki plan – postanowił poślubić siostrę Karola V Eleonorę i tym samym sprzymierzyć się z wrogiem Franciszka I.

Taki rozłam we francuskich szeregach miał następstwa tym poważniejsze, że latem 1522 roku Anglia spełniła daną wcześniej Karolowi V obietnicę – owoc wszystkich gorących zabiegów dyplomatycznych – i odegrała swą rolę w utrzymywaniu europejskiej równowagi sił: wypowiedziała Francji wojnę. Subtelna oznaka przyszłych burz pojawiła się na początku roku, kiedy król

Franciszek zagadnął kardynała Wolseya o banalną z pozoru sprawę: rodzina jednej z dam dworu jego żony, młodej Anny Boleyn, postanowiła o jej powrocie do kraju. O co tu chodzi? Czy mają wrażenie, że Angielka nie jest już bezpieczna we Francji? Wolsey starał się dodać francuskiemu królowi otuchy. To nic takiego, stwierdził. Po prostu zaaranżowano małżeństwo między Anną a jej krewnym Jamesem Butlerem, irlandzkim hrabią Ormonde. Przyszłość Anny Boleyn miała jednak potoczyć się inaczej.

CZĘŚĆ III

1522–1536

Nie powinnaś odczuwać smutku ani pomieszania, jeśli znajdziesz się w jakimś obcym lub niemiłym związku, tylko chwalić Boga i wierzyć, że zawsze jest sprawiedliwy i postępuje mądrze. Tak więc, moja córko, jeśli tak zrządzi, że będziesz musiała wiele wycierpieć, zachowaj całkowitą cierpliwość i we wszystkim, co cię czeka, dostrzegaj wolę i życzenie Stwórcy (...). Jeśli chcesz żyć w spokoju ducha, strzeż się, by nie wpaść w sidła zazdrości.

Anna Francuska (Anna de Beaujeu)
Enseignements à ma fille (*Nauki dla mojej córki*), opublikowane 1517–1521

15
„Zbyt dzika, by ulec"

Anglia, Szkocja, 1522–1524

Londyńska wiosna 1522 roku. W York Place, pałacu kardynała Wolseya, uroczystości poprzedzające nadejście Wielkiego Postu odbywały się z większym niż zwykle splendorem. Odgrywano widowisko, które mogło tu przywędrować ze starego dworu burgundzkiego: szturm na *Château Vert*. Zielony Zamek, lub Zamek Cnót (franc. *vertu*), był budowlą z pokrytego cynfolią drewna, na tyle solidną, żeby jego wieże utrzymały osiem dam odzianych w biały atłas; każda z nich reprezentowała pewną cnotę, czyli „przyczynę", uwydatnioną na szacie żółtym kolorem. Szturmujący twierdzę rycerze pod komendą króla Henryka VIII we własnej osobie oraz ich rzecznik, Namiętne Pożądanie, w strojach ze złotogłowia i błękitnego atłasu, zostali na roztropnie odmierzony czas odparci gradem słodyczy i potokami wody różanej.

Oczywiście męscy napastnicy w końcu wygrali; chłodniejsze cnoty niewieście stopiły się w żarze męskiego zapału i wszyscy ochoczo puścili się w tany. Nikt jednak jeszcze przez kilka lat nie zgadłby, jak wymowne miało się okazać to widowisko. Damą reprezentującą Wytrwałość była Anna Boleyn, niedawno przybyła do kraju z Francji.

Ta Anna Boleyn, która w 1522 roku zjawiła się na angielskim dworze, musiała być w pełni ukończonym produktem. Może nie pięknym, lecz na pewno fascynującym; wyrafinowanym, a także wyróżniającym się jakże ważnym blaskiem odmienności. W późniejszych relacjach opisywano ją jako „nader elokwentną i obdarzoną wdziękiem oraz dość przyjemnym wyglądem". „Nie należy do najurodziwszych kobiet na świecie", scharakteryzował ją wenecki ambasador, kiedy nadszedł czas, by wszyscy dyplomaci zwrócili uwagę na Annę Boleyn; miała „przeciętną posturę, smagłą cerę, długą szyję, szerokie usta, biust niezbyt wypukły oraz oczy czarne i piękne".

Jednakże lata spędzone za granicą pozwoliły jej zgłębić arkana dworskiego życia. Jeśli rzeczywiście, co wydaje się prawdopodobne, wzywano ją, żeby pełniła funkcję angielsko-francuskiej tłumaczki, jej doświadczenia mogły się nie ograniczać do kobiecych komnat królowej, lecz obejmować też niezwykle bezpośrednią świadomość spraw politycznych, tym bardziej że jej ojciec przez pewien czas również był wysłannikiem na francuskim dworze.

Już sama „francuskość" Anny Boleyn stanowiłaby nowość w oczach angielskich dworzan. Trudno to sobie uprzytomnić teraz, po stuleciach, w których francuszczyzna stanowiła w dosłownym sensie *lingua franca* w kręgach dyplomatycznych i społecznych, że w XVI wieku sprawy miały się inaczej, a językiem uniwersalnym była łacina.

Lancelot de Carles, pisarz, duchowny i dyplomata, tak opisał Annę: „Nikt na podstawie sposobu bycia nie wziąłby jej za Angielkę, tylko za rodowitą Francuzkę". Dla porównania – Katarzyna Aragońska miała wówczas trzydzieści sześć lat, więc według ówczesnych standardów nie była już pierwszej młodości. Wielokrotne ciąże zebrały swoje żniwo i od jakiegoś czasu uważni ambasadorowie uciekali się do wysławiania piękna jej cery zamiast figury.

Różnica wieku pomiędzy nią a mężem – była od niego starsza o pięć lat – stawała się coraz bardziej widoczna. Jeszcze w 1514 roku Europę obiegła plotka, że Henryk VIII „chce oddalić obecną żonę (...), gdyż nie może mieć z nią dzieci". Wtedy wieść ta okazała się przedwczesna, lecz z każdym mijającym rokiem zdawała się zyskiwać na wiarygodności. Prawdopodobnie w 1522 roku Henryk wziął sobie Mary Boleyn – siostrę Anny – na kochankę. W przedstawieniu w York Place reprezentowała ona, aż nazbyt wyraźnie, Dobroć. Niezależnie od osobistych przykrości, jakie Katarzynie Aragońskiej mógł sprawić ten związek (przy założeniu, że o nim wiedziała), nie zagrażał jej pozycji jako królowej. W tamtym okresie Henryk rzeczywiście, przynajmniej publicznie, nadal z dbałością pielęgnował swój wizerunek żonatego mężczyzny, prawiąc morały na temat postawy siostry Małgorzaty Tudor w Szkocji.

Ostatni raz obserwowaliśmy Małgorzatę, jak po powrocie do Szkocji, około pięciu lat wcześniej, narzeka gorzko (w anachronicznym, lecz bardzo tudorowskim stylu), że jej mąż, hrabia Angus, już jej nie kocha. Henryk VIII wraz z Katarzyną z przerażeniem nakłaniali ją, by uszanowała świętość małżeństwa. Jednakże sprawy Szkocji – co pośrednio znaczyło: sprawy Małgorzaty Tudor – stanowiły jeden z punktów dyskusji między Wolseyem a Ludwiką Sabaudzką, które zgodnie z planem miały się odbyć po zjeździe na Polu Złotogłowia.

Zakonnik, ponownie wysłany na północ przez Henryka i Katarzynę Aragońską, taktownie obwinił pewnych doradców Małgorzaty o to, że namówili ją do „bezprawnego rozwiązania legalnego związku małżeńskiego, co stanowi bezpośredni sprzeciw wobec woli Boga, całkowicie odrażający również z punktu widzenia praw ludzkich". Małgorzata nie chciała tego słuchać. „Nie otrzymuję żadnej pomocy od Jego Wysokości mojego brata ani miłości od milorda hrabiego Angus, który może zgodnie ze swoim życzeniem odebrać mi środki do życia i mnie ograbić", napisała do lorda Dacre, przedstawiciela Henryka VIII. „Sądzę, milordzie, że jeśli jesteś moim przyjacielem, nie uznasz tego za uzasadnione". Lojalność Małgorzaty często wahała się między jej krajem rodzinnym a obecnym; królowa bywała rozdarta. Teraz jednak uznała: „Muszę sprawić, że zadowolę to królestwo, w którym żyję".

Kiedy w listopadzie 1521 roku z wizyty we Francji wrócił książę Albany, Małgorzata Tudor powitała go serdecznie. Chociaż dawniej rywalizowali o władzę w Szkocji, królowa zapewne się przekonała, że mogła trafić gorzej. Gdy dotarli do Edynburga i konetabl wręczył księciu klucze do zamku, ten kurtuazyjnie oddał je Małgorzacie. Ów gest musiał być balsamem na jej zranione serce. Kiedy Małgorzata i książę Albany przystąpili do wspólnego sprawowania rządów, jako królowa matka i regent, przyszła pora, aby to jej opuszczony mąż, hrabia Angus, umknął na wygnanie do Francji. Prawdopodobnie to członkowie jego klanu, Douglasowie, pierwsi rozpuścili plotki o romansie łączącym Małgorzatę i księcia Albany.

Wkrótce i Henryk VIII zaczął się uskarżać na „bezecne i godne potępienia nadużycie, jakiego [książę] się dopuszcza wobec naszej siostry, podburzając ją i intrygami nakłaniając do rozwodu z legalnie zaślubionym mężem, z Bóg wie jakim niecnym zamiarem". Małgorzata napisała do Wolseya list, w którym skarżyła się na mylne raporty; kardynał wytłumaczył Henrykowi, że Małgorzatę wyraźnie przekupiono. Tymczasem na angielskiej granicy ze Szkocją wzniesiono umocnienia.

Angielsko-szkockie stosunki układały się tym gorzej, że w pewnym sensie akcje Katarzyny Aragońskiej stały wysoko. W tamtym okresie europejskie interesy Anglii nie były już zbieżne z interesami Francji – starej sojuszniczki Szkocji i księcia Albany – tylko Habsburgów. Pod koniec maja 1522 roku Karol V przybył do Anglii z sześciotygodniową wizytą celebrowaną z niezwykłym splendorem. Miała ona potwierdzić sojusz z Anglią, a przez przyszły mariaż cesarza z cioteczną siostrą Marią Tudor[*] – stały związek Anglii z habsburską hegemonią. Dzieci Karola i Marii – gdyby sam Henryk nie dochował się synów – odziedziczyłyby imperium rozciągające się od Anglii aż do Morza Śródziemnego, nie mówiąc już o hiszpańskich koloniach za Atlantykiem. To jednak na razie stanowiło tajemnicę, gdyż Maria nadal była oficjalnie zaręczona z francuskim delfinem.

W Greenwich Karol, powitany przez Marię i jej matkę, poprosił ciotkę Katarzynę o błogosławieństwo. Maria tańczyła i grała na wirginale, ambasadorowie zaś relacjonowali, że królewna prawdopodobnie wyrośnie na „urodziwą damę, choć trudno mieć pojęcie o jej urodzie, gdy jeszcze jest taka mała". Dni upływały na maskaradach i mszach, turniejach i ucztach. Jedna z rozrywek cieszących się największym powodzeniem polegała na odczytywaniu listy skarg, którą Henryk VIII wysłał do króla Francji. Traktat zawarty między sojusznikami przewidywał atak Karola na Francję od strony Hiszpanii oraz Henryka z rejonu Calais.

Chociaż Katarzyna Aragońska od dawna z wytęsknieniem wyglądała sojuszu między mężem a siostrzeńcem, miała też powody do niepokoju. Henryk mógł snuć marzenia o zgłoszeniu swych „starodawnych praw i tytułu do korony Francji", lecz Katarzyna widziała, z jaką wściekłością przyjął przed laty sojusz, który jej ojciec Ferdynand zawarł tylko po to, by wzbudzić w nim zawód.

---

[*] Chodzi o córkę Henryka VIII, nie o jego młodszą siostrę, żonę Karola Brandona (przyp. tłum.).

Czy podejrzewała, że tym razem mąż nie rozgrzeszy jej tak łatwo z konszachtów z Habsburgami? W styczniu 1523 roku „gwałtownie" oznajmiła ambasadorowi Karola, że cesarz musi dotrzymać wszystkich deklaracji: „O wiele lepiej było obiecać niewiele i postąpić solennie, niż obiecać wiele, po czym część obietnic złamać".

Jej obawy okazały się aż nadto uzasadnione, gdyż angielsko--habsburskie „wielkie przedsięwzięcie" przeciwko Francji z 1523 roku skończyło się katastrofą. Małgorzata Austriacka zaofiarowała Anglikom wojska Habsburgów, lecz daleko mniej niż wymagane trzy tysiące konnych i pięć tysięcy pieszych żołnierzy. Nie mogła zaś zebrać funduszy nawet na opłacenie tych sił, które przydzieliła. Angielskie wojska wysłane do zdobycia Boulogne zamiast tego pomaszerowały na Paryż, lecz musiały zawrócić z powodu paskudnej pogody i braku zaopatrzenia. Karol (zbity z tropu sukcesami Francuzów na granicy z Hiszpanią) nie dotrzymał swojej części planu. A francuski generał, książę Burbonii, obecnie otwarcie zbuntowany przeciwko swemu królowi, który obiecał przyłączyć się do Karola i Henryka, umknął do Italii.

Małgorzata musiała znieść oskarżenia Henryka VIII i Wolseya, przy czym ten ostatni stwierdził, że nie spodziewali się, iż dama o jej mądrości będzie próbowała się usprawiedliwiać „wynalazkami i kompasami, parabolami i porównaniami". Do października Henryk potajemnie rozważał zerwanie zaręczyn córki z jej ciotecznym bratem Karolem i zawarcie aliansu z jej kuzynem z drugiej strony, młodym królem Szkocji Jakubem V, synem Małgorzaty Tudor.

To z pewnością pozwoliłoby Anglii pozbyć się jednego z dokuczliwych cierni. Latem 1522 roku doszło do potyczek między Anglią a Szkocją. Książę Albany poprowadził wojska na południe, ale szkoccy żołnierze, pomni klęski pod Flodden, nie chcieli przekroczyć granicy, Henryk kupił ich propozycją pięcioletniego traktatu pokojowego. Latem następnego roku Małgorzata Tudor doprowadziła do publicznego odczytania przemowy napisanej własnoręcznie przez jej młodego syna; nalegała, by pozwolono mu zawrzeć pokój z angielskim wujem. Szkockie władze wahały się między oczekiwaniem na wskazówki od księcia Albany a żądaniem uwolnienia młodego króla spod nazbyt ścisłej kurateli regenta, zaś popularność samej Małgorzaty to rosła, to znów malała. Kiedy wojska angielskie puściły z dymem szkockie miasto Jedburgh, a Małgorzata przekazała im informacje o rozmieszczeniu wojsk Szkocji, nawet jej dawni stronnicy utyskiwali, że jest „po prostu kapryśna". W październiku 1523 roku książę Albany ponownie spróbował najechać Anglię na czele francuskich i szkockich wojsk, jedynie po to, by ponieść sromotną klęskę.

Sojusz angielsko-habsburski, przynajmniej teoretycznie, wciąż pozostawał w mocy; Małgorzata Austriacka na pewno uważała, że tak powinno zostać. Angielski ambasador w Niderlandach podawał w raporcie jej stwierdzenia, że zawsze żywiła „całkowitą życzliwość" wobec Henryka. Jednakże w marcu następnego roku Katarzyna Aragońska przekazała ambasadorowi Karola V ostrzeżenie, że Henryk VIII jest „bardzo niezadowolony"; godny odnotowania jest fakt, iż musiała tego dokonać w tajemnicy za pośrednictwem swego spowiednika.

Ambasador powiedział, że byłoby „godne pożałowania", gdyby ta wiadomość dotarła do uszu „pewnych Anglików"; Wolsey przy każdej rozmowie z Katarzyną Aragońską zachowywał się „bardzo niespokojnie" i często przerywał dyskusję z królową.

Kardynał poczuł się jeszcze bardziej odseparowany od Habsburgów we wrześniu 1523 roku – po niespełna dwóch latach pontyfikatu zmarł papież Hadrian VI, dawny nauczyciel Karola V, a cesarz i Małgorzata Austriacka nie zdołali uzyskać dlań godności papieskiej. Zamiast niego papieżem został kolejny Medyceusz,

Klemens VII. Bez względu jednak na to, jak daleki był Wolsey od dostosowania się do planów Katarzyny, zdążył jeszcze dokuczyć innej kobiecie.

Powszechne jest przekonanie, że wrogość między Anną Boleyn a kardynałem Wolseyem rozgorzała na początku angielskiej kariery Anny, kiedy Wolsey osobiście położył kres jej związkowi z młodym angielskim szlachcicem, a duża część wydarzeń w następnej dekadzie wzięła swój początek z tej właśnie urazy. Być może to prawda, ale źródło tej teorii – książka autorstwa George'a Cavendisha, szlachcica zapowiadającego gości na dworze Wolseya – było stronnicze i powstało po pewnym czasie od tamtych wydarzeń, podobnie jak parę innych pozycji na temat wczesnego etapu kariery Anny.

Nazwisko Anny Boleyn przed Henrykiem VIII wiąże się z trzema mężczyznami, ale wiarygodne informacje o tych związkach są nieliczne. Annę sprowadzono z Francji do kraju, żeby wydać ją za krewnego, Jamesa Butlera, dziedzica spornego irlandzkiego tytułu hrabiowskiego Ormonde. Mariaż ten zaproponowali jej potężni powinowaci Howardowie, gdyż mógł on rozwiązać kilka problemów – roszczenia do hrabstwa zgłaszali też Boleynowie. Ponadto, z punktu widzenia Wolseya oraz jego króla, małżeństwo to mogło bliżej związać możny ród Butlerów z angielskimi interesami. Do mariażu jednak nie doszło. Dlaczego? Niewykluczone, że z powodu niechęci Butlerów, lecz możliwe też, że przesądziła o tym interwencja samej Anny.

Według relacji Cavendisha Anna, pełniąc obowiązki damy dworu Katarzyny Aragońskiej, poznała Henry'ego Percy'ego, domownika dworu Wolseya, a przy tym dziedzica wielkiego hrabstwa Northumberland. Percy, towarzysząc innym dworzanom Wolseya, „wdawał się w romanse z damami królowej, wreszcie bliżej niż z którąkolwiek inną zaznajomił się z panią Anną Boleyn, rozkwitła między nimi potajemna miłość, a w końcu oboje zyskali pewność, że mają zamiar się pobrać". Kiedy dowiedział się o tym Wolsey, z miejsca zganił Percy'ego za „utrapione szaleństwo". Ludzie z tych sfer nie żenili się z miłości. Wolsey planował dla młodzieńca inny, korzystny politycznie mariaż z dziewczyną z równie możnego rodu Talbotów. A – jeśli wierzyć Cavendishowi – Annę miał już na oku Henryk VIII (choć to chyba mało prawdopodobne).

Do Londynu zjechał ojciec Percy'ego, wrzaskliwie obwołując syna „pysznym, bezczelnym, lekceważącym i bardzo nieoszczędnym utracjuszem". Chociaż powyższe słowa pochodzą z relacji Cavendisha, z całą pewnością w czerwcu 1523 roku hrabia złożył nieplanowaną wizytę w Londynie, a zaaranżowany od dawna alians rodzin Percych i Talbotów został na jakiś czas odłożony. Młody Percy otrzymał zakaz dalszych spotkań z Anną Boleyn i, zastraszony, podporządkował się mu. Anna zaś, znów według opowieści Cavendisha, przysięgła, że „jeśli kiedykolwiek będzie to w jej mocy, wyrządzi kardynałowi tyle samo nieprzyjemności".

Trzeci związek miał łączyć Annę z poetą i dworzaninem Thomasem Wyattem, którego rodzina sąsiadowała z Boleynami w hrabstwie Kent. W grę nie wchodziło małżeństwo, Wyatt bowiem był już żonaty, aczkolwiek bardzo nieszczęśliwie, co tylko dodawało siły wyrazu jego poetyckim fantazjom poświęconym dworskiej miłości. Według jednej z opowieści Wyatt miał odebrać Annie jakąś ozdobę (podobnie jak Karol Brandon postąpił z Małgorzatą Austriacką), a później obnosić się z nią przed Henrykiem VIII. Ta historia stanowi użyteczną wskazówkę dotyczącą konkurencyjnego dworskiego kontekstu, w którym po raz pierwszy doszło do wzbudzenia zainteresowania króla osobą Anny. Inny scenariusz – jakoby Wyatt próbował przestrzec króla, że między nim samym i Anną doszło do jakiejś rozwiązłości – wydaje się nieprawdopodobny. Nie sposób dokładnie i z całą pewnością określić, ile wierszy napisał Wyatt, zainspirowany myślami o Annie Boleyn, choć na pewno to ona jest postacią, którą poeta ukrył pod imieniem Brunet, a która „rozpętała w naszym kraju huragan". Jeden wszakże sonet stanowi uderzające świadectwo powabu Anny:

> Kto łanię tropić chce – pokażę drogę,
> A sam, zbyt długim wiedziony zapałem,
> Siły w daremnym trudzie wyczerpałem,
> Dotrzymać kroku łowcom już nie mogę (...).
>
> Kto za nią idzie w trop – nie ma nadziei,
> Że czas swój tracił, pojmie to w rozpaczy.
> Na smukłej szyi napis ów zobaczy,
> Lśniący klejnotu blaskiem w mroku kniei:
> Nie dotkniesz mnie, Cezara jestem godna,
> Zbyt dzika, by ulec – na pozór łagodna[*].

W wierszu Wyatt przedstawia siebie jako niefortunnego zalotnika, Anna zaś, symbolizowana przez łanię, zachowuje niewinność i wymyka się jego staraniom. Utwór tchnie swego rodzaju prowokującym, romantycznym urokiem, gwarantującym Annie pozycję gwiazdy – jest jak trofeum, którego pragną młodzi dworzanie i ich niezupełnie młody przywódca. Nawet mimo tego – a może szczególnie z tego powodu – że ów mężczyzna był już żonaty z nie tak urokliwą Katarzyną Aragońską.

---

[*] Thomas Wyatt, *Whoso List to Hunt, I Know where is an Hind* (przyp. tłum.).

Kres współżycia seksualnego Katarzyny Aragońskiej z Henrykiem VIII nastąpił prawdopodobnie w 1524 roku. Ona skończyła trzydzieści osiem lat, a Henryk, młodszy od niej o pół dekady, stracił przekonanie, że próby spłodzenia z nią kolejnego dziecka mają jakikolwiek sens. Od tego czasu królowa całą energię poświęcała wychowywaniu jedynej córki, królewny Marii. „Córki to trudny obowiązek. Gdy są młode, trzeba ich starannie doglądać", pisała Anna de Beaujeu. Dobrze wykształcona, Katarzyna pomagała uczyć córkę łaciny, francuskiego i trochę hiszpańskiego. Maria, znakomita muzyczka i tancerka, zgłębiała oprócz tego sztukę kaligrafii i robótek ręcznych. Katarzyna zasięgnęła również opinii urodzonego w Hiszpanii uczonego, Juana Luisa Vivesa, który w zamówionej w 1523 roku pracy *O wychowaniu niewiasty chrześcijanki* doradzał w pewnym stopniu lekturę klasyków, choć uważał, że kobieta powinna wiedzieć tylko to, „co dotyczy bojaźni bożej".

Według Vivesa nie chodziło tu o umysłową niższość kobiet lub coś podobnego, lecz o sferę fizyczną, źródło ich podatności. „W edukacji niewiasty główną, a mógłbym nawet rzec: jedyną troską powinno być zachowanie cnoty". W istocie lepsza edukacja mogłaby prowadzić do większej cnotliwości, ale trudno przypuszczać, że Marię zachęcano do swobodnego zapuszczania się myślą w dziedzinę nowych nauk humanistycznych, tak jak jej przyrodnią siostrę dekadę lub dwie później.

Tymczasem w Szkocji szwagierka Katarzyny Aragońskiej, Małgorzata Tudor, również zastanawiała się nad dojrzałością potomka. Jej sprzymierzeniec (a może też kochanek), książę Albany, nigdy nie zdołał przejąć kontroli nad niespokojnym krajem i w maju 1524 roku wrócił do Francji, gdzie przebywał również odseparowany mąż Małgorzaty, Archibald Douglas, hrabia Angus, starając się napytać biedy rywalom w Szkocji przy każdej okazji.

Małgorzata Tudor przejęła władzę przy poparciu pewnych potężnych sprzymierzeńców wśród arystokracji. W interesie wszystkich (bez względu na to, jakie stosunki łączyły, bądź nie łączyły, Małgorzatę i księcia Albany) leżało zakończenie nieobecności regenta. On sam przed wyjazdem ze Szkocji upierał się, że „królowej należy okazywać posłuszeństwo we wszystkich jej prawach". Małgorzata zdecydowała się na następujące rozwiązanie: obwieściła, że jej dwunastoletni syn Jakub jest już pełnoletni i zdolny do sprawowania władzy nad swymi ziemiami. Naturalnie przy pomocy matki.

W Anglii Henryk VIII dążył do rozluźnienia związków Szkocji z Francją, reprezentowaną przez „uzurpatorską" władzę księcia Albany. Właśnie w tym aż nadto dogodnym momencie hrabia Angus zdołał przedostać się przez kanał La Manche z powrotem na angielski dwór. Król Henryk i Wolsey z radością poparli plan, zgodnie z którym proangielsko nastawiony Archibald Douglas miałby przejąć władzę w Szkocji z młodym Jakubem V jako nominalnym władcą; podobnie matka króla miała sprawować jakąś w dużej mierze ceremonialną funkcję. Małgorzata zaś w niekończącym się potoku listów deklarowała, że raczej zwróci się o pomoc do Francji, a hrabia Angus wzbudzi jedynie „wielką zazdrość".

Dwudziestego szóstego lipca Jakuba V przewieziono z Edynburga do zamku w Stirling i – mimo że szkoccy władcy nie obejmowali władzy przed ukończeniem czternastu lat – formalnie ukoronowano. Henryk VIII przysłał siostrzeńcowi wysadzany klejnotami miecz, nadał mu Order Podwiązki i zasugerował ożenek z cioteczną siostrą, królewną Marią. Małgorzata Tudor z radością przystała na ten plan.

Jednakże Henryk wysłał na północ również ojczyma Jakuba, hrabiego Angus, na czele wojsk. "Słuszną jest rzeczą wykorzystanie królowej Szkocji jako narzędzia w tej sprawie, lecz nie w taki sposób, by wszystko od niej zależało", pisał Wolsey. "Dobry łucznik powinien mieć w łuku dwie cięciwy, zwłaszcza jeżeli jedna jest upleciona z nici utkanych kobiecymi palcami".

Oczywistym następnym krokiem wydawało się pojednanie między Małgorzatą Tudor a jej mężem Archibaldem Douglasem, hrabią Angus. Oczywistym dla wszystkich poza Małgorzatą. Archibalda poinstruowano, by "dążył do odzyskania łask królowej", Małgorzatę zaś przekonywano, że pogodzenie się z mężem będzie korzystne dla kraju, a jej osobiste uczucia nie mają znaczenia. Pomimo wściekłych protestów Małgorzaty hrabia Angus przekroczył granicę i wjechał do Szkocji. W Edynburgu toczyło się posiedzenie parlamentu, królowa zaś poleciła zamknąć bramy miasta. Archibald Douglas i jego poplecznicy wspięli się na miejskie mury, deklarując w uświęconym tradycją stylu, że są lojalnymi poddanymi króla i pragną jedynie zasiąść w parlamencie jak ich przodkowie. Przebywająca z synem w pałacu Holyrood na końcu Royal Mile (Królewskiej Mili) Małgorzata pospiesznie zebrała siły odpowiadające liczbowo siłom napastników i mimo ponurego utyskiwania angielskiego ambasadora na jej "upór" rozkazała wycelować w swego męża działa. Na rozkaz młodego króla hrabia Angus i jego sprzymierzeńcy wycofali się. Wtedy królowa matka i jej syn w orszaku, z pochodniami, weszli na wzgórze, do zapewniającego większe bezpieczeństwo edynburskiego zamku, skąd Małgorzata wysłała wyrażoną w stanowczych słowach prośbę do brata w Anglii, żeby nie ingerował w sprawy Szkocji.

Parlament zatwierdził jej władzę regentki, lecz choć Małgorzata Tudor na razie demonstrowała nietypowy dla kobiety sprzeciw, wkrótce sprawy miały obrócić się na gorsze. Na początku 1525 roku Małgorzata zwiększyła determinację w staraniach o rozwód z hrabią Angus. Ignorowała protesty brata, że jej małżeństwo zostało „uświęcone przez Boga", zwłaszcza że do tego czasu zdążyła się zakochać. Jej wybrankiem był Henry Stewart, młody dworzanin na królewskim dworze, młodszy od niej o jedenaście lat, ale awansowany z królewskiego krajczego na kapitana gwardii. List od Henryka VIII przyprawił królową matkę o godzinny napad płaczu, przerywany protestami, że „czegoś takiego nigdy nie napisano do szlachetnie urodzonej niewiasty". Tamtego lata zaakceptowała pro forma pojednanie z hrabią Angus, lecz po ponownym otwarciu obrad parlamentu, gdy król z matką szli na czele pochodu, Archibald zaś niósł koronę, pod murami Edynburga i pod wymierzonymi w nich lufami dział Małgorzaty stało około dwóch tysięcy członków klanu Douglas.

Zawarto układ, zgodnie z którym członkowie czterech stronnictw – hrabia Angus i trzej inni arystokraci – mieli kolejno sprawować pieczę nad młodym królem. Jednakże pod koniec 1525 roku, po przypadającym nań trzymiesięcznym okresie opieki, hrabia odmówił wydania chłopca. Jakuba zmuszono do napisania oficjalnego listu, w którym wyraził życzenie pozostania pod opieką ojczyma, lecz potajemnie młody król wysłał drugie pismo, błagając matkę o ratunek. Małgorzata zebrała wojska i pociągnęła pod Edynburg, jednak gdy hrabia Angus wywiózł Jakuba z miasta, żołnierze nie śmieli strzelać w kierunku „osoby ich księcia".

Następne dwa i pół roku Jakub V miał spędzić w warunkach, które według relacji jego matki równały się uprzejmej niewoli, podczas gdy próby ratunku, jedna po drugiej, kończyły się niepowodzeniem. Czy niesprawiedliwe będzie stwierdzenie, że w Szkocji gra bez reszty pozostawała w rękach mężczyzn? Małgorzata pochodziła z królewskiego rodu, próbowała wysuwać roszczenia do wszelkich aspektów władzy królowej, odwojowywała straty po każdym obaleniu jej rządów. Stała w obliczu niemożliwie trudnej sytuacji w kraju, lecz jej decyzje przyczyniały się do powstawania kolejnych kłopotów. Sama zaś okazała się czymś w rodzaju dzikiej karty (podobnie jak na angielskim dworze zaczynała odgrywać tę rolę Anna Boleyn). Być może gra królowych nie była tą, do której Małgorzata się nadawała.

16
Pawia

Italia, Francja, Niderlandy, Hiszpania, 1525

We Francji inna kobieta miała pokazać, co potrafi. A właściwie dwie kobiety. Ludwika Sabaudzka wyobrażała sobie (z obawą, a może i z nadzieją?), że przyszłość całego rodu spocznie na jej barkach. Wkrótce przekona się, że wyobrażenia mogą się ziścić. W przeciwieństwie do niej jej córka Małgorzata przez całe życie wiedziała, że jest, jak sama się wyraziła, najmniej przydatna z rodzinnej „trójcy". To jednak niedługo miało się zmienić.

Czynnikiem wyzwalającym owe zmiany, jak często się zdarza, był moment zwrotny w niekończących się wojnach między Francją a cesarstwem. Angielsko-habsburska inwazja w 1523 roku może i szybko wygasła, ale nie oznaczała bynajmniej końca tej historii. Rewolta urażonego księcia Burbonii i przeprowadzony w jej rezultacie sąd nad jego sprzymierzeńcami pozostawiły niesmak. Książę zaskarbił sobie wiele sympatii u ludności, wściekłej z powodu funduszy, z jakich ograbiono społeczeństwo w celu sfinansowania wojen włoskich Franciszka I. Francuskie wojska (pod komendą de Bonniveta), które wiosną 1524 roku usiłowały zająć Neapol, poniosły sromotną klęskę. Jednakże latem tego samego roku Franciszek postanowił jeszcze raz zaryzykować w Italii i wywalczyć, jak stwierdził, „nie mniej niż całe państwo mediolańskie i królestwo Neapolu".

Tamtego lata wyraźnie było widać, że królowa Klaudia poważnie choruje. Franciszek stwierdził: „Nigdy bym nie uwierzył, że nakazany przez Boga związek małżeński może być tak niewzruszony i trudny do zerwania". Niemniej wyruszył w drogę na południe w towarzystwie żony i siostry. Ludwika Sabaudzka, która w zeszłym roku przeszła dwa ciężkie ataki zapalenia opłucnej, wkrótce bardzo podupadła na zdrowiu; jej córka Małgorzata relacjonowała: „Ze zmęczenia podróżą i wskutek największych trosk, jakie musiała znosić, krwawiła ze wszystkich członków i dręczyła ją wysoka gorączka".

Jesienią tego samego roku zmarła królowa Klaudia, a zaledwie kilka tygodni później jej córka Karolina. Małgorzata, która pielęgnowała dziewczynkę, starała się, żeby wieść o śmierci wnuczki nie dotarła do Ludwiki Sabaudzkiej, już zrozpaczonej z powodu wyjazdu syna. Mimo to w październiku Franciszek I jeszcze raz mianował matkę regentką i poprowadził armię przez Alpy, nie bacząc na jej zdanie.

Prowadzenie kampanii zimą stanowiło nie lada wyzwanie. Franciszek nalegał, żeby rozbito obóz nieopodal miasta Pawia, około trzydziestu kilometrów od Mediolanu. W ostatnim tygodniu miesiąca, 24 lutego 1525 roku nastąpił moment kulminacyjny – wojska hiszpańsko-cesarskie przypuściły atak i zdołały rozczłonkować francuską armię. W czterogodzinnej batalii Francuzi stracili najwięcej arystokratów od czasu bitwy pod Agincourt; wśród poległych znalazł się de Bonnivet (mówiono, że wyjechał na spotkanie nieprzyjaciela, żeby szukać śmierci, to on bowiem wcześniej nakłaniał Franciszka do przyjęcia tamtego dnia bitwy). W tej katastrofalnej dla Francuzów klęsce jednym z nielicznych, którzy uniknęli śmierci lub pojmania, był książę Alençon, mąż Małgorzaty. Franciszek I dostał się do cesarskiej niewoli.

Francuskiemu królowi nie pozostało nic „oprócz honoru i życia". Niezwłocznie napisał do matki, błagając ją, by nie upadała na duchu, „tylko przejawiała właściwą sobie roztropność". Ludwika Sabaudzka zmusiła się do napisania krzepiącej odpowiedzi, a Małgorzata w liście do jednego z towarzyszy brata, marszałka de Montmorency'ego, wyznała: „Przez całe życie będę Ci, Panie, zazdrościć, nie mogę bowiem wypełniać dla niego [Franciszka] takich obowiązków, jakie Ty wypełniasz teraz; choć bowiem moja chęć w tym względzie przewyższa Twoją, to niemożliwe, gdyż zły los uczynił mnie kobietą". W odpowiedzi de Montmorency prosił Małgorzatę o częste listy, gdyż wieści o niej i o matce są „jedyną rzeczą, która sprawia [królowi] najwyższą przyjemność".

Franciszka I nie zamierzano traktować inaczej niż honorowo. Wkrótce jeden z arystokratów dzielących z królem niewolę napisał do Ludwiki, że monarcha życzy sobie nie tylko pieniędzy, lecz również srebrnej zastawy. Powstały jednak kontrowersje dotyczące pragnienia dochowywania przez Franciszka postu przez kilka dni w tygodniu; wkrótce siostra napisała do króla, że jeśli nie chce w okresie Wielkiego Postu jeść mięsa ani jaj, powinien pamiętać, że służą mu ryby. (Ostatecznie w dniach bezmięsnych król jadał żółwie).

Po około trzech miesiącach niewoli Franciszka odstawiono do Hiszpanii; na początku sierpnia, podejmowany przez całą drogę po królewsku, dotarł do Madrytu. Tymczasem jego matka musiała radzić sobie ze skutkami jego uwięzienia. „W tak niefortunnym położeniu", napisał Franciszek do poddanych, „nie mam większej satysfakcji niż świadomość posłuszeństwa, jakie okazujecie Dostojnej Pani jako lojalni poddani i dobrzy Francuzi. Polecam ją wam".

„Przyjedź szybko, bo nigdy tak nie tęskniłem za Twoim widokiem", pisał Franciszek do matki. To jednak nie było możliwe. Ludwika Sabaudzka miała zbyt dużo problemów, przede wszystkim musiała się upewnić, czy Karol V (lub jego sojusznik Henryk VIII) w następstwie francuskiej klęski nie dokona najazdu na samą Francję. Szczególną obawę budziła Burgundia – ojczyzna przodków Małgorzaty Austriackiej, obecnie pozostająca w posiadaniu Francji – Karola bowiem szczególnie interesowało odzyskanie tej części dziedzictwa. Zamówiono więcej okrętów, a powracającym do kraju niedobitkom armii Franciszka nie szczędzono zapłaty ani wyrazów otuchy. Co więcej, regentka musiała w takich okolicznościach bronić samej Korony przed wszelkimi zakusami na królewską władzę. Szemrania, że regencja powinna przypaść nie matce króla, lecz jego najbliższemu męskiemu krewnemu, ucichły, gdy rzeczony arystokrata zamiast regencji zadowolił się miejscem w radzie Ludwiki. Należało jednak pozyskać jeszcze paryski parlament. W tym celu Ludwika musiała użyć całego swojego taktu.

Jednym z powodów do skarg było to, że rodzina królewska nie za bardzo przejmuje się odstępstwami od religijnej ortodoksji i rozszerza swoje przywileje kosztem autorytetu Kościoła. W tej sprawie Ludwika, z natury bardziej konserwatywna niż pozostałe dzieci, poszła na pewne ustępstwa – bardziej niż kiedykolwiek potrzebowała poparcia nowego papieża przeciwko Hiszpanii.

Rok 1525 w całej Europie okazał się czymś w rodzaju punktu zwrotnego w sprawach religii. W Hiszpanii inkwizycja ukróciła działalność mistycznego ruchu „oświeconych" (hiszp. *alumbrados*); w Niemczech wyraźnie uwidoczniła się rozbieżność stanowisk Lutra i głównych humanistycznych ruchów reformatorskich. Pierwszy z coraz większej liczby książęcych władców Niemiec poszedł za przewodem miast i przyłączył się do luteranów. I odwrotnie: kiedy na ziemiach Habsburgów wybuchła chłopska rewolta, powiązano ją – ku umiarkowanemu zadowoleniu Lutra – z reformacją religijną. Również w tym samym roku bardziej radykalny szwajcarski reformator Ulrich Zwingli wprowadził nową liturgię zastępującą mszę i zadedykował królowi Francji traktat *Commentarius de vera et falsa religione* (*O prawdziwej i fałszywej religii*). Ważnym założeniem nowej wiary była możliwość czytania Biblii przez zwykłych ludzi w ich ojczystym języku zamiast ograniczania jej do używanej przez księży łaciny. Jednakże w nowym klimacie publikowanie Biblii w narodowej mowie francuskiej zostało zakazane. Mentor Małgorzaty, Briçonnet, uniknął zarzutu herezji jedynie dzięki swoim dworskim koneksjom. Niemniej, jak pisał do króla Franciszka kanclerz Duprat, matka Małgorzaty „radzi sobie tak dobrze, że całkowicie zrehabilitowała królestwo".

Prawdziwe sukcesy Ludwika Sabaudzka odniosła na niwie polityki zagranicznej. Podpisany 30 sierpnia traktat z The More* (kardynał Wolsey był jednym z jego głównych negocjatorów, a Thomas Boleyn należał do sygnatariuszy) przywrócił Francji pokój z Anglią. Regentka wysłała też posłów do osmańskiego sułtana Sulejmana Wspaniałego w Konstantynopolu z ostrzeżeniem, że jeśli nie przyjdzie Francji z pomocą, Karol V wkrótce stanie się „panem świata". Jedną ze swoich inicjatyw przysporzyła jednak kłopotów innej damie.

Małgorzata Austriacka na wieści spod Pawii zareagowała publicznym świętowaniem: fajerwerkami, procesjami i modłami. Żywiła jednak obawy, że leżące w niebezpiecznym miejscu Niderlandy w wyniku ugody między Francją a Anglią będą zagrożone. Chętnie powitała zatem sekretarza Ludwiki Sabaudzkiej, przysłanego do Niderlandów z propozycją zawarcia sześciomiesięcznego

---

* The More (albo Manor of the More) — nazwa zamku w Hertfordshire w Anglii, należącego podówczas do Thomasa Wolseya (przyp. tłum.).

rozejmu. Karol V wpadł w furię, gdy się dowiedział, że Małgorzata zawarła zawieszenie broni w imieniu ziem pozostających pod jej władzą, nie czekając na zapoznanie się z jego ogólnym planem: „Nie mogę skrywać przed Tobą, Dostojna Pani, że uważam za dziwne i bardzo dalekie od zadowalającego Twoje posunięcie bez poznania moich zamiarów i bez otrzymania ode mnie instrukcji na tę okoliczność oraz moich upoważnień", napisał cesarz 15 sierpnia. Nakazał niezwłoczne opublikowanie własnego traktatu obwieszczającego przerwanie działań zbrojnych, jej dokument zaś miano uznać za „nieważny (...), gdyż zgodnie z moim wyraźnym zamiarem nie powinno się nadawać mu nawet najmniejszej mocy prawnej czy wartości". Małgorzata nadal pozostawała dla niego „dobrą matką i ciotką", ale mimo to...

Wolsey z podobnym rozdrażnieniem przyjął fakt zawarcia przez Małgorzatę Austriacką pokoju z Francją bez konsultacji z nim: „Nigdy bym nie pomyślał, że po tylu zastrzeżeniach, obietnicach i deklaracjach złożonych przez Dostojną Panią to ona jako pierwsza je złamie", oświadczył cesarskim posłom. „Konsternacja i wątpliwości, jakie wzbudza relacja Dostojnej Pani, że została zaatakowana i to skłoniło ją do podjęcia tego kroku, nie znajdują usprawiedliwienia".

W przeciwieństwie do wyżej wspomnianych uwięziony Franciszek I powitał listy doręczone mu przez wysłannika Małgorzaty Austriackiej z uznaniem i wdzięcznością. Wszystkie kwestie złożył na barki Małgorzaty z Nawarry, która przyjechała do Madrytu, żeby negocjować w sprawie zawarcia pokoju i uwolnienia brata. Franciszek odmówił negocjacji z pozycji więźnia z tymi, którzy trzymali go w niewoli, i upierał się, by ze wszystkim czekać na przybycie siostry. To otwierało szanse przed Małgorzatą, która chętnie, jak mówiła, „rozrzuciłaby swoje prochy na cztery wiatry", byleby tylko przysłużyć się bratu.

Do tego czasu uwolniła się już od innych więzi. Jej mąż d'Alençon, niemal jedyny arystokrata, który umknął spod Pawii, po powrocie do Francji został wygwizdany przez tłumy; obwiniano go to o wydanie zbędnego rozkazu odwrotu, to znów o ucieczkę z pola bitwy. Małgorzata pisała, że ów „więzień swojej wolności" uznał swą egzystencję za „śmierć za życia". Bez względu na to, czy sama uznawała męża za winnego (jak, zdaje się, jej matka), opiekowała się nim podczas śmiertelnej choroby, na którą zapadł, a po jego śmierci napisała do Franciszka, że żal „zatarł w jej pamięci wszelkie przyczyny". Jednakże trzy dni później musiała starannie panować nad wyrazem twarzy, żeby nie drażnić Ludwiki: „Czułabym się nieprzydatną Ci nędznicą", pisała do Franciszka, „gdybym miała zakłócić spokój osoby, która tyle robi dla Ciebie i wszystkiego, co do Ciebie należy".

W lipcu otrzymała list żelazny, umożliwiający jej przejazd przez ziemie pod władzą cesarza, ponownie napisała więc do Franciszka (cała „trójca" prowadziła sprawną wymianę listów i wierszy): „strach przed śmiercią, uwięzieniem lub jakimkolwiek innym złem stał się obecnie czymś tak znajomym, że oznacza dla mnie wolność, życie, zdrowie, chwałę i honor, gdyż wierzę, iż przez nie mogę dzielić Twój los, który – gdybym tylko mogła – znosiłabym samotnie". Zanim jednak pod koniec sierpnia mogła wypłynąć, fale Morza Śródziemnego tak się rozszalały, że cała jej świta uległa chorobie morskiej. Kiedy po dobiciu do lądu jechała przez Hiszpanię w eskorcie przysłanej przez cesarza straży honorowej, dotarła do niej informacja, że Franciszek poważnie podupadł na zdrowiu. Pod wpływem tej wiadomości zwiększyła tempo podróży, przebywając dziennie dystans od dziesięciu do dwunastu lig, aż większość służących pozostała w tyle. „Nie mogę przezwyciężyć strachu, że nie stanę na wysokości zadania", pisała.

Kiedy była już blisko Madrytu, wysłała do de Montmorency'ego, towarzysza Franciszka, kolejny liścik ze słowami: „aż do tej chwili nie wiedziałam, czym jest [dla mnie] brat; nigdy bym nie pomyślała, że mogę aż tak go kochać!". Po przybyciu do stolicy 19 września dowiedziała się, że rokowania lekarzy nie są dobre. Ale Małgorzata nie traciła nadziei. Jeden z przebywających w Madrycie dyplomatów Ludwiki Sabaudzkiej opisał, jak księżna „prosiła wszystkich szlachetnie urodzonych panów z dworu króla i własnego oraz damy o modlitwy do Boga. Wszyscy przyjęli komunię, a później w królewskiej komnacie odprawiono mszę (...). Po mszy Dostojna Pani nakazała zaprezentować królowi Przenajświętszy Sakrament, by mógł oddać mu cześć".

Franciszek zdołał przełknąć kawałek hostii, a Małgorzata przyjęła resztę. Od tamtego momentu gorączka króla zaczęła ustępować (wydaje się prawdopodobne, że pękł ropień znajdujący się w okolicy głowy chorego). Małgorzata wysłała gońca z rozkazem, by poganiał konia, choćby wierzchowiec miał okuleć, do matki, przed którą dotychczas tajono wiadomości o chorobie Franciszka. Ludwika w odpowiedzi napisała jej o swoim „zmartwychwstaniu"; sama myśl o niebezpieczeństwie, w jakim znalazł się Franciszek, przyprawiła ją o „wzburzenie, nieomal śmierć".

Małgorzata może i ocaliła Franciszka opieką – albo modlitwą – ale w dyplomacji, gdy rozpoczęła w Toledo rozmowy pokojowe z cesarzem, odniosła mniejsze sukcesy. Karola V przestrzegano przed osobistym przyjęciem Małgorzaty: „Jest młodą kobietą i wdową, stara się (...) wszystko widzieć i być widzianą". Cesarz zarządził, że oboje mają się spotkać „sam na sam w komnacie z jedną z moich dam na straży u drzwi". Małgorzata uznała go za „dość oziębłego"; Karol zbył ją odpowiedzią, że musi zasięgnąć opinii swojej rady. Lepsze stosunki nawiązała z jego siostrą Eleonorą, jedną z wychowanic Małgorzaty Austriackiej, owdowiałą królową Portugalii, która wróciła do kraju, by zamieszkać na dworze brata. Rozmawiały do późnej nocy, lecz gdy w następnych dniach Małgorzata próbowała wykorzystać Eleonorę jako pośredniczkę, spotkała się z obojętnością: „Trzymają ją krótko", stwierdziła.

Żadna z propozycji, które Małgorzata mogła złożyć Karolowi V, nie została przyjęta. Rozmowy zawieszono, a księżna spędzała całe dnie na odwiedzaniu klasztorów, gdzie szukała pocieszenia w modlitwie. Kolejna próba negocjacji, podjęta niemal miesiąc później, znów spełzła na niczym. Przeszkodą zawsze okazywała się niechęć Francji do zwrócenia Burgundii, a Karol dawał wyraźnie do zrozumienia, że nie ma zamiaru po prostu przyjąć okupu za Franciszka w gotówce. Kiedy na początku grudnia rozejm już prawie się zakończył, Małgorzata musiała wrócić do Francji bez obietnicy zwolnienia brata z niewoli; słała do niego listy z niemal histeryczną częstotliwością, nawet kilka razy dziennie, żeby się upewnić, czy brat nie życzy sobie jej powrotu (patrz: notka w spisie źródeł).

Bardzo dręczyło ją niepowodzenie w najważniejszej życiowej misji; pisała do de Montmorency'ego: „Im dalej odjeżdżam, tym bardziej czuję się nieszczęśliwa na myśl, że nie jestem godna, by służyć temu, który tak bardzo na to zasługuje". Sama podróż także okazała się wyczerpująca; rygorystyczne warunki listu żelaznego oznaczały, jak pisała Małgorzata, że „musiałam przez miesiąc codziennie dosiadać konia o szóstej rano, a na miejsce przeznaczenia dojeżdżałam dopiero wieczorem".

To Ludwika Sabaudzka zdecydowała, że nawet Burgundia (oraz roszczenia Franciszka do włości w Italii i innych pogranicznych ziem) to cena, którą warto zapłacić za uwolnienie króla z sytuacji, która zaczynała wyglądać na wieczną niewolę. Wcześniej cesarski ambasador pisał, że w tej sprawie Ludwika ani trochę nie zechce się ugiąć, choć Małgorzata po drodze na północ w listach do Franciszka nalegała: „Niech Cię nie wstrzymują ziemie ani dzieci, gdyż królestwo Cię potrzebuje". Traktat podpisany w Madrycie w pierwszych tygodniach 1526 roku ustanawiał, że król Francji zostanie natychmiast uwolniony, ma się ożenić z siostrą cesarza Eleonorą, a jego dwaj najstarsi synowie – sześcio- i ośmioletni – zostaną odesłani do Karola V jako zakładnicy.

Podczas spotkania z przyszłą żoną Eleonorą Franciszek zachowywał się dwornie w każdym calu, ale w duchu już wtedy postanowił się wyprzeć wszelkich obietnic złożonych pod przymusem. Nie miał zamiaru wypełnić warunków traktatu. Niemniej 17 marca, po starannych negocjacjach, nurtem granicznej rzeki Bidasoa popłynęły naprzeciw siebie dwie wiosłowe łodzie. Na barce zacumowanej na środku rzeki nastąpiła wymiana ich pasażerów: Franciszek I udał się do Bayonne, gdzie czekali na niego matka, siostra i ministrowie, a dwaj malcy popłynęli do Hiszpanii, by zająć miejsce ojca w niewoli.

17
„…wierną, lojalną kochanką i przyjaciółką…"

Anglia, 1525–1527

Rozgrywające się w Europie wydarzenia wywierały wpływ również na Anglię oraz dwie kobiety znajdujące się w najbliższym otoczeniu Henryka VIII. Jako pierwsza miała to odczuć Katarzyna Aragońska. Na wieści spod Pawii na początku 1525 roku król oczywiście zareagował zachwytem. Odniesione przez sojusznika zwycięstwo, zgodnie z założeniem Henryka, miało być spełnieniem dawnego marzenia o odrodzeniu się angielskiej władzy we Francji. Równie zachwycona Katarzyna Aragońska napisała do siostrzeńca o swojej „wielkiej przyjemności i zadowoleniu", przypomniała mu również, że jej mąż jest jego „stałym i wiernym sprzymierzeńcem" i „należy oczekiwać, że dalsze trwanie owej przyjaźni oraz sojuszu może przynieść jak najlepsze rezultaty". Radość jednak była przedwczesna.

Szybko się okazało, że nowo powstający układ sił w Europie z tak wyraźnym wzrostem potęgi Karola V Habsburga względem upokorzonej Francji oznacza dla Henryka utratę cennej pozycji umożliwiającej balansowanie. Cesarz już go nie potrzebował, co więcej – zdawał sobie sprawę, że król Anglii ani pomocą w ludziach, ani funduszami nie przyczynił się do zwycięstwa, po którym spodziewał się takich zysków. Latem tamtego roku Karol zażądał przysłania do Hiszpanii córki Henryka, dziewięcioletniej Marii, żeby można było przystąpić do jej edukacji w sprawach związanych z tym krajem w ramach przygotowań do ich małżeństwa; zaznaczył, że w przeciwnym razie będzie musiał uznać się za zwolnionego z postanowień kontraktu. Cesarz starannie wyjaśnił, że część problemu stanowi wiek Marii. Jako dwudziestopięcioletniemu mężczyźnie było mu pilno do założenia rodziny, ponadto dorosła panna młoda (zważywszy na skłonność Habsburgów do korzystania z usług namiestniczek) była najlepszym rozwiązaniem jego bezpośredniego dylematu: kto, jako regent, będzie rządził Hiszpanią pod jego nieobecność, gdy on sam wyjedzie do Italii?

Karol V dążył wówczas do poślubienia ciotecznej siostry, posażnej, dwudziestojednoletniej Izabeli Portugalskiej. „Gdyby to małżeństwo się ziściło, mógłbym przekazać tutejsze rządy w ręce rzeczonej królewny", pisał do swojego brata, Ferdynanda. Henrykowi zaś tłumaczył: „Poddani nalegają, żebym poślubił królewnę, która może mnie zastąpić i rządzić podczas mojej nieobecności". Ślub cesarza z Izabelą odbył się w marcu 1526 roku.

Henryk VIII oczywiście nie zamierzał uznać siły tych argumentów. Rozczarowanie sojuszem z Habsburgami, reprezentowanymi przez Katarzynę, może wyjaśniać dalsze wydarzenia. Skoro Maria nie miała wyjść za Karola, przyszłości Anglii nie można już było złożyć w ręce zięcia. W czerwcu król mianował swego nieślubnego syna (urodzonego przez Elizabeth Blount) księciem Richmond; pochodzący od tego lenna tytuł arystokratyczny miał dla dynastii Tudorów szczególne znaczenie, gdyż nosił go młody Henryk VII jako hrabia Richmond. Piastujący nominalną funkcję generała porucznika Północy, chłopiec był odtąd wymieniany w dokumentach jako „prawowity, wysoko urodzony i szlachetny książę Henryk".

Katarzyna Aragońska pod wpływem zachęty trzech hiszpańskich dam dworu, jak twierdził w raporcie wenecki ambasador, jasno wyłożyła swoje poglądy. W ten sposób jednak tylko sprowokowała króla, który zwolnił te damy ze służby: „Srogie posunięcie", przyznał Wenecjanin, „ale królowa musiała się poddać i okazać cierpliwość". Pojawiły się nieuniknione spekulacje, czy Henryk VIII zamierza uczynić chłopca następcą tronu, ale król był daleki od tego, by wyraźnie określić swoje zamiary. Zaledwie kilka tygodni później królewna Maria została wyprawiona do Ludlow jako gubernatorka Walii, z dworem jeszcze wspanialszym niż ten księcia Richmond, wystrojonym w liberie jej barw – błękitu i zieleni. Jej ojciec wydał urzędnikom polecenia, by traktowano ją „jak przystało na tak wielką królewnę".

Maria, rządząca miniaturowym dworem niczym mała monarchini, miała się uczyć łaciny i francuskiego, choć „bez zbytniej fatygi lub znużenia", cieszyć się strawą „bez szkodliwych dodatków, dobrze przyrządzoną, przyprawioną i podawaną wśród swobodnych, radosnych i wesołych rozmów". Z jednej strony Katarzyna, pozbawiona towarzystwa córki, musiała odczuwać żal – „Trapi mnie długa nieobecność króla i Twoja", pisała do córki – ale z drugiej strony z pewnością czuła się zaszczycona[1].

Nie wiadomo z całą pewnością, czy wobec wyraźnych oznak końca okresu rozrodczego Katarzyny Aragońskiej Henryk VIII już rozważał odsunięcie żony. Nikt jednak nawet nie myślał o tym, jak szokujący i kontrowersyjny obrót przybierze w następnych latach życie matrymonialne króla. W trakcie letnich podróży w 1525 roku Henryk mógł się bowiem zainteresować Anną Boleyn.

Latem 1525 roku siostra Anny, Mary Boleyn, zaszła w ciążę – nie sposób obecnie orzec, czy z mężem Williamem Careyem, czy też z Henrykiem VIII. Bądź co bądź, jako ciężarna, stała się dla

Henryka mniej atrakcyjna. Według opinii jednej szkoły historyków, to rodzina praktycznie wysunęła Annę jako kolejny, alternatywny, żeński pionek, który można było wprowadzić do gry, by zapewnić Howardom i Boleynom dalszą przychylność króla. Dokładna natura tańca godowego, w którym wkrótce miało się zacząć liczyć kilka elementów – konieczność dynastyczna, uczucia Henryka VIII, wola Anny Boleyn oraz wpływ nowej religii – pozostaje jednym z najbardziej dyskusyjnych zagadnień w historii. Często niepodobna ustalić dokładnie faktów i ich precyzyjnej chronologii, należy jednak powiedzieć o dwóch rzeczach.

Po pierwsze, kontekst sprawy stanowił wzorzec wydarzeń w Europie – odwrócenie się Henryka VIII od interesów hiszpańskich na rzecz francuskich. Powszechny niepokój budziła dominacja Karola V, zwłaszcza w Italii, gdzie w maju 1526 roku zatrwożony papież Klemens VII przystąpił do Świętej Ligi Francji, Wenecji, Florencji i Mediolanu (z milczącym poparciem Anglii) przeciwko Świętemu Cesarzowi Rzymskiemu.

Po drugie, na poziomie osobistym uganianie się Henryka za Anną – próby uczynienia jej kochanką (w kilku różnych znaczeniach tego słowa) – można by umieścić, można rzec, w innym kontekście europejskim: istniejącej z dawien dawna fantazji dworskiej miłości[2]. Odgrywano ją w maskaradach i na turniejach, ta sama sztuka powtarzała się w wierszach i paradach: okrutna, dominująca kochanka i spragniony kochanek, winien jej stałe posłuszeństwo. Nurt ten narodził się na dworach Prowansji, swoje angielskie apogeum zaś osiągnął w czasach Eleonory Akwitańskiej, a w XV wieku pod egidą burgundzką przeżywał późny renesans. Dworska miłość, wzorowana na oddaniu, jakie człowiek był winien Bogu, oraz służbie feudalnego wasala na rzecz suzerena, mogła jednak na tym późnym, bardziej cynicznym etapie rozwoju dopuszczać pierwiastek męskiej gwałtowności. Właśnie to kryło się za fasadą poezji Małgorzaty Austriackiej i tak wyraźnych przestróg Anny de Beaujeu. Na dobre czy na złe, w taką grę uwielbiali grywać – co znamienne – członkowie dworu Małgorzaty Austriackiej. A Henryk VIII kochał się we wszystkich rycerskich grach.

Możliwe, że w ubieganiu się Tudora o względy Anny początkowo była nutka rywalizacji. Panna Boleyn, niedawno przybyła z kontynentu, wytyczyła arenę, na której mógł się zmagać nie tylko z własnymi dworzanami, lecz też z francuskim królem – można powiedzieć: stała się uosobieniem Pola Złotogłowia. (Kłopot w nadchodzących latach polegał na tym, że Anna starała się podtrzymywać ten duch rywalizacji). Podobnie Franciszek I konkurował ze swoimi kumplami w rodzaju de Bonniveta.

Na początku 1526 roku Henryk zaczął sondować opinie na temat swojego małżeństwa, lecz nie ma powodu przypuszczać, że miało to bezpośredni związek z jakimikolwiek awansami wobec Anny Boleyn. Podczas turnieju w zapusty, w lutym 1526 roku, król stawał w szranki z dewizą „Oznajmiam, że nie śmiem", co często odczytuje się jako zachętę pod adresem Anny. Jednakże podczas późniejszej uczty, wchodząc w rolę galanta, usługiwał Katarzynie. Wiele królowych (w tym matka Katarzyny) mogłoby tolerować niewierność mężów, o ile tylko składaliby publiczny hołd ich pozycji. Anna de Beaujeu pisała: „Winna jesteś [twojemu mężowi] nie mniej niż uległość i posłuszeństwo, by nie przywieść go do szaleństwa; Bóg ani świat nie oczekują od ciebie mniejszych zasług".

Henryk VIII zaczął pisywać do Anny listy prawdopodobnie po czasie nieco dłuższym niż rok[*]. W pierwszym z nich trzykrotnie określa się mianem wiernego sługi Anny, ją zaś zwie „panią serca",

---

[*] Żaden z listów Henryka VIII do Anny Boleyn nie jest opatrzony datą, a historycy nie osiągnęli zgodnego stanowiska co do ich chronologii (patrz: notka w spisie źródeł). Nie zachował się też żaden list Anny do króla (przyp. aut.).

raczej w sensie władczym niż zmysłowym*; daleka, niedosiężna gwiazda, której opór jedynie wzmaga powab.

Następny list Henryka powiela ten sam schemat – Anna wyraźnie zapewniała króla, że uważa za swój obowiązek mu służyć: „Choć nie przystoi to szlachetnie urodzonemu panu przyjmować służby od swojej damy, niemniej zgodnie z Twoim pragnieniem chętnie wyrażam zgodę". Kolejny list jest jeszcze bardziej znaczący. Zawarta w nim długa i ściśle przemyślana argumentacja jest tym bardziej uderzająca, że w normalnych okolicznościach Henryk słynął z niechęci do pióra: „Dysputą z samym sobą o treści Twojego listu wprawiłem się w ogromną udrękę wskutek niewiedzy, jak mam go rozumieć (...). Błagam Cię z całego serca, byś mi wyraźnie wyłożyła całą myśl dotyczącą miłości między nami". Pisze też: „od przeszło roku [żyję] ugodzony strzałą miłości, niepewny, czy poniosłem klęskę, czy może znajdę w Twoim sercu miejsce i stałe uczucie". Tylko ostatnia rzecz, jak twierdzi, wstrzymuje „[mnie] od nazwania Cię moją kochanką, gdyż jeśli mnie nie kochasz w sposób wykraczający poza zwykły afekt, takie miano żadną miarą się do Ciebie nie odnosi, gdyż oznacza ono miłość jedyną w swoim rodzaju, bardzo daleką od zwykłej". Henryk w oczywisty sposób zaczął od próby uczynienia z Anny Boleyn partnerki do jeszcze jednego romansu; tego rodzaju kochankę zaakceptowałaby Katarzyna Aragońska i do takiego rodzaju kochanek należała Mary Boleyn. Teraz jednak się wydaje, że król koryguje swoją ofertę: „Jeśli życzysz sobie być mi wierną, lojalną kochanką i przyjaciółką, oddać mi się ciałem i duszą (...), obiecuję, że nie tylko otrzymasz to miano, ale będziesz mi jedyną

---

* Ang. *mistress* ma kilka znaczeń; polskie słowo „kochanka", mimo zabarwienia romantycznego, ma węższy zakres konotacji (przyp. tłum.).

kochanką, wyrzucę z myśli i serca wszystkie inne poza Tobą, by Tobie wyłącznie służyć".

Chociaż podwójny sens słowa „kochanka" może wprowadzać w błąd, wydaje się, że Henryk wprowadza do swej oferty subtelną ze współczesnego punktu widzenia, lecz ważną różnicę i proponuje Annie pozycję *maîtresse en titre*[3]. Oferta prawdopodobnie pojawiła się w kontekście lat spędzonych przez Annę Boleyn we Francji. Pytanie, dlaczego adresatka jej nie przyjęła. Doświadczenia Małgorzaty z Nawarry, a wcześniej Małgorzaty Austriackiej uczą, że kobieta, gdy już weźmie udział w miłosnej strategii, nie zawsze odnosi zwycięstwo. Mary, siostra Anny, po odejściu z kręgu królewskich łask też nie mogła się poszczycić wielkimi zyskami.

Nie mamy z oczywistych względów żadnych pewnych informacji o tym, kiedy omawiany związek wkroczył w sferę seksualną. Być może prawdziwy jest przekaz o siedmiu długich latach frustracji, według tradycji narzuconych przez Annę, ale trzeba też dopuścić możliwość, że na początku związku para uprawiała seks, zanim ich ostatecznym celem stały się ślub i dzieci z prawego łoża. Później zaś mogli się powstrzymać, a już w tym przypadku co najmniej tak samo prawdopodobna jest wstrzemięźliwość narzucona przez Henryka. Odpowiedź na pytanie o to, jak zdołali wytrwać, może się kryć w innym pytaniu: Co rozumiemy przez seks? Lub raczej: Co uchodziło za seks w królestwie dworskiej miłości?

Miłość dworska dopuszczała daleko idące działania, które moglibyśmy nazwać grą wstępną, a które akceptowano jako alternatywę pełnego stosunku płciowego. Poradnik napisany przez pewnego mnicha dla jednej z córek Eleonory Akwitańskiej pouczał, że kochanek może się cieszyć w łożu objęciami nagiej damy jego serca, o ile tylko oboje odmawiają sobie „ostatecznej pociechy". Rzeczywiście, jeśli wziąć pod uwagę dominujący w szesnastowiecznej Anglii zwyczaj późnego zawierania małżeństwa (i ograniczony w najwyższym stopniu repertuar metod antykoncepcji), można odnieść wrażenie, że takie praktyki stosowano znacznie szerzej niż tylko w kręgach dworskich.

Miłość dworska, zasadniczo cudzołożna, nigdy nie miała się kończyć małżeństwem; dawała miłosne uniesienia, lecz nie przysparzała następców tronu. Taka byłaby przyczyna jej ostatecznego zakończenia – tym sposobem Henryk nie otrzymałby wszystkiego, czego chciał. Także i w tym wypadku nie możemy dokładnie ustalić, kiedy zainteresowanie króla Anną zmieniło charakter, kiedy po raz pierwszy pomysł ich ślubu pojawił się w dyskusjach, ale w 1526 roku sprawy przybrały poważny obrót.

Zanim nastał grudzień, Katarzyna Aragońska była już izolowana. Kiedy na dwór przybył Inigo de Mendoza, nowy ambasador Karola V, nie mógł się zobaczyć z królową; wreszcie otrzymał od niej wieść, że wszelkie rozmowy trzeba umawiać za pośrednictwem Wolseya i będą one się odbywały w jego obecności przy zachowaniu najdalej idącej dyskrecji. Po pierwszym ich spotkaniu wiosną de Mendoza doszedł do wniosku, że starania o kolejne tylko „powiększą szkodliwy wpływ tego, co może zostać powiedziane" o wywodzącej się z Hiszpanii królowej.

Prawdopodobnie z okazji Nowego Roku 1527 Anna Boleyn wysłała Henrykowi VIII upominek, który ten przyjął z zachwytem. „Subtelna poetyczność" dołączonego doń listu – „nazbyt pokorna uległość", jak zapewniał zakochany król – dawno już przepadły, ale treść wiadomości pozostawała uchwytna. Upominek był ozdobą przedstawiającą statek na wzburzonym morzu wiozący młodą damę. Zawieszony przy nim brylant miał kształt serca – twardego, lecz niezłomnego, jak to w mitologii miłości dworskiej – dama zaś z pewnością miała symbolizować ofiarodawczynię, czyli samą

Annę. Czy Henryk miał być jej bezpiecznym schronieniem w czasie życiowych burz? Nawet jeśli oznaczało to, że inna kobieta, wierna żona króla, zostanie porzucona na pastwę morza? Wydaje się, że w pewnym okresie Anna usunęła się do Hever. W jednym ze skierowanych do niej listów Henryk narzeka: „Nie chcesz wrócić na dwór, ani z milady, Twoją matką, ani w żaden inny możliwy sposób". Mógł to być taktyczny odwrót, element strategii Anny, gdyż Henryk urażonym tonem twierdzi, że zdumiewa go jej decyzja, jest bowiem pewien, iż sam nie popełnił żadnego przewinienia. (Wymowa tego stwierdzenia może być bardziej złożona, niż się wydaje – w języku dworskim grzeszny kochanek miał odnosić pośrednią korzyść moralną z cnót kochanki). Około Wielkiej Nocy 1527 roku król poinformował Wolseya o poważnych „skrupułach" odnośnie do swojego małżeństwa.

Jednakże wbrew powyższym działaniom sprowadzono z powrotem z Ludlow królewnę Marię, żeby przedstawić ją jako odpowiednią kandydatkę na żonę dla jednego z synów Franciszka I. (Katarzyna Aragońska, jak donoszono, przyjęła taki mariaż z tym mniejszym entuzjazmem, że matka króla Francji zaskarbiła sobie opinię „okropnej kobiety"). Co ciekawe, Anna Boleyn odegrała pewną rolę przy podejmowaniu francuskich wysłanników, tańczyła bowiem z królem, podczas gdy ambasador Francji tańczył z Marią. Był to afront dla żywiącej prohiszpańskie sympatie Katarzyny Aragońskiej, ale też znak, że Marię nadal publicznie traktuje się jako angielską królewnę. Jednakże pod koniec kwietnia podpisano traktat westminsterski, czyli sojusz Anglii i Francji przeciwko siostrzeńcowi Katarzyny.

W maju 1527 roku Wolsey – z pewnością po uzgodnieniu tego kroku z królem – wezwał Henryka VIII do stawienia się przed sądem kościelnym w celu omówienia spraw dotyczących „spokoju sumienia". Sąd, w najgłębszej tajemnicy, zebrał się w rezydencji

Wolseya, ale nie udało się ukryć całej sprawy przed Katarzyną. „Hiszpańskie damy dobrze szpiegują", powiedział niegdyś Francis Bryan, krewny Anny Boleyn. Następnego dnia po tym pierwszym posiedzeniu w toku dochodzenia Wolseya ambasador Karola V, de Mendoza, mógł już sporządzić raport na ten temat z dopiskiem: „choć sama królowa nie ważyła się i nie waży rozmawiać ze mną w tej sprawie, największą po Bogu nadzieję pokłada w Waszej Cesarskiej Mości". Katarzyna kontaktowała się z de Mendozą przez osobę trzecią, „która udawała, że nie przychodzi od niej, choć podejrzewam, iż zjawiła się za jej zgodą".

W debacie na temat ważności pierwotnego kontraktu ślubnego króla podniesiono dwa różne wątki: interpretację teologiczną Biblii oraz ważność dyspensy przyznanej Henrykowi na początku wieku i umożliwiającej mu poślubienie Katarzyny, dyspensy sformułowanej przez rodziców panny młodej, Ferdynanda i Izabelę, oraz przez Henryka VII w taki sposób, że pozostało w niej kilka nieprawidłowości.

W Trzeciej Księdze Mojżeszowej Biblia głosi: „Mężczyzna, który pojmie żonę swego brata, dopuszcza się rzeczy haniebnej, odkrył on nagość swego brata, będą bezdzietni"*. Henryk skwapliwie dał sobie wpoić przekonanie, że „bezdzietni" oznacza „bez dziecka płci męskiej". Chociaż Piąta Księga Mojżeszowa zaleca coś wręcz odwrotnego – że na mężczyźnie spoczywa obowiązek poślubienia wdowy po bracie („...i ożeni się z bezdzietną wdową po swoim bracie") – większość debaty skupiła się na pytaniu: do jakiego stopnia Katarzyna była naprawdę żoną brata Henryka, czy ona i Artur skonsumowali swój związek małżeński? W każdym razie było mało prawdopodobne, że na Katarzynie zrobi wrażenie

---

* Biblia w przekładzie Brytyjskiego i Zagranicznego Towarzystwa Biblijnego, Warszawa 1975 (przyp. tłum.).

sugestia Henryka, iż ich małżeństwo jest kazirodcze, a tym samym przeklęte. Niedawno, bo w 1525 roku, jej siostrzenica Katarzyna wyszła za króla Portugalii Jana III, którego ojciec Manuel I poślubił jedną z sióstr Katarzyny oraz dwie jej ciotki.

Henryk i Wolsey musieli jednak żywić prawdziwe nadzieje, że papież usankcjonuje rozwiązanie tego niedogodnego małżeństwa. Wcześniej, wiosną 1527 roku, Klemens VII ostatecznie unieważnił małżeństwo Małgorzaty Tudor, a mąż jej siostry Marii, Karol Brandon, otrzymał aż dwa takie akty prawne. Jednakże przyszłe wydarzenia miały zniweczyć ich starania, i to w najbardziej dramatyczny sposób. Procedury dochodzenia raptem zostały przerwane, gdy napłynęła wieść o tym, co się dzieje w europejskim kłębowisku żmij – w Italii.

Podczas toczonych przez Karola V wojen włoskich Półwysep Apeniński najechały nie tylko wojska hiszpańskie, lecz też nieopłaceni przez cesarza niemieccy najemnicy oraz ludzie francuskiego renegata, księcia Burbonii. Maszerujący na południe w głąb Państwa Papieskiego wygłodzeni i wściekli żołdacy wdarli się do samego miasta, zmuszając papieża do ucieczki i dopuszczając się – według słów dyplomaty z ich macierzystej Hiszpanii – „niebywałych potworności". Rzeź szalała przez ponad dziesięć dni; szacuje się, że zginęło dwadzieścia tysięcy ludzi, osiem tysięcy tylko pierwszego dnia. Gwałcono zakonnice, splądrowano bazylikę Świętego Piotra, na ulicach piętrzyły się sterty trupów.

Katarzyna Aragońska proroczo oznajmiła, że „największą (...) nadzieję" pokłada w swoim siostrzeńcu Karolu V. Po splądrowaniu Rzymu los papieża spoczywał w cesarskich rękach. Jakie było prawdopodobieństwo, że papież wyda werdykt przeciwko Katarzynie, cesarskiej ciotce?

Henryk VIII, zmuszony działać na własną rękę, 22 czerwca wreszcie stawił czoło Katarzynie i zażądał formalnej separacji.

W odpowiedzi Katarzyna wybuchnęła płaczem, po czym zapewniła, że jej związek małżeński z Arturem nie został skonsumowany. Ten argument, natury raczej fizycznej, a nie prawnej, miał pozostać podstawą jej linii obrony. O ile historia Anny Boleyn zyskała charakter jawnie polityczny, o tyle polem bitwy stało się ciało Katarzyny. Wolsey wysłał do swojego przedstawiciela instrukcje, by ten poinformował papieża „o pewnych schorzeniach królowej, opierających się wszelkim lekom, przez które – choć też z innych przyczyn – król nigdy więcej nie będzie z nią obcował jak z żoną".

Latem 1527 roku Henryk VIII i Anna Boleyn zgodnie postanowili się pobrać, o czym świadczą warunki, na których we wrześniu zwrócono się do Rzymu o dyspensę. Henryk dążył do uzyskania pozwolenia „na poślubienie kobiety, z której siostrą [król] odbył już stosunek płciowy" (przypuszczalnie chodzi o Mary, siostrę Anny), czyli z „tą, z którą już sam odbył stosunek płciowy". Przy tym drugim zastrzeżeniu nasuwa się pytanie, czy Anna rzeczywiście tak rygorystycznie strzegła swojej cnoty, jak się zazwyczaj przypuszcza? A może ona i Henryk wcześnie skonsumowali swój związek, a wycofali się ze współżycia, dopiero gdy pojawiła się kwestia małżeństwa, a tym samym legalności potomstwa Anny?

We wrześniu, po powrocie z zagranicznej misji, Wolsey został zawezwany przez Annę przed oblicze króla; pokazywało to, w jakim kierunku podążają zmiany w układzie władzy. W październiku Henryk VIII poprosił cenionego za swoje zasady etyczne oraz precyzyjne rozumowanie prawnicze Thomasa More'a, którego znaczenie jako polityka i administratora dynamicznie rosło, o wydanie opinii na temat wspomnianego urywka z Trzeciej Księgi Mojżeszowej. W listopadzie zwołał w Hampton Court liczne grono naukowców.

Wolsey starał się nakłonić papieża do udzielenia królowi pomocy, a Klemens VII dał się przekonać do wydania, cokolwiek nietypowego, dokumentu zezwalającego Henrykowi na poślubienie Anny w razie unieważnienia małżeństwa z Katarzyną, jednak bez wzmianki o sposobie, w jaki król mógłby ten cel zrealizować. W lutym 1528 roku do Rzymu wysłano nowych posłów z poleceniem, by po drodze zgłosili się do Anny, która była już w Hever. Ostatnie dwa lata przyniosły dramatyczne zmiany w sytuacji Katarzyny Aragońskiej i Anny Boleyn. Anna miała być postrzegana jako przyszła żona króla, jednak i w tym kryło się pewne niebezpieczeństwo.

Nowe reguły gry w szachy stanowiły, że jeśli niepozorny pionek zdoła się przedrzeć do tylnego rzędu ugrupowania przeciwnika, może sam się stać królową – ze wszystkimi jej możliwościami. Jednakże pół wieku wcześniej w katalońskim wierszu *Scachs d'Amor* (*Miłosne szachy*) sformułowano pewne zastrzeżenie: żaden pionek nie mógł się zmienić w królową do czasu pobicia królowej danego koloru – dwie białe lub dwie czarne królowe nie mogły współegzystować[4].

18
Nowe bierki na szachownicy

Szkocja, Niderlandy, Węgry, Italia, Francja, 1526–1528

W Anglii rozpoczęła się nowa faza opowieści. Jednakże koniec lat dwudziestych XVI wieku okazał się swego rodzaju punktem zwrotnym dla wszystkich. Część aktorów miała opuścić scenę, podczas gdy inni czekali za kulisami na nowy akt sztuki. Podjęte w Szkocji w 1526 roku dwie próby wyzwolenia Jakuba V z rąk ojczyma, hrabiego Angus, nie powiodły się, ale w czerwcu 1528 roku młodemu królowi udało się uciec. Barwne opowieści uczyniły z tej ucieczki legendę: chłopiec spił swego strażnika, przebrał się za stajennego i pogalopował do zamku w Stirling, gdzie jego matka tylko czekała, aż syn bezpiecznie znajdzie się w środku, żeby podnieść most zwodzony. Jakub, zakazawszy hrabiemu Angus i jego zausznikom dostępu do siebie, jako szesnastolatek zaczął rzeczywiście rządzić.

Król Szkocji był młodszy niż Franciszek I w chwili, gdy odziedziczył tron Francji, ale Małgorzata Tudor nie była Ludwiką Sabaudzką. Trzeciego marca tamtego roku poślubiła młodego kochanka Henry'ego Stewarta, a Jakub nadał mu tytuł lorda Methven „za wielką miłość, jaką żywił dla jego najdroższej matki". (W przeciwieństwie do niego brat Małgorzaty, Henryk VIII – w niezrównany sposób lekceważąc naukę drzemiącą w powiedzeniu o kotle i garnku – nadal miał określać siostrę mianem „wstydu i hańby dla całej rodziny").

Jakub V dał matce swoje błogosławieństwo. Tym, czego jej odmówił, była władza. Trzecie małżeństwo Małgorzaty miało się okazać najmniej szczęśliwe ze wszystkich, lecz ona sama w najbliższych latach wywierała stosunkowo mały wpływ na politykę. Jej historia od końca lat dwudziestych XVI wieku miała w dużej mierze charakter osobisty, a nie polityczny.

Nowe bierki pojawiły się na szachownicy we wszystkich wielkich dynastiach Europy. W 1526 roku Karol V ożenił się ze swoją cioteczną siostrą Izabelą Portugalską. W tym samym roku jego owdowiała siostra Eleonora, kolejna z bratanic Małgorzaty Austriackiej, zaręczyła się z Franciszkiem I (w okresie jego niewoli; ślub nie odbył się natychmiast). Rok 1526 przyniósł pamiętną zmianę też innej osobie spośród rodzeństwa Karola V, co stanowiło zapowiedź, że wzorzec władzy w Europie wkrótce ulegnie zmianie pod presją nowego zagrożenia.

Maria Węgierska, gdyż pod takim przydomkiem miała być znana, piąte dziecko księcia Burgundii Filipa Pięknego i jego hiszpańskiej żony Joanny, już w kołysce została zaręczona z Ludwikiem Jagiellończykiem, najstarszym synem króla Węgier[*]. Początkowo wychowywała się na dworze Małgorzaty Austriackiej w Mechelen, a zanim ukończyła dziesięć lat, została wysłana na wiedeński dwór dziadka Maksymiliana I. Towarzyszyła jej tam córka węgierskiego króla, zaręczona z bratem Marii – Ferdynandem. Podwójny alians miał zabezpieczać interesy Habsburgów w rozległych królestwach Węgier i Czech, szczególnie ważnych jako państwa europejskie graniczące z Turcją.

---

[*] Ściślej: króla Czech i Węgier Władysława II Jagiellończyka (przyp. tłum.).

W 1521 roku Maria przybyła na Węgry jako królowa. W ciągu trzech lat nastoletnia monarchini zyskała znaczne wpływy, stając na czele jednego z wielkich stronnictw politycznych. Było to jednak niespokojne królestwo. Węgierscy arystokraci stale toczyli wojny – ze sobą nawzajem, z chłopstwem, z tureckim państwem Osmanów pod wodzą wielkiego sułtana Sulejmana Wspaniałego. W 1526 roku armia Sulejmana przekroczyła węgierską granicę; w stoczonej pod koniec sierpnia bitwie pod Mohaczem (węg. Mohács) węgierska armia została zdruzgotana, a mąż Marii, król Ludwik II, zginął.

Maria wysłała pilne wezwanie do brata Ferdynanda (który w imieniu swej żony rościł sobie prawa do Węgier), ten jednak, zamiast przybyć, mianował ją swoją namiestniczką na Węgrzech[1]. Maria utrzymała tron dla Ferdynanda, odgrywając główną rolę w jego elekcji na króla Węgier wbrew wszystkim rywalom. Jednakże do czasu przybycia brata rok później złożyła prośbę o zwolnienie z godności namiestniczki, choć jej dymisja nie została przyjęta. Ten brak pędu do władzy miał być jej charakterystyczną cechą w ciągu kilku następnych dekad, przeniknętych stale zwiększającą się groźbą ze strony imperium osmańskiego.

Kolejnej bratanicy Małgorzaty Austriackiej, Izabeli, również nie powiodło się w małżeństwie. Wydana za króla Danii Chrystiana II, przybyła do tego kraju i stwierdziła, że nie ma się gdzie podziać, wszystko bowiem zawłaszczyła urodzona w Danii kochanka męża i jej matka. Ponadto król (Chrystian Okrutny, jak zwano go w Szwecji, nad którą przez krótki czas panował) nie należał do ludzi umiejących zjednywać sobie przyjaciół potrzebnych do osiągnięcia sukcesu w warunkach duńskiej i norweskiej monarchii elekcyjnej. W styczniu 1523 roku został obalony przez swojego stryja, Fryderyka. W 1531 roku podjął próbę odzyskania tronu, lecz został schwytany i ostatecznie zakończył życie w więzieniu. Izabela wraz z dziećmi, które mu urodziła, ponownie trafiła pod opiekę swojej rodziny.

Izabela zmarła w 1526 roku, a jej córki – Dorotę i Krystynę – postanowiła wychować ich cioteczna babka Małgorzata Austriacka. Przyjęła ona stanowczą linię postępowania z wiarołomnym mężem Izabeli, odmawiając nawet przekazywania korespondencji między Chrystianem a Karolem V, od którego obalony król Danii spodziewał się uzyskać pomoc wojskową, potrzebną do odzyskania królestw. W tym samym roku rozpoczęły się również negocjacje w sprawie małżeństwa kolejnej wychowanicy Małgorzaty Austriackiej, której przyszłość miała się spleść z dziejami Niderlandów. Małgorzata Parmeńska – nieślubna córka Karola V, owoc jego młodzieńczej przygody z flamandzką służącą – została uznana przez ojca i w 1527 roku zaręczona z bratankiem papieża (lub, co bardziej prawdopodobne, jego nieślubnym synem) Alessandrem de' Medici.

Wzrost znaczenia Medyceuszy, florenckiego rodu bankierów, rozpoczął się pod koniec XIV stulecia i nabrał tempa w XV wieku, w czasach Cosima de' Medici. Ich artystyczny mecenat doprowadził do wielkiego rozkwitu renesansu we Florencji, lecz objęcie przez nich władzy dynastycznej wzburzyło starodawne arystokratyczne rody. Na początku XVI wieku zostali skazani na wygnanie, lecz w 1512 roku ponownie objęli władzę, a jeszcze większe znaczenie zyskali w roku następnym w wyniku elekcji Medyceusza – który przybrał imię Leon X – na papieża. Obecnie na papieskim tronie zasiadał kolejny Medyceusz, Klemens VII.

Gdy jednak wiosną 1527 roku wojska cesarza splądrowały Rzym i pojmały papieża Klemensa, w działania wojenne z konieczności został wmieszany cały papieski ród Medyceuszy. W wyniku gwałtownych zamieszek – wyrzucony przez okno pałacu fotel strzaskał ramię stojącemu pod Palazzo Vecchio posągowemu *Dawidowi* dłuta Michała Anioła – Republika Florencka zrzuciła jarzmo Medyceuszy. Jednakże jedna przedstawicielka rodu pozostała w mieście: ośmioletnia Katarzyna de' Medici.

Jej ojciec, Lorenzo de' Medici, książę Urbino i bratanek papieża, zmarł po kilku tygodniach od narodzin Katarzyny; jej matka, Francuzka, padła ofiarą gorączki połogowej. W tym krótkim czasie, który był im dany, rodzice cieszyli się z narodzin córki, jak to ujął ówczesny świadek, „radowali się tak, jak gdyby była chłopcem". Niemniej Katarzynę czekał trudny start w życie, nawet jak na standardy tamtych czasów. Wówczas jednak wychowywała się pod opieką możnej ciotki, Clarice Strozzi – tej samej, o której papież Leon X powiedział: „byłoby dobrze dla rodziny, gdyby Clarice urodziła się mężczyzną".

Kiedy w maju 1527 roku Florencja zwróciła się przeciwko Medyceuszom, większość męskich krewnych Katarzyny uciekła, a pozostawione dziecko stało się zakładnikiem. Dziewczynkę umieszczono dla bezpieczeństwa w klasztorze Świętej Łucji, placówka ta była jednak nieprzychylna Medyceuszom. Pod koniec tamtego roku, gdy miasto nawiedziła zaraza, przeniesiono ją (z twarzą zakrytą woalką, w środku nocy, żeby uniknąć aktów agresji ze strony Florentyńczyków) do życzliwiej nastawionego klasztoru Monastero delle Murate. Jednakże Florencja – z powodu europejskiej polityki, która zmieniła Italię w pole bitwy – nadal była dla dziewczynki niebezpiecznym miejscem.

Również we Francji – z którą Katarzyna Medycejska miała się tak blisko związać – do wejścia na scenę szykowało się następne pokolenie. Pod koniec 1526 roku Franciszek I poprosił swoją siostrę Małgorzatę o pomoc. Chciał jej małżeństwa z Henrykiem II d'Albret, królem Nawarry, niedużego, lecz ważnego ze względów strategicznych ościennego królestwa, którego większą część w 1512 roku zaanektowała Hiszpania[2]. Małgorzatę zabezpieczono wyjątkowymi postanowieniami – w kontrakcie małżeńskim zastrzeżono, że będą wspólnie zarządzać wszystkimi ziemiami, jakie mąż Małgorzaty może otrzymać od Franciszka; że zachowa kontrolę nad wszystkimi już posiadanymi bądź otrzymanymi od Henryka włościami; że w razie jego śmierci będzie się opiekować wszystkimi ich dziećmi bez męskiej pieczy, która tak trapiła Ludwikę Sabaudzką. Małgorzata zaakceptowała całkiem miłego, o dziewięć lat młodszego mężczyznę, a małżeństwo okazało się szczęśliwe. Jesienią 1527 roku małżonkowie wyruszyli na południe z wizytą do królestwa Henryka. I choć Małgorzacie, daleko od francuskiego dworu, zaczęło doskwierać poczucie izolacji, napisała z właściwym sobie ostrożnym optymizmem, że w małżeństwie układa się jej tak dobrze, przynajmniej „dotychczas (...) iż składam sobie samej z tego powodu gratulacje".

Prawdopodobnie lepiej wyszła na oddaleniu się o krok od Paryża. W największych łaskach pozostawała po zwolnieniu Franciszka I z habsburskiej niewoli, była sojuszniczką króla w ciągłych międzynarodowych negocjacjach, którymi brat zamierzał się wyzwolić od ciążących na nim warunków traktatu podpisanego z Karolem V. Jednakże w miesiącach spędzonych przez Franciszka w Hiszpanii konserwatyści twardszą ręką ujęli sprawy religijne. Prawda, król po powrocie raz jeszcze stanął w obronie reformatorów – Małgorzata w listach obiecywała wziąć ich stronę – ale konserwatyści nie zamierzali łatwo ustąpić.

Przykładem trudnego losu mógł służyć Louis de Berquin, uczony, którego Małgorzata z Nawarry ceniła „tyle, ile siebie samą". Pod nieobecność Franciszka w kraju de Berquin został aresztowany i oskarżony o dopuszczenie się po raz drugi herezji, a taki zarzut pociągał za sobą karę śmierci. Po powrocie króla uczonego zwolniono dopiero w wyniku interwencji Małgorzaty, która też nadal aktywnie zachęcała do tworzenia reformatorskich dzieł – na przykład tłumaczenia Pisma Świętego na język narodowy – potępianych przez władze religijne.

Wiosnę i lato 1528 roku znów spędziła na dworze – była brzemienna po latach „bezpłodności" w pierwszym małżeństwie. Pisała do Franciszka, że po raz pierwszy poczuła ruchy dziecka podczas lektury listu od niego; „teraz sypiam zadowolona i po przebudzeniu czuję się tak dobrze, iż całym sercem chwalę tego, który o nas nie zapomniał". Gdy jednak zbliżał się termin porodu, w listach do brata pozwalała sobie na szczere wyznania o dręczącym ją niepokoju – „o cierpieniu, którego się tyleż boję, ile go pragnę". Pragnęła, by Franciszek był obecny przy rozwiązaniu.

Poród rzeczywiście trwał długo i nie odbył się bez trudności, ale w końcu 16 listopada Małgorzata urodziła córkę (zgodnie z tym, czego zawsze się spodziewała). Joanna d'Albret była potencjalną następczynią ojca, gdyż w przeciwieństwie do Francji Nawarra nie przestrzegała prawa salickiego. Sam Henryk II odziedziczył koronę Nawarry po matce, Katarzynie de Foix, choć jej wstąpienie na tron w 1483 roku zakwestionował jej wuj, który twierdził, że Nawarra, jak Francja, powinna się stosować do prawa salickiego. Jego sprzeciw pociągnął za sobą długi okres wojny domowej.

„Wreszcie, moja córko, przyjmij jako dobrą radę i generalną zasadę, że wszystkie twoje pragnienia, dzieła, potrzeby i życzenia powinny mieć źródło w Bogu i Jemu przynosić chlubę, a tymczasem oczekuj Jego łask i sprawiedliwych zrządzeń z wielką pokorą w sercu", radziła Anna de Beaujeu. Pisała jednak te słowa w czasach, gdy boskie życzenia nie wydawały się kwestią tak niepewną jak po kilku pierwszych dekadach XVI wieku.

Coraz ostrzejsze stawały się sprzeciwy na tle religijnym. We Francji 1 czerwca 1528 roku, gdy Małgorzatę zajmowała głównie jej ciąża, ekstremiści reformatorzy zniszczyli stojący w miejscu publicznym posąg Matki Boskiej z Dzieciątkiem. Ten akt wandalizmu wywołał powszechne oburzenie. Kiedy w tej atmosferze kilka miesięcy później wznowiono proces Louisa de Berquin, Małgorzata zwróciła się pisemnie do brata o łaskę w imieniu „biednego Berquina". Uczonego jednak skazano na dożywotnie więzienie i przebicie języka. De Berquin popełnił błąd, apelując do paryskiego parlamentu, który wydał wyrok skazujący. Ponieważ Franciszek I był wtedy nieobecny, Małgorzata miała związane ręce. De Berquin spłonął żywcem na stosie razem ze swymi księgami. Małgorzata pozostała wierną katoliczką, choć należała do nurtu reformatorskiego. Chociaż niektórzy członkowie wspieranego przez nią katolickiego kręgu reformatorskiego z Meaux mieli przejść na nową wiarę, inni już na początku tamtej dekady potępili Lutra. Zachowywanie umiarkowanej postawy było coraz trudniejsze.

W Niderlandach Małgorzata Austriacka również musiała tłumić luteranizm i zakazywać zebrań grup studiujących Biblię, ponieważ uważała, że oddala to ludzi od „szacunku należnego sakramentom, honoru należnego Matce Bożej i świętym". Na początku dekady odprawiła głównego inkwizytora Niderlandów, którego uznała za zbyt okrutnego i autokratycznego, ale w 1525 roku mianowano nowych inkwizytorów z szerszym zakresem uprawnień. W następnym 1526 roku nakazała swojemu ambasadorowi, by przekazał Karolowi V, że ciotka „z największą przyjemnością" stara się wyplenić luteranizm.

Rozłamy religijne w świecie chrześcijańskim dały zapewne europejskim władcom powód, by przerwać wielką grę bratobójczej wojny, zdolnej wyczerpać każdy kraj i zasoby każdego skarbca. Podobny, choć jeszcze silniejszy bodziec stanowiło coraz większe zagrożenie z zewnątrz, od wschodnich granic Europy – islamskie imperium Osmanów.

Już na początku 1528 roku Wolsey ponaglał Małgorzatę Austriacką, by użyła swoich wpływów w dążeniu do ogólnego pokoju. Pierwsze impulsy mogły jednak przyjść z innej strony.

W październiku przebywający w Paryżu sekretarz stanu Małgorzaty został wezwany przed oblicze Ludwiki Sabaudzkiej, która zwierzyła się mu z wielkiego pragnienia zawarcia pokoju; wysłannik miał przekazać jej słowa Małgorzacie. Ludwika wysłała też do Mechelen swojego sekretarza, de Bayarta.

Małgorzata Austriacka odegrała rolę trudnej do zdobycia – może z powodu autentycznego braku zainteresowania (jej bratanek Karol V radził sobie na wojnie lepiej niż syn Ludwiki Sabaudzkiej), a może po prostu dlatego, że jako bieglejsza w taktyce postawiła Ludwikę w położeniu suplikantki. Powątpiewającym tonem oznajmiła angielskiemu ambasadorowi na jej dworze, że „zważywszy na wstrętne listy, jakie wypisują do siebie książęta", uważa, iż „sprawę nieprędko da się załagodzić".

Dwa dni później, gdy ponownie zobaczyła się z francuskim emisariuszem, ustalono tylko, że gdyby jakimś trafem zmieniła zdanie, Ludwika musiałaby dać jej dobre powody, by cesarz chciał jej wysłuchać. Po pięciu tygodniach de Bayart był z powrotem w Mechelen i przekazał dokładne propozycje Ludwiki wraz z sugestią, że ona i Małgorzata powinny się spotkać.

Negocjacje to się cofały, to znów postępowały. Pierwszą i drugą proponowaną przez Ludwikę wersję warunków zawarcia pokoju członkowie rady Małgorzaty Austriackiej określili jako „krytykancką i wieloznaczną"; wprowadzone przez Ludwikę zmiany w poprawionej wersji niderlandzcy dyplomaci stanowczo odrzucili. Nawet gdy obie damy i ich negocjatorzy osiągnęli kompromis, Ludwika musiała się postarać, by wytłumaczyć się w Paryżu przed synem ze swego nieuzgodnionego z nim wyjazdu do Niderlandów. Tymczasem ich wysłannicy, zdążający nie bez trudności do Hiszpanii, musieli jeszcze przekonać Karola V.

Karol jednak wykonał gest, którego chyba się nie spodziewano: wszystkie uprawnienia przekazał ciotce. Najwyraźniej nadszedł czas na pokój – a przynajmniej Pokój Dam.

19
„…równie dobrze mogą wystąpić damy…"

Niderlandy, Anglia, styczeń–czerwiec 1529

Przez cały kluczowy rok 1529 na niewielkiej scenie po obu stronach kanału La Manche rozgrywały się równocześnie dwa dramaty. Głównymi postaciami obu scenariuszy były – rzecz niezwykła – kobiety. W kontynentalnej części Europy dwie damy zjednoczyły się w dążeniu do pokoju. W Anglii zaś dwie inne uwikłały się w osobistą wojnę.

Trzeciego stycznia 1529 roku Małgorzata Austriacka napisała do swojego marszałka dworu list, w którym oznajmiła, że zawarcie pokoju między jej bratankiem cesarzem a Francją będzie bardziej prawdopodobne, jeśli rozmowy przeprowadzą damy. Pisała, że żaden z obu panujących – ani Karol V, ani Franciszek I – nie zechce znieść ujmy na honorze i wystąpić jako pierwszy z rozmowami o pojednaniu, ale „z drugiej strony, jakże łatwo jest damom (…) zgodzić się w pewnych przedsięwzięciach mających ustrzec świat chrześcijański przed ogólnym upadkiem i zrobić pierwszy krok w takim przedsięwzięciu!". Sama Christine de Pizan, więc autorytet nie byle jaki, oznajmiła, iż pokój jest szczególną domeną kobiet.

Małgorzata pisała, że męscy władcy mogą się lękać dyshonoru, jeśli okażą zbytnią gotowość do zapomnienia o przyczynach wybuchu wojny, „ale równie dobrze mogą wystąpić damy i podjąć działania na rzecz podporządkowania osobistej nienawiści i zemsty o wiele szlachetniejszej zasadzie dbałości o dobro narodów". Ponadto król Francji i cesarz będą musieli ponieść odpowiedzialność przed przyjaciółmi i sojusznikami (w szczególności Anglią) za wszystko, na co mogą się zgodzić, ale jeśli pozwolą działać w swoim imieniu kobietom, „zdejmą z siebie wszelką odpowiedzialność".

Prawdopodobnie kluczowym czynnikiem okazały się słowa Małgorzaty Austriackiej: „ustrzec świat chrześcijański przed ogólnym upadkiem", gdyż wszyscy pamiętali o groźbie Osmanów. Rzeczywiście, kiedy później, wiosną, ponownie nastała pora stosowna do walki, turecki napór na Europę przydał sprawie większej pilności. Małgorzata uwijała się wtedy nad skupieniem w ręku wszystkich nici. Piętnastego maja zapewniła Henryka VIII, mogącego przejawiać podejrzliwość, że Ludwika Sabaudzka często ponaglała ją do rozmów pokojowych, ona zaś nabrała przekonania, iż nie ma wyboru i musi jej wysłuchać. Twierdziła, że król Henryk „bez wątpienia" będzie kontent z tych wieści. Dwudziestego szóstego maja w zaszyfrowanej wiadomości do bratanka napisała, że uzgodniono spotkanie z Ludwiką i że ważnym czynnikiem będzie utrzymanie strony angielskiej w nastroju zadowolenia.

W dopisku z następnego dnia dodała, że właśnie przybył posłaniec od Katarzyny Aragońskiej z wieścią, iż Henryk kontynuuje procedury prawne mające na celu zbadanie ich małżeństwa, zatem Katarzyna pilnie prosi ją o przysłanie prawników. Każde otwarte opowiedzenie się po stronie Katarzyny mogło postawić działania dyplomatyczne Małgorzaty w trudnym położeniu, niemniej zasięgnęła ona opinii w imieniu królowej Anglii. Dwudziestego szóstego maja napisała do Karola V, że „posyła do Malines [Mechelen] z prośbą o opinię tamtejszych doświadczonych prawników

"...równie dobrze mogą wystąpić damy..." 251

(...); biedna królowa jest bardzo zakłopotana, a nikt w Anglii nie śmie podjąć się jej obrony wbrew woli króla".

Tak więc opowieść o Pokoju Dam miała swój angielski przerywnik w postaci historii dwóch innych kobiet.

W 1528 roku budząca w Anglii postrach choroba nazywana angielskimi potami prawie położyła kres sprawie życia miłosnego Henryka VIII. Kiedy w połowie czerwca jedna z dam Anny Boleyn podupadła na zdrowiu, król, którego perspektywa choroby zawsze przerażała, rączo wyprawił Annę do Hever. Wątpliwości co do jej zdrowia „niezmiernie mnie zmartwiły i zatrwożyły", pisał, a list zakończył słowami: „Chciałbym wziąć Cię w ramiona, żeby trochę rozwiać Twoje nierozsądne myśli" – ten urywek rzuca jasne światło na naturę ich związku. Po kilku dniach Henryk dowiedział się, że Anna jednak zachorowała. Napisał, że to „najnieszczęśliwsza wieść, jaka mogła nadejść", i z równie pouczającą precyzją dodał, że chętnie wziąłby na siebie „połowę" jej choroby, byleby ona wydobrzała.

W lipcu Anna – już zdrowa – ponownie zjawiła się na dworze. Plany Henryka wobec niej nadal zależały od papieża. Francuska wygrana w Italii mogłaby uwolnić papieża od konieczności ułagodzenia cesarza, ale od kiedy w czerwcu 1528 roku Karol zaczął zwyciężać, strach papieża przed cesarską armią w Italii zdominował całą sprawę. Niemniej papież mianował przedstawiciela, który miał ocenić legalność małżeństwa Henryka; kardynał Campeggio przybył do Anglii w październiku 1528 roku.

Kardynał udał się do Katarzyny Aragońskiej z sugestią, by wycofała się do klasztoru, zdając się na swoją „roztropność" oraz „przykład królowej Francji, która uczyniła to samo, a nadal cieszy się poważaniem u Boga i w tamtym królestwie" (chodziło o pierwszą żonę Ludwika XII, Joannę). Taki krok, wsparty odrobiną fałszerstwa, umożliwiłby Henrykowi powtórny ożenek, gdyż Katarzynę można byłoby uznać za umarłą dla świata, a przy tym nie pociągałby za sobą żadnych następstw dla legalności pochodzenia jej córki[1]. Katarzyna jednak nie chciała o tym słyszeć.

Następnego dnia spotkała się z Henrykiem i zażądała, podobnie jak wcześniej, zasięgnięcia jakiejś „obojętnej" (czyli bezstronnej, niepochodzącej z Anglii) opinii. W następnym dniu znów zobaczyła się z Campeggiem. Obsesyjnie wałkując wydarzenia z przeszłości, oznajmiła „zgodnie ze swym sumieniem", że z małżeństwa ze starszym bratem Henryka, Arturem, wyszła równie „nietknięta i niepokalana" jak w dniu, gdy opuściła matczyne łono, mogą jej zatem wyrywać „wszystkie członki", a ona mimo to nie zmieni zamiaru, by „żyć i umrzeć w małżeńskim stanie". Campeggio po tym wszystkim mógł jedynie dopisać wątłe stwierdzenie: „Nie przyszło mi do głowy już nic więcej".

Katarzyna Aragońska miała też asa w rękawie. W papierach po zmarłym ambasadorze de Puebla znalazła się kopia dokumentu przysłanego przez papieża leżącej wówczas na łożu śmierci Izabeli, matce Katarzyny. List zawierał stwierdzenie, że Katarzyna może bez przeszkód wyjść za Henryka, bez względu na to, czy sypiała z Arturem. W tej opinii, jak zadeklarował obecny ambasador Karola V, de Mendoza, „zawiera się całość praw królowej".

Henryk i Katarzyna podczas uroczystości bożonarodzeniowych publicznie demonstrowali jedność, ale w pobliskiej kwaterze czekała już Anna Boleyn. Campeggio ujął to następująco: „Król bardziej niż kiedykolwiek trwa w pragnieniu poślubienia tej damy [Anny], całując ją i traktując publicznie tak, jak gdyby była jego żoną".

Sprawa zbliżała się do punktu kulminacyjnego. Pod koniec kwietnia 1529 roku rzymscy wysłannicy Karola V przedstawili papieżowi formalną petycję, żeby proces odbywał się w Rzymie, gdyż w Anglii Katarzyna Aragońska „nigdy nie uzyska sprawiedliwości". Jednakże 31 maja Campeggio wysłał już królowi i królowej wezwania do stawienia się na przesłuchanie w klasztorze dominikanów.

Czternastego czerwca Henryk i Katarzyna przenieśli się do Greenwich, leżącego o kilka kilometrów w dół rzeki, żeby oczekiwać na przesłuchanie. Dwa dni później Katarzyna zrobiła krok, który w praktyce wyprzedził protest, spisując we własnej kwaterze – w obecności dwóch notariuszy – apelację do Rzymu. De Mendoza pisał w raporcie, że „tym aktem, zamiast ułagodzić irytację męża na nią, powiększyła ją". Czuła jednak, że nie ma wyboru.

Królewską parę zawezwano do stawienia się przed sądem legackim u dominikanów na pierwszym formalnym wystąpieniu, osobiście lub za czyimś pośrednictwem, w piątek 18 czerwca. Henryk VIII przysłał swoich przedstawicieli, ale Katarzyna zaskoczyła wszystkich, wkraczając w otoczeniu doradców, czterech biskupów oraz roju dam dworu. „Ze smutkiem, lecz z wielką powagą" odczytała swój apel do Rzymu, spisany dwa dni wcześniej. Oznajmiono jej, że odpowiedź na jej odwołanie od postanowienia angielskiego sądu usłyszy w poniedziałek 21 czerwca.

Katarzyna Aragońska nie przejawiała skłonności do dramatu, lecz gdy nadszedł czas, wiedziała, jak rozegrać tę scenę. Sam Henryk przemawiał krótko; następnie głos zabrał Wolsey, który zadeklarował, że mimo wszelkich łask króla on sam i Campeggio osądzą sprawę w taki sposób, w jaki na to zasługuje. Po nim Campeggio formalnie odrzucił wniesiony przez Katarzynę protest, po czym rozległ się okrzyk obwoływacza: „Katarzyno, królowo Anglii, staw się przed sądem!".

Późniejsi autorzy (za panowania córki Katarzyny, Marii I) lubowali się w przedstawianiu królowej w roli Cierpliwej Gryzeldy, przeżywającej nieskończone cierpienia *mater dolorosa*. Jednakże w tym pokazie małżeńskiej potulności była metoda. Królowa, odchodząc od chłodnej formalności procesu sądowego, podniosła się z miejsca, przemierzyła salę, uklękła u stóp męża i powiedziała: „Miłościwy Panie, na całą miłość między nami i na miłość bożą zaklinam cię, oddaj mi sprawiedliwość".

Świadkowie zauważyli, że – po tylu latach w kraju – pod wpływem stresu nadal przemawia łamaną angielszczyzną, ale treść jej przemowy, jak wspominał szlachcic w służbie Wolseya i jego biograf, George Cavendish, brzmiała przekonująco: „Okaż mi nieco litości i współczucia, jestem bowiem biedną niewiastą i cudzoziemką urodzoną poza granicami twoich posiadłości. Nie mam tu zaufanych przyjaciół, a jeszcze mniej bezstronnych doradców. Niestety! Miłościwy Panie, czymże cię obraziłam, kiedyż zasłużyłam na twe niezadowolenie? Byłam ci wierną, pokorną i posłuszną żoną, zawsze uległą wobec twojej woli i twoich życzeń (…). Nie okazałam urazy słowem ni wyrazem twarzy, na moim obliczu ni w spojrzeniu nie zagościło niezadowolenie".

Przypomniała też, że urodziła królowi „różnorakie dzieci, choć Bogu podobało się wezwać je z tego świata". Potem nadszedł moment krytyczny: „Kiedy wziąłeś mnie po raz pierwszy, niech Bóg mnie osądzi, byłam prawdziwą dziewicą nietkniętą przez męża. Rozważ w swoim sumieniu, czy mówię prawdę czy nie. Jeśli istnieje jakikolwiek sprawiedliwy wyrok przeciwko mnie, który możesz mi przedstawić, nakazujący mi z racji nieuczciwości lub innych przeszkód udać się na banicję i rozstać z tobą, z chęcią wyjadę, by znosić wielką hańbę i dyshonor. Jeśli jednak takich nie ma, najuniżeniej cię błagam: pozwól mi pozostać w mym dawniejszym stanie".

Przywołała wspomnienia o starych królach – ojcu Henryka i własnym – którzy uzgodnili zawarcie ich małżeństwa. Wyraziła się gorzko o krążących na dworze „nowych wymysłach". Poprosiła

Henryka o zezwolenie na wystosowanie pisma do Rzymu, na co on, zaskoczony, mógł jedynie wyrazić zgodę. Po wszystkim podniosła się z kolan, z których Henryk wcześniej dwukrotnie starał się ją podźwignąć, nisko dygnęła i zamiast wrócić na miejsce, ruszyła do drzwi.

Obwoływacz ponownie zawołał za nią: „Katarzyno, królowo Anglii, staw się przed sądem", lecz ona, nie zatrzymując się, rzuciła: „To nie jest sąd obojętny wobec mnie, zatem nie zostanę tu dłużej". Chociaż rozprawa ciągnęła się jeszcze jakiś czas, a świadkowie, będący w podeszłym wieku, opisywali, co (ich zdaniem) zdarzyło się przed wielu laty w małżeńskim łożu Katarzyny i Artura, król nie odniósł zwycięstwa w procesie.

Zwykli mieszkańcy Anglii, zwłaszcza kobiety, stali po stronie Katarzyny. Francuski ambasador pisał o nastrojach poza dworem: „Gdyby o sprawie miały zadecydować niewiasty, król przegrałby batalię, one zaś nie omieszkały okrzykami dodawać ducha królowej, gdy wkraczała do sali i z niej wychodziła". Katarzyna Aragońska patrzyła jednak w inną stronę.

Jej apelacja oznaczała, że sprawa powinna zostać rozpoznana w Rzymie. Dokumenty na poparcie tego stanowiska wysłano spiesznie do Brukseli, skąd de Mendoza wyekspediował je przez pilnego kuriera do Watykanu. Kiedy z niechętnego i zrozpaczonego papieża udało się wycisnąć zgodę na prośbę Katarzyny, kopie dokumentów z papieską decyzją odesłano do Flandrii – część miała tam zostać, a resztę Małgorzata Austriacka miała odesłać Katarzynie.

Podczas jednego ze spotkań z Wolseyem i Campeggiem Katarzyna ostrzegła, że król i jego ministrowie powinni wziąć pod uwagę reputację „jej narodu oraz krewnych". Była to deklaracja znaczenia rodowego dziedzictwa Katarzyny Aragońskiej; hart ducha prawdopodobnie odziedziczyła po matce, Izabeli.

"Pamiętaj, że bez względu na to, jak wspaniałe przymierze zdołasz zawrzeć, nie wolno ci z powodu głupiej dumy nie cenić wysoko własnych przodków, od których pochodzisz – jeśli tego nie dopełnisz, wystąpisz przeciwko prawu i rozsądkowi", pisała Anna de Beaujeu. Tamtego lata 1529 roku kobiety najbardziej zdecydowanie skłonne były bronić swojej pozycji.

Piątego czerwca, kiedy Katarzyna Aragońska przygotowywała swą argumentację, dyplomata Małgorzaty Austriackiej w Anglii poinformował w raporcie, że Wolsey prosił go, by „oświadczył pod słowem honoru, czy naprawdę uważa, iż obie księżne poważnie traktują" swoje plany pokojowe. Poseł zadeklarował, „że może odpowiedzieć za jedną z nich; co się tyczy drugiej, czas pokaże". Wyznaczone na lipiec spotkanie Małgorzaty Austriackiej z Ludwiką Sabaudzką miało się odbyć w pogranicznym mieście Cambrai. Obserwowała je cała Europa. De Mendoza napisał do Karola V: „Niektórzy uważają, że spotkanie obu dam nie doprowadzi do niczego"; jednak jego skromnym zdaniem „nie może ono zaszkodzić, nawet jeśli sprawy nie od razu przybiorą dobry obrót".

W miarę zbliżania się terminu spotkania w Cambrai lawina komunikatów opisujących dokładnie etapy podróży obu dam zaczynała przypominać relacje z zakulisowych działań podczas współczesnych spotkań na szczycie. Ludwika Sabaudzka oznajmiła zamiar sprowadzenia na spotkanie swojego kanclerza oraz dam pełniących służbę w jej komnatach, ale żadnego przedstawiciela francuskiej arystokracji. Wysłannikowi Małgorzaty Austriackiej powiedziała: „Możesz, panie, poinformować moją siostrę [Małgorzatę] o moich planach i przekazać, że mam nadzieję na codzienną wymianę wieści między nami. Napisz jej też wyraźnie, że koniecznie musimy się zmagać i spierać, lecz mam szczerą nadzieję, iż odbędzie się to bez gniewu lub złej woli".

Małgorzatę Austriacką ostrzegano, by nie jechała do Cambrai, obawiano się bowiem, iż król Franciszek I zechce ją wziąć do niewoli. Odparła jednak, że jeśli którykolwiek z jej doradców lub dworzan się boi, „może wracać do domu". Na radę, by zadbała przynajmniej o silną eskortę, odpowiedziała: „gdybym wiodła w orszaku choć jednego zbrojnego mężczyznę, lud mógłby sobie wyobrażać, iż udaję się na wojenną wyprawę, a nie na pokojowe przedsięwzięcie".

Machiavelli doradzał władcom, by traktowali wojnę jako sprawę najwyższej wagi, lecz dla dam była to rada pozbawiona znaczenia lub nawet szkodliwa, one bowiem nie wiodły armii w bój. Pisarz podkreślał jednak też znaczenie wyglądu zewnętrznego, a pod tym względem kobiety na pewno górowały nad nim doświadczeniem.

20
Pokój Dam

Cambrai, Anglia, lipiec–grudzień 1529

Castiglione w swoim dziele *Il Cortegiano* napisał, że kobiety "często naprawiają wiele męskich błędów". Taka niewypowiedziana myśl kryła się za korespondencją między Małgorzatą Austriacką a Ludwiką Sabaudzką i w takim duchu obie damy wyruszyły do Cambrai. Małgorzata Austriacka, niesiona we wspaniałej lektyce, otoczona przez dwudziestu czterech przybranych w czerń konnych łuczników, przybyła na miejsce jako pierwsza – w poniedziałek 5 lipca – i zajęła kwatery w opactwie pod wezwaniem Świętego Autberta. Dwie godziny później przyjechała Ludwika Sabaudzka w towarzystwie swojej córki, Małgorzaty. Wenecki wysłannik pisał w raporcie, że Ludwika przybyła "z wielką pompą, odziana w czarny aksamit, w otoczeniu lektyk dla czterech dam, a jej córka, królowa Nawarry, oraz inne damy jechały konno. Poprzedzał ją kanclerz, za nią podążali ambasadorowie".

Ludwika Sabaudzka ostatecznie przywiodła ze sobą na drugi koniec Francji parę najważniejszych członków rady syna, a w istocie również i jego samego, choć król trzymał się w niewielkim oddaleniu i całe dnie spędzał na łowach. Prawdopodobnie Ludwika niezupełnie ufała swojemu doświadczeniu dyplomatycznemu w takim stopniu jak Małgorzata Austriacka (którą od bratanka, Karola V, dzielił wielokilometrowy dystans).

Ludwice towarzyszyli jej kapelani, malarz, chórzyści oraz służba dbająca o stan jej futer i srebrnej zastawy. Kronikarz tak opisuje „triumfalny" widok orszaku duchownych i dam: „Rozciągał się od naszego domu do połowy drogi do St Pol, a dalej kroczyły konie i muły, bardzo dobrze wyekwipowane". Władze miasta, starając się zapewnić wszystkim przybyszom wyżywienie i zakwaterowanie, wyłożyły członkom obu olbrzymich i wspaniałych świt obowiązujące reguły: nikt nie może nosić broni, a słudzy mają obowiązek przestrzegać „godziny policyjnej".

Zanim Ludwika i Małgorzata z Nawarry zajęły kwatery w Hôtel St Pol, niezwłocznie zaprowadzono je do rezydującej naprzeciwko Małgorzaty Austriackiej, z którą spędziły dwie godziny. Spotkanie po tylu latach musiało być dla Małgorzaty Austriackiej i Ludwiki Sabaudzkiej wzruszającą chwilą. Małgorzata z Nawarry oficjalnie miała pełnić funkcję zakładniczki strony cesarskiej, gwarantującej Małgorzacie Austriackiej bezpieczeństwo. Nie wiadomo, czy wzięła bardziej aktywny udział w wydarzeniach. Do tamtego czasu jej interesy mogły już nie być zbieżne z interesami Francji reprezentowanej przez brata i matkę. Miała też bowiem obowiązki wobec męża, zaś jego głównym celem było odzyskanie części Nawarry, zaanektowanej przez Hiszpanię.

Rozmowy trwające trzy tygodnie dały się we znaki obu stronom. Ludwika Sabaudzka, na pozór słabsza, co wieczór udawała się na spoczynek, nękana bólem z powodu dny moczanowej, na którą od dawna cierpiała. Kiedy jednak wenecki wysłannik odwiedził Małgorzatę Austriacką, ją też zastał „w łożu, choć ubraną, odczuwającą lekki ból nogi". Małgorzata rozpoczęła negocjacje od wysunięcia szeregu żądań, działała bowiem z pozycji siły, jeśli wziąć pod uwagę zwycięstwa odniesione niedawno przez jej bratanka.

Obradom przypatrywała się w napięciu cała Europa. Anglia, Wenecja i Florencja obawiały się, że Francja zawrze pokój z Karolem V, zostawiając je na lodzie. Poirytowany Franciszek I 17 lipca napisał do matki, że skoro cesarz tak nisko ceni sobie jego przyjaźń, Ludwika powinna mu przypomnieć, iż król Francji może się okazać równie gorliwym nieprzyjacielem. Desperacko pragnął odjechać do rejonu, gdzie skoncentrowane wojska czekały na zbliżające się, jak sądził król, działania wojenne, ale nie śmiał tego uczynić bez zgody Ludwiki.

Dwudziestego czwartego lipca przedwcześnie ogłoszono zawarcie pokoju. Szkopuł w tym, że Małgorzata Austriacka w ostatniej chwili wysunęła żądania dotyczące pewnych pogranicznych miast, na co Ludwika Sabaudzka i jej córka rozkazały służbie spakować bagaże. Sytuacja była tak napięta, że interweniować musiał nuncjusz papieski. Małgorzata zaproponowała ustępstwa, zrzekła się niektórych żądań i osobiście zaangażowała się w przygotowania do powrotu do Francji synów Franciszka I, nadal przetrzymywanych jako zakładnicy w Hiszpanii. W ostatnich dniach lipca traktat wreszcie został ratyfikowany.

Trzy damy – Małgorzata Austriacka, Ludwika Sabaudzka i Małgorzata z Nawarry – 1 sierpnia udały się na nieszpory w opactwie, odbierając gratulacje od mężczyzn z obu stron i, jak odnotował współczesny im kronikarz, „łącząc w uścisku dłonie, co stanowiło piękny widok". Piątego sierpnia zawarcie pokoju uczczono huczną, publiczną mszą w katedrze w Cambrai oraz kazaniem na kanwie cytatu „Błogosławieni pokój czyniący". Traktat pokojowy z Cambrai miał szerzej zasłynąć pod nazwą *Paix des Dames*, czyli Pokój Dam.

Jego warunki zdecydowanie faworyzowały stronę cesarską, były bowiem „tak korzystne dla cesarza", pisał ambasador z satysfakcją, „że aż można podejrzewać jakiś podstęp". Rzeczywiście – donoszono, że Franciszek I niezupełnie cieszył się z dokonań matki, choć jego ostatnią deską ratunku, jak zawsze, było zapewnienie: „Oddaję się w Twoje ręce, zrób to, co uważasz za najlepsze".

Karol V zgodził się nie forsować roszczeń wobec Burgundii, zamiast tego zadowolił się szczodrym okupem, a synowie Franciszka, nadal przetrzymywani jako zakładnicy, mieli być zwolnieni z hiszpańskiej niewoli po wypłaceniu dodatkowej sumy. Franciszek I zrezygnował z pozycji suzerena Flandrii oraz Artois i z roszczeń wobec ziem w Italii. Uzgodniono też, że dla scementowania ugody Franciszek wkrótce poślubi Eleonorę, siostrę Karola, co po bitwie pod Pawią obiecał uczynić. W negocjacjach nie pojawiła się kwestia Anglii jako długotrwałego sojusznika cesarza. Wolseya, który otrzymał zaproszenie na obrady i pragnął przyjechać, zatrzymał w Anglii zamiar stawienia się Henryka VIII na przesłuchaniu u dominikanów. Jednakże w ostatniej chwili i tę sprawę włączono do postanowień umowy.

Chór odśpiewał *Te Deum*, tłumom rzucono jałmużnę, z beczek popłynęło wino. Dziewiątego sierpnia do świętowania przyłączył się król Franciszek, a cesarz Karol przysłał Małgorzacie Austriackiej gratulacje, które słusznie się jej należały.

Tymczasem w Anglii 23 lipca kardynałowie Campeggio i Wolsey musieli wydać werdykt. Zamiast tego jednak Campeggio formalnie przekazał sprawę Rzymowi. Był to swego rodzaju triumf Katarzyny, lecz okazał się on niewiele wartym zwycięstwem. Obaj kardynałowie 11 września oficjalnie uznali, że sprawa nie leży już w ich kompetencjach. Miesiąc później nastąpiło coś, co niegdyś – gdy Wolsey jeszcze pozostawał u szczytu władzy – wydawało się nie do pomyślenia. Wielki minister został aresztowany; weneccy dyplomaci informowali, że „nazbyt długo los był dla niego gniewny i wrogi ponad miarę (...); oto upadek przewyższający, można rzec, jego dawną sławę i awans".

Nie ma wątpliwości, kogo sam Wolsey obarczał winą za swoją klęskę, mówiąc o „stałej nieprzyjaciółce wijącej się niczym wąż wokół króla". Później ponaglał swoich stronników, by spróbowali wszystkiego, żeby „cokolwiek ułagodzić niezadowolenie milady Anny (...), to jest bowiem jedyna pomoc i remedium. Należy użyć wszelkich możliwych środków, by zyskać jej łaski".

Trzeciego listopada Henryk VIII otworzył obrady zgromadzenia, które miało przejść do historii pod nazwą parlamentu reformacyjnego. Miesiąc później Thomas Boleyn otrzymał tytuł hrabiego Wiltshire, a na uczcie po ceremonii Annie przyznano pierwszeństwo przed wszystkimi pozostałymi damami (nawet siostrą króla, Marią).

Pod koniec owego pamiętnego roku Katarzyna Aragońska, choć nadal była królową, nie mogła spoglądać wstecz z zadowoleniem. Anna jednak również nie. Kiedy u schyłku listopada między Henrykiem a Katarzyną wybuchła otwarta scysja o Annę, wściekła reakcja tej ostatniej wyraźnie uwidoczniła jej poczucie niepewności: „Czy już Ci nie mówiłam, że kiedy tylko wdasz się w spór z królową, ona z pewnością weźmie górę? Widzę, że pewnego pięknego ranka ulegniesz jej rozumowaniu i mnie odrzucisz... niestety! Żegnajcie, mój czasie i młodości, stracone całkiem bez celu".

Nastąpił impas.

21
Wyjścia i wejścia

Niderlandy, Francja, Italia, 1530–1531

Żadna z bohaterek podpisanego w kontynentalnej części Europy Pokoju Dam nie żyła dostatecznie długo, by się nacieszyć triumfem swej dyplomacji.

W lutym 1530 roku Karol V, bratanek Małgorzaty Austriackiej, po triumfalnym pochodzie przez Italię został formalnie ukoronowany przez papieża na Świętego Cesarza Rzymskiego. Było to zwycięstwo Małgorzaty. Wychowywane przez nią dzieci, progenitura jej brata, Filipa, a także ich potomkowie, dzierżyli ster władzy w całej Europie od Walencji do Wiednia, od Lizbony do Louvain.

List do Karola, napisany w miesiącach po rokowaniach w Cambrai, dotyczący stanu rzeczy w cesarstwie Habsburgów i zawierający jej rady co do sposobów postępowania, dowodzi, że Małgorzata nadal była aktywna. Jednakże zbliżała się do pięćdziesiątki. Myślała już o rezygnacji z obowiązków i emeryturze w klasztorze nieopodal Brugii. Napisała nawet list do matki przełożonej z informacją, że przygotowała fundusze na posag klasztorny, dodała również: „zbliża się czas, gdyż przyjeżdża cesarz, któremu – z bożą pomocą – przekażę dobrze wykonane obowiązki i rządy, które postanowił mi powierzyć". Los jednak nie dał jej po temu sposobności.

Według relacji pewnego augustianina w listopadzie 1530 roku służąca upuściła obok jej łoża szklany kielich i Małgorzacie wbił się w stopę odłamek szkła. Niewielka rana uległa zakażeniu, następnie wdała się zgorzel, w końcu zadecydowano, że konieczna jest amputacja. Małgorzata wyraziła zgodę. Zamknęła się w komnacie na cztery dni, które spędziła na modlitwie, przygotowaniach, przyjmowaniu sakramentów i wprowadzaniu poprawek do testamentu. Operacji jednak nie doczekała. Przed zabiegiem podano jej zbyt dużą dawkę opium. Zmarła 1 grudnia 1530 roku.

Praca, jaką wykonała w imieniu swojego bratanka, Karola – jak napisała z dumą w ostatnim liście do cesarza – dawała jej nadzieję „na boską nagrodę, Twoje zadowolenie, Miłościwy Panie, oraz życzliwość Twoich poddanych". Jej ostatnim życzeniem było utrzymanie przez Karola pokoju z Francją i Anglią. Serce Małgorzaty na krótko umieszczono w krypcie jej matki, Marii Burgundzkiej, później zaś przewieziono je na południe i złożono razem z sercem jej ostatniego męża, Filiberta, w mauzoleum w Brou, które tak starannie przebudowała.

Tymczasem dla Ludwiki Sabaudzkiej Pokój Dam oznaczał powrót z długiej niewoli jej wnuków, francuskich królewiczów. W czteroletnim okresie niewoli trzymano ich w coraz bardziej opłakanych warunkach, w skąpo umeblowanej celi, bez rozrywek czy francuskojęzycznego towarzystwa. Zaniepokoiło to damy z królewskiego rodu Francji oraz Małgorzatę Austriacką, która napisała do bratanka list, w którym protestowała przeciwko takiemu stanowi rzeczy. Na początku lat trzydziestych XVI wieku „trójca" Ludwiki wreszcie mogła wyruszyć do Bayonne, gdzie Franciszkowi I miano przekazać obu chłopców oraz siostrę cesarza, Eleonorę, przeznaczoną na żonę króla Francji na mocy postanowień Pokoju Dam.

Małgorzata z Nawarry, ponownie brzemienna, musiała zostać w Blois „na banicji", jak się wyraziła, z powodu „masywnego i zbyt ciężkiego brzucha"; dwoje pozostałych członków „idealnego trójkąta" pojechało w dalszą drogę bez niej. Tym razem Małgorzata żywiła przekonanie, że urodzi chłopca. Myśl ta, jak się zdaje, nie sprawiała jej radości, o czym świadczą wzmianki w jej wierszach, w których zwracała się do nieobecnego brata: „Każesz mi szukać pociechy / W mym dziecku, lecz nie umiem (...), to ono bowiem przeszkadza mi w spełnianiu obowiązku / Wobec tych, których kocham po tysiąckroć bardziej od niego".

W kolejnym wierszu z urazą przypominała matce, ile ona, Małgorzata, zrobiła dla uwolnienia najpierw Franciszka, a później bratanków, a teraz, w chwili ukoronowania jej starań, nie może nawet być przy tym obecna: „Jakież to dręczące dla dzielnego serca, / Którego nie da się ujarzmić, / Że upokorzyć je zdoła zwykłe dziecko".

W zawiłej sieci jej emocji swoją rolę prawdopodobnie odgrywało tak częste u niej poczucie winy. Obwiniała się o cierpienia obu chłopców, a może i o to, że od brata oddzielały ją obecnie interesy męża, króla Nawarry Henryka II, którego niewierność tylko wzmagała jej rozterki. Piętnastego lipca Małgorzata urodziła syna, Jana. Dziecko jednak zmarło już w Boże Narodzenie. Małgorzata napisała, że taka była wola boża, ale od tamtego czasu ubierała się wyłącznie w czerń.

Na początku 1531 roku przystąpiła do zajęcia w najwyższym stopniu nietypowego dla kobiety, zwłaszcza z królewskiego rodu. Zaczęła pracę nad tekstem długiego poematu przeznaczonego do opublikowania, i to przez ewangelickiego wydawcę Simona du Bois. Długie dzieło o tematyce religijnej *Miroir de l'âme pécheresse* (*Zwierciadło grzesznej duszy*) przetłumaczyła później

Elżbieta Tudor, żeby podarować przekład zaangażowanej w ruch reformatorski macosze Katarzynie Parr. W poemacie sparafrazowanym przez Elżbietę Małgorzata „dostrzega, że sama, własnymi siłami, nie zdoła dokonać niczego dobrego, co mogłoby zaważyć na jej zbawieniu, o ile nie stanie się to z łaski Boga". Opis grzesznej duszy odkupionej łaską bożą może nam coś powiedzieć o osobowości Małgorzaty, ale zbawienie dzięki samej łasce bożej (nie przez religijne rytuały czy nawet zacne uczynki) miało się stać kluczowym elementem doktryny protestanckiej. Był to niebezpieczny teren: w 1530 roku sejm Rzeszy w Augsburgu podjął nieudaną próbę rozstrzygnięcia dylematów leżących u podłoża rozłamu w Kościele. W następnym, 1531 roku powstał związek szmalkaldzki, sojusz książąt wyznania luterańskiego w obrębie Świętego Cesarstwa Rzymskiego.

Powody do niepokoju dawało również zdrowie Małgorzaty. Ponownie zaszła w ciążę i ponownie poroniła. Niemożność wydania na świat synów, którzy mogliby służyć jej bratu, stała się dla niej, jak się zdaje, kolejną strzałą w kołczanie przewin. W marcu 1531 roku francuski ród królewski święcił koronację nowej królowej Eleonory. Jednakże zdrowie Ludwiki Sabaudzkiej również szybko się pogarszało.

Ludwika od dawna cierpiała z powodu bolesnych i osłabiających organizm napadów dny moczanowej oraz „piasku w nerkach" (kamicy nerkowej). W Cambrai Małgorzata służyła jej nie tylko radą, lecz także pielęgnowała matkę. Zanim skończyło się lato, stało się oczywiste, że stan Ludwiki jest poważny. Małgorzata napisała gorączkowy list do Franciszka I, błagając go o przybycie („gdyż ona nie jest ze mnie zadowolona"), lecz brat – ku rozpaczy obu kobiet – nie kwapił się z przyjazdem. Kiedy zatem 22 września pięćdziesięcioletnia Ludwika zmarła, była przy niej tylko Małgorzata. Później w poemacie *Les Prisons* (*Więzienia*) pisała, że umierająca matka w ostatniej chwili rozkazała jej odejść, jej widok bowiem, jak mówiła, sprawia jej przyjemność i wiąże ją ze światem, ona zaś powinna myśleć wyłącznie o Bogu i przyszłym życiu.

Tymczasem w odległej o prawie pięćset kilometrów Florencji niedawno wydalono z zakonu pewną przerażoną młodą dziewczynę. Dla Katarzyny Medycejskiej reperkusje Pokoju Dam okazały się niezbyt szczęśliwe. Karol V, któremu pilno było utwierdzić dominującą pozycję w Italii, rozpoczął negocjacje z papieżem, zaabsorbowanym głównie planem przywrócenia wpływów rodu de' Medici we Florencji. Rezultaty tych działań dla jedenastoletniej Katarzyny były przerażające.

Trzy ostatnie lata Katarzyna spędziła spokojnie i szczęśliwie w Monastero delle Murate, gdzie zakonnice z arystokratycznych rodów traktowały ją z sympatią. Władze Florencji „z radością wysłałyby ją na tamten świat", pisał francuski ambasador, który dla bezpieczeństwa miał na nią oko (matka Katarzyny była bowiem Francuzką). Dodał jeszcze uwagę, która ciekawie brzmi w świetle późniejszych losów Katarzyny: „Nigdy nie widziałem, żeby ktoś w jej wieku tak szybko wyczuwał doznane dobro i zło". A 20 lipca 1530 roku wydawało się, że właśnie nadeszło wielkie zło.

Karol V oddał armię do dyspozycji papieża, który w październiku 1529 roku rozpoczął dziesięciomiesięczne oblężenie miasta, mając na celu przywrócenie we Florencji władzy Medyceuszy. Męscy krewni Katarzyny umknęli, gdy dwa lata wcześniej miasto proklamowało republikę. Obecnie nadeszło niebezpieczeństwo, przed którym ostrzegał francuski ambasador – w środku nocy załomotano do wrót Monastero delle Murate. Jednakże ukryte za grubymi murami klasztoru dziecko samo postanowiło, jak się zmierzyć z nowym zagrożeniem. Podczas gdy matka przełożona przekonywała przybyszów, by wrócili rano, Katarzyna – uznawszy, że wezwanie może dla niej oznaczać jedynie egzekucję – ścięła włosy i przywdziała zakonny habit z okrzykiem, że nikt nie ośmieli się zabrać z klasztoru oblubienicy Chrystusa.

Myliła się. Jak pisała jedna z zakonnic, użyto siły, „tak że musiałyśmy ustąpić". Władze miasta jednak ostatecznie nie zrobiły Katarzynie krzywdy; wsadzono ją na grzbiet osła i odstawiono pod eskortą przez trzymany na bezpieczny dystans tłum do klasztoru, w którym umieszczono ją trzy lata wcześniej. Rozlegały się wprawdzie okrzyki, by obedrzeć dziewczynkę do naga i powiesić na murze albo odesłać do wojskowego domu rozpusty na uciechę dla żołnierzy. Nawet gdy kilka tygodni później miasto się poddało, współcześni Katarzynie świadkowie pisali, że nigdy nie zapomniała tej dramatycznej próby – nie mogła przestać o niej mówić. Warto o tym pamiętać, gdyż cztery dekady później, w Paryżu, Medyceuszka znów miała się zmierzyć z grozą przemocy na ulicach miasta.

Kiedy we Florencji przywrócono pokój wraz z objęciem władzy przez Medyceuszy, Katarzyna ponownie odwiedziła zakonnice w Monastero delle Murate, żeby wspólnie z nimi świętować ten dzień. Do końca życia będzie im przysyłać fundusze i listy. Plany jej stryja, papieża, miały jednak zmusić ją do opuszczenia klasztornych murów. Katarzynę przeniesiono do Rzymu i umieszczono w domu krewnego, którego poinstruowano, by nadał dziewczynie trochę światowej ogłady. Papież zdołał bowiem (dzięki obietnicy posagu w postaci sześciu włoskich miast, między innymi Pizy) zaręczyć ją z drugim synem króla Francji – Henrykiem, żeby przypieczętować atmosferę powszechnej zgody.

Papież nazwał to „najwspanialszym mariażem na świecie", a znał się na rzeczy, gdyż zaręczył również młodego księcia Florencji (swego bratanka albo nieślubnego syna) z nieślubną córką Karola V, Małgorzatą Parmeńską. Wiosną 1533 roku to czternastoletniej Katarzynie Medycejskiej przypadł w udziale obowiązek powitania dziesięcioletniej Małgorzaty Parmeńskiej we Florencji.

Katarzyna Medycejska i Małgorzata Parmeńska były chyba pierwszymi przedstawicielkami kolejnego pokolenia kobiet. Oczywiście podziały pokoleniowe nigdy nie układają się tak zgrabnie. W 1531 roku w Niderlandach Małgorzatę Austriacką zastąpiła kolejna namiestniczka – jej dwudziestopięcioletnia, lecz już owdowiała bratanica Maria Węgierska.

Po zachowaniu władzy na Węgrzech – pomyślnym dla brata Ferdynanda, któremu przypadł w udziale tytuł króla Węgier – w 1528 roku Maria odrzuciła jego propozycję drugiej tury sprawowania regencji. Odpowiedziała, że pewne sprawy wymagają „osoby starszej i mądrzejszej". Jej niechęć była zrozumiała – to zamęt na Węgrzech zachęcił imperium osmańskie do przypuszczenia ataku, którego kulminacyjną fazą, zaledwie kilka tygodni po zawarciu Pokoju Dam, stało się oblężenie Wiednia. Kampania ta pochłonęła niemal wszystkie zdobycze Ferdynanda i zadała przerażający cios ziemiom leżącym głęboko w samym sercu włości Habsburgów.

Maria bez wątpienia była zdolna. Pewien korespondent z Węgier pisał do Erazma z Rotterdamu: „Szkoda, że (...) królowa nie może się stać królem – ojczyznę czekałby lepszy los". Imperium Habsburgów zaś stale łaknęło lojalnych pomocników. „Jestem jeden i nie mogę być wszędzie", narzekał później Karol V w liście do Marii. Jak to ujął Ferdynand, wieść o śmierci ciotki, Małgorzaty, którą Maria otrzymała w grudniu 1530 roku, mogła sprawić, że jej życie „obierze inny kierunek". Rzeczywiście, w następnym miesiącu Karol V poprosił Marię o objęcie namiestnictwa w Niderlandach.

Obowiązek rodzinny skłonił ją do wyrażenia zgody. Odtąd tytułowano ją „Marią, z łaski Boga królową Węgier, Czech etc., gubernatorką Niderlandów w imieniu Jego Cesarskiej i Katolickiej Mości oraz jego pomocniczką". Podobnie jak przed nią Małgorzata Austriacka, także ona postanowiła nie pozwolić rodzinie ponownie wydać się za mąż. Nie chciała też jednak pozostać królową bez królestwa, dochodów, funkcji lub potomstwa. Ojciec Małgorzaty Austriackiej wspominał, że i ona, zanim się odnalazła w roli namiestniczki, biadała, iż mogłaby „błąkać się po świecie niczym zapomniany wyrzutek".

Niemniej Maria Węgierska także i później przejawiała bardziej ambiwalentną postawę wobec obowiązków niż jej ciotka Małgorzata – po kilku miesiącach pracy w Niderlandach utyskiwała, że czuje się jak z pętlą na szyi. Mówiła, być może nazbyt ostentacyjnie, że nie chce postępować „jak kobiety, które wtrącają się w wiele spraw, choć nikt tego od nich nie wymaga". Mawiano zaś o niej coś wręcz przeciwnego: że rządzi rygorem, podczas gdy Małgorzata władała za pomocą uroku osobistego.

Wenecki ambasador na węgierskim dworze pisał, że „z racji przyrodzonej wybuchowości i zbyt wielkiej skłonności do ćwiczeń fizycznych" Maria słynęła z obsesyjnego upodobania do łowów oraz sokolnictwa – powszechnie zakładano, iż nie będzie miała dzieci. Dodał też, że była „drobnej postury, pociągłego i szczupłego oblicza, nader urodziwa, bardzo smukła (…) i energiczna, nigdy spokojna, ani w kraju, ani za granicą". De Brantôme, pisarz z końca XVI wieku, określił ją jako *un peu homasse* („odrobinę w męskim stylu") i dodał, że „dobrze radziła sobie z prowadzeniem wojny, czasem przez podwładnych, czasem osobiście, zawsze na koniu niczym Amazonka".

Brat Marii – Karol V – powiedział jej przy innej okazji: „Nie reagujesz w taki kobiecy sposób, jak inne osoby twojej płci, lecz delikatniejszego usposobienia". Później, w 1537 roku, kiedy Francuzi zaatakowali Niderlandy, Maria pojawiła się w czarnej skórzanej kamizeli z otworami do mocowania kirysu, przysięgając, że pokaże Franciszkowi I, „w jakim celu Bóg może dać kobiecie siłę". Była silna i miała potrzebować siły, podobnie jak w różnych sytuacjach potrzebowały jej Ludwika Sabaudzka i Małgorzata Austriacka, a w czasach późniejszych też Katarzyna Medycejska.

22
„Tak oto będzie"

Anglia, 1530–1531

W Anglii Anna Boleyn rzuciła się w wir osobistej batalii – metaforycznie sama chwyciła za broń, skoro wydarzenia pokazały aż nadto wyraźnie, że Henryk VIII nie zdoła uzyskać rozwodu dawnym sposobem, za pośrednictwem duchowieństwa. Sprzyjały jej dwa potężne czynniki: nowa reformowana wiara oraz wychowanie we Francji, które sprawiało, że kraj ten był zainteresowany odniesieniem przez nią sukcesu.

Całe pokolenia historyków w roli mentorki lub, jak kto woli, przybranej matki Anny Boleyn widziały Małgorzatę z Nawarry. Żadne dowody jednak nie przemawiają za sugestią (wysuwaną przez niektórych w czasach niemal współczesnych Annie, a także później), jakoby w okresie pobytu we Francji pozostawała ona w służbie Małgorzaty. Niemniej wkrótce ujrzymy dowody, że Anna wzorowała się na Małgorzacie, a kluczem do takiego wniosku jest ich wspólne zainteresowanie reformami religijnymi.

Jednym z tematów wielu debat o Annie Boleyn pozostaje dokładna istota jej postawy religijnej. Później, za panowania Elżbiety I, wyznającej protestantyzm córki Anny, badacz martyrologii protestantów John Foxe miał o niej stwierdzić: „Cały świat wie, jaką była żarliwą obrończynią Ewangelii Chrystusa". Szkocki reformator Alexander Ales powiedział Elżbiecie: „Prawdziwa religia w Anglii miała swój początek i koniec w twojej matce". Anna z pewnością miała zwyczaj studiowania Biblii i rozprawiania o niej. Wspierała nawet nielegalny handel egzemplarzami Pisma Świętego w językach narodowych. Tak samo jednak czyniła Małgorzata z Nawarry – i udało się jej pozostać katoliczką. Wśród książek Anny znajdowało się kilka dzieł autorów bliskich Małgorzacie, dzieł wskazujących na silne zainteresowanie nową nauką, w tym francuski psałterz – którego przekład przypisuje się nieszczęsnemu Louisowi de Berquin – oraz wydana po francusku Biblia, przetłumaczona przez innego członka kręgu z Meaux, Jacques'a Lefèvre'a d'Etaples. Kiedy poeta Nicolas Bourbon, którego Małgorzata mianowała nauczycielem swej córki, stwierdził, że we Francji robi się dla niego za gorąco, umknął do Anglii pod ochronę Anny.

W następnych latach Anna Boleyn aktywnie wyszukiwała przypadków nadużyć w Kościele katolickim, ale Małgorzata z Nawarry również nie pozostawała w tyle. Emisariusze Anny ujawnili na przykład, że przechowywana w Hailes Abbey relikwia zawierająca krew – ponoć świętej proweniencji – tak naprawdę zawiera krew kaczki. Anna mianowicie wystarczająco aktywnie popierała na stanowiska kościelne kandydatów o proreformatorskim nastawieniu, by móc wyrażać się o nich per „moi biskupi". Niektórzy popierani przez nią przedstawiciele kleru nadal podążali w kierunku nowej wiary, jednak nie dotyczyło to wszystkich. Nie ma powodów, by wątpić w szczerość przekonań Anny, lecz warto zadać sobie pytanie, jak daleko entuzjazm dla religijnego puryzmu mógłby ją doprowadzić.

Jej jałmużnik John Skip w wygłoszonym później kazaniu miał nazwać „małe ceremonie kościelne"* – wyklęte przez wszystkich

---

* Prawdopodobnie chodzi tu o tzw. sakramentalia, czyli np. święcenie przedmiotów i miejsc, udzielanie błogosławieństw itp. (przyp. tłum.).

radykalnych reformatorów – „bardzo dobrymi i przydatnymi" praktykami, o ile tylko wykorzystywane są we właściwy sposób. Praktyki religijne Anny nie zostały pozbawione wszystkich elementów starego rytu. Planowała udział w pielgrzymce, wierzyła w proroctwa, przed rychłą śmiercią twierdziła, że pójdzie do nieba za dobre uczynki, a ostatnią noc spędziła na modlitwie przed poświęconym chlebem i winem. Wszystkie te obrzędy należały do rytuałów dawnej, a nie nowej wiary. Prawdopodobnie nie powinien nas zaskakiwać fakt, że zaledwie po piętnastu latach od chwili, gdy głos Lutra dał się słyszeć na europejskiej scenie, Anna – jak tylu jej współczesnych – nie umiała łatwo odsunąć od siebie tradycji, w której się wychowała. Bóg raczy wiedzieć, czy wierzenia i praktyki samego Henryka VIII nie okazałyby się jeszcze bardziej skomplikowane lub wzajemnie sprzeczne.

Jeszcze przed ostateczną rozgrywką u dominikanów Anna Boleyn pokazała królowi urywki nielegalnej książki *The Obedience of the Christian Man and How Christian Rulers Ought to Govern* (*Posłuszeństwo chrześcijanina, czyli jak powinni rządzić chrześcijańscy władcy*), wydanej na wygnaniu przez Williama Tyndale'a. Tyndale, który zasłynął swoim przekładem Nowego Testamentu z napisaną w duchu luterańskim przedmową, znalazł schronienie w Niderlandach, gdzie namiestniczki starały się jak najdłużej przymykać oko na obecność niepożądanego gościa. Książka podważała autorytet papieża i głosiła, że poddany ponosi odpowiedzialność przed władcą, a władca – przed samym Bogiem. Takiej właśnie idei Henryk poszukiwał: „Ta książka to lektura dla mnie i dla wszystkich królów".

Jeśli kobieta stojąca za mężczyzną u władzy miała odgrywać tradycyjną rolę doradczyni i pośredniczki, przekazującej idee oraz miłosierdzie, to Anna wywiązywała się z niej z wielkim powodzeniem w tym sensie, że jej idee zdołały się przebić. Zaczynały one jednak nadawać kwestii małżeństwa króla Henryka bardziej otwarte ramy religijne.

Nowym nabytkiem, który zjawił się na dworze w stosownej chwili, bo w miesiącach po przesłuchaniu u dominikanów, był wykształcony w Cambridge uczony Thomas Cranmer. Podsunął on sugestię, że sprawa Henryka nie należy do rozpatrywanych na gruncie prawa kanonicznego, lecz jest problemem teologicznym, dotyczącym prawa papieża do dyktowania decyzji książętom, należy więc w tej kwestii wysondować opinię teologów na uniwersytetach w Europie oraz w Anglii. Żeby mógł sformułować swoje idee, odesłano go pod opiekę rodziny Boleynów.

Przez najbliższą wiosnę przekonywano, jeden po drugim, wszystkie autorytety teologiczne do udzielenia odpowiedzi zgodnej z pragnieniem Henryka VIII, aż wreszcie – gdy synowie króla Franciszka I znaleźli się bezpiecznie w ojczyźnie – ustąpił w tej sprawie również uniwersytet paryski. W czerwcu 1530 roku Henrykowi doręczono *Collectanea satis copiosa* (*Zbiór wystarczająco obszernych źródeł*), kompendium materiałów biblijnych i historycznych, które wyraźnie sugerowały, że papież niekoniecznie musi być najwyższą władzą; w sierpniu król wezwał radę na kolejne posiedzenie w Hampton Court. We wrześniu Henryk – ostrzeżony przez nowo przybyłego nuncjusza papieskiego, że w Watykanie zgodnie z prośbą Katarzyny Aragońskiej wkrótce rozpocznie się proces w sprawie ich małżeństwa – wydał oświadczenie zakazujące stosowania się do werdyktu z Rzymu.

Przerażony Eustace Chapuys, ambasador Karola V, ostrzegł cesarza, że jeśli „hrabia i jego córka" (Anna Boleyn i jej ojciec) pozostaną u władzy, „całkowicie wyłączą to królestwo z powinności posłuszeństwa wobec papieża". W październiku Henryk zasugerował zebranym duchownym i prawnikom, że arcybiskup

Canterbury powinien mieć prawo podjęcia decyzji w procesie rozwodowym, choć ten pomysł nie od razu wydał owoce.

Rozpętała się wojna propagandowa, w której ścierały się ze sobą również kobiety. Anna Boleyn, którą rozgniewał fakt, że Katarzyna Aragońska nadal zszywa Henrykowi koszule (jej matka Izabela też niegdyś haftowała bieliznę Ferdynanda), nalegała, by to jej przekazano – na krótko, jak się okazało – ten obowiązek. Mogła się nauczyć tradycyjnych żeńskich zajęć w Mechelen, gdzie wśród osobistych przedmiotów Małgorzaty Austriackiej znajdowały się również kądziel i wrzeciono do wyrobu przędzy. Małgorzata wysłała też kiedyś swojemu ojcu Maksymilianowi I parę koszul, które pomagała uszyć. „Nasza skóra będzie się cieszyć delikatnością i miękkością lnu tak delikatnego, jakiego używają na swoje szaty aniołowie w Raju", pisał Maksymilian w jednym z wymienianych z córką gawędziarskich listów.

Przed Bożym Narodzeniem 1530 roku Anna zamówiła dla służby nowe liberie z niedawno przyjętym mottem: „Tak oto będzie, niech narzeka, komu wola". Było to motto dworu Małgorzaty Austriackiej. Chapuys pisał w raporcie, że Anna w dzień Nowego Roku 1531 oznajmiła, „że chciałaby posłać wszystkich Hiszpanów na dno morza (...); nie obchodzi ją królowa ani jej rodzina, wolałaby ją raczej ujrzeć wiszącą na stryczku, niż wyznać, iż to jej pani i królowa".

W lutym Henryk VIII zażądał, by władze kościelne uznały go za „jedynego protektora i najwyższego zwierzchnika Kościoła anglikańskiego i duchowieństwa". Chapuys poinformował, że Anna Boleyn „objawiała taką radość, jak gdyby rzeczywiście osiągnęła Raj". Faktycznie zaś daleko jej było do ślubu z Henrykiem. Wielu tych, którzy popierali Annę jako polityczną przeciwwagę równoważącą wpływy kardynała Wolseya, wzdragało się przed perspektywą ujrzenia jej w roli królowej. Jednakże sytuacja Katarzyny Aragońskiej dramatycznie się pogarszała.

Pod koniec maja wysłannicy Henryka po raz ostatni spróbowali przekonać królową, by posłuchała głosu rozsądku. Odmówiła, wykazując przy tym hart ducha, który zadawał kłam jej słowom, gdy określała się jako „biedna niewiasta bez przyjaciół i doradców". Gniew na jej krnąbrność zakończył wreszcie owe dziwne dwa lata, w których Katarzyna zachowywała pozycję królowej, podróżowała po kraju u boku króla, choć Anna wchodziła w skład orszaku. Na początku lipca wszyscy troje znaleźli się w Windsorze; 14 lipca Henryk i Anna odjechali na polowanie w Chertsey Abbey, a Katarzynie polecono zostać. Po kilku dniach królewska rada w pierwszym liście, w którym zwracano się do niej bez używania tytułu królowej, odrzuciła prośbę Katarzyny o pozwolenie na pożegnanie się z mężem.

Mąż nie był jedynym członkiem rodziny, z którym Katarzyna Aragońska miała zostać rozdzielona. Razem z nią w Windsorze przebywała jej córka Maria, lecz później Katarzynę odesłano do jednej posiadłości, a Marię do innej, leżącej kilka kilometrów dalej. Pewne okoliczności wskazują na to, że Henryk VIII – pod presją opinii publicznej – w 1532 roku pozwolił im się zobaczyć podczas krótkiej wizyty, ale nie ulega wątpliwości, iż matka i córka nigdy nie mogły już zamieszkać razem.

Katarzyna Aragońska, przynajmniej na razie, zachowała swoją pozycję. Odwiedzający ją Wenecjanin poinformował, że przy posiłkach asystowało jej trzydzieści dam, a jej dwór liczył dwieście osób. Jednakże królowa uważała się za uwięzioną, a ambasador Chapuys usłyszał od niej, że wolałaby jawne więzienie w Tower. Wspomniany Wenecjanin przekazał też swoją opinię, że lud nie zaakceptowałby innej królowej.

Rozdzielenie Katarzyny z córką było środkiem odwetowym. Król jednak żywił autentyczną obawę, że królowa – „dumna, uparta kobieta o bardzo dużej odwadze", jak pisał – mogłaby w obronie interesów Marii „całkiem łatwo wyruszyć w pole, zebrać wielką armię i wydać mi wojnę tak zażartą jak wszystkie te, które kiedykolwiek toczyła w Hiszpanii jej matka Izabela". W istocie Katarzyna pisała – gdyby tylko władze o tym wiedziały – że wojna „to coś, czego nie chciałabym wywołać, raczej wolałabym umrzeć". Chapuys w liście do Karola V przytoczył jej słowa: „następny parlament zadecyduje, czy mam zostać męczenniczką", ale – jak stwierdził – królowa jest „zbyt uczciwa", do tego stopnia, iż woli wybrać cierpienie.

Ostatecznie już samo rozdzielenie matki z córką przewrotnie wzmocniło więź między nimi, nienawiść do sił, które trzymały je z dala od siebie, surowe i nieugięte oddanie, z jakim Maria traktowała swoje prawa oraz religię, a które stało się jej charakterystyczną cechą. Gra królowych toczyła się według bezlitosnych reguł.

23
„Rodowita Francuzka"

Anglia, 1532–1535

W 1532 roku Anna Boleyn miała sposobność sięgnąć do swojego arsenału po kolejną broń. Od dawna bowiem dbała o to, by w polityce i w tendencjach religijnych podkreślać swoje związki z Francją; francuski dyplomata Lancelot de Carles stwierdził, że sprawiała wrażenie „rodowitej Francuzki". Rzeczywiście, w 1530 roku cesarski ambasador Chapuys pisał o jej przymierzu z Henrykiem VIII – że „tylko na nim opierają się uznanie oraz łaski, jakimi obecnie cieszą się Francuzi na tym dworze".

Do 1532 roku sojusz z Francją stał się ogólniejszym celem. To Francuzi, bądź co bądź, stanowili najbardziej prawdopodobnych popleczników Henryka w naciskach na papieża w sprawie przyznania mu rozwodu. Kontrola nad królewską „wielką sprawą" praktycznie spoczywała w rękach nowego aktora na scenie – Thomasa Cromwella. Cromwell, zrodzony z popiołów swego niegdysiejszego mistrza, Wolseya, od końca 1530 roku był członkiem Tajnej Rady Królewskiej. Teraz zaś miał zaplanować proces zmierzający do przekonania najpierw członków parlamentu, a następnie duchowieństwa, by uznali Henryka za jedynego zwierzchnika Kościoła.

W najnowszych negocjacjach jednak wciąż najważniejsza była Anna Boleyn. Ponieważ francuski ambasador de la Pommeraye towarzyszył angielskiemu dworowi podczas letnich łowów połączonych z uroczystym objazdem kraju, król Henryk omawiał z nim osobiste sprawy. Zadawał sobie „tyle trudu, żeby zapewnić mi dobrą rozrywkę, jak gdybym był jakąś wielką osobistością", informował z dumą dyplomata. Często przebywał „całkiem sam" z Anną, która podarowała mu z tej okazji nowy sprzęt myśliwski oraz psa gończego.

Henryk VIII postanowił kontynuować realizację celu zawarcia angielsko-francuskiego sojuszu i spotkać się ze swoim partnerem królem jesienią w Calais. Anna zaś jeszcze bardziej rozszerzyła ów plan. De la Pommeraye usłyszał z jej ust, że sama jest żarliwą przyjaciółką Francji, ale wielu doradców Henryka żywi odmienne uczucia. Czy nie byłoby najlepiej, gdyby ona również uczestniczyła w spotkaniu królów? De la Pommeraye dał się przekonać i napisał do kraju, że Franciszek I „powinien poprosić króla Henryka o zabranie ze sobą do Calais lady Anny", dodał również, iż „król [Franciszek] musi w takim wypadku przywieźć ze sobą do Boulogne królową Nawarry".

Francuski ambasador wyznał Chapuysowi, że Anna Boleyn oddała Francji usługi cenniejsze, niż kiedykolwiek można by wynagrodzić. Nie był to jednak dług jednostronny. Francuskie poparcie przydawało Annie, pochodzącej spoza grona wielkich rodów, pewnej wiarygodności. Poddano nawet myśl, że ona i Henryk mogą wziąć ślub w trakcie tegoż spotkania na szczycie w Calais, a król Franciszek mógłby uczestniczyć w ceremonii. Chapuys mówił, że Katarzyna Aragońska bardzo się tego obawia, choć Anna zadeklarowała, iż życzy sobie ceremonii „w miejscu, gdzie zwykło się poślubiać i koronować królowe". Niemniej pomysł nie chciał umrzeć śmiercią naturalną. Już po pewnym czasie od wyruszenia francuskiego orszaku w podróż Wenecjanie wciąż z pewnością siebie oznajmiali w raportach, że ślub odbędzie się w najbliższą niedzielę.

We wrześniu Henryk obwieścił, że Katarzyna Aragońska powinna przekazać swoje klejnoty, nawet te przywiezione z Hiszpanii, żeby Anna mogła się nimi przyozdobić na zbliżające się spotkanie. Królowa zareplikowała, że to „wbrew jej sumieniu, by oddawać klejnoty dla przystrojenia osoby wywołującej skandal w chrześcijańskim świecie", lecz jeśli król przyśle bezpośrednie polecenie, ona się podporządkuje. Tak więc Anna otrzymała ozdoby, zaś Chapuys stwierdził w raporcie, że „lady" – jak ją nazywał – nie szczędziła sobie trudu przy zakupie kosztownych sukien. Pierwszego września Henryk VIII nadał Annie tytuł markizy Pembroke, żeby podnieść jej status przed rychłym spotkaniem. Bezpośrednio po tym wydarzeniu – i nie był to zbieg okoliczności – nastąpiło ratyfikowanie przez Anglię i Francję traktatu o wzajemnej pomocy na wypadek agresji cesarstwa Habsburgów.

Powyższe plany oznaczały, że Małgorzata z Nawarry musi podjąć trudną decyzję dyplomatyczną. Królowa Francji Eleonora, siostrzenica Katarzyny Aragońskiej, nie chciała się pojawić na zjeździe – zresztą nikt się tego po niej nie spodziewał. Jednakże w ostatniej chwili wycofała się również Małgorzata. Mogła zachorować, użyć dyplomatycznej wymówki albo, jak twierdzą raporty, mogła zacząć patrzeć na Annę nie jak na towarzyszkę reformatorkę, lecz jak na skandalistkę. Nie musiała podjąć tej decyzji całkiem samodzielnie – choć we Francji reformatorscy myśliciele uważali, że kraj powinien stać po stronie Henryka i Anny, istniała też opinia przeciwna, stanowiąca źródło podziałów.

W raporcie dla Karola V Chapuys napisał, iż Henryk VIII był „poirytowany tym, że pani d'Alençon nie przybędzie", a także sugestią Franciszka I dotyczącą jego przyjazdu z inną damą, której mogłyby towarzyszyć pewne cieszące się złą sławą osoby z francuskiego dworu. „Ci ludzie [Anna i Henryk] nie dostrzegają całych gór we własnych oczach, a chcą wyjmować słomki z oczu innych", dodał zjadliwie Chapuys[1].

Ostatecznie Małgorzata z Nawarry prawdopodobnie okazała się bardziej przedstawicielką królewskiego rodu niż reformatorką. Dwa lata później Anna miała tego żałować: „Jej Wysokość niczego tak nie pragnęła (...) jak towarzystwa rzeczonej królowej Nawarry, z którą mogłaby rozprawiać, gdyż z przyczyn liczniejszych, niż można by wyrazić, Jej Wysokość pragnie [spotkania z Małgorzatą]". Jako królowa Anna nie zapomniała o swoim celu, jakim było nawiązanie kontaktu z Małgorzatą z Nawarry; sama pisała do niej: „największym [moim] życzeniem, oprócz urodzenia syna, było ponowne spotkanie z Tobą".

Kiedy nadszedł październik, Franciszek I na czele francuskich dworzan – orszak przybył z wizytą z Boulogne, gdzie odbyła się większość spotkań obu królów – z całą przyjemnością (i z bardzo cennym brylantem w roli upominku) powitał w Calais Annę Boleyn. Anna poznała ich wszystkich dziesięć lat wcześniej. Prawie na pewno podczas tamtego zjazdu w Calais albo w drodze powrotnej do domu, zmuszeni przez potężny sztorm do zmitrężenia kilku dni po zakończeniu oficjalnych uroczystości, Anna i Henryk VIII zaczęli ze sobą sypiać. Prawdopodobnie Anna zdecydowała się postawić wszystko na jedną kartę; zajście w ciążę położyłoby kres wszystkim opóźnieniom.

Do czasu, kiedy pod koniec stycznia 1533 roku podczas sekretnej ceremonii wzięła z Henrykiem ślub, zaszła w ciążę. W lutym, z pewnością celowo, ujawniła ten fakt wypowiedzianym publicznie żartem o wielkiej ochocie na jabłka, wiedziano bowiem, że chętka na określone smakołyki stanowi zapowiedź rychłego macierzyństwa. Zanim miesiąc dobiegł końca, Chapuys już przekazywał te wieści. Katarzynę Aragońską powiadomiono, że odtąd nie będzie tytułowana królową, a jej pozycja i dochody ulegną znacznemu obniżeniu. W tamtym roku podczas świąt Wielkiej Nocy to do Anny – jak do królowej – zanoszono błagania. W Niderlandach pojawiły się pogłoski, że cesarz, przy wsparciu pewnych angielskich arystokratów, wyruszy na wojnę w obronie Katarzyny i będzie „ją wspomagał na kolejnych polach bitewnych", na których królowa pojawi się „w koronie na głowie". Jednakże dopóki nie sięgnięto po taki środek, dopóty wszyscy byli bezsilni.

Sędziwy arcybiskup Canterbury zmarł w poprzednim roku, a na jego miejsce 30 marca został wyświęcony Thomas Cranmer. W kwietniu na mocy Aktu o ograniczeniu apelacji zabroniono odwoływania się w jakiejkolwiek sprawie do Rzymu, co oznaczało, że los Katarzyny bez reszty spoczął w rękach Henryka. Dwudziestego trzeciego maja Cranmer wykorzystał nowe prawo do unieważnienia małżeństwa króla z Katarzyną Aragońską, a pięć dni później – do zatwierdzenia ślubu Henryka VIII z Anną Boleyn.

Pierwszego czerwca Cranmer mógł już ukoronować Annę podczas olśniewającej publicznej ceremonii. Oficjalny wjazd królowej do miasta miał odzwierciedlać wniebowzięcie Matki Boskiej – i odzwierciedlał. Nowy akcent położony na klasyczne, a także biblijne wątki mitologiczne Anna mogła zaczerpnąć z francuskiego dworu. Królowa miała na sobie białe szaty we francuskim stylu, a procesję poprzedzali słudzy ambasadora Francji w strojach z błękitnego aksamitu z białymi pióropuszami. W wysłanym do Niderlandów raporcie Chapuys twierdził, że tłum powstrzymał się od jakichkolwiek oznak zadowolenia. Niemniej korona świętego Edwarda, noszona dotychczas wyłącznie przez monarchów, ostatecznie spoczęła na głowie Anny.

„Królowo Anno, kiedy będziesz nosić w łonie nowego syna z królewskiej krwi, dla twego ludu nastanie złoty wiek!" – obwieszczono podczas „żywych obrazów" w trakcie koronacji. Oboje rodzice zdawali się wierzyć w tę przepowiednię. Kiedy jednak 7 września o trzeciej po południu Anna urodziła, ku ich rozczarowaniu dziecko okazało się dziewczynką. Na pamiątkę matki króla (oraz samej Anny) nadano jej imię Elżbieta.

Według oficjalnego stanowiska przyjście na świat zdrowej córki stanowiło pewny dowód, że po niej pojawi się zdrowy syn. Chociaż turnieje zaplanowane dla uczczenia narodzin królewicza zostały odwołane, rozesłano przygotowane zawczasu listy obwieszczające nowinę, w których słowo „królewicz" zamieniono na „królewna", a francuski ambasador ponownie wystąpił jako honorowy gość na wystawnych chrzcinach dziecka.

Gdyby Anna Boleyn urodziła syna, jej pozycja stałaby się niepodważalna, ona zaś odniosłaby triumf. Ponieważ w kołysce spoczywała córka, gra o wszystko toczyła się nadal.

Córka jednak na pewno wystarczyła, by utwierdzić Annę w nieprzejednanej wrogości do innej matki i córki, które mogły stanąć na drodze jej samej oraz Elżbiecie. Wydała rozkazy nakazujące nie tylko, by Maria, córka Katarzyny Aragońskiej, zaczęła służyć jej córce – Elżbiecie, gdy małej następczyni tronu urządzono dwór – zastrzegła też, że gdyby Maria domagała się tytułowania jej królewną, słudzy Elżbiety mają trzepnąć ją w ucho „jak przeklętego bastarda, którym jest".

Bez wątpienia agresja Anny częściowo wynikała ze strachu. Według pewnej relacji powiedziała kiedyś: „Ona jest moją śmiercią, a ja – jej". Kilkakrotnie kierowała pod adresem Marii pojednawcze gesty, które jednak ta zawsze odrzucała; taką postawę córki bardzo aktywnie popierała Katarzyna Aragońska. Henryk i Anna (zapewne słusznie) niezależnie od siebie dopatrywali się przyczyny nieustępliwości Marii w jej „nieokiełznanej hiszpańskiej krwi".

Dwudziestego trzeciego marca 1534 roku – jak na ironię, tego samego dnia, gdy papież poniewczasie wydał werdykt na korzyść Katarzyny – parlament przegłosował pierwszy Akt o sukcesji, w którym obwieszczono, że Anna Boleyn jest legalną małżonką króla, a jej dzieci – następcami tronu. Wszystkie znaczące osobistości musiały przysiąc, że zastosują się do postanowień tej ustawy. Królewnę Marię uznano za dziecko nieślubne; matka i córka wiedziały, że Maria zostanie poproszona o zrzeczenie się tego tytułu.

„Córko, słyszę dziś takie wieści, że – o ile są prawdziwe – nadszedł według mnie czas, gdy Wszechmogący Bóg podda Cię próbie; bardzo się z tego cieszę", pisała Katarzyna Aragońska w sposób odzwierciedlający jej przekonanie, iż zagrożone będzie nawet ich życie. „Jeśli popadniesz w tarapaty, wyspowiadaj się; najpierw oczyść swoją duszę, słuchaj Jego przykazań i zachowuj je tak ściśle, jak On w swej łaskawości pozwoli, bo wtedy z pewnością nie będziesz bezbronna (...); nie wkraczamy do Królestwa Niebieskiego inaczej niż poprzez zmartwienia".

W listopadzie tamtego roku przyjęto Akt o poszanowaniu przysięgi w sprawie sukcesji; zobowiązywał on składających przysięgę do tego, żeby „byli wierni królowej Annie, uważali i uznali ją za legalną żonę króla i prawowitą królową Anglii oraz całkowicie uznali lady Marię, córkę króla i królowej Katarzyny, za bastarda, i to bez jakichkolwiek wyrzutów sumienia". Ustawa wymagała też wyrzeczenia się wszelkich „zagranicznych władz lub mocarstw".

Pod koniec roku król zwołał sesję parlamentu w celu przegłosowania Aktu supremacji, w którym obwieszczono, że Henryk VIII jest i zawsze był „jedynym najwyższym zwierzchnikiem Kościoła anglikańskiego na ziemi". Król oraz Cromwell postanowili zgnieść wszelkie sprzeciwy, lecz duża część winy z pewnością obciążała Annę.

Rola kozła ofiarnego prawdopodobnie była dla kobiety przeciwnością funkcji pośredniczki, którą tradycyjnie przypisywano królowej i która oddalała od monarchy odpowiedzialność w taki sam sposób, jaki umożliwił Małgorzacie Austriackiej i Ludwice Sabaudzkiej łatwiejsze zawarcie pokoju, niż mogliby to zrobić ich mężczyźni. W raporcie z czerwca 1534 roku Chapuys napisał, że Anna ponoć przysięgła, iż jeśli Henryk VIII opuści kraj, ona zaś będzie sprawowała władzę pod jego nieobecność, pozbawi Marię życia.

Ciekawe było założenie Anny Boleyn, iż otrzymałaby władzę regentki wzorem nie tylko Katarzyny Aragońskiej, lecz innych znanych sobie wielkich i możnych europejskich dam.

24
„Inklinacje do Ewangelii"

Francja, Niderlandy, 1533–1536

W okresie mniej więcej roku od śmierci Małgorzaty Austriackiej i Ludwiki Sabaudzkiej po drugiej stronie kanału La Manche, podobnie jak w Anglii, utrwalały się podziały religijne. Kiedy Gerard Roussel, kapelan siostry króla Francji, Małgorzaty z Nawarry, wygłosił w Luwrze kazanie wielkopostne, z dnia na dzień stał się gwiazdą – ku wściekłości katolickich konserwatystów. Jednakże Roussel (o czym ze złością pisał do niego urodzony we Francji reformator Jan Kalwin), podobnie jak jego protektorka, balansował na cienkiej linie między ideami ewangelicznymi a lojalnością wobec Kościoła katolickiego.

Ponieważ obie strony obnosiły się po ulicach z transparentami, ludzie o umiarkowanych poglądach obwiniali o histeryczne reakcje paryski uniwersytet, a konserwatyści rozprawiali o luteranizmie i oskarżali Małgorzatę, jej męża Henryka z Nawarry oraz Roussela. Pomimo interwencji króla Franciszka I kaznodzieję aresztowano. Małgorzata musiała stanąć w obronie Roussela, a ostatecznie znaleźć mu bezpieczne biskupstwo w należących do męża włościach. Zapewniała, że w tym, co głosił Roussel, nie było żadnej herezji. Jak mogłaby być? Duchowny pozostawał w jej służbie, ona zaś nie słuchałaby „takiej trucizny".

Kiedy Małgorzata z Nawarry została złośliwie ośmieszona w jakiejś uniwersyteckiej farsie, Franciszek I wziął tę zniewagę do siebie. W lutym 1534 roku pewien mówca zarzucił jej, że stała się rzeczniczką reformatorów, a król zażądał jego uwięzienia. Małgorzata w pierwszym odruchu nie zamierzała trąbić do odwrotu, przeciwnie – popierała sprawę politycznego sojuszu z niemieckimi książętami (katolikami i protestantami) przeciwko cesarzowi, czyniła też starania o sprowadzenie do Francji Phillipa Melanchthona, uczonego i bliskiego współpracownika Lutra. Jednakże francuski dwór pękał wzdłuż linii religijnych podziałów.

Stronnictwo reformatorskie, czego trudno było się spodziewać, zwerbowało nową zwolenniczkę – niedawno przybyłą do Francji młodą bratanicę papieża, Katarzynę Medycejską. Jesienią 1533 roku Katarzyna pod eskortą księcia Albany (żonatego z siostrą jej matki) przypłynęła do Marsylii, by poślubić młodszego syna Franciszka I, Henryka.

Wyburzono całą dzielnicę miasta, żeby pomieścić świtę Katarzyny na czele z jej stryjem papieżem. Katarzyna przywiozła olbrzymią garderobę i niebywałą kolekcję klejnotów, a także Mauretankę Marię oraz Turczynki: Agnieszkę i Małgorzatę, pojmane „podczas wypraw na berberyjskie wybrzeże". W trakcie ceremonii ślubnej miała na sobie suknię ze złotego brokatu i fioletowego aksamitu, obszytą gronostajowym futrem i gęsto naszywaną drogimi kamieniami; prezentowała się dość urodziwie mimo wyrazistych rysów i wyłupiastych oczu. „To piękna kobieta, kiedy kryje oblicze za woalką", powiedział o niej później niezbyt uprzejmie pewien dworzanin.

Świąteczny nastrój wesela nad brzegiem morza podobno rozluźnił, i tak już swobodne, zasady moralne francuskiego dworu, ale noc poślubna musiała być dla Katarzyny Medycejskiej i Henryka ciężką próbą: Franciszek I uparł się, żeby pozostać w sypialni, a później (jak pisze de Brantôme) twierdził, że czternastoletni małżonkowie dobrze się spisali w „zapasach".

Z większym zrozumieniem Katarzyna została przyjęta przez Małgorzatę z Nawarry, ale pierwsze lata na francuskim dworze były dla niej trudne. Kiedy we wrześniu 1534 roku jej stryj papież zmarł, wartość aliansu z Medyceuszami spadła, a nowy papież odmówił przekazania obiecanego posagu Katarzyny; Franciszek mógł tylko utyskiwać ze zgrozą, że oblubienica syna zjawiła się „zupełnie goła". Katarzyna, której młody mąż aż nazbyt wyraźnie okazywał brak zainteresowania, stała się, jako „kupiecka córka", przedmiotem drwin francuskich dworaków.

Sytuacja Małgorzaty z Nawarry też stawała się coraz trudniejsza. W październiku 1534 roku wybuchła „afera plakatowa" – rankiem mieszkańcy Paryża oraz paru innych miast zobaczyli na ulicach przybite do ścian ulotki atakujące „straszliwą, wielką i nieznośną zniewagę w postaci papieskiej mszy". Legenda głosi, że jedną z nich przymocowano nawet do drzwi królewskiej sypialni. Skoro reformatorzy (lub, jak później przysięgała Małgorzata, konserwatyści dążący do ich zdyskredytowania) zaczęli miotać obelgi nawet na sakramenty, wybuchła wojna. W atmosferze powszechnej paniki powołano specjalną komisję mającą osądzić podejrzanych, a kiedy w styczniu 1535 roku protestujący zdołali rozpowszechnić radykalny traktat, władze podjęły jeszcze bardziej zdecydowane kroki. Do tego czasu Małgorzata wycofała się (zapewne rozsądnie) do mężowskich posiadłości w Béarn i choć wyraźnie zdystansowała się od osób stojących za „łotrowskimi plakatami", w nadchodzących latach jej bliskie relacje z bratem, jak się zdaje, nieco się rozluźniły.

Zakazano publikowania „luterańskich" tekstów, choć wielu dysydentów stosowało się już wtedy nie do nauk Lutra, lecz teorii znacznie bardziej radykalnego Szwajcara Ulricha Zwingliego[1].

Wielu dawnych towarzyszy Małgorzaty z Nawarry za rzecz roztropną uznało ucieczkę za granicę. Ludzi udzielających schronienia heretykom karano równie surowo jak ich samych. Wśród tych, którzy ponieśli najwyższą karę i spłonęli na stosie, znalazł się wydawca drugiej edycji *Zwierciadła* pióra Małgorzaty. Książka ściągnęła na siebie wrogość paryskiego uniwersytetu, choć gdy na krótko znalazła się na liście dzieł zakazanych, Franciszek I ponownie pospieszył z interwencją.

W lipcu 1535 roku król rozkazał położyć kres prześladowaniom i zwolnić wszystkich uwięzionych z przyczyn religijnych (dano im jednak tylko sześć miesięcy na wyrzeczenie się swoich poglądów). Wkrótce rodzeństwo znów zgodnie współdziałało przy próbach zrealizowania dawnego marzenia Małgorzaty – sojuszu z niemieckimi książętami przeciwko cesarzowi. Kiedy na początku 1536 roku papież (który nadal dążył do chrześcijańskiego przymierza przeciw Turkom) zwołał rozmowy pokojowe między Franciszkiem I a Karolem V – choć te ostatecznie spełzły na niczym – Małgorzata uczestniczyła w nich jako osoba reprezentująca Francję[2].

W następnych latach Małgorzata z Nawarry spędzała coraz więcej czasu na południu, wypełniając go pisaniem. Nawet jej mąż, o ile wspomnienia przypisywane jej córce są dokładne (patrz notka w spisie źródeł), z gniewem przestrzegał ją przed niebezpiecznym eksperymentowaniem w sprawach wiary. Jej olbrzymi dorobek świadczy o tym, że coraz bardziej zwracała się ku tekstom o tematyce świeckiej, choć często zawierającym podskórne przesłanie moralne lub nawet religijne. Co najważniejsze, prawie nic z jej dzieł nie ukazało się drukiem za życia autorki.

O przebywającej w Niderlandach Marii Węgierskiej, podobnie oskarżanej w młodszych latach o zbyt daleko posunięte sympatie wobec protestantów, chodziły słuchy, że jest "dobrą luteranką".

Gorąco podziwiała humanizm Erazma z Rotterdamu, który też pisał o niej z estymą, a swą osobowość kształtowała w kręgach kultury niemieckiej, gdzie najbardziej ceniono nauki Lutra. Kiedy została królową Węgier, wzbudziła kontrowersje mianowaniem swoim kaznodzieją luteranina – Conrada Cordatusa, ten zaś przed całym dworem przypuścił atak na papiestwo.

W 1526 roku Luter zadedykował Marii cztery psalmy, usłyszawszy, że wykazuje ona, jak pisał, "inklinacje do Ewangelii" mimo wszystkich działań "bezbożnych biskupów" węgierskich, starających się ją od tego odwieść. Jej brat Ferdynand napisał do niej list z reprymendą, lecz Maria odpisała, że nie ma wpływu na wygłaszane przez Lutra stwierdzenia, choć nie odcięła się od związków z nim.

Kiedy po raz pierwszy wypłynęła kwestia objęcia przez nią namiestnictwa Niderlandów, Maria – mimo głośno wyrażanej awersji do tego stanowiska – pragnęła zapewnić swojego drugiego brata, Karola V, że nadal niewzruszenie trwa przy rodowej wierze i dowiedzie tego, zwalniając wszystkich obecnych w jej świcie potencjalnych luteranów. Karol ze swej strony ostrzegł, że wolałby posłać na stos nawet najbliższego krewnego – rodzica, dziecko lub któreś z rodzeństwa – niż tolerować herezję. Prawdopodobnie jednak ich postawy aż tak się od siebie nie różniły. W przypadku Karola z pewnością była to mniej sprawa sumienia, a bardziej – porządku społecznego. "Odwracając się od wiary katolickiej, ludzie jednocześnie odwrócą się od lojalności i posłuszeństwa wobec władcy", mawiał.

Po przybyciu do Niderlandów Maria Węgierska wykazała się dość udatnie sprawowaną władzą gubernatorki – uczyniła swój dwór ośrodkiem luksusu i kultury, a w końcu wybudowała w Binche cudowny renesansowy pałac, przeznaczony na jej rezydencję.

Podobnie jak ona sama i jej siostry wychowywały się pod skrzydłami Małgorzaty Austriackiej, tak teraz Maria, kontynuując jej dzieło, opiekowała się siostrzenicami, pozostającymi dotychczas w pieczy Małgorzaty. Kiedy w 1533 roku jedenastoletnia Krystyna Duńska została wydana za księcia Mediolanu, jej wuj Karol V wyraził zgodę, żeby niezwłocznie podjęła swoje małżeńskie obowiązki. Jednakże Maria, podobnie jak przed nią Małgorzata, najpierw zaprotestowała, a następnie grała na zwłokę: „Możesz narazić jej życie, gdyby zaszła w ciążę, jeszcze zanim w pełni stałaby się kobietą", pisała. Błagała brata o wybaczenie tak bezpośrednich wypowiedzi, ale twierdziła: „zmuszają mnie sumienie i miłość do tego dziecka". Gdy otrzymała polecenie wyprawienia Krystyny do Mediolanu tuż po jej dwunastych urodzinach, rozchorowała się i poprosiła o dymisję ze stanowiska.

Jak wszystkim kobietom u władzy, Marii dawał się we znaki stres, a trzeba pamiętać, że czasy nadal nie były łatwe. W 1534 roku religia znów zaczęła sprawiać problemy. W Westfalii, sąsiednim księstwie niemieckim, anabaptyści opanowali ratusz w Münster i obwieścili powstanie nowego Jeruzalem, opartego na wspólnej własności i równości ludzi. Kiedy wezwali wiernych, by przyłączyli się do nich, wielu mieszkańców Niderlandów usłuchało i wyruszyło w górę Renu.

Münster, oblężone przez siły wygnanego biskupa, skapitulowało dopiero w czerwcu 1535 roku. W kontekście tych wydarzeń oraz narastającego napięcia w stosunkach francusko-cesarskich Karol V ostatecznie wyraził zgodę na to, o co siostra Eleonora, królowa Francji, błagała go od dawna – po wielu latach rozłąki mogła się spotkać ze swoją siostrą Marią Węgierską.

Latem 1535 roku obie siostry spotkały się w Cambrai, gdzie zaledwie sześć lat wcześniej zasiadły naprzeciw siebie Małgorzata Austriacka i Ludwika Sabaudzka. Tym razem jednak Karol V postanowił, że nie będzie rozmów o polityce – i choć Eleonora przybyła z liczną świtą, a przynajmniej część jej członków na pewno miała nadzieję na rozmowy dyplomatyczne, Maria nieugięcie trzymała się wytyczonego przez brata scenariusza.

Może był to znak zmieniających się czasów? Albo bardzo odmiennych osobowości? Spotkanie w Cambrai nie przyniosło żadnych spektakularnych rezultatów.

25
„...wątpić w swój koniec..."

Anglia, 1536

Bardzo się staraj żyć dobrze, żebyś nie miała powodu, by wątpić w swój koniec i w łaskę bożą na tym i na tamtym świecie", przestrzegała Anna de Beaujeu. Gra królowych toczyła się o wysokie stawki, a przegranych mogła czekać śmierć. Pierwsza połowa 1536 roku przyniosła taką karę nie jednej, lecz dwóm angielskim królowym. Zanim na polach dojrzało zboże, bolesna batalia Katarzyny Aragońskiej dobiegła końca, a jej rywalka Anna Boleyn uklękła na słomie szafotu, czekając na cios miecza.

Podobnie jak Katarzyna, Anna Boleyn nie zdołała wydać na świat kolejnego dziecka. Prawdopodobnie poroniła latem 1534 roku, być może ponownie w 1535. Jednakże niepokój Henryka VIII na punkcie, jak uważano, niepłodności królowej w 1536 roku zaczął postępować w zastraszającym tempie.

Katarzyna Aragońska zmarła 7 stycznia, prawdopodobnie na nowotwór serca. Wcześniej przeniesiono ją do zamku w leżącej o sto kilometrów na północ wsi Kimbolton w Huntingdonshire, gdzie na co dzień nadal stosowała te same ponure praktyki, co w poprzednim miejscu uwięzienia: z obawy przed trucizną rozkazała, by posiłki przyrządzało jej kilkoro zaufanych, starych służących, nie opuszczała też swej komnaty. Wystrzegała się nawet przysłanych przez Henryka nowych służących, których uważała za „strażników i szpiegów". W godzinach poprzedzających śmierć napisała do Henryka ostatni list – rozpoczynający się od słów: „Najdroższy panie, królu i mężu"; napominała, by przedkładał „zdrowie i bezpieczeństwo duszy" nad sprawy doczesne, nad „dbałość o ciało i uleganie jego pokusom".

Napisała mężowi, że wszystko mu wybacza i modli się, by i Bóg przebaczył winowajcy. „Na koniec przysięgam, że moje oczy pożądają nade wszystko Twojego widoku", wyznała. List podpisała wyzywająco: „Katarzyna, królowa". Henryk VIII i Anna Boleyn uczcili wieść o śmierci Katarzyny, lecz już niedługo Anna miała się przekonać, że – przynajmniej dla niej – świętowanie było przedwczesne.

Informacje o życiu małżeńskim Henryka i Anny są sprzeczne: czy już wtedy przeżywali problemy, czy może wydarzenia z 1536 roku spadły na nich jak grom z jasnego nieba? Czy ich związek już się rozpadał? Cesarski ambasador Chapuys informował, że tak, ale to samo z nadzieją powtarzał od lat. W raportach regularnie określano pożycie królewskiej pary jako „radosne"; jeśli pojawiały się wzmianki o burzach, to takie epizody stanowiły istotę ich związku, a już na pewno w jego wczesnej fazie. Nawet Chapuys przyznawał, że niektóre z ich awantur mogły być tylko „kłótniami kochanków".

Możliwe, że to samo, co pociągało Henryka w kochance, w żonie zaczęło go odpychać. A jeśli pociąg króla do Anny Boleyn osłabł, ona – w przeciwieństwie do Katarzyny Aragońskiej – nie miała wśród krewnych europejskich władców, którzy stanęliby za nią. Anna de Beaujeu mądrze pisała: „Nie powinnaś też mówić za dużo i w zbyt ostrym tonie, jak wiele głupich i przemądrzałych kobiet, które – chcąc zwrócić na siebie uwagę i wzbudzić większy podziw – przemawiają śmiało i lekkomyślnie".

Krótko przed śmiercią Katarzyny Henryk VIII powiedział Chapuysowi, że gdyby królowa zmarła, Karol V nie miałby powodów, by kłopotać się angielskimi sprawami. Wyraził się być może obcesowo i bezdusznie, lecz trafnie – Henryk mógłby wówczas odnowić stosunki z Karolem, bez konieczności przyjmowania Katarzyny z powrotem. Przeciwnie, to profrancuska, natarczywa Anna, a nie zraniona Katarzyna, zagradzała obecnie drogę do nowego sojuszu z cesarstwem.

Annę Boleyn identyfikowano z francuskimi interesami do tego stopnia, jakby rzeczywiście była Francuzką. Po jej śmierci Maria Węgierska, mimo znajomości zawartej w Mechelen w czasach dzieciństwa, powiedziała o Annie, że była Francuzką, a tym samym antagonistką Habsburgów. Anna znalazła się w pułapce między dwiema stronami konfliktu, niemal jak francuska królewna – najpierw wydana za mąż, a następnie porzucona, jak wiele innych kobiet w tej opowieści.

Francja długo żywiła ambiwalentne uczucia wobec nowej sytuacji w Anglii. Henryk VIII z pewnością uważał, że Franciszek I popiera jego dążenie do unieważnienia małżeństwa, lecz okazało się, że strona francuska nie ma ochoty na konfrontację z papieżem w imię realizacji tego celu. W 1535 roku Annę Boleyn zaszokowała francuska sugestia mariażu uznanej oficjalnie za nieślubną Marii z delfinem, tym bardziej że Francja chłodno zareagowała na propozycję wydania małej Elżbiety nawet za jednego z młodszych synów Franciszka I. Ponadto narastające prześladowania francuskich reformatorów izolowały proreformatorsko nastawionych przyjaciół Anny.

Królowa uważała, że ma w ręku kartę przetargową – ponownie była brzemienna. Jednakże 29 stycznia 1536 roku, w dniu pogrzebu Katarzyny Aragońskiej, nastąpiła katastrofa: Anna Boleyn poroniła. Uważała, że to w wyniku szoku, którego doznała pięć dni wcześniej na wieść o ranie odniesionej przez Henryka VIII na turnieju. Jak to ujął w raporcie Chapuys, „poroniła swojego wybawcę". „Widzę, że Bóg nie da mi synów", oznajmił jej złowieszczo Henryk, który później, w rozmowie z pewnym dworzaninem, dodał, iż został „skuszony czarami" do małżeństwa[1].

Nic dziwnego, że Chapuys napisał do cesarza, iż Anna nie zareagowała na śmierć Katarzyny niezmąconą radością. W chwilach refleksji zaczynała się obawiać, że spotka ją taki sam koniec. W połowie stycznia zmieniła kurs, a przynajmniej taktykę, wobec córki Katarzyny – napisała do Hatfield (przeniesiono tam Marię, chcąc włączyć ją w skład dworu małej Elżbiety), żeby zaprzestano zmuszać Marię do uznania wyższej pozycji Elżbiety. Musiała wiedzieć, że Henryka ciągnie do Joanny Seymour, jednej z jej dam dworu – kobiety o jasnej karnacji, biernej, Angielki w każdym calu, reprezentującej o wiele bardziej tradycyjny, uległy model kobiecości.

Sygnały jednak bywały sprzeczne. Sama Anna Boleyn musiała to dostrzegać. Osiemnastego kwietnia Chapuys dał się przekonać (albo skłonić podstępem) do tego, czego tak długo unikał – uznania Anny za królową, kiedy szła przez kaplicę, wymieniając „wzajemne uprzejmości nakazywane grzecznością", jak to ujął. Maria, córka Katarzyny, przyjęła tę wieść „z pewną zazdrością". Fakt, że Henryk VIII nastawał, by ambasador cesarza, siostrzeńca królowej Katarzyny, uznał jej następczynię za królową Anglii, z pewnością sugeruje, iż w tym czasie król w rzeczywistości nie zamierzał Anny oddalić. Chociaż mogło być na odwrót – wygrana w tej kwestii mogła oznaczać, że ego króla nie wiązało się już tak ściśle z akceptacją osoby Anny.

Henryk VIII nie tylko zwątpił w to, że Anna Boleyn da mu męskiego następcę tronu, ale też zapragnął Joanny Seymour. Istniał jednak jeszcze jeden łańcuch zdarzeń wiodących do różnicy zdań między małżonkami. Drugiego kwietnia 1536 roku Skip, jałmużnik Anny, wygłosił przed doradcami króla kazanie, w którym opisał, jak król Achaszwerosz (Aswerus) nieomal dał się przekonać złemu doradcy Hamanowi do wydania rozkazu masakry Żydów, a ocaliła go przed tym postępkiem tylko jego żona – Estera. Podczas koronacji Annę porównano do Estery (jak na ironię, Katarzynę również), Hamana zaś łatwo można rozpoznać w osobie Thomasa Cromwella.

Pod koniec życia Anny Chapuys pisał o „heretyckich doktrynach i praktykach tej konkubiny – głównej przyczynie szerzenia się w tym kraju luteranizmu". Możliwe jednak, że reforma podążyła ścieżkami, których Anna nie przewidziała. W 1535 roku pod egidą Cromwella odbyła się generalna inspekcja („wizytacja") klasztorów, a niektóre mniejsze ośrodki wytypowano do zamknięcia. Było oczywiste, że ten proces nabiera tempa. Anna mogła się pokłócić z Cromwellem o to, dokąd należy skierować zyski z likwidacji klasztorów: czy powinny zostać przeznaczone na edukację i reformy społeczne, jak chciała Anna, czy mają trafić do królewskiej szkatuły.

Jednakże zarzuty sformułowane pod adresem Anny wiosną 1536 roku dotyczyły nieodpowiedniego prowadzenia się w sferze seksualnej. Po śmierci Anny Boleyn Lancelot de Carles, sekretarz francuskiego ambasadora, mówił, że lady Worcester z dworu Anny, sama oskarżona o niemoralne prowadzenie się, w obronie wykrzyknęła, iż jej winy są niczym w porównaniu z postępkami królowej, która utrzymuje cielesne stosunki ze swoim muzykiem Markiem Smeatonem, szlachcicem z kręgu ulubieńców króla, Henrym Norrisem oraz z własnym bratem George'em.

Trzydziestego kwietnia Mark Smeaton został doprowadzony do domu Cromwella na przesłuchanie, na którym – być może pod wpływem tortur lub groźby ich użycia – przyznał się do trzykrotnego uprawiania seksu z królową. Sama Anna opowiedziała o niedawnej rozmowie, w której Smeaton sprawił wrażenie, że usycha z miłości do niej; zapewne mieściło się to w uświęconych tradycją regułach gry dworskiej miłości, do której jednak nie dopuszczała go niska pozycja społeczna. Dalsze uwagi królowej, skierowane do innych mężczyzn, mogą sugerować dworską miłość, której reguły uległy wypaczeniu, ale chodzi o to, że zeznanie Smeatona, prawdziwe lub fałszywe, nadało inny charakter wszystkim późniejszym dochodzeniom, które odtąd za punkt wyjścia miały przyjmować domniemane cudzołóstwo Anny.

Z pewnością poinformowano o tym Henryka. Szkocki reformator Alexander Ales opowiedział później Elżbiecie, córce Anny, jakie ma wspomnienia z okresu po zeznaniu Smeatona: „Przez otwarte okno [widziałem] twoją najpobożniejszą matkę, pani, jak trzyma ciebie, jeszcze małe dziecko, w ramionach i usilnie błaga Najjaśniejszego Pana, twego ojca (...); oblicza i gesty mówiących wyraźnie zdradzały, że król jest rozgniewany". Powyższa scena ukazuje Annę i Henryka w rozpaczy, lecz na pewno wciąż też w niepewności. Henryk postanowił odłożyć o tydzień podróż do Calais, w którą planował wyruszyć z Anną, ale turniej dla uczczenia przypadającego nazajutrz pierwszego dnia maja miał się odbyć.

Anna Boleyn musiała wyczuwać swoje słabe punkty. Trzydziestego kwietnia ubłagała Norrisa, by złożył przed jej kapelanem przysięgę, że „była zacną kobietą"; tak zareagowała na kolejny incydent, który można było zinterpretować jako śmiercionośny. Anna, pytając Norrisa – zaręczonego z jedną z jej dam – dlaczego zwleka ze ślubem, zasugerowała, że Norris ma nadzieję na poślubienie samej Anny: „Czekasz na okazję; gdyby coś się przydarzyło królowi, pewnie liczyłbyś, że dostaniesz mnie". W myśl uchwalonego w 1534 roku Aktu o zdradzie, słowa zakładające zło wyrządzone królowi uznawano za zdradę stanu.

Henryk VIII i Anna Boleyn byli obecni na majowym turnieju w Greenwich, a król nadal pod każdym względem zachowywał się wobec Norrisa łaskawie. Jednakże Henryk nagle opuścił uroczystości, nad czym „wielu ludzi się zastanawiało, a najbardziej królowa"; wziął na spytki Norrisa, obiecując mu łaskę, jeśli wyzna prawdę. Norris stanowczo utrzymywał, że jest niewinny, ale następnego dnia zabrano go do Tower, gdzie przetrzymywano już Smeatona oraz George'a, brata Anny.

Aresztowano jeszcze czterech innych mężczyzn podejrzanych o cudzołóstwo z Anną, w tym jej dawnego adoratora – Thomasa Wyatta – oraz sir Francisa Westona, szlachcica pełniącego służbę w prywatnych komnatach króla. Weston flirtował z damą służącą w komnatach Anny, ale wyznał, że bardziej kocha inną; pod wpływem nalegań królowej, by zdradził tożsamość ukochanej, odparł: „To właśnie ty, pani".

„Tak więc, moja córko, bez względu na twój wiek strzeż się, by cię nie zwiedziono, i pamiętaj, co ci mówiłam przedtem – mogą cię obwinić nawet o jakąś błahostkę", ostrzegała Anna de Beaujeu.

Anna Boleyn na pewno myślała o tym wszystkim. I na pewno przeczuwała nadciągające kłopoty – w ostatnim tygodniu kwietnia poprosiła swojego kapelana Matthew Parkera, by miał szczególne baczenie na jej córkę[2]. Mimo wszystko musiał ją oszołomić cios, który spadł na nią 2 maja, gdy została aresztowana i oskarżona o utrzymywanie związków seksualnych z Norrisem, Smeatonem i jeszcze jednym mężczyzną. Powiedziała, że „nigdy nie widziano, by tak okrutnie traktowano królową", miała też nadzieję, że król chce ją tylko poddać „próbie" – był to stały wątek dworskiej miłości.

Odprowadzona do Tower, Anna zapytała, czy zostanie umieszczona w lochu. Usłyszała, że zamieszka w kwaterze królewskiej, z której korzystała przed koronacją. Padła na kolana z okrzykiem: „Jezu, zmiłuj się nade mną!". Przygotowany przed procesem akt oskarżenia zarzucał jej, że „codziennie ulegając słabości i cielesnej żądzy, nikczemnie i zdradliwie nakłaniała do nierządu rozmowami i pocałunkami, pieszczotami, upominkami oraz innymi haniebnymi podnietami rozmaitych członków codziennej i stałej służby króla, czyniąc z nich cudzołożników i swoich konkubentów". A nawet: „nakłaniała swojego rodzonego brata do wzięcia jej siłą, kusząc go w taki sposób, że wsuwała mu język do ust i brała jego język w swoje usta, wbrew woli Wszechmogącego Boga oraz wszelkim prawom ludzkim i boskim". Oto jak można było poniżyć królową; sama Anna w pamiętnej scenie zapewniała, że może tylko zaprzeczyć oskarżeniom „z odsłoniętą piersią".

Dwunastego maja odbył się proces czterech oskarżonych z plebsu, którym postawiono zarzuty (Wyatt i jeszcze jeden podejrzany zostali zwolnieni). Smeaton ponownie przyznał się do zarzucanych mu czynów, pozostali natomiast twierdzili, że są niewinni. Wszystkich czterech czekał nieuchronny wyrok śmierci za zdradę. Trzy dni później, 15 maja, Anna Boleyn i jej brat George stanęli osobno przed ławą przysięgłych, złożoną z ławników dorównujących im pozycją społeczną.

Naoczny świadek pisał, że królowa wkroczyła do wielkiej sali londyńskiej twierdzy Tower, „jak gdyby szła odnieść wielki triumf". Na oczach około dwóch tysięcy widzów na każdy zarzut odpowiedziała stanowczo: „Niewinna". Charles Wriothesley, herold Windsor, zanotował: „Udzielała na wszystkie stawiane pytania tak mądrych i stonowanych odpowiedzi, usprawiedliwiała się w słowach tak klarownych, jak gdyby nigdy nie popełniła żadnych błędów".

Kiedy przyszła kolej na George'a Boleyna, ten zagmatwał sprawę, a zarazem podniósł stawkę gry, odczytując na głos spisane dlań zarzuty, że razem z Anną śmiali się z niedostatecznej męskości króla. Dwudziestu sześciu sędziów przysięgłych jak jeden mąż uznało winę oskarżonych. Wuj Anny, książę Norfolk, odczytał wyrok: królowa powinna zostać spalona na stosie albo ścięta – zależnie od decyzji króla. Dwa dni później pięciu mężczyzn stracono. Tego samego dnia małżeństwo Anny z królem zostało unieważnione.

Dziewiętnastego maja Anna Boleyn stanęła na szafocie. W Tower wykrzyknęła, że jej śmierć pociągnie za sobą również śmierć jej rodzonej matki, o której tak mało się wspomina w opowieściach o Annie. Poza tym, jak poinformował w raporcie porucznik Tower, królowa witała śmierć z „wielką radością".

Dlaczego Anna Boleyn musiała upaść? W tamtych czasach przyjęto oczywiste założenie, że była winna zarzucanych jej zbrodni. Niejaki John Hussey pisał: „Wszystkie księgi i kroniki (…) spisane przeciwko niewiastom (…) od czasów Adama i Ewy okazałyby się, jak mniemam, zaiste niczym w porównaniu z tym, co zrobiła i czego się dopuściła królowa Anna". Jednakże arcybiskup Cranmer, którego o przebiegu wydarzeń poinformował szkocki reformator Ales, przechadzając się w ogrodach Lambeth Palace w godzinach poprzedzających egzekucję Anny, stwierdził: „Ta, która na ziemi była królową Anglii, dzisiaj zostanie królową w Niebiosach".

Oczywiście jedna teoria wciąż głosi, że Anna popełniła cudzołóstwo, nawet jeśli nie do końca było tak, jak jej zarzucano – ma ona jednak niewielu zwolenników. Zwłaszcza że szczegóły oskarżenia zawierają możliwe do wykazania mankamenty, takie jak choćby fakt, iż królowa oraz jej domniemani kochankowie w przypuszczalnym dniu popełnienia cudzołóstwa często nie znajdowali się nawet w tym samym miejscu. Anna jednak w obliczu śmierci wielokrotnie przysięgała „pod groźbą skazania duszy na potępienie", iż jest niewinna.

Sama Anna Boleyn twierdziła, że „jest przekonana, iż została skazana z innego powodu niż rzekoma przyczyna". Inna teoria, którą o wiele łatwiej przyjąć jako czynnik, który doprowadził do zniszczenia królowej, wskazuje jej niegdysiejszego sprzymierzeńca, Thomasa Cromwella. To całkiem możliwe, że gdy Anna pokłóciła się z Cromwellem, ten zaczął się obawiać o swoje bezpieczeństwo, jeśli królowa zachowałaby swą dotychczasową pozycję. Podobnie jak wielu innych, widział przecież, że to ona zaplanowała upadek Wolseya.

Inna teoria widzi w Cromwellu narzędzie jego pana, króla Henryka VIII, który – czy to autentycznie przekonany o winie Anny, czy na tyle cyniczny i okrutny, by poszukać wymówki pozwalającej mu się pozbyć żony – rozkazał Cromwellowi znaleźć dowody na poparcie sprawy. W dzień po śmierci Anny Henryk obwieścił swoje zaręczyny z Joanną Seymour i poślubił ją z nieprzyzwoitym pośpiechem. Nawet Chapuys 18 maja odnotował gniew opinii publicznej za to, że król okazuje taką radość „od czasu aresztowania dziwki". W tym zasadniczo tkwi wielki problem historyków badających tamte lata – Henryk VIII sprawia bowiem wrażenie durnia lub potwora.

Być może istnieje kompromisowe stanowisko dostrzegające w reakcji króla Anglii element zakłopotania, oszukiwania samego siebie. Anna prawdopodobnie straciła życie za ideę, lecz nie z powodu religii reformowanej, tylko starego ideału dworskiej miłości. Nauczyła się tej gry na europejskich dworach; dopuszczała ona – wręcz wymagała – pewien stopień swobody w stosunkach z otaczającymi ją mężczyznami. Tą taktyką Anna najpierw oczarowała Henryka, jednak nie umiała ocenić, kiedy nie powinna w nią grać.

Wkrótce po ukoronowaniu Anny na królową jej szambelan pisał: „Co się tyczy rozrywek w komnatach królowej, to nigdy nie było ich więcej. Jeśli kto z obecnie odjeżdżających ma jakieś damy, które według niego darzą go łaskami i będą cokolwiek żałować rozstania ze swymi sługami, to nie przyjdzie mi do głowy, by się tego dopatrywać w tym, jak tańczą". „Słudzy" to określenie ze słownika dworskiej miłości, lecz na tym późnym etapie długiej dworskiej tradycji zapewne używano go jedynie z cyniczną konotacją.

Annie Boleyn nie była z urodzenia przeznaczona rola głównego gracza w tej drugiej grze – grze królowych. Była przekształconym w królową pionkiem, który wywalczył sobie prawo poruszania się ze swobodą szachowej figury hetmana. A jeśli się przekonała, że owa swoboda ma określone ograniczenia, podobnie przekonały się o tym inne kobiety, górujące nad nią urodzeniem. Katarzyna Aragońska przyszła na świat w randze królowej – jako córka kobiety, której autorytet wydawał się nieść temu stuleciu pewną naukę. W końcu jednak i ona żywiła uzasadnione obawy o swoje życie, a zmarła w sytuacji, która w szczytowym punkcie jej kariery mogłaby się wydawać absurdalna.

O ile Anna pod wieloma względami była postacią grzeszną, o tyle Katarzyna przez cały okres małżeństwa grała zgodnie z regułami, a zgrzeszyła tylko odmową spokojnego zakończenia partii. Mimo to jej los, podobnie jak dzieje Anny, służy jako przykład pokazujący, jak zależne były władza kobiety i jej przywileje w pierwszej połowie XVI wieku. Warunkiem ich zachowania była wola mężczyzny, ale też to, by kobiety, w tym lub innym sensie, nie zawiodło jej własne ciało, podatne na atak na płaszczyźnie cnoty czy płodności.

Wyniesienie Anny Boleyn do rangi królowej ukazuje kobiecą siłę, lecz też jej największą podatność. Na szachownicy królowa zyskała nową moc, a mimo to wszystkim, co ostatecznie się liczy, pozostało bezpieczeństwo króla. W późniejszych latach święta Teresa z Ávili w dziele *Droga doskonałości* wykorzystała przykład szachowej królowej jako model pokory ze względu na jej oddanie królowi.

W tamtych dekadach wiele kobiet dzierżyło wielką władzę. Niemniej z jedynym wyjątkiem – Izabeli Kastylijskiej – wszystkie sprawowały ją warunkowo, pod nieobecność lub podczas przejściowej niezdolności do rządzenia syna, bratanka, męża lub brata. Takie okoliczności sprawiały, że kobiece rządy stawały się możliwe do przyjęcia. W drugiej połowie stulecia nowa grupa władczyń – panujących królowych, a nie regentek – miała zaprezentować nowy zestaw wyzwań odmiennych nie tylko pod względem ilościowym, lecz też jakościowym.

W Anglii na mocy drugiego Aktu o sukcesji obie córki Henryka VIII zostały uznane za dzieci nieślubne. Stały się bastardami, jak syn Bessie Blount, książę Richmond. Jak stwierdził w raporcie Chapuys, równie dobrze można by postanowić, że męski bastard przebija w grze bastarda płci żeńskiej. Jednakże 23 lipca książę Richmond zmarł[3].

Czas miał pokazać, że obie siostry Tudor – Maria i Elżbieta – choć obecnie może i uznane za „nieślubne", nie pozostały w cieniu. Podjęły prowadzoną przez swoje matki rywalizację, a ponieważ podziały wyznaniowe wciąż się utrwalały, poniosły również religijne dziedzictwo matek w drugą połowę XVI wieku.

Także we Francji w miesiącach letnich 1536 roku doszło do nieoczekiwanej śmierci delfina, następcy tronu. Współcześni podejrzewali – z pewnością niesłusznie – że cesarz rozkazał go otruć; inni wskazywali na Katarzynę Medycejską, tym bardziej iż podejrzany o ten czyn służący przybył do Francji jako członek jej świty. W tej sytuacji nowym następcą Franciszka I stał się jego drugi syn Henryk, to zaś oznaczało, że Katarzyna Medycejska, dawniej lekceważona jako małżonka zaledwie młodszego syna króla, stała się przyszłą królową Francji. Nadchodziło nowe pokolenie.

CZĘŚĆ IV

1537–1553

Pan Gaspar nie znajdzie mi mężczyzny godnego podziwu, ale ja znajdę mu żonę lub córkę, lub siostrę o takich samych, a niekiedy większych przymiotach.

Il Cortegiano (Dworzanin),
Baldassare Castiglione, 1528

26
Córki w niebezpieczeństwie

Anglia, Szkocja, 1537–1543

Środkowe lata XVI wieku stanowią pewną lukę w opowieści o potężnych królowych lub regentkach. We Francji, Hiszpanii i Anglii kobiety znów zajęły swoje tradycyjne miejsce za dzierżącymi władzę mężczyznami. Istniały dwa godne uwagi wyjątki: Szkocja i Niderlandy. Przypadkowo lub nie, to w tych krajach toczyła się wówczas najbardziej zacięta walka w imię reformacji.

W Anglii lata te wypełnia odstęp między śmiercią Katarzyny Aragońskiej i Anny Boleyn a wstąpieniem na tron córki Katarzyny, Marii I. Życie matrymonialne Henryka VIII było bardzo intensywne: narodziny syna Edwarda i śmierć Joanny Seymour w październiku 1537 roku; ślub i rozwód króla z Anną Kliwijską w 1540 roku; trudne małżeństwo z Katarzyną Howard (krewną Anny Boleyn), zakończone jej upadkiem i egzekucją w 1542 roku.

Opowieści o wszystkich żonach Henryka VIII należą do najbardziej dramatycznych biografii w brytyjskiej historii. Jeśli w tym kontekście płynie z nich jakaś nauka, to chyba taka, że kobiety wychodzące za królów łatwo dawały się wymieniać. Trzy żony Henryka – trzecia, czwarta i piąta – nie przejawiały żadnych oznak aktywności na niwie polityki.

A co z jego córkami? W chwili śmierci matki w 1536 roku Elżbieta miała niespełna trzy lata. Za życia ojca, mimo wzmianek o jej wybitnym rozwoju, była zbyt młoda, by wymagano od niej szczególnego dostosowania się do jego polityki. Inaczej było w wypadku Marii Tudor, która w chwili śmierci matki kończyła dwadzieścia lat.

Przegłosowany latem 1536 roku Akt o sukcesji stanowił, że tron powinien przypaść wyłącznie dzieciom Henryka VIII zrodzonym w związku z Joanną Seymour lub którąś z późniejszych żon. Elżbieta Tudor, podobnie jak Maria, była „nieślubna (...) i całkowicie wyłączona, wykluczona i usunięta z grona legalnych następców, mogących zgłaszać roszczenia do dziedzictwa, ubiegać się o nie lub wysuwać żądania".

Jeśli nawet były bastardami, to królewskiego rodu: Maria wystąpiła jako matka chrzestna na chrzcie nowego królewicza Edwarda, a Elżbieta (choć sama wciąż mała) podtrzymywała kraj jego ceremonialnego stroju. Kiedy z kolei mały Edward dla własnego zdrowia i bezpieczeństwa został odesłany z dworu, dołączył do sióstr w Hertfordshire, gdzie Maria pełniła funkcję quasi-rodzica we wspólnym królewskim żłobku.

W zamkach w Hatfield, Hunsdon, Ashridge i Hertford Elżbieta zaczęła się uczyć łaciny, francuskiego, włoskiego, hiszpańskiego, a nawet flamandzkiego, historii i geografii, astronomii i matematyki, a także tańca, jazdy konnej, muzyki i wyszywania. Była to doskonała humanistyczna edukacja, jaką mógłby otrzymać chłopiec. Elżbiety nie szkolono w żadnych konkretnych sprawach związanych z tronem, jakich przez krótki czas Marię uczono w Ludlow, ale skoro była nieślubną córką, czemu miałaby się tego uczyć?

Problem stanowiło ustalenie, jaką przyszłość można by planować dla zdyskredytowanych córek Henryka. Nawet królewska rada stwierdziła, że możliwość wydania dziewcząt za mąż za granicą będzie mało prawdopodobna, o ile nie zyskają one „pewnego szacunku" w kraju. Jednakże w przypadku Marii w pierwszej kolejności wynikła kwestia poddania się ojcowskiej władzy.

Wkrótce po śmierci Katarzyny Aragońskiej u Marii zjawili się ludzie Henryka, żądając, by podpisała dokument stwierdzający jej akceptację, że małżeństwo rodziców nigdy nie było ważne – „na mocy praw boskich i ludzkich kazirodcze i nielegalne". Przedtem często próbowali wymusić taką akceptację zarówno na matce, jak i na córce. A teraz matki już nie było.

Maria najpierw odmówiła, ale presja narastała. Królewna napisała do ojca list, w którym błagała, by wziął pod uwagę, że jest tylko kobietą i jego dzieckiem. Wreszcie, powodowana strachem o życie przyjaciół, a w istocie też o własne, skapitulowała i złożyła podpis. Ten sam dokument zmuszał ją do oświadczenia, że „uznaje, akceptuje, bierze, uważa i przyjmuje" swojego ojca za zwierzchnika Kościoła anglikańskiego, a wyrzeka się „udawanej władzy biskupa Rzymu".

Maria Tudor potraktowała tę kapitulację jako swoją słabość. Prawdopodobnie nigdy nie wybaczyła sobie tego uczynku, co pomogło w ukształtowaniu jej osobowości w takim samym stopniu jak matczyna stanowczość. To zdarzenie dało początek nowemu zbliżeniu Henryka z córką. Szóstego lipca 1536 roku „droga i ukochana córka Maria" w tajemnicy pojechała konno na spotkanie z ojcem, z którym nie rozmawiała od pięciu lat. Otrzymała upominki i pieniądze, przyznano jej też pierwszeństwo nad wszystkimi, z wyjątkiem królowej Joanny. Jej pozycja była kuriozalna i dwuznaczna. Z jednej strony cieszyła się łaskami, z drugiej – była obserwowana, i to bacznie.

Niektóre osoby z jej otoczenia ucierpiały po buntach z 1536 i 1537 roku przeciwko zainicjowanym przez Henryka przemianom religijnym. Katoliccy buntownicy z Pielgrzymki Łaski żądali, by Marii przywrócono pozycję następczyni tronu. Jeśli królewna opłakiwała ich przegraną i bezlitosne kary, jakie ponieśli przywódcy rebelii, to tylko w ukryciu. W 1538 roku Cromwell przestrzegł ją przed „udzielaniem schronienia obcym" w Hunsdon. W 1539 roku wykrycie rzekomego spisku rodu Yorków przeciwko królowi doprowadziło do stracenia między innymi sześćdziesięcioośmioletniej Margaret Pole, krewnej Marii i jej dawnej guwernantki, którą jej podopieczna nazywała drugą matką. Chapuys skomentował to gorzko: „Mogłoby się wydawać, że chcą jej zostawić jak najmniej przyjaciół".

Maria starała się jak najlepiej wykorzystać pozostałe relacje osobiste. Pod koniec 1536 roku napisała do ojca, że Elżbieta jest takim dzieckiem, iż nie wątpi, „że Wasza Wysokość będzie miał w przyszłości powód, by się radować". Nawiązała dobre stosunki z czwartą żoną ojca, Anną Kliwijską (mimo faktu, że to ostatnie małżeństwo miało scementować protestancki sojusz); natomiast w złych relacjach pozostawała z płochą Katarzyną Howard, dziewiętnastoletnią kuzynką Anny Boleyn (Maria miała wtedy dwadzieścia trzy lata). Na początku 1543 roku musiała z ulgą powitać wieść o rychłym i – jak się miało okazać – ostatnim ślubie króla z obytą i powściągliwą trzydziestoletnią wdową.

Katarzyna Parr w okresie, gdy Henryk zalecał się do niej, wchodziła w skład dworu Marii, a jej matka służyła Katarzynie Aragońskiej. Matka Marii mogła być nawet matką chrzestną swej imienniczki i – ostatecznie – następczyni. Ironia losu – Katarzyna Parr, jak przed nią Katarzyna Aragońska, miała reprezentować stronę angielską w długiej historii wojen tego kraju ze Szkocją.

W Szkocji Małgorzata Tudor – pod rządami swojego syna, Jakuba V – została kompletnie odsunięta od władzy. Nigdy jednak nie wyrzekła się marzenia o sojuszu z Anglią. W pierwszych miesiącach 1536 roku przygotowywała wydarzenie, które nigdy nie miało dojść do skutku – spotkanie między synem a bratem. Jednakże mogła tylko się przyglądać, jak jej trzeci mąż, Henryk Stewart, zdradza ją i trwoni należące do niej pieniądze. Próbowała uciec przez granicę do Anglii, lecz ponownie odstawiono ją na północ. Tak więc Małgorzata Tudor, zajmująca w obu krajach pozycję pośrednią między postacią nieistotną a źródłem zakłopotania, uskarżała się przed angielskim wysłannikiem, sir Ralphem Sadlerem, na brak listów od Henryka VIII: „Choć jestem w Anglii zapomniana, ja sama nigdy Anglii nie zapomnę. To przecież drobnostka (...) zużyć dla mnie odrobinę papieru i inkaustu".

Relacje Małgorzaty z Jakubem nieco się poprawiły, gdy wystąpiła w nowej roli – babki (dwóch krótko żyjących synów króla, a nie swej słynnej wnuczki, Marii). W 1537 roku w celu ponownego przypieczętowania „starego sojuszu" z Francją Jakub V ożenił się z córką króla Franciszka I, Magdaleną. Popłynął do Francji, by osobiście się zalecać i ostatecznie poślubić pannę młodą; jak na królewski mariaż, był to romantyczny gest. Magdalena jednak (już wtedy chora na gruźlicę) zmarła po siedmiu tygodniach od przyjazdu do Szkocji. Jakub potrzebował nowej żony, ale król Franciszek nie bardzo chciał narażać młodszą córkę na wpływ szkockiego klimatu. Na szczęście znalazła się alternatywa – młoda wdowa z możnego francuskiego rodu.

Maria de Guise (Maria Lotaryńska) urodziła się 20 listopada 1515 roku w rodzie Gwizjuszy, który szybko nabierał znaczenia we Francji. Jej ojciec Klaudiusz Lotaryński, książę de Guise, był od początku panowania Franciszka I jego rówieśnikiem i kumplem. Ojciec Klaudiusza posiadał olbrzymie niepodległe księstwo Lotaryngii, a także rozległe włości w samej Francji, wysuwał też roszczenia do korony w królestwach Neapolu i Jerozolimy. Pochodził zatem z rodu, który wydał Małgorzatę Andegaweńską, żonę króla Anglii Henryka VI, tę samą, która odegrała tak kontrowersyjną rolę w wojnie Dwóch Róż.

Matka Klaudiusza, a kuzynka matki Franciszka I, Ludwiki Sabaudzkiej, sama była słynną postacią. Filipa z Geldrii, w młodości znana piękność, wbrew gorącym prośbom rodziny wycofała się za bramę ascetycznego zakonu Ubogich Sióstr Świętej Klary (klarysek), gdy najmłodsze z jej trzynaściorga dzieci miało zaledwie dwanaście lat. Nie tylko Klaudiusz i jego starszy brat Antoni, lecz też sam król Franciszek naruszał klauzurę zakonną, by zasięgnąć jej rady.

Klaudiusz zasłynął jako bohater pierwszej kampanii włoskiej Franciszka; w bitwie pod Marignano odniósł niemal śmiertelne rany, lecz wydobrzał na tyle, by jechać u boku Franciszka, gdy król triumfalnie wkraczał do Mediolanu. Od tamtego czasu gwiazda Gwizjuszy błyszczała jasnym blaskiem. Kiedy w 1525 roku wojny włoskie ponownie zawiodły Franciszka I do Italii, król pozostawił Klaudiusza jako głównego doradcę przy Ludwice Sabaudzkiej. Niemieccy reformatorzy wykorzystali zaabsorbowanie Franciszka sprawami włoskimi, by najechać Lotaryngię; Klaudiusz usłyszał wówczas od matki Filipy, że niektóre schorzenia da się uleczyć łagodnymi środkami, lecz herezja jest gangreną, którą trzeba wypalić ogniem lub wyciąć mieczem. Od tamtej pory Klaudiusz, któremu Franciszek I po powrocie nadał tytuł księcia, zasłynął jako katolicki bohater.

Do osób, które wywarły na córkę Klaudiusza, młodą Marię de Guise, największy wpływ, należała prawdopodobnie matka – energiczna i żarliwa Antonina de Bourbon (choć w późniejszym okresie tego stulecia rody Gwizjuszy i Burbonów miały toczyć dramatyczne waśnie). W częstych przypadkach nieobecności męża Antonina musiała zarządzać rodzinnymi posiadłościami. Być może rodzice zamierzali przeznaczyć najstarszą córkę Marię do służby

Kościołowi, bowiem wysłali ją jako nastolatkę do babki Filipy, do zakonu klarysek. Wydaje się jednak, że pod wpływem jej pączkującej urody dwa lub trzy lata później stryj Antoni postanowił, iż będzie można lepiej wykorzystać Marię dla korzyści rodu.

Krótko po debiucie Marii na dworze w 1531 roku król zaczął ją traktować jak jedną ze swoich córek. Być może zastanawiano się (przynajmniej w gronie krewnych) nad jej małżeństwem z jednym z synów Franciszka I, ale kilka tygodni po zaręczynach Henryka z Katarzyną Medycejską, Marię zamiast z królewiczem zaręczono z księciem de Longueville, jednym z najważniejszych parów Francji. Małżeństwo było szczęśliwe, a Maria wkrótce wydała na świat syna. Wróciła na dwór w samą porę, by wystąpić w gronie honorowych gości na ślubie przyjaciółki, Magdaleny Walezjuszki, z królem Szkocji. Zaledwie cztery tygodnie przed śmiercią Magdaleny zmarł mąż Marii de Guise, książę de Longueville, a miesiąc później wdowa urodziła drugiego syna.

Król Francji zaoferował Jakubowi V małżeństwo z Marią, zanim minęły dwa miesiące od pogrzebu jej męża. Maria była oburzona, a w sprawie małżeństwa wprost roiło się od trudności, zwłaszcza dotyczących pytania, jaka część jej posagu ma pochodzić z włości rodu de Longueville, co spowodowałoby uszczerbek majątku jej synów. Krążyły też plotki, że Henryk, syn Franciszka I, pragnie odsunąć Katarzynę Medycejską na korzyść Marii. Wkrótce na listach pojawił się kolejny konkurent w coraz bardziej korpulentnej osobie króla Anglii Henryka VIII. Henryka bowiem pociągało wszystko, co słyszał o Marii, zwłaszcza jej bujne kształty. „Może i mam potężną posturę, ale za małą szyję", tak brzmiała jej słynna riposta.

W tym ciężkim dla Marii okresie umarł jej młodszy, zaledwie czteromiesięczny syn. Korespondencja między Marią a jej rodzicami – Klaudiuszem i Antoniną – odzwierciedla ich zgodne stanowisko, że nie należy podejmować żadnych decyzji bez akceptacji Marii. Małgorzata z Nawarry proponowała, że podejmie się mediacji w rokowaniach z królem, ale Maria (gdy nakreślono korzystne warunki kontraktu) przyjęła rozsądny kierunek postępowania. W czerwcu 1538 roku wyruszyła w rejs do Szkocji, pozostawiając żyjącego syna i włości de Longueville'ów pod opieką swej matki.

Po przybyciu do Szkocji Maria de Guise, zachęcana serdecznymi listami od matki, w każdej kwestii postąpiła jak należało: uprzejmie stwierdziła, że nowe zamki Jakuba V pod każdym względem dorównują rezydencjom nad Loarą, zaprzyjaźniła się również z nieślubnymi dziećmi króla i z nową teściową – Małgorzatą Tudor. Nie ma pewności, w jakim stopniu wpływową postacią okazała się Maria, chyba że wyciągniemy jakieś wnioski z faktu, iż Jakub V opierał się próbom nakłonienia go przez wuja Henryka VIII do przeprowadzenia własnego zerwania z Rzymem, ale małżeństwo, ogólnie rzecz biorąc, można było uznać za udane (istniały jednak pewne oznaki różnicy zdań między małżonkami). W maju 1540 roku Maria dała mężowi syna, a zaledwie jedenaście miesięcy później urodził się kolejny. Wkrótce jednak obaj chłopcy zmarli ku ogromnej rozpaczy rodziców i babki, Małgorzaty Tudor (która w listopadzie tego samego roku umarła z powodu udaru mózgu).

Wkrótce na horyzoncie pojawił się kolejny problem – powracające zagrożenie ze strony Anglii. Podjęta przez Henryka VIII próba wysunięcia historycznych roszczeń do feudalnej władzy zwierzchniej nad Szkocją nie powiodła się, lecz gdy Jakub V spróbował odeprzeć atak wojsk angielskich poprzez kontrnatarcie na terytorium Anglii, przekonał się, że zbyt wielu jego arystokratów dało się przekupić angielskim złotem. Mimo to nie zrezygnował z kampanii i choć sam nie był obecny podczas katastrofalnej bitwy na torfowisku Solway (Solway Moss) w listopadzie 1542 roku, według niektórych relacji klęska zachwiała jego i tak już nadwątloną równowagą umysłu. Maria, wówczas w ostatnich miesiącach kolejnej ciąży, nie była w stanie mu pomóc. Szóstego grudnia 1542 roku Jakub V zachorował; 8 grudnia Maria de Guise wydała na świat córkę. Według legendy Jakub, usłyszawszy nowinę, mruknął: „*It cam' wi' a lass and it will gang wi' a lass*" („Z dziewką przyszło i z dziewką przeminie"). Ród Stewartów bowiem odziedziczył prawa do korony poprzez córkę króla Roberta I de Bruce, Marjorie. Czternastego grudnia Jakub zmarł, pozostawiając tron sześciodniowej wówczas córce, Marii Stuart.

Król nie pozostawił Marii de Guise oficjalnie usankcjonowanej pozycji, jaką miała Małgorzata Tudor. Po jego śmierci nie pozostał zapis w testamencie, który wymieniałby królową wdowę jako protektorkę, a choć można było uważać, że Małgorzata Tudor ustanowiła precedens, nie przedstawiał się on zachęcająco. Ponadto protokół wymagał, by Maria nie opuszczała swoich komnat – była bowiem pogrążoną w żałobie królową wdową, ale i będącą w połogu matką królewskiego dziecka. Tymczasem dominująca pozycja w radzie regencyjnej stała się kością niezgody w walce między Jakubem Hamiltonem, hrabią Arran (który w razie śmierci dziecka odziedziczyłby tron), a kardynałem Davidem Beatonem, arcybiskupem St Andrews.

Trzeba wiedzieć, że Maria trzymała stronę kardynała Beatona. Chodziło nie tylko o to, że antyangielska polityka arcybiskupa bardziej odpowiadała jej profrancuskim interesom – prawdopodobnie miała obiekcje, by zezwolić hrabiemu Arran, który sam stał blisko tronu, na przejęcie wyłącznej kontroli nad bezbronnym niemowlęciem. W ciągu miesiąca od śmierci Jakuba V, Hamiltona mianowano lordem gubernatorem Szkocji, lecz Beaton miał być lordem kanclerzem.

Regenci musieli między innymi znaleźć sposób na stawienie czoła stale obecnemu zagrożeniu ze strony Anglii i na utrzymanie tronu dla małej królowej Szkocji. Henryk VIII zaproponował własne rozwiązanie: chciał wydać małą Marię za swojego syna, Edwarda, i wysłać ją na wychowanie na angielski dwór, co równałoby się przejęciu przez Anglię kontroli nad Szkocją. Istniała realna obawa, że gdyby jego propozycja spotkała się z otwartą odmową, Henryk dokonałby najazdu. Maria de Guise mogła jedynie grać na zwłokę.

Pierwszym jej posunięciem – zrodzonym z obawy, że Anglia lub hrabia Arran (który popierał projekt angielskiego mariażu, choć w niezbyt zdecydowany sposób) porwą małą królową – było wydostanie się wraz z córką z sytuacji oznaczającej praktycznie więzienie na łasce Hamiltona i przeniesienie się do zapewniającego większe bezpieczeństwo zamku w Stirling. Wkrótce Maria, zdradzając wszelkie oznaki zadowolenia z perspektywy sojuszu, z dumą prezentowała niemowlę wysłannikowi Henryka VIII, Ralphowi Sadlerowi. Zawarty 1 lipca traktat z Greenwich ustalał, że między Anglią a Szkocją za życia Henryka VIII i Marii Stuart ma panować pokój, Maria po ukończeniu jedenastu lat wyjdzie za Edwarda, syna Henryka, a do tego czasu gubernatorem Szkocji pozostanie Hamilton, hrabia Arran.

Jednakże Maria de Guise nie miała zamiaru dopuścić do realizacji tego planu, a że wśród większości Szkotów był on skrajnie niepopularny, zyskała sobie znaczne poparcie. Zawarto umowę stanowiącą, iż mała Maria Stuart trafi pod opiekę czterech innych lordów, a nie hrabiego Arran. Przebywająca we Francji matka Marii de Guise, Antonina, napisała list, w którym gratulowała córce ucieczki z „tak ciężkiej i długiej niewoli". Dziewiątego września 1543 roku w Stirling dziewczynka została ukoronowana na królową Szkocji.

Francuski ambasador Jacques de la Brosse pomógł Marii de Guise i kardynałowi Beatonowi znaleźć wymówkę – przejęcie przez Henryka VIII kilku szkockich statków, czyli naruszenie pokoju – żeby wypowiedzieć zawarty zaledwie kilka miesięcy wcześniej traktat z Greenwich i formalnie odnowić sojusz z Francją. Latem 1544 roku rozpoczęły się tak zwane brutalne zaloty. Tę wieloletnią kampanię odwetową wywołał rozwścieczony Henryk, który dla odpłacenia Szkotom za, jak to określał, „zakłamanie i nieposłuszeństwo" postanowił „wydać mężczyznę, kobietę i dziecko na pastwę ognia i miecza".

Wynikłe z tych działań zniszczenia stanowiły w kraju kiepską reklamę rządów hrabiego Arran, zatem Maria de Guise postanowiła podjąć próbę zdobycia regencji. Chociaż rada wyraziła zgodę, próba nie powiodła się w obliczu większej siły militarnej, jaką dysponował hrabia Arran, lecz Maria wywalczyła pozycję przewodniczącej specjalnej rady, która miała doradzać lordowi gubernatorowi.

Być może miała w pamięci radę Anny de Beaujeu, że wdowa powinna się starać trzymać władzę w swoich rękach. Maria de Guise zachowała tron dla córki. Nie było jednak wiadomo, czy w Anglii córkom Henryka VIII też dopisze szczęście – czy znajdą protektorkę lub inną kobietę, na której będą mogły się wzorować.

27
Pionki i królewny

Niderlandy, Francja, 1537–1543

Kiedy królowa Szkocji Maria I Stuart jako niemowlę obejmowała tron, nie zdając sobie nawet z tego sprawy, a córki Henryka VIII stały w obliczu niepewnej przyszłości, wydawało się, że inne królewny – we Francji i Niderlandach – mają przed sobą tradycyjną życiową ścieżkę: rolę pionków przesuwanych na szachownicy na pozycje korzystne dla ich rodów.

W Niderlandach Maria Węgierska wywalczyła drobne, lecz wymowne zwycięstwo w imieniu jednej ze swoich quasi-córek; w 1538 roku wsparła swoją siostrzenicę Krystynę Duńską, szesnastoletnią wdowę, w jej usilnych staraniach, żeby nie wyjść po raz drugi za mąż za Henryka VIII. Z jej portretu pędzla Holbeina, namalowanego w trakcie zalotów króla Anglii, niewiele można się dowiedzieć o silnym charakterze Krystyny, który ponoć kazał jej zadeklarować, że gdyby miała dwie głowy, jedną mogłaby oddać do dyspozycji Henryka VIII.

Prawdopodobnie zapożyczyła ciętą ripostę od Marii Węgierskiej, bowiem gdy ta dowiedziała się o ponownym ożenku Henryka po straceniu Anny Boleyn, napisała do brata Ferdynanda: „Należy mieć nadzieję, jeśli można mieć nadzieję na cokolwiek w przypadku takiego człowieka, że jeśli ta [żona] mu się znudzi, znajdzie lepszy sposób pozbycia się jej. Uważam, że większość kobiet niezbyt ceniłaby sobie upowszechnienie się takiego obyczaju, i to nie bez przyczyny. Chociaż sama nie jestem skłonna do wystawiania się na tego rodzaju ryzyko, jestem, bądź co bądź, kobietą, modlę się do Boga, by uchronił nas przed takimi zagrożeniami".

Pracę namiestniczki Marii nad scentralizowaniem władzy w złożonych z rozmaitych prowincji Niderlandach często utrudniały finansowe i militarne wymagania, jakie stawiał jej brat Karol V. W celu opłacenia kosztów wojen włoskich trzeba było podnieść podatki w całym cesarstwie; w związku z tym w 1539 roku wybuchł bunt mieszkańców Gandawy – zaciekłe powstanie stłumiło dopiero osobiste przybycie Karola na czele armii. Cesarz rozkazał, by zbuntowani mieszczanie przedefilowali przed nim ze stryczkami na szyjach, a łaskę okazał dopiero na oficjalną prośbę Marii – akt tradycyjnej roli królowej jako orędowniczki, odpowiednik wydarzenia w Anglii sprzed dwóch dekad, gdy trzy królowe połączyły siły w błaganiach o życie skazanych czeladników. Po stłumieniu rewolty Maria Węgierska błagała brata, by zwolnił ją ze stanowiska namiestniczki, ale cesarz zamiast dymisji przedłużył jej nominację.

Tymczasem we Francji król Franciszek I od początku małżeństwa z Eleonorą, siostrą Karola V i Marii Węgierskiej, ignorował nowo poślubioną królową. Duch Pokoju Dam jednak nigdy do końca się nie ulotnił. Eleonora była obecna przy negocjacjach pokojowych między Karolem a Franciszkiem w 1538 roku, aktywniejszą zaś rolę odegrała w 1544 roku podczas spotkania z Karolem i Marią.

Małżeństwo Eleonory i Franciszka pozostało bezdzietne. Podobnie, co stanowiło problem jeszcze poważniejszy, nie dochowali się dzieci następca francuskiego tronu Henryk i Katarzyna Medycejska. Małgorzata z Nawarry pocieszała Katarzynę: „Bóg ześle

Ci królewski ród, Pani, gdy osiągniesz wiek, w którym kobiety z domu Medyceuszy zwykły rodzić dzieci. Wówczas król i ja będziemy dzielić Twą radość na przekór tym nędznym obmowom". Katarzyna zyskała wsparcie ze strony starszego pokolenia. Król Franciszek I, niezmiennie zafascynowany wszystkim, co pochodziło z Italii, z radością przyjął synową do „małej bandy" – grupki młodych dam ostro jeżdżących konno i używających życia, którymi się otaczał. Kiedy w 1538 roku pojawiły się sugestie o jej odsunięciu przez męża, Katarzyna porozmawiała o tym z teściem, ten zaś zapewnił ją o swym stałym poparciu. Jak informował w raporcie wenecki ambasador, Katarzyna zadeklarowała, iż usunie się do klasztoru lub podejmie służbę u damy, która zostanie następną żoną jej męża – była to postawa diametralnie odmienna od zachowania Katarzyny Aragońskiej.

Henryk, mąż Katarzyny, nigdy nie traktował jej serdecznie. Coraz większy wpływ miała na niego Diana de Poitiers, o której urodzie krążyły na dworze legendy. Mimo wynoszącej dwadzieścia lat różnicy wieku między nią a Henrykiem Diana została jego kochanką[1]. Fama głosi, że Katarzyna Medycejska rozkazała wywiercić w deskach podłogi w swej komnacie otwory, przez które mogła obserwować łóżkowe wyczyny męża i jego kochanki, żeby się od nich uczyć. (Jak na ironię, Diana w ciągu następnej dekady miała się stać jedną z najsilniejszych popleczniczek Katarzyny, uważała bowiem, że lekceważona włoska żona kochanka będzie mniej zagrażać jej pozycji niż inna, bardziej kochana małżonka). Według bardziej wiarygodnej relacji lekarz królewski zbadał Katarzynę oraz Henryka i stwierdził u obojga niewielkie nieprawidłowości. Wydaje się, że porada medyczna – której, niestety, nie odnotowano – dotyczyła pewnej nieznacznej zmiany sposobu współżycia lub pozycji seksualnej. Zalecenie okazało się skuteczne: wiosną 1543 roku Katarzyna

Medycejska zaszła w ciążę. Dziecko urodziło się w styczniu 1544 roku, a na chrzcie otrzymało imię swojego dziadka – Franciszka. (Król Franciszek I, obecny przy narodzinach, wykazał tak pilne zainteresowanie położniczymi procedurami, że zażądał, by pokazano mu łożysko). Małgorzata z Nawarry napisała do brata, że był to „najpiękniejszy, najbardziej wytęskniony i potrzebny dzień, jaki kiedykolwiek oglądałeś wraz ze swoim królestwem". Tak oto rozpoczął się kolejny, lepiej znany etap życiowej podróży Katarzyny.

Małgorzata nadal stanowiła liczącą się siłę w sprawach francuskiej polityki oraz zagorzałą sojuszniczkę brata, a w 1540 roku i w latach późniejszych za wiedzą – lub bez wiedzy – Franciszka próbowała nawet roli mediatorki w staraniach o zawarcie pokoju między Anglią a Francją. Jednakże czuła się coraz bardziej rozdarta wskutek różnic dzielących interesy brata i męża. W okresie do 1537 roku królewska para Nawarry, starając się odzyskać zaanektowaną przez Hiszpanię część kraju, wdała się w sekretne negocjacje z cesarzem Karolem V, którego syn Filip mógłby, jak sugerowali, ożenić się z ich córką Joanną d'Albret. Każdy list Małgorzaty do brata, mimo przesadnych zapewnień o miłości i lojalności, tchnie obawą, że działa ona wbrew interesom Franciszka. Być może w ten sposób pragnęła dodać królowi otuchy, gdyż na bitewnym polu stale trapiącej Małgorzatę lojalności wkrótce miała się rozegrać ich najbardziej gorzka potyczka.

Możliwe, że na stosunki Małgorzaty z Nawarry z córką wpłynęły jej trudne relacje z matką – Ludwiką Sabaudzką. Joanna początkowo wychowywała się głównie w Normandii, gdzie mieszkała Aimée de La Fayette, która zastępowała jej matkę. Ojciec Joanny, Henryk d'Albret, był stale zajęty sprawami dworu lub włości na południowym zachodzie Francji, a Małgorzatę zawsze absorbowała rola nadzorczyni królewskiego żłobka, w którym dorastały dzieci brata.

Wzmianki na temat Joanny w listach Małgorzaty są skąpe; z okresu pierwszych siedmiu lat jej życia istnieją tylko dwie, przy czym w jednej matka pisze, że potrzebuje „odpoczynku od córki, nazbyt hałaśliwej i żywiołowej". W odróżnieniu od tego fragmentu w 1533 roku Małgorzata wspomniała o stale kiepskim stanie zdrowia Joanny, planując zabranie córki do siebie, żeby zapewnić jej zmianę klimatu.

W 1537 roku, zanim Joanna skończyła dziesięć lat, pojawiło się pytanie, w którym miejscu szachownicy najlepiej ją postawić w roli pionka zdatnego do małżeństwa. Ojciec miał nadzieję, że zdoła wykorzystać córkę do ponownego zjednoczenia Nawarry; matka wahała się między udzieleniem poparcia mężowi lub bratu, który niechętnie widziałby kluczowe strategicznie ościenne państwo Nawarry sprzymierzone w ten sposób z cesarstwem Habsburgów.

Tamtego lata Franciszek wezwał do siebie siostrzenicę, lecz dziecko poważnie zachorowało; Małgorzata z Nawarry pisała o „gorączce i krwawej biegunce postępującej tak szybko i gwałtownie, że gdyby Bóg nie sprawił, iż gorączka opadła, jej drobne ciało musiałoby znieść więcej, niżby zdołało". Dodała jednak: „Mam nadzieję, że On, który zesłał ją na ten świat, by była przydatna Tobie, pozwoli w swojej łaskawości spełnić pragnienia matki, ojca i jej własne, by raczej zakończyła życie, niż miałaby popełnić jakikolwiek uczynek wbrew Twoim zamiarom (...). Na tym opieram swoje nadzieje na jej powrót do zdrowia".

Nadzieje matki nie okazały się płonne – Joanna wyzdrowiała; wraz z papugą oraz oswojoną wiewiórką została zabrana, żeby odbyć rekonwalescencję pod opieką rodzicielki. Okres od dziesiątego do dwudziestego roku życia spędziła głównie w Plessis-les-Tours, w większości bez rodziców, zgodnie z rozkazami wuja Franciszka I, który postanowił, że rodzice nie powinni rozporządzać córką według własnej, tylko według jego korzyści. Podczas gdy rodzice Joanny d'Albret przymawiali się o mariaż z Hiszpanią, który mógłby zjednoczyć królestwo Nawarry, Franciszek snuł zgoła odmienne plany. W styczniu 1540 roku otrzymał ofertę dotyczącą ręki Joanny od księcia Kleve, którego księstwo leżało na terenie dzisiejszej Nadrenii. Franciszek I zawsze aż się palił do skruszenia uścisku, w którym cesarstwo dzierżyło niemieckie państwa, a jego nadzieje były tym realniejsze, że władcy niektórych krain skłaniali się ku religii reformowanej. W lipcu tamtego roku naszkicowano postanowienia intercyzy. Joanna, poinformowana w obecności matki o planach wuja, oznajmiła, że jest „zadowolona".

To zrozumiałe, że jej matka powinna była grać na zwłokę. Joanna miała zaledwie dwanaście lat, gdy wiosną następnego roku Małgorzata z Nawarry napisała łzawy list do przyszłego pana młodego, że sprawa małżeństwa „jeszcze nie dojrzała według Boga i natury". Franciszek jednak naciskał na pilne sfinalizowanie mariażu; rozkazał rodzicom Joanny, by przywieźli ją na dwór, dokąd z Kleve przybył jej oblubieniec. Małgorzacie udało się tylko zaskarbić sobie wrogość dwóch mężczyzn – męża, gniewnego za to, że kłoni głowę przed życzeniami Franciszka, oraz brata, zirytowanego nie dość szybkim wypełnianiem jego woli.

Następne wydarzenia pozostają w sferze domysłów. Zachował się tylko jeden raport, który sporządził hiszpański szpieg Juan Martinez Descurra. Według niego Małgorzata z Nawarry zasugerowała, że córka powinna w obliczu świadków zgłosić oficjalny protest przeciwko małżeństwu. Mając taki protest w kieszeni, rodzice Joanny mogliby bezpiecznie zezwolić na kontynuowanie sprawy zaręczyn, ale upierać się przy zatrzymaniu córki u siebie jeszcze przez kilka lat; istniałaby wówczas nadzieja, że z czasem sojusz Francji z Kleve stanie się kwestią mniej palącą. Król Nawarry, Henryk II d'Albret, zgodził się, ale ostrzegł żonę, że jeśli wieść o planie dotrze do jej brata, Franciszka, osobiście dopilnuje, by czekała ją „tak trudna starość, jakiej nigdy nie miała żadna żona ani inna niewiasta".

Dokument z oficjalnym protestem został schowany w bezpiecznym miejscu, ale gdy Franciszek I we własnej osobie przyprowadził księcia Kleve na spotkanie z przyszłą panną młodą, Joanna d'Albret musiała oznajmić wujowi, że zmieniła zdanie. W trakcie gniewnej wymiany zdań (którą Descurra opisuje w raporcie jako długą rozmowę) Joanna ze szlochem wykrzyknęła, że prędzej rzuci się do studni, niż poślubi księcia Kleve. Franciszek złowieszczo oznajmił jej i świadkom, że „polecą za to głowy". Podczas gdy Joanna powtarzała swoją groźbę samobójstwa, jej rodzicom doręczono list od cesarza z informacją, że Karol V nie ma bezpośredniego zamiaru oferować syna jako alternatywnego kandydata na męża. Małgorzata i jej małżonek nie mieli wyboru – musieli pozwolić na kontynuowanie spraw zmierzających do zawarcia mariażu z Kleve.

Dalsze wydarzenia przebiegały według zagmatwanego i niepokojącego scenariusza. Małgorzata z Nawarry napisała do Franciszka I, że z przerażeniem dowiedziała się o niesubordynacji córki: „Moja córka, nie doceniwszy wielkiego zaszczytu, jaki jej uczyniłeś, racząc ją odwiedzić, ani nie uświadomiwszy sobie, że dobra córka nie ma prawa do własnej woli, okazała się na tyle głupia, by Cię błagać, żebyś nie wydawał jej za księcia Kleve". Ona, Małgorzata, aż nazbyt chętnie ukarze każdego, kto poddał dziewczynie pomysł takiej „bezczelności".

Zanim maj dobiegł końca, Franciszek I przygotowywał olśniewające uroczystości ślubne. Trzynastego czerwca 1541 roku w zamku w Châtellerault w pobliżu Poitiers celebrowano zaręczyny; dwunastoletnią Joannę prowadził sam król. Oboje narzeczonych spytano o zgodę i uzyskano od nich twierdzącą odpowiedź, choć w późniejszych latach Joanna d'Albret poinformuje swojego historyka Nicolasa de Bordenave, że zapytana po raz trzeci, czy wyjdzie za księcia, powiedziała tylko: „Nie zmuszajcie mnie". Wygłosiła jeszcze jedno długie oświadczenie: „Proponowany mi ślub z księciem Kleve jest wbrew mojej woli, nigdy się na to nie zgodziłam i nigdy nie zgodzę". W dalszej części dokumentu można przeczytać, że zrobiła to ze strachu, z obawy przed wujem i ojcem „oraz królową, moją matką, która rozkazała żonie bajlifa de Caen, mojej guwernantce, grozić mi i mnie bić. [Dama ta] kilkakrotnie wywierała na mnie presję na rozkaz królowej, mojej matki, grożąc, iż jeśli nie uczynię wszystkiego, czego życzy sobie król (...), będę tak bita i maltretowana, że umrę i stanę się przyczyną upadku i zniszczenia swojej matki, ojca oraz ich rodu (...). Nie wiem, do kogo oprócz Boga miałam się odwołać, skoro matka i ojciec mnie opuścili".

Podczas uroczystego ślubu zauważono, że Joanna, ubrana w szkarłatny atłas obszyty gronostajowym futrem i złoto-srebrną spódnicę zdobioną cennymi kamieniami, ze złotą koroną na głowie, nie chciała ani na krok podejść do ołtarza – jak pisze de Brantôme, czy to „dlatego, iż nie mogła się ruszyć pod ciężarem stroju, czy z chęci protestu do ostatniej chwili". Franciszek I rozkazał konetablowi Francji de Montmorency'emu wziąć dziewczynę za kołnierz i przyprowadzić na miejsce.

Po mszy ślubnej nastąpiły uczta i maskarada, ale pokładziny młodej pary miały charakter czysto ceremonialny, gdyż pan młody, by uczynić zadość rytuałowi, wsunął tylko stopę między prześcieradła. Po tygodniu książę wyruszył do Kleve, a poważnie chorą Joannę matka odstawiła z powrotem do Plessis.

Co się naprawdę działo? Historycy przez wieki przedstawiali rozmaite wyjaśnienia, ale w każdym z nich tkwi jakiś szkopuł. Gdybyśmy mieli podążać tokiem scenariusza opisanego przez szpiega Descurrę, doszlibyśmy do wniosku, że Małgorzata z Nawarry, która najpierw stworzyła pozory odmowy przez Joannę zgody na mariaż, następnie wycofała się, chroniąc własną pozycję i pozostawiając osamotnione dziecko na pastwę gniewu króla. Jeżeli zamiast tego damy wiarę treści listu Małgorzaty do Franciszka I, ujrzymy prawdopodobnie najbardziej skrajny przykład stawiania potrzeb brata przed potrzebami męża lub dziecka. A jeśli uwierzymy w oświadczenie Joanny d'Albret, uznamy, że Małgorzata posunęła się jeszcze dalej, grożąc córce, że zatłucze ją na śmierć. I to ma być kobieta, która dziełami pióra przez całe życie walczyła o sprawę swej płci! Według najsympatyczniejszego wyjaśnienia wszystkie powyższe wydarzenia zostały ukartowane, a Joanna współuczestniczyła w prowadzonej przez rodziców grze pozorów, choć taki scenariusz na pewno wymagałby od dwunastolatki sporych umiejętności działania.

W późniejszych latach sama Joanna udzieliła wyjaśnienia, choć i ono pozostawia wiele niejasności: „Małżeństwo zostało zawarte (…) wbrew woli panny młodej i jej ojca, które je raczej ścierpiał, niż zaakceptował, żeby nie wzbudzić gniewu króla. Córka zaś nie śmiała się [mu] otwarcie sprzeciwiać, tyleż z obawy przed wujem i z szacunku dla niego oraz matki (którą jej brat bez reszty zawojował), ile wskutek zażenowania i właściwej jej wiekowi oraz płci prostoty umysłu".

Zamówiona przez Joannę relacja zawiera opis potajemnego opracowania protestu „czy to za czyjąś radą, czy z własnej inicjatywy".

Trudno sobie wyobrazić, by dwunastolatka sama wystąpiła z takim wybiegiem. Łatwo jednak podejrzewać, tym bardziej po lekturze oświadczenia Joanny i jej dramatycznej opowieści o groźbie chłosty, że oto możemy ocenić umiejętności Małgorzaty z Nawarry w zakresie tworzenia fikcji. Prawdopodobnie mamy tu do czynienia z nastolatką działającą pod wpływem nakazu rodziców, która nie umiała się wycofać z zajętej pozycji, jak pewnie zrobiłby jakiś bardziej doświadczony polityk. W każdym razie rana musiała dalej się jątrzyć. A ponieważ Joanna z formalnego punktu widzenia była żoną księcia Kleve, na tym nie mogło się zakończyć.

Nic więc dziwnego, że zimą tamtego roku w liście do zięcia Małgorzata opisywała Joannę jako wciąż wychudzoną i chorą: „Robimy wszystko, żeby się poprawiła, ale nie przybywa na wadze"[2]. Sama zaś Joanna napisała do nowo poślubionego męża: „Żadne lekarstwo na świecie nie uczyniłoby więcej dla mojego zdrowia niż świadomość, że Ty jesteś zdrów". Prawdopodobnie nauczyła się już udawać w imię dobrej, czyli politycznej, sprawy. A może nadal ją w tym szkolono.

Francja znów wdała się w wojnę z Karolem V, gdy na początku 1543 roku Joanna d'Albret została wyekspediowana do męża, który okazał się cennym francuskim sojusznikiem. Znajdowała się jednak jeszcze na francuskiej ziemi, kiedy nadeszła wieść, że księcia Kleve zmuszono do przejścia na drugą stronę konfliktu i odnowienia w imieniu swojego kraju przysięgi lojalności wobec cesarza. Franciszek I niezwłocznie zażądał unieważnienia małżeństwa, polecając Małgorzacie i jej mężowi, by dostarczyli stosownych dowodów na poparcie żądania. Małgorzata z Nawarry wyjęła na to podpisany przez Joannę protest zawierający oświadczenie, że wyszła za mąż pod przymusem. Twierdziła, że ona i jej mąż nigdy nie odważyliby się mówić o tym otwarcie. „Gdyby książę Kleve postępował wobec Ciebie, jak powinien był, zgodnie z moimi nadziejami, taka myśl nigdy nie zagościłaby nam w głowach, gdyż wolelibyśmy widzieć naszą córkę martwą, zgodnie z jej twierdzeniem, niż choćby skinieniem palca przeszkodzić jej w udaniu się tam (...), gdzie (...) mogłaby Ci służyć. Skoro jednak on okazał się tak nikczemny, nie obawiamy się już wyznać prawdy".

Joannę zmuszono do podpisania przy świadkach jeszcze jednego oświadczenia, tym razem z pełną aprobatą wuja Franciszka I. Historia ta jednak doczekała się jeszcze jednego uzupełnienia.

Chociaż sam książę Kleve postanowił spróbować mariażu z jedną z cesarskich siostrzenic, przed uzyskaniem najeżonego trudnościami unieważnienia małżeństwa trzeba było jeszcze przekonać papieża. W napisanych wiosną 1545 roku listach Małgorzata z Nawarry deklarowała, że „porzuciła wszelką matczyną czułość", żeby zmusić córkę do mariażu, Joanna zaś oświadczała: „Moja matka królowa wyżej stawiała posłuszeństwo królowi niż życie własne i moje".

Małżeństwo ostatecznie zostało unieważnione w listopadzie. Bez względu na prawdziwy przebieg tej afery to mało prawdopodobne, by czternastoletnia Joanna ją rozumiała, a jej rozgoryczenie mogło stanowić trwałe dziedzictwo tej sprawy.

Małgorzata z Nawarry i jej brat Franciszek wrócili, jak się zdaje, do zwykłych wzajemnych stosunków, niezależnie od stale obecnej kwestii religijnej. Konferencja zwołana w 1541 roku stanowiła próbę znalezienia wspólnej płaszczyzny między protestantami a katolikami, lecz w obliczu jej fiaska w Niderlandach i we Francji nasiliły się prześladowania protestantów (jak zaczęto ich nazywać).

Nastroje coraz bardziej się pogarszały. Kiedy w 1542 roku Franciszek I na nowo podjął wojnę z Karolem V, nie odważył się zostawić za sobą kraju podzielonego jakimikolwiek kwestiami podważającymi autorytet państwa lub Kościoła. Z należącego do męża księstwa Béarn Małgorzata pisała do brata o okrucieństwach popełnianych w imię unicestwienia herezji: „Biedna kobieta, która pod wpływem tortur poroniła dziecko (...), oraz wiele innych spraw, o których powinieneś usłyszeć tylko Ty". Jak to często bywało, balansowała na cienkiej linie; protestowała nie przeciw samej regule, lecz raczej przeciwko skrajności w prześladowaniu.

Zżymając się na miejscowego biskupa, który głosił w kazaniu, że król i jego siostra popierają heretyków, Małgorzata zadbała o to, by odciąć się od podważających ideę „prawdziwej obecności" Boga w czasie mszy: „Dzięki Bogu, Panie, nikt z naszych ludzi nie okazał się jednym z sakramentarian". Oboje z mężem jednak uważali, że miejscowi mnisi „znaleźli sposób, by sączyć jad do kadzidła", toteż usiłowali się ich pozbyć.

Małgorzata poróżniła się z dawnym protegowanym, surowym francuskim teologiem Janem Kalwinem, w sprawie jej protekcji roztaczanej nad dwoma mistycznymi kaznodziejami[3]. W przeciwieństwie do niego papież – który uwielbiał toczyć z Małgorzatą dysputy – skłonny był uważać ją za swoją rzeczniczkę na dworze Franciszka I. Wszyscy dobrzy katolicy mieli w tamtych latach nowe powody do nadziei. Początek soboru trydenckiego w 1545 roku stał się sygnałem narodzin nowego ducha krzyżowców w łonie Kościoła katolickiego, hasłem do przedyskutowania reformy wypaczeń oraz wydania dekretów w kwestiach doktrynalnych. Jednakże sama „kontrreformacja" w nadchodzących latach miała się stać pretekstem do agresji wobec odstępców. Na początku 1545 roku Małgorzata ku swemu przerażeniu dowiedziała się, że Franciszek na prośbę papieża zatwierdził rozkaz masakry liczącej zapewne kilka tysięcy członków (szacunkowe oceny są ogromnie zróżnicowane) nieortodoksyjnej sekty waldensów.

Małgorzata, jak to często czyniła, mogła szukać azylu w pisarstwie; zachęcała osoby ze swojego otoczenia do tłumaczenia dialogów Platona, sama zaś zaczęła badać związki między miłością idealną, przedstawianą w dworskich romansach, a ideami tego filozofa. Przebywając w swoich włościach na południu kraju, otaczała się ludźmi utalentowanymi i wykształconymi. Dzieła jej pióra jednak nie tłumaczą wyraźnie jej ciągłej ambiwalencji w kwestii roli kobiety – ambiwalencji, którą tak nieznacznie umniejszyły ówczesne wydarzenia.

W 1544 roku napisała do Franciszka, że całe życie pragnęła służyć mu nie jako siostra, lecz jako brat. Pisała też jednak odwrotnie – że chciałaby móc urodzić stu wojowników, którzy by mu służyli. Taka mieszanina komunikatów to coś, z czym zapewne musiało mieć do czynienia wiele kobiet w XVI wieku, a także w innych stuleciach.

28
Nowe wiatry

Anglia, Francja, 1544–1547

W 1544 roku, kiedy Henryk VIII wyruszył na wojnę z Francją, Katarzyna Parr pozostała w Anglii i – podobnie jak przed nią Katarzyna Aragońska – objęła władzę jako regentka. Kiedy zaś ciągłe waśnie Anglii ze Szkocją poróżniły ją z Marią de Guise, zabrzmiało to jak minorowe echo wydarzeń z 1513 roku, w którym po przeciwnych stronach konfliktu zbrojnego stanęły wojska krajów pod władzą Katarzyny Aragońskiej i Małgorzaty Tudor.

Regencja Katarzyny Parr umożliwiła również obu jej pasierbicom, Marii i Elżbiecie Tudor, obserwowanie kobiety pomyślnie sprawującej rządy; był to widok znajomy w kontynentalnej części Europy, która nie zawsze podążała tymi samymi drogami co Anglia.

Początkowo wydawało się, że nawet różnice religijne wpisują się w reformatorski zapał nowej królowej. Katarzyna Parr miała swoje literackie aspiracje – najpierw anonimowo wydała zbiór *Psalms or Prayers* (*Psalmy lub modlitwy*), a następnie, już pod swoim nazwiskiem, *Prayers or Meditations* (*Modlitwy lub medytacje*). Dzieła te uczyniły ją pierwszą angielską królową, która była zarazem autorką publikacji, choć pod tym względem Anglia ustępowała pierwszeństwa Francji. Dziesięcioletnia Elżbieta Tudor podarowała Katarzynie jako upominek noworoczny swój przekład dzieła Małgorzaty z Nawarry *Miroir de l'âme pécheresse* (*Zwierciadło grzesznej duszy*), a gdy królowa zamówiła tłumaczenie z łaciny na angielski niektórych parafraz Nowego Testamentu pióra Erazma z Rotterdamu, tłumaczką była jej druga pasierbica Maria. Zły stan zdrowia nie pozwolił Marii dokończyć przekładu Ewangelii według świętego Jana, niemniej ostateczna wersja zawierała długą dedykację adresowaną do Marii jako „niezrównanego kwiatu dziewictwa".

Bardzo mało brakowało, by Katarzynę Parr spotkał los innych żon Henryka VIII, ściągnęła bowiem na siebie podejrzenia zbyt daleko idącymi skłonnościami reformatorskimi[1]. W przeciwieństwie do niej Maria Tudor zdołała dostosować się do religijnych praktyk ojca, w których nadal dominowały msza i nakaz spowiedzi, a księży obowiązywał celibat. Zupełnie inaczej sprawy miały się za panowania jej brata, Edwarda VI.

Na początku 1544 roku pięćdziesięciodwuletni Henryk VIII – w obliczu braku upragnionego drugiego syna – wydał kolejny Akt o sukcesji. Zawierał on postanowienie, że gdyby król nie doczekał dalszych dzieci, a jego syn Edward również zmarł bezpotomnie, tron miał przypaść Marii. Gdyby zaś i ona zmarła jako bezdzietna, wówczas następczynią miała być Elżbieta. Obie siostry widnieją na obrazie anonimowego autorstwa *The Family of Henry VIII* (*Rodzina Henryka VIII*). Na centralnie ustawionym tronie zasiada tu Henryk, po jego prawicy – młody Edward, a po lewicy – nieżyjąca od dawna Joanna Seymour, matka chłopca najważniejszego ze wszystkich. Te trzy postacie obramowuje sieć pozłacanych kolumn. Umieszczone w znamienny sposób poza magicznym kręgiem prawowitych członków królewskiego rodu, pomiędzy kolejnymi zestawami mniej zwracających na siebie uwagę filarów, stoją oddzielnie obie córki króla: starsza Maria po prawej, Elżbieta zaś po jego lewej stronie.

W grudniu 1546 roku przesłanie obrazu zyskało potwierdzenie w postaci królewskiego testamentu, którego postanowienia umieszczały w porządku sukcesji zarówno Marię Tudor, jak i Elżbietę (przy założeniu, że ani ich brat, ani Maria nie pozostawią następców). Gdy jednak Henryk VIII legł na łożu śmierci, wydawało się to mało prawdopodobną ewentualnością.

Na początku 1547 roku talie kart generalnie się przerzedziły. Zaledwie dwa miesiące po tym, jak 28 stycznia 1547 roku zmarł otyły i schorowany Henryk VIII, ziemski padół opuścił jego wieloletni rywal – król Franciszek I.

Małgorzata z Nawarry spędziła kilka ostatnich miesięcy w swoich posiadłościach, nękana bólem z powodu artretyzmu i trwożliwymi myślami o przyszłości. Śmierć brata zastała ją w drodze. Małgorzata próbowała się z nim zobaczyć, by go uratować, przywrócić do życia – w staraniach tych pobrzmiewało echo jej wyścigu z czasem do Hiszpanii dwadzieścia lat wcześniej. Wiadomość o śmierci króla zastała ją w klasztorze w Poitou, gdzie się zatrzymała; przez kilka miesięcy nie potrafiła potem wrócić do życia. „O, śmierci, która pokonałaś Brata, / okaż swą wielką dobroć i przyjdź, / by przeszyć swą włócznią również Siostrę", pisała w wierszu *Chanson spirituelle* (*Pieśń ducha*); w poemacie *Le Navire* (*Okręt*) natomiast czytamy: „Dni wypełniała mi słodycz miodu, / Gdy jego życie podtrzymywało moje, / A teraz nic nie zostało prócz pustki i goryczy".

Przez kilka ostatnich lat w relacjach między bratem a siostrą pojawiały się problemy, jednak w końcowym okresie Franciszek, jak należy wnosić z pisanych doń przez Małgorzatę listów, wspierał ją „jako król, pan, ojciec i brat oraz szczery przyjaciel". Jego śmierć przyniosła jej gorzką stratę nie tylko osobistą, lecz też praktyczną: wiązała się z utratą wpływów, a potencjalnie również przyznanej jej przez brata pensji. Nic dziwnego, że jednym ze źródeł tarć między Małgorzatą a córką stały się duże wydatki dworu Joanny, które matka uznała, jak to ujęła w liście do kontrolera finansów córki, za „rażące".

Nowy król – Henryk II Walezjusz, uwolnił Małgorzatę od finansowych trosk, ale w listach nazywał ją lekceważąco „dobrą, starą ciotką". Podczas uroczystego wjazdu nowego władcy do Lyonu Małgorzata z Nawarry, która niegdyś zajmowała honorowe miejsce w każdym pochodzie, była wdzięczna, że posadzono ją w powozie Katarzyny Medycejskiej. („Dzielę z Tobą cierpienie, Pani, gdyż zawsze wiedziałam, że Ty dzielisz moje", napisała do niej Medyceuszka). Oczywiście Katarzyna była obecnie królową Francji.

Śmierć mężczyzn aż nazbyt często pociągała za sobą dramatyczną zmianę losu ich kobiet – na lepsze lub na gorsze. W Anglii, podobnie jak we Francji, córki Henryka VIII (i wdowa po nim) musiały dostosować żagle do nowego kierunku wiatru. Skutki śmierci potężnych królów rozchodzą się niczym zmarszczki na powierzchni stawu, do którego wrzucono kamień. Odczuwano je nawet w Szkocji, choć w nadchodzących latach los tego kraju i tak miał być coraz silniej związany z losem Francji.

Śmierć Henryka VIII nie położyła kresu „brutalnym zalotom", które we wrześniu 1547 roku przyniosły Szkotom katastrofalną klęskę w bitwie w dolinie Pinkie (Pinkie Cleugh). Maria de Guise w obliczu realnego zagrożenia, że młoda królowa Maria I zostanie przez Anglików uprowadzona, rozważyła sugestię Henryka II, by czteroletnia królowa Szkocji wyszła za jego trzyletniego syna, delfina, i wychowywała się we Francji. Plan uzgodniono i 7 sierpnia 1548 roku mała królowa Szkocji z liczną szkocką świtą (w jej skład wchodziły cztery Marie, jej słynne rówieśniczki i przyszłe damy dworu) wyruszyła w rejs do Francji, która – jak zakładano – miała być krajem jej przyszłości.

29

Dostosowania

Francja, 1548–1550

Można powiedzieć, że w tamtych latach wszyscy musieli się dostosowywać. W Szkocji Maria de Guise z pewnością musiała sobie radzić z realiami praktyki politycznej. Dopiero dwa lata później odprężenie spowodowane przez zawarty w 1550 roku traktat pokojowy między Anglią a Francją, którego stroną była również Szkocja, pozwoliło Marii wrócić do Francji na dłuższą wizytę. Miała szczęście, bowiem równie dobrze mogłaby nigdy więcej nie ujrzeć córki.

Angielski ambasador na francuskim dworze pisał, iż praca Marii w Szkocji „jest tak wysoko ceniona, że na tym dworze robi się z niej boginię". Słyszało się sugestie, że gubernatora Szkocji, hrabiego Arran, powinno się zastąpić gubernatorem francuskim, co umożliwiłoby Marii przejście na wygodną emeryturę, ale według pewnej relacji Maria udała się do Henryka II i oznajmiła, że chce rządzić Szkocją.

Podczas wizyty Marię czekała ogromna rozpacz – straciła jedynego żyjącego syna, młodego księcia de Longueville, do którego tak niedawno wróciła. Doszły ją też słuchy o spisku w celu otrucia jej małej córki, królowej Szkocji. „Nasz Pan chyba chce mnie zaliczyć do swoich wybranych, skoro nawiedza mnie tak często i zsyła takie zgryzoty", napisała Maria do swej matki, Antoniny. Mimo to szykowała się do powrotu do Szkocji, uznając, że to tam leży jej przyszłość.

Tymczasem mała królowa Szkocji radośnie dorastała na francuskim dworze. Większość szkockiej świty, z którą przybyła, odesłano do kraju. Francuzi skarżyli się, że Szkoci są nieokrzesani i ordynarni, toteż nawet cztery Marie wyprawiono na naukę do klasztoru w pobliżu Poissy, przyjęto bowiem za cel wychowanie królowej Marii I w duchu jak najbardziej francuskim. Jednakże w miejscu, do którego trafiła, przyjęto ją serdecznie. Henryk II wraz z żoną, Katarzyną Medycejską, byli oddanymi rodzicami, stale domagającymi się pod nieobecność dzieci – do których obecnie zaliczali też Marię Stuart – ich portretów i relacji z ich codziennego życia. Zachowały się spisane opowieści o nieprzerwanym łańcuchu ulubieńców przewijających się przez dziecięce komnaty – mastifów, a nawet niedźwiadka – a później, gdy Maria i jej towarzyszki trochę podrosły, o przyjemnościach zabaw w kuchni.

Maria dzieliła sypialnię z Elżbietą, najstarszą córką Katarzyny i Henryka II. Król często pisywał do Marii de Guise o „nowinach z [ich] małego dworu". Co istotniejsze, Maria Stuart i francuskie królewny uczyły się według tego samego programu, co delfin Franciszek: historii i retoryki, języków obcych i poezji.

Od samego początku dbano o to, by delfinowi i jego przyszłej żonie wpajać ideę miłości, a nieco starszej i nieskończenie silniejszej Marii także opiekuńczości. Starano się również składać należny hołd królewskiej randze dziewczynki. Henryk II był oczarowany przyszłą synową; pisał: „Powinna wieść prym przed moimi córkami. Albowiem jej małżeństwo z moim synem to rzecz postanowiona i uzgodniona; poza tym jest koronowaną królową".

Jeśli spojrzeć z perspektywy czasu, aż kusi, by przyjrzeć się dzieciństwu Marii Stuart i zadać sobie pytanie, jaki to rażący błąd popełniono w jej edukacji, że nie wpojono jej zasad rządzenia. Maria przybyła do kraju o chlubnej tradycji kobiecych rządów – choć Katarzyna Medycejska jeszcze sama ich nie objęła – ponadto wywodziła się z państwa, w którym jej matka była już czołowym graczem. Takie pytanie jednak może być zwodnicze, a odpowiedź na nie tkwi chyba w osobowości Marii oraz fakcie, że pewnych lekcji nie da się przyswoić świadomie. Do przedmiotów, w których dziewczynka celowała, należały taniec i haftowanie (w późniejszych latach często wyszywała podczas posiedzeń szkockiej rady). Nauczono ją tego, co uważano za umiejętności władczyni, lecz Maria nigdy nie pobierała mniej konwencjonalnych nauk, dających świadomość zagrożeń i sposobności, które w Anglii – w trudnych czasach swej młodości – studiowała Elżbieta Tudor. Spodziewano się, że życie upłynie jej w roli nie tyle władczyni Szkocji, ile królowej małżonki Francji, toteż trudno się oprzeć wrażeniu, iż takie oczekiwania ją ukształtowały.

Według nazbyt uproszczonego założenia wcześnie rozwinięta u Marii Stuart świadomość jej pozycji stała się źródłem tarć między nią a Katarzyną Medycejską; twierdzi się tak na podstawie opowieści, że Maria nazywała Katarzynę kupiecką córką. Jednak sugestia, że Katarzyna traktowała dziewczynkę z nieustanną wrogością, to w dużej mierze wymysł nawiązujący do późniejszego konfliktu Katarzyny z krewnymi Marii, Gwizjuszami. W każdym razie Katarzynę musiało przede wszystkim absorbować jej macierzyństwo: w ciągu dwunastu lat urodziła dziesięcioro dzieci; przy porodach asystowała kochanka Henryka II, Diana de Poitiers.

W pierwszych latach panowania męża Katarzyna Medycejska przekonała się, że jej nowy tytuł wcale nie oznacza zmiany w kwestii zależności męża od kochanki. Po wielu latach w liście dotyczącym małżeńskich problemów swojej córki, Margot, Katarzyna pisała, że tylko „robiła dobrą minę" do Diany ze względu na Henryka II, „gdyż kobieta kochająca męża nigdy nie zdoła pokochać jego dziwki". Jako kierowniczka królewskiego przedszkola Diana musiała być ważną postacią w życiu małej królowej Marii. W miarę upływu lat panowania Henryka II wpływy Diany chyba zaczynały jednak słabnąć, natomiast coś wręcz przeciwnego działo się z wpływami Katarzyny Medycejskiej.

Zanim rozpoczęły się lata pięćdziesiąte XVI wieku, pewien obserwator zauważył, że król traktuje żonę „z takim uczuciem i atencją, iż budzi to zdumienie". Królowa po raz pierwszy została nominalną regentką w 1548 roku, kiedy mąż musiał wyruszyć w podróż poza granice królestwa, żeby zadbać o swoje interesy w Italii. Cztery lata później, gdy król podjął wojnę z Habsburgami, otrzymała większą władzę.

Katarzyna przekonała się, nie bez irytacji, że wciąż nie sprawuje władzy niepodzielnej, ale i tak podchodziła do swych obowiązków z niebywałym zapałem. Do konetabla de Montmorency'ego w sprawie swojego zadania polegającego na rekrutowaniu żołnierzy i zbieraniu funduszy dla Henryka II pisała: „Wkrótce, jako pani, będę już do niczego, bo przez cały dzień niczym innym się nie zajmuję (...); możesz, Panie, na mnie liczyć, że nie ustanę w wysiłkach". Innymi słowy, już wtedy zaczynała się ustawiać na pozycji, w jakiej stanie przeciwko innej kobiecie w kolejnej opowieści o starciach królowych.

Ze względu na śmierć wuja, króla Franciszka I, kwestia ślubu Joanny d'Albret miała się stać źródłem tarć między nowym królem, jej bratem ciotecznym, a jej rodzicami, którzy nadal potajemnie marzyli o hiszpańskim mariażu. Jednakże wola króla, jak poprzednio, miała wziąć górę. Dwudziestego października 1548 roku Joanna stała się szczęśliwą małżonką Antoniego de Bourbon, jednego z największych francuskich arystokratów, pierwszego w kolejce do objęcia tronu, gdyby synowie Henryka II nie dochowali się następców. Antoni był atrakcyjnym mężczyzną, którego odwaga na polu bitwy prawdopodobnie maskowała brak zdecydowania. Zorganizowana pospiesznie ceremonia była skromna w porównaniu z tą, która uświetniła nieudany mariaż z księciem Kleve. Król Henryk II zauważył jednak: „Nigdy nie widziałem szczęśliwszej panny młodej, ta bowiem tylko się śmiała"; dodał też, że w przeciwieństwie do niej Małgorzata z Nawarry tonęła we łzach, ale córka nie wydawała się ani trochę tym przejmować. Pewien dworzanin zanotował, że Antoni „bardzo dobrze wypełnia małżeńskie obowiązki w dzień i w nocy. Twierdzi, że spółkowali nader ochoczo sześć razy". Współcześni relacjonowali, że Joanna – później tak surowa i energiczna – wydawała się zadurzona w mężu. Latem 1549 roku Małgorzata pisała do Antoniego, że córka „nie zna żadnych przyjemności ani zajęć oprócz rozmów o Tobie lub pisania do Ciebie". Antoni zaś zwracał się do Joanny z zaskakującą czułością: „Nigdy bym nie pomyślał, że będę Cię tak kochał. Kiedy następnym razem będę musiał wyruszyć w długą podróż, zamierzam zabrać Cię ze sobą, gdyż samotność mnie nuży". Jednak z powodu wojskowych obowiązków często bywał nieobecny, a Joanna spędzała czas z matką; miał to być ostatni rok życia Małgorzaty.

Małgorzata z Nawarry żyła zbyt długo, jak przed nią Anna de Beaujeu. Chociaż ledwie przekroczyła pięćdziesiątkę, żyła jako ostatnia ze swego pokolenia, gdy odeszli nawet jej protegowani, tacy jak Anna Boleyn. Wyjechała do skromnej, wiejskiej posiadłości; tam pewnej deszczowej nocy odważyła się wyjść na zewnątrz, być może po to, by obserwować kometę. Wyprawę tę przypłaciła przeziębieniem, które 21 grudnia 1549 roku spowodowało jej śmierć.

W jej relacjach z Joanną wyraźnie odczuwało się pewne zbliżenie, o ile ich wzajemne stosunki tego wymagały. W tych ostatnich miesiącach matka i córka wymieniły serię wierszowanych listów wyrażających w niezmiernie stylizowanych słowach miłość i poczucie straty w chwilach rozłąki. Źródła nie zawierają opisu reakcji Joanny d'Albret na śmierć Małgorzaty z Nawarry. W następnych latach córka miała przejąć po matce – jak zapewne Małgorzata po śmierci Ludwiki Sabaudzkiej – obowiązki związane ze wspieraniem matczynych przedsięwzięć, choć sięgnęła przy tym do sposobów, jakich Małgorzata nie zdołałaby przewidzieć.

30
„Sposób przekazania sukcesji"

Anglia, 1547–1553

Po śmierci Henryka VIII i objęciu panowania przez nowego króla w osobie małego chłopca, także w Anglii na pierwszy plan gwałtownie wysunęła się kwestia dostosowania się do nowych realiów politycznych. Edward VI Tudor i jego doradcy zaangażowali się w sprawy nowego wyznania w sposób, który Henrykowi VIII nigdy nie przyszedłby do głowy. Dla ludzi trwających przy starej wierze czasy stawały się coraz trudniejsze. Wśród nich wyróżniała się trzydziestojednoletnia przyrodnia siostra Edwarda VI, Maria Tudor.

Konserwatywni katolicy mogli być na tyle skrupulatni, by kwestionować małżeństwo króla, zawarte wbrew autorytetowi papieża, ale po śmierci ojca Maria Tudor nie przejawiała chęci kwestionowania tego, że dziewięcioletni brat, jako męski następca, ma większe prawa do tronu niż ona.

Nad bezpieczeństwem Marii Tudor od dawna czuwała inna kobieta – namiestniczka Niderlandów Maria Węgierska. Po tym, jak Maria Tudor poddała się woli ojca i uznała się za dziecko nieślubne, zmuszono ją do napisania listów do Marii Węgierskiej i Karola V z deklaracją, że uczyniła to dobrowolnie. Maria Węgierska (podobnie jak żona Karola V Izabela Portugalska) otrzymywała raporty o tym, jak się powodzi Marii Tudor. Cesarz i namiestniczka nie chcieli uznać Edwarda VI za króla, zanim nie upewnili się co do pozycji Marii Tudor. Maria Węgierska pisała do ich ambasadora: „Tak samo wstrzymujemy się z wysyłaniem jakichkolwiek listów do naszej kuzynki, królewny Marii, albowiem na razie nie wiemy, jak będzie traktowana".

A traktowano ją na początku nader łagodnie, biorąc pod uwagę, że posiadane włości pozwalały zaliczyć ją do grona czołowych możnowładców kraju, zatem owa łaskawość miała na celu zapewnienie jej współpracy z nowym reżimem. Nic jednak nie mogło kupić jej współpracy w obliczu ataków na rytuały religijne, które wkrótce miały nastąpić pod rządami rady regencyjnej pod przewodem brata Joanny Seymour, Edwarda, wkrótce mianowanego księciem Somerset.

Nie ma wątpliwości, że młody król udzielał czynnego poparcia reformom religijnym. Fakt ten w pewnym sensie stwarzał sposobność dla Marii Tudor. Królewna, wyrażając na piśmie zgrozę z powodu szybko narzuconych zmian w liturgii mszy (komunia pod obiema postaciami dla osób świeckich, tak jak dla duchownych, oraz zaprzeczenie rzeczywistej obecności Boga w sakramentach), obstawała przy tym, że „pozostanie posłusznym dzieckiem" wobec rozporządzeń ojca do czasu, aż brat „będzie w idealnym wieku do [zyskania] prawa decydowania" – prowadziła zatem grę na zwłokę. Im bardziej propagowano doktrynę ewangeliczną, tym zajadlej na dworze Marii praktykowano obrzędy w dawnych formach. Na razie pozostawiano jej pewne pole manewru, gdyż rada Edwarda VI miała świadomość, że poczynania Marii bacznie obserwują jej habsburscy krewni.

Kiedy pod koniec 1549 roku Lord Protektor, książę Somerset, został pozbawiony dominującej pozycji, którą sam sobie przyznał, pojawiły się pogłoski, że Maria stanie się regentką przyrodniego brata. Zamiast niej do władzy dorwał się jednak Jan Dudley, słynący z militarnych sukcesów wódz i stronnik reformatorów. Kiedy nowe siły polityczne w łonie rady doprowadziły do zawarcia sojuszu z Francją i odsunięcia na bok interesów Habsburgów, Maria znalazła się pod coraz większą presją, która sugerowała jej zaprzestanie uczestnictwa we mszy, nawet na swoim osobistym dworze.

Już wcześniej Maria wyczuwała, że jej sytuacja staje się niepewna, dlatego poinformowała habsburskiego ambasadora, iż może być zmuszona do ucieczki z kraju. W 1550 roku rzeczywiście wydawało się to konieczne, powstał zatem spisek Marii Tudor, ambasadora i Marii Węgierskiej, która wysłała trzy okręty, by zakotwiczyły u wybrzeża hrabstwa Essex i czekały na odpowiedni moment, by wydostać królewnę z kraju.

Edward VI napisał do niej z oburzeniem: „Ty, nasza najbliższa siostra (...), [chcesz] złamać nasze prawa i pominąć je celowo, z własnej nieprzymuszonej woli (...), [zatem] dopilnuję, by moich praw ściśle przestrzegano". Dla kontrastu na obchody Bożego Narodzenia w 1550 roku sprowadzono do Londynu drugą siostrę króla, Elżbietę, „z wielką świtą szlachetnych panów i dam", eskortowaną przez setkę królewskich konnych i oficjalnie powitaną przez radę. Chodziło o to, jak gorzko zauważył cesarski ambasador, by pokazać, że dzięki przyjęciu nowej religii „stała się bardzo wielką damą". Członkowie nowej elity nad Marię przedkładali Elżbietę jako osobę „bardziej ich pokroju".

Obraz Elżbiety jako cnotliwej, protestanckiej królewny został niespełna dwa lata wcześniej skalany wskutek skandalu związanego z jej „romansem" z Thomasem Seymourem, bratem Lorda Protektora, księcia Somerset, mężem owdowiałej Katarzyny Parr. Sprawa rozpoczęła się budzącą niesmak historią sypialnianych igraszek, w których czterdziestoletni Seymour cmoknął nastoletnią

Elżbietę w obnażone pośladki. Po śmierci Katarzyny Parr, która zmarła po urodzeniu dziecka Seymoura, stało się jednak jasne, że dąży on do ożenku z Elżbietą, dziewczyną z prawami do tronu. W pierwszych miesiącach 1549 roku wszczęto oficjalne dochodzenie. Dla piętnastoletniej wówczas Elżbiety musiało być ono przerażające, zwłaszcza że jej słudzy, w tym guwernantka i przybrana matka, Kat Ashley, zostali uwięzieni w Tower. Sama Elżbieta wywalczyła sobie wolność, lecz Seymour poszedł na szafot. Słynny komentarz Elżbiety: „Tego dnia umarł mężczyzna o wielkim dowcipie, lecz małym rozsądku", prawdopodobnie jest apokryficzny, lecz tymi słowami potwierdziła tylko, iż w obliczu zagrożenia potrafi się kierować nie porywami serca, lecz głową.

Romans z Seymourem mógł wzmocnić przekaz lekcji, którą Elżbieta odebrała wraz ze śmiercią matki: seks kryje w sobie niebezpieczeństwo. Na razie skupiała się na okazywaniu swego rodzaju dziewiczej skromności, czym szybko zapewniła sobie pełną rehabilitację w oczach dworu Edwarda VI. Mąż Kat Ashley wspominał „swobodne rozmowy" i „obyczajne narady", które Elżbieta odbywała z osobami z jej otoczenia, zwłaszcza ze swym nauczycielem Rogerem Aschamem. Pokazywała się w skromnym stroju, pasującym do wizerunku „słodkiej siostry Temperance"* króla Edwarda, rozmyślnie dbając o to, by kontrastować z katoliczką Marią.

Kiedy w marcu 1551 roku Maria przybyła do Londynu, przejechała ulicami w eskorcie kawalkady szlachty, a każdy z jeźdźców trzymał różaniec. Rada początkowo zareagowała tylko działaniami nękającymi, wymierzonymi w domowników Marii. Wkrótce jednak królewna znalazła się pod presją; Maria Węgierska pisała

---

* Imię Temperance oznacza również „umiar", „wstrzemięźliwość" (przyp. tłum.).

do cesarskiego ambasadora, że gdyby Marię Tudor pozbawiono mszy, musiałaby to znieść, ale wobec prób zmuszenia jej do „mylnych praktyk (...) byłoby dla niej lepiej umrzeć, aniżeli ulec". Mimo to wszyscy uczestnicy konfliktu raz jeszcze wycofali się znad krawędzi. Stało się tak częściowo z powodu kłopotów na kontynencie, które pociągnęły za sobą potrzebę zabezpieczenia niderlandzkiego handlu wełną z Anglią, choć Maria Węgierska w obawie przed przymierzem angielsko-francuskim proponowała inwazję na Anglię w celu osadzenia na tronie Marii Tudor, co zabezpieczyłoby drogocenny handel[1]. Doradcy Edwarda VI niewątpliwie mieli świadomość, że w myśl postanowień testamentu ojca Maria nadal jest następczynią tronu brata. Ta świadomość miała znacznie wzrosnąć w 1553 roku, gdy Edward zaniemógł – złapał najpierw jedno przeziębienie, a później następne.

W miarę pogarszania się zdrowia młody król, czując się zobowiązanym do obrony religii reformowanej, z oczywistych przyczyn zdecydował, że tron nie powinien przypaść Marii. Gdyby bowiem tak się stało, przekonywał Edward niechętnego lorda przewodzącego Sądowi Najwyższemu, „byłoby już po religii, której solidne podwaliny zdołaliśmy położyć".

Mniej oczywista była decyzja króla, żeby wykluczyć z sukcesji również Elżbietę, mimo przestrzegania przez nią nakazów nowej religii. Elżbieta, tłumaczył, jest córką skompromitowanej kobiety „bardziej skłonnej do spółkowania z licznymi dworzanami niż do oddawania czci mężowi, tak potężnemu królowi". Zapewne prawda była taka, że Elżbieta Tudor, nieodrodna córka swego ojca, nie chciała się zgodzić na obalenie jego testamentu albo też Jan Dudley, rządzący wówczas Anglią pod płaszczykiem rady królewskiej, wiedział, że królewna nigdy nie stanie się jego marionetką.

Bardziej prawdopodobne jest jednak to, że Elżbieta, wciąż niezamężna, mogła wyjść za jakiegoś katolickiego księcia, przez co w kraju przywrócono by katolicyzm. Gdyby siostry Edwarda VI wyszły za cudzoziemców, „obcy" mąż, jak się wyraził król, zadbałby o to, żeby prawa i obyczaje jego ojczystego kraju były „praktykowane i stosowane w tym oto naszym królestwie (...), przez co zmierzałoby ono, niech Bóg wzbroni, do całkowitego obalenia wspólnoty". Lepiej będzie, jeśli królewny „zabierze Bóg", niż gdyby miały one tak zagrozić prawdziwej religii, zagrzmiał jeden z biskupów Edwarda, idąc w sukurs królowi.

Zamiast tego Edward VI powziął zamiar, „by uczynić następczynią naszą najdroższą kuzynkę Joannę". Joanna Grey – najstarsza córka Franciszki Brandon, najstarszej córki Marii, młodszej siostry Henryka VIII – była nie tylko zagorzałą protestantką, lecz od niedawna też żoną Guildforda, syna Jana Dudleya.

Nie żeby Edward VI chciał zostawić tron Joannie, choć – jako protestantka i kobieta zamężna – była bezpieczną kandydatką. Jak na ironię, wskutek starań ojca i dziadka, by oczyścić Tudorom drogę z wszelkich potencjalnych rywali, nie miał wielkiego wyboru. Wobec rychłej śmierci króla pytanie, czy kobieta może objąć sukcesję, nie miało znaczenia. Pozostało inne: która z kobiet ją obejmie?

Dokument spisany własnoręcznie przez Edwarda VI i zatytułowany *Sposób przekazania sukcesji* był zgodny z testamentem ojca w kwestii wykluczenia linii szkockiej, czyli potomków starszej siostry Henryka VIII, Małgorzaty Tudor, linii reprezentowanej obecnie przez katoliczkę Marię Stuart. Ród Marii, młodszej siostry Henryka VIII, dotychczas wydał na świat tylko kobiety (Franciszka Brandon nie miała synów). Pierwotny „sposób" Edwarda zakładał, że tron obejmie nie sama lady Joanna, tylko jej „męscy dziedzice". Jednakże los wyprzedził zamiary króla. W maju, wobec widocznego pogorszenia się stanu zdrowia, zmienił zapis „męscy dziedzice lady Joanny" na „lady Joanna lub dziedzice zrodzeni z jej ciała".

Tak zwana debata o ginokracji w tamtych latach bynajmniej nie cichła, o czym świadczy książka sir Thomasa Elyota *Defence of Good Women* (*Obrona zacnych kobiet*), napisana w latach trzydziestych XVI wieku, a opublikowana w roku 1540; autor broni w niej praw do sukcesji Katarzyny Aragońskiej i jej córki. Dowodzi tego też angielskie wydanie z 1542 roku tomu Henryka Korneliusza Agryppy, dedykowanego Małgorzacie Austriackiej. Po narodzinach Edwarda toczona na kartach broszur debata wydawała się bardziej intelektualną rozrywką niż rozważaniem realnych możliwości politycznych.

Jednakże rozrywka ta wkrótce miała się stać rzeczywistością.

CZĘŚĆ V

1553–1560

Królową należy wybierać wtedy, gdy będą ją popierać najuczciwsi krewni i ludzie. Często bowiem córki przestrzegają nauk i manier tych, od których pochodzą (...). Królowa powinna utrzymywać córki w pełnej cnocie. Czytamy bowiem o wielu pannach, które dzięki dziewiczej czystości stały się królowymi.

Jacobus de Cessolis, *The Game and Play of the Chess*, przekład angielski Williama Caxtona, ?1474

Gra w szachy z niezmiernie ważną figurą – królową – w XV i XVI wieku stanowiła popularną metaforę władzy. Na obrazie powyżej Sofonisba Anguissola przedstawiła swoje siostry zajęte grą w szachy. Do wybitnych graczy należały też: Izabela Kastylijska, przedstawiona tu z mężem Ferdynandem (*na dole po lewej*), oraz Anna de Beaujeu (*na dole po prawej*)

Młoda Małgorzata Austriacka (*dalej po lewej*) nie wiedziała, że pewnego dnia zasiądzie do stołu rokowań naprzeciw swojej niegdysiejszej szachowej partnerki, Ludwiki Sabaudzkiej (*po lewej*). Córka Ludwiki – Małgorzata z Nawarry (*po prawej*) – również była ważną postacią w wielkiej grze międzynarodowej dyplomacji, co widać na przykładzie spektakularnych uroczystości Pola Złotogłowia (*powyżej*)

Dynastia Tudorów przeżyła rozłam wskutek walki między Katarzyną Aragońską (*niżej*) i Anną Boleyn (*wyżej po prawej*) — pierwszą oraz drugą żoną Henryka VIII. Do sporu włączyła się też siostra Henryka Małgorzata Tudor (*wyżej po lewej*), żona króla Szkocji

Konflikt na płaszczyźnie osobistej i religijnej między Anną Boleyn a Katarzyną Aragońską miały kontynuować ich córki: Maria (*wyżej po prawej*) i Elżbieta (*wyżej po lewej*). Obraz *Rodzina Henryka VIII: alegoria dynastii Tudorów* (*niżej*) — zmodyfikowana za panowania Elżbiety I wcześniejsza wersja malowidła — pokazuje protestancką królową Elżbietę w asyście bogiń pokoju i obfitości, a katoliczkę Marię I u boku boga wojny

W Szkocji Maria de Guise (*wyżej po lewej*) walczyła o utrzymanie katolicyzmu, a tymczasem na kontynencie również wyraźnie występowały rozłamy religijne. Maria Węgierska (*wyżej po prawej*) i Małgorzata Parmeńska (*niżej*), jako namiestniczki Niderlandów, były zmuszone rozprawić się z luteranizmem. Autor obrazu przedstawił Małgorzatę pochłoniętą łowieniem kosztowności w rzece krwi w chwili, gdy protestanccy buntownicy zostają skazani na śmierć

We Francji Joanna d'Albret (*wyżej po lewej*) została heroiną hugenotów, natomiast Katarzynę Medycejską (*wyżej po prawej*) powszechnie obwiniano za masakrę w noc Świętego Bartłomieja (*niżej*)

Dwie królowe na jednej wyspie... Elżbietę I i królową Szkocji Marię Stuart podzieliła nie tylko osobista rywalizacja, lecz także zwaśnione religie. Stracenie Marii, która wpadła w ręce Elżbiety, stanowiło ostatni ruch w szesnastowiecznej partii Gry Królowych

31
„Herkulesowa odwaga"

Anglia, 1553–1554

Edward VI, przyrodni brat Marii Tudor, umarł 6 lipca 1553 roku, przeżywszy ojca ich obojga, Henryka VIII, zaledwie o sześć lat. Po jego śmierci królową została kolejna dziewczyna. Lady Joanna Grey, wnuczka młodszej siostry Henryka VIII, otrzymała koronę na mocy testamentu Edwarda. Mimo to Maria Tudor, najstarsza córka króla Henryka, zdecydowała, że rywalka nie powinna zostać ukoronowana.

Posunięcie, które następnie wykonała – pisał Robert Wingfield w książce *Vita Mariae Angliae Reginae* (Życie Marii, królowej Anglii) – „należy oceniać i postrzegać jako czyn nie kobiecej, lecz herkulesowej odwagi, gdyż zgłoszenie i zapewnienie sobie prawa do dziedzictwa wymagało od królewny śmiałości umożliwiającej jej stawienie czoła potężnemu i dobrze przygotowanemu nieprzyjacielowi".

Zbyt długo w swoim trzydziestosiedmioletnim życiu Maria Tudor mogła jedynie stawiać bierny (acz nieprzejednany) opór wobec ciosów wymierzanych przez los. W 1553 roku jednak dostała szansę działania – takiego, jakiego pragnęła jej matka Katarzyna i jakie wcielała w czyn jej babka Izabela. Większość współczesnych ludzi uznała ją za szaloną, gdy rozwinęła swój sztandar w zamku w miasteczku Framlingham w hrabstwie Suffolk i ogłosiła się królową. Jednakże całe dziedzictwo Marii Tudor podpowiadało jej, że korona jest nagrodą, o którą warto walczyć.

Maria wzniosła chorągiew rywalizacji tego samego dnia, w którym rada królewska obwołała królową Joannę. Skupiło się przy niej wielu takich, którzy uznali ją za prawdziwą przedstawicielkę monarszej dynastii Tudorów. Baptista Spinola, kupiec z Genui, pisał w raporcie, że „serca ludu są z Marią, córką królowej z Hiszpanii". Chłodniej rozumującym obserwatorom wydawało się to niemożliwe. Habsburscy ambasadorowie informowali, że wszystkie siły w kraju skupili w swych rękach ludzie, którzy proklamowali wstąpienie na tron Joanny Grey. Gdy jednak Maria mknęła przez kraj z wrogami depczącymi jej po piętach, ludzie gromadzili się pod jej sztandarem.

Kiedy stało się jasne, że córka króla Henryka nie zaakceptuje tego, co wielu uważało za wypaczenie naturalnego porządku rzeczy, magnaci z Anglii Wschodniej – sir Richard Southwell oraz hrabia Sussex, a także inni arystokraci i rycerze – przyłączyli się do niej, mobilizując miejscowe siły. Dwunastego lipca Maria dotarła do Framlingham, gdzie znajdował się jej niedawny nabytek – potężna forteca, być może przygotowywana na taką ewentualność. Cesarski ambasador triumfalnie raportował: „Miłość do niej skłoniła wielką rzeszę ludzi do przybycia i złożenia obietnicy, że będą ją wspierać aż do końca". Do Marii zgłaszali się miejscowi sędziowie; prości ludzie przyprowadzali bydło zamiast pieniędzy. W porcie w Orwell na jej stronę przeszła eskadra złożona z pięciu okrętów, na których marynarze zbuntowali się przeciwko oficerom. Maria Tudor wydała proklamację, w której napisała: „wszyscy nasi szczerzy i wierni poddani bez wątpienia nas zaakceptują, przyjmą i okażą nam posłuszeństwo, jako swojej naturalnej i prawowitej pani lennej oraz królowej".

Tymczasem w Londynie nawet członkom rady królewskiej, którzy przemocą posadzili lady Joannę Grey na tronie, zaczynały doskwierać „swego rodzaju wyrzuty sumienia". Osiemnastego lipca doradcy dzierżący w swych rękach Tower, gdzie dla bezpieczeństwa ulokowano Joannę, przekazali twierdzę zwolennikom królowej Marii, z ulgą porzucając politykę, której nigdy naprawdę nie aprobowali. Następnego dnia w Londynie Maria Tudor została obwołana królową, a 21 lipca Jan Dudley – teść Joanny Grey, stojący za wyniesieniem jej na tron – sam podrzucał beret w powietrze i wznosił okrzyki na cześć prawowitej władczyni. Przebywającej w Tower lady Joannie odebrano regalia władzy.

Zamknięta w Hatfield przyrodnia siostra Marii, Elżbieta Tudor, nie wzięła udziału w tym politycznym przesileniu. Złożyła za to Marii listowne gratulacje. Sama nie miała możliwości zgłoszenia roszczeń do tronu ze względów praktycznych, a w jej przypadku również etycznych. Wielu ludzi popierało Marię bardziej z obywatelskiej lojalności niż z racji wiary katolickiej, a liczni stronnicy protestantów mogliby pójść raczej za Joanną niż za Elżbietą. Co ważniejsze, według reguł dynastycznych, z którymi Elżbieta sama się zgadzała, tron na razie należał do Marii – tak życzył sobie ich ojciec. Chociaż Elżbieta mogła już wtedy żywić nadzieję, że znacznie starsza Maria nie będzie go zajmować w nieskończoność.

Trzeciego sierpnia Maria Tudor odbyła królewski wjazd do Londynu, olśniewająca w szatach z purpurowego aksamitu i atłasu, jak informowali świadkowie, „gęsto wysadzanych złotniczymi wyrobami i wielkimi perłami". Tuż za nią jechała Elżbieta ze swoją świtą. Zjawiło się również „bardzo wiele innych dam" – to zapowiedź tego, że pod rządami kobiety panie z bezpośredniego otoczenia monarchini wysuną się na pierwszy plan.

Nawet w tamtej chwili płeć królowej wzbudzała kontrowersje. Niektórzy doradcy Edwarda VI sugerowali odłożenie koronacji do czasu potwierdzenia legalności władzy Marii przez parlament. Anglia nie miała panującej królowej od czasów saskich. W 1135 roku, kiedy Matylda, wnuczka Wilhelma Zdobywcy, podjęła próbę objęcia sukcesji po ojcu, stało się to zarzewiem długiej wojny domowej z jej kuzynem Stefanem z Blois. Matylda nigdy nie została ukoronowana i w końcu musiała się zadowolić tytułem „pani Anglików" oraz ugodą stanowiącą, że po śmierci Stefana to jej syn przejmie koronę. Idea, że kobiety mogą przekazywać swoje prawa do tronu, jak Małgorzata Beaufort przekazała je synowi Henrykowi VII, była o wiele mniej kontrowersyjna od możliwości osobistego obejmowania przez nie władzy.

Inne możne kobiety pierwszej połowy XVI wieku bywały raczej regentkami niż panującymi królowymi, a ideę, że kobieta może zastępować mężczyznę (lub wywierać nań wpływ), akceptowano łatwiej niż samodzielne sprawowanie przez nią rządów. Mimo to zaledwie przed stuleciem czynione przez Małgorzatę Andegaweńską próby rządzenia w imieniu niezdolnego do racjonalnych działań męża przyjęto ze zgrozą podszytą szowinizmem.

Izabela Kastylijska reprezentowała precedens, który musiał stale gościć w umyśle jej wnuczki, Marii, ale po czterech stuleciach od czasów Matyldy arystotelesowska koncepcja społeczeństwa jako rodziny rządzonej przez ojca nadal dominowała w większości krajów Zachodu. Nie było nawet stosownych określeń – słowo „królowa" oznaczało jedynie żonę króla[1]. Maria i Elżbieta Tudor same siebie określały mianem książąt, a kobietę zwycięską często opisywano jako nienależącą już w pełni do swej płci.

W zagadkowych pierwszych dniach panowania królowej Marii zwracano baczną uwagę, by podkreślać, że dysponuje ona taką samą władzą jak rządzący mężczyzna. Nowy cesarski ambasador Simon Renard informował jednak w raporcie, że gdy Maria przed wyruszeniem na długą uroczystość koronacyjną wezwała do siebie członków rady, padła przed nimi na kolana i „rzekła, że powierza im swoje sprawy i osobę". Królowa zbiła ich z tropu tą „pokorną i uniżoną przemową, tak niepodobną do wszystkiego, co zawsze słyszeli". Niepodobną do słów, które słyszeli z ust jej ojca, Wielkiego Harry'ego, czy nawet jego syna.

Jak ukoronować królową? Jakie rytuały i uroczystości zorganizować? Takie jak w przypadku króla – prawie. Ceremoniał zaczerpnięto ze zwyczajowej instrukcji przeprowadzania takich ceremonii, księgi *Liber Regalis*, ale z ciekawą domieszką komunikatów. O ile w przeddzień koronacji król przejeżdżał konno ulicami miasta, o tyle Marię Tudor niesiono w lektyce. Kobiety rodu Tudorów zazwyczaj nosiły włosy związane, ona zaś rozpuściła je niczym królowa małżonka – na znak płodności. Maria chciała się odwołać do idei, że oto zostaje zaślubiona swojemu krajowi.

Podczas ceremonii odznaczenia piętnastu nowych kawalerów Orderu Łaźni królową zastąpił par; z oczywistych względów kobiecie nie wypadało uczestniczyć w rytualnej kąpieli i przywdziewaniu szat – obrzędach stanowiących ważny element męskiego ceremoniału rycerskiego. Jednakże gdy następnego dnia, 1 października, Maria podążała do opactwa westminsterskiego, hrabia Arundel niósł przed nią miecz ceremonialny – militarny symbol, który wzbudził tyle kontrowersji około siedemdziesięciu lat wcześniej, podczas koronacji Izabeli, babki Marii[2].

Strój Marii nie odróżniał się wyraźnie od ceremonialnych szat króla. Podobnie jak każdy monarcha, królowa legła na posadzce opactwa westminsterskiego, została namaszczona „na barkach, piersi, czole i skroniach" i ukoronowana, po czym wręczono jej wszystkie regalia. Jednakże tylko dotknęła ostróg, zamiast przypiąć je sobie do stóp, a gdy podano jej do prawej ręki berło króla, w lewą ujęła też „berło, które zwykło się dawać królowym, zwieńczone gołębiami". Królowa małżonka, w odróżnieniu od panującej władczyni, odgrywała tradycyjną rolę pokojowo nastawionej orędowniczki.

Koronacja ta na zawsze miała się zapisać jako coś w rodzaju mieszaniny rytuałów, i to nie tylko z powodu płci władczyni. Pod względem religijnym Maria I Tudor postanowiła cofnąć zegar do czasu zerwania przez ojca z Rzymem, lecz wprowadzanie zamierzonych przez nią zmian musiało potrwać.

W tydzień po kazaniu w duchu ewangelicznym, wygłoszonym przed katedrą Świętego Pawła, nastąpiło kolejne – z silnym akcentem katolickim; katolickiego kaznodzieję trzeba było, nie bez pewnych trudności, uratować przed rozjuszonym tłumem. Osiemnastego sierpnia Maria I obwieściła, że choć sama zawsze będzie praktykować religię, „którą, o czym Bóg i świat wiedzą, zawsze wyznawała od maleńkości", z powodu „łaskawego usposobienia i łagodności Jej Wysokość nie zamierza do tego zmuszać rzeczonych poddanych do czasu wydania, za wspólną zgodą, dalszych rozkazów".

Z pewnością wszyscy wiedzieli, że na tym sprawa się nie zakończy. Rzeczywiście – Maria I wyznała pewnemu cudzoziemcowi, że chce przywrócić zwierzchność papieża, lecz na razie o takich rzeczach nie powinno się mówić publicznie. W sierpniu napisała do papieża, wyznając, że „Jego Świątobliwość nie miał bardziej kochającej córki niż ona".

Elżbieta Tudor opisywała później relacje między królową a krajem jako małżeństwo. W przypadku Marii I miesiąc miodowy niemal natychmiast dobiegł końca, podobnie jak krótkotrwała wspólnota interesów obu sióstr. Cesarski ambasador Renard wkrótce napisał w raporcie, że królowa chce pozbawić Elżbietę prawa do sukcesji z powodu jej „heretyckich przekonań, nieślubnego pochodzenia i cech, którymi przypomina swoją matkę". Anna Boleyn „przysporzyła królestwu wielkich kłopotów" i Maria była pewna, że córka Anny zrobi to samo, „a zwłaszcza może naśladować matkę w tym, iż będzie zwolenniczką Francji".

Królowa Maria, jak zauważył Renard, „nadal żywi urazę za szkody wyrządzone królowej Katarzynie, jej szlachetnej matce, wskutek machinacji Anny Boleyn".

Już we wrześniu 1553 roku Elżbieta poczuła, że musi zrobić pierwszy ruch. Wybłagała u siostry posłuchanie, na którym tłumaczyła się raczej nieznajomością wiary katolickiej niż wrogim wobec niej nastawieniem, bowiem „wychowano ją w religii, którą wyznaje". Poprosiła o nauczycieli. Kilka dni później odwiedziła królewską kaplicę Marii, dbając jednak o to, by świadkowie dostrzegli „aurę cierpienia", którą ostentacyjnie roztaczała. W bardzo krótkim czasie wenecki ambasador zauważył, że Maria I traktuje siostrę ze świeżo odnowioną wrogością. Kiedy królowa nakłoniła parlament do uznania ślubu rodziców za ważny, otworzyła dawno zabliźnione rany. Jeśli chodzi o sukcesję, Maria musiała żywić nadzieję, że problem rozwiąże się w sposób naturalny. Kiedy w grudniu Elżbieta opuściła dwór, jej nieobecność musiała być tym milej widziana, że jej siostra wkrótce miała wyjść za mąż.

Maria deklarowała, że jako osoba prywatna nigdy nie dążyła do małżeństwa, bo „wolała dożyć końca swych dni w czystości". Niemniej Renard podczas pierwszej audiencji w cztery oczy powiedział królowej, że jego pan Karol V jest świadom, iż „kobieta z trudnością może podjąć się dużej części pracy związanej z rządzeniem", radzi jej zatem, by szybko wybrała sobie męża. Kwestię małżonka uważano – z uzasadnionych powodów – za jeden z głównych problemów rządów sprawowanych przez królową.

Księga Genesis traktuje to jako część kary wymierzonej Ewie: „ku mężowi twemu pociągać cię będą pragnienia twoje, on zaś będzie panował nad tobą". Obawiano się, że mąż panującej królowej okaże się panem nie tylko jej samej, lecz także kraju.

Rzeczywiście, wstęp do broszurki *A Glasse of the Truth* (*Zwierciadło prawdy*) – powszechnie uważanej za opublikowaną przy współudziale Henryka VIII, który tym sposobem chciał wesprzeć swój zamiar oddalenia Katarzyny Aragońskiej – zawierał stwierdzenie, że gdyby rządy przypadkiem objęła kobieta, „nie mogłaby długo sprawować ich dalej bez męża, który wtedy wedle praw boskich musiałby zostać jej władcą i zwierzchnikiem, a tym samym ostatecznie kierować królestwem"[3].

Maria I Tudor stanęła w obliczu tych samych dyskusji, które później miały się kręcić wokół słynnej, kłopotliwej kwestii małżeństwa Elżbiety I Tudor. Dotyczyły one niebezpieczeństwa wewnętrznych sporów, gdyby wybrała męża z własnego królestwa, albo ryzyka poddania Anglii zagranicznemu mocarstwu, gdyby wyszła za cudzoziemca. W przypadku Marii wydawało się jednak, że dylemat wzbudził mniejszy rozgłos, szybko bowiem zapadła decyzja nie tylko co do samego zamążpójścia królowej, lecz także co do osoby kandydata na męża.

W dzieciństwie Marię Tudor zaręczono z ciotecznym bratem Karolem V, lecz choć cesarz już owdowiał, ze względu na stan jego zdrowia kolejne małżeństwo było mało prawdopodobne. Filip, syn Karola, sprawujący w imieniu ojca rządy jako regent w Hiszpanii, też był wdowcem, bowiem jego pierwsza żona – siostra cioteczna Maria Portugalska (Maria Manuela) – żyła krótko. Młodszy od Marii o ponad dziesięć lat, podobnie jak ona wyznawał katolicyzm. Ten ostatni fakt był istotny – kontrreformacja dała nowy impuls międzynarodowej wspólnocie katolickiej. Jednakże protestantyzm również urósł wtedy w siłę. Odnosiło się wrażenie, że luteranizm to już przebrzmiała religia, a z Genewy rozbiegały się „wilki" z surowymi doktrynami Kalwina na ustach.

Karol V zaproponował Filipa na męża Marii, jeszcze zanim wyschł inkaust na listach obwieszczających jej wstąpienie na tron, a pod koniec października 1553 roku królowa wyraziła zgodę. Wenecki ambasador pisał w raporcie: „Zrodzona z hiszpańskiej matki, zawsze skłaniała się ku tej nacji, nie chciała się czuć Angielką i pyszniła się hiszpańskim pochodzeniem". Cesarski ambasador Renard szybko stał się jej sekretnym doradcą, a Maria błagała go („Jeśli nie sprawi Ci to, Panie, zbyt wiele kłopotu"), by pod osłoną nocy przemykał do jej prywatnych apartamentów. Maria Węgierska oddelegowała zdolnego i przymilnego Renarda do działań mających przyspieszyć bieg spraw, wysłała też do Anglii portret Filipa pędzla Tycjana.

Zaledwie dwa tygodnie po wyrażeniu przez królową Marię zgody na ślub z Filipem Habsburgiem parlament przedstawił petycję, by ponownie rozważyła tę kwestię i wybrała męża z własnego królestwa. Maria udzieliła niezwykłej odpowiedzi, opartej nie tyle na argumencie ochronnej mocy sojuszu z potężną Hiszpanią, ile na osobistych preferencjach: „Skoro osoby prywatne w takich wypadkach podążają za osobistymi gustami, władcy mogą słusznie poważyć się na równą swobodę". W listopadzie delegacja członków parlamentu bezskutecznie próbowała odwieść królową od mariażu z Hiszpanią.

Wszyscy zgadzali się co do zastrzeżeń w sprawie planowanego małżeństwa. Maria I oświadczyła Renardowi, że jako osoba prywatna będzie kochać męża i okazywać mu posłuszeństwo, „lecz jeśli zechce [on] ingerować w rządy w królestwie, nie będzie mogła na to pozwolić". Podobną umowę zawarła Izabela Kastylijska, lecz w praktyce nieuchronnie rodziło to trudności. Partnerstwo Izabeli z Ferdynandem Aragońskim sprawdzało się nie tylko dzięki ich osobistej zgodności, lecz także dlatego, że jej królestwo było o wiele większe. Tutaj zaś szala przechylała się na stronę Filipa.

Henryk II zastanawiał się nad mariażem Filipa i Marii – skoro Filip „sam będzie królem, (...) którzy doradcy zechcą lub ośmielą się udzielić rady wbrew życzeniom i woli króla?". Król Francji powiedział angielskiemu ambasadorowi, że „mąż może dużo zdziałać z żoną", a kobiecie trudno będzie „odmówić mężowi tego, czego będzie się od niej żarliwie domagał"; dodał też, iż wie, że autorytet małżonka „bardzo silnie działa na damy".

Stanowisko Henryka II naturalnie było stronnicze. Wynikało z odwiecznego problemu – sojusz Anglii z Habsburgami stanowił niebezpieczną perspektywę dla Francji, która w ten sposób zostałaby okrążona. Jednakże wielu podzielało jego opinię. Rada Marii I poinstruowała zatem ambasadora, by podkreślał, że „gdyby małżeństwo zostało zawarte, rządy w królestwie mają pozostać w rękach Jej Królewskiej Mości, a nie księcia". Biskup Gardiner głosił w kazaniach, że Filip „ma być raczej poddanym niż kimś innym, a królowa ma rządzić wszystkimi sprawami, jak to robi teraz".

Ostateczne warunki intercyzy – opublikowane w styczniu 1554 roku dla uśmierzenia niepokoju społeczeństwa i ratyfikowane w kwietniu przez parlament – stanowiły, że Filip nie będzie mógł wprowadzać cudzoziemskich kandydatów na urzędy państwowe ani wciągać Anglii w zagraniczne wojny. Gdyby Maria zmarła, nie urodziwszy dzieci, wdowiec po niej miał nie odgrywać żadnej dalszej roli w sprawach Anglii. Jeśli jednak w tym związku urodziłoby się dziecko, miało odziedziczyć nie tylko Anglię, lecz też Niderlandy. (Hiszpania miała przypaść don Carlosowi, synowi Filipa z pierwszego małżeństwa). Były to warunki wysoce korzystne dla Anglii – przynajmniej teoretycznie. W praktyce sprawy mogłyby wyglądać inaczej, zwłaszcza że Filip, gdy poznał powyższe warunki, potajemnie, lecz uroczyście przysiągł, iż nie będzie się czuł nimi związany.

Ludność przyjęła hiszpański mariaż z najwyższą wrogością. Kiedy w pierwszych dniach 1554 roku do Londynu zjechał personel cesarskiej ambasady, nawet uczniacy na ulicach obrzucali ambasadorów śnieżkami. Po kilku tygodniach pojawiły się wieści o tak zwanej rebelii Wyatta – serii skoordynowanych ze sobą powstań, którymi planowano objąć cały kraj – mającej na celu zdetronizowanie Marii I i zastąpienie jej Elżbietą. Jednak na początku stycznia spisek został zdekonspirowany i jedynie sir Thomas Wyatt (syn poety, wielbiciela Anny Boleyn) pod koniec miesiąca pomaszerował na Londyn na czele wojsk z hrabstwa Kent. Niektóre oddziały Marii wolały przejść na stronę Wyatta, niż poddać się rządom „Hiszpanów lub obcych". Królowa pokazała się jednak w czasie tego kryzysu ze swej najlepszej strony, prosząc nawet, by zezwolono jej osobiście ruszyć do walki. Jadąc konno przez City i zagrzewając do walki żołnierzy, mówiła, że podczas koronacji została zaślubiona królestwu, „na dowód czego mam oto na palcu obrączkę ślubną, której nigdy nie zdjęłam i nie zdejmę"; „Nie umiem rzec, jak matka darzy z natury miłością dziecko, gdyż nigdy go nie miałam. Jeśli jednak książę i władca może darzyć równie naturalną i szczerą miłością swoich poddanych, bądźcie pewni, że ja – wasza dama i pani – darzę was szczerą, czułą miłością i łaską".

W tym samym zdaniu Maria przedstawia siebie jako matkę i księcia. W jej wypowiedzi czuć emocje monarchy stojącego ponad własną płcią, które pozwalały opisywać króla jako ojca-karmiciela. Ponadto królowa złożyła obietnicę, że dopóki obie izby parlamentu nie uzgodnią, iż jej ślub przyniesie korzyści całemu królestwu, dopóty „powstrzymam się od małżeństwa, jak długo żyć będę".

Londyn się obronił; Wyatt rozkazał swoim ludziom złożyć broń i został odprowadzony do Tower. W lutym Maria I niechętnie wyraziła zgodę na stracenie dziewczyny, którą na krótko wyniesiono na tron jako zastępczą sukcesorkę – nieszczęsnej Joanny Grey. W marcu Elżbieta Tudor, zamierzona beneficjentka spisku

Wyatta, została oskarżona o współudział i uwięziona w Tower. Musiała wtedy poczuć, że kroczy śladami matki – i to w najokropniejszy sposób.

Mimo to do niczego się nie przyznała. Pisemne dowody nie dowodziły niczego, a gdy 11 kwietnia Wyatt został stracony, w wygłoszonej z szafotu przemowie całkiem oczyścił ją z podejrzeń. Złagodzono warunki jej uwięzienia. Kiedy na początku maja w Tower zjawili się nowi strażnicy, Elżbieta – nadal przerażona – pytała, czy zabrano już szafot, na którym zginęła Joanna Grey. Strażnicy jednak przybyli po to, by odprowadzić ją z Tower do miejsca aresztu domowego w Woodstock, gdzie – podniesiona na duchu serdecznym wsparciem okazanym jej przez ludność w trakcie podróży – w komfortowym odosobnieniu miała przebywać przez rok.

W kwietniu 1554 roku parlament potwierdził, że status panującej królowej jest identyczny z królewskim, a Maria po ślubie pozostanie „jedyną i wyłączną królową". Gdy jednak pod koniec lipca Maria brała ślub z Filipem w winchesterskiej katedrze (ceremonię przeprowadzono na podstawie tej, która połączyła Katarzynę Aragońską z królewiczem Arturem przy wcześniejszym aliansie angielsko-hiszpańskim), zgodnie ze ślubowaniem starego, katolickiego nabożeństwa obiecała „być uległą i posłuszną (...) myślą i ciałem".

Ponownie jednak doszło do pomieszania się komunikatów. Na uczcie po ceremonii Maria I Tudor jadła ze złotego talerza, a Filip Habsburg ze srebrnego. Panna młoda obdarowała męża dobrami doczesnymi, lecz on odwzajemnił się tylko ruchomościami, a nie posiadanymi ziemiami.

Kiedy pan młody wprowadził się do komnat zwanych niegdyś apartamentami królowej, a Maria zajęła pokoje króla, wydawało się, że Filip wraz z hiszpańską świtą postanowił dowieść, iż najgorsze obawy Anglików się nie spełnią, i taktownie korzystać z pozycji małżonka królowej. Na płaszczyźnie osobistej zachowywał się wręcz pojednawczo. Przestrzeżono go, by starał się „ugłaskać" angielską szlachtę. Dwa dni po ślubie zapewnił członków rady, że jest tu po to, by doradzać, ale w każdej kwestii „muszą zasięgać zdania królowej, on zaś z całych sił postara się jej pomagać".

Z kolei Maria nalegała, by Filipa, jako jej doradcę, zawsze informowano o dyskusjach na forum rady (w formie noty spisanej po hiszpańsku lub po łacinie, gdyż nie władał angielskim), a wszystkie dokumenty rady mieli podpisywać oboje.

Habsburscy negocjatorzy upierali się, że w oficjalnych dokumentach imię Filipa powinno poprzedzać imię Marii: „Filip i Maria, z łaski Boga król i królowa Anglii". Twierdzili, że na inne rozwiązanie nie pozwala „żadne prawo ludzkie czy boskie ani prestiż i dobre imię Jego Wysokości". Na nowo wybitej monecie widniały wizerunki obojga na tej samej wysokości, a nad ich głowami unosiła się jedna korona. Hiszpanie sądzili, że Filip dostarczy elementu, którego musiało brakować w kobiecej monarchii Marii, że „zrekompensuje inne kwestie niemające związku z kobietami". Mimo to parlament nie przyznał Filipowi małżeńskiej korony ani żadnej oficjalnej władzy. To go rozgniewało, choć Maria wydawała się rozumieć, że jej lud nigdy nie zaakceptuje żadnej alternatywy.

Jesienią 1554 roku uszczęśliwiona Maria stwierdziła, że jest w ciąży – nosi dziecko, które skonsoliduje małżeństwo, potwierdzi status jej męża i zagwarantuje państwu katolicką przyszłość. Jednakże parlament na listopadowej sesji zatwierdził środki mające na celu określenie władzy Filipa jako regenta i wyznaczenie Marii ograniczeń na wypadek, gdyby zmarła przy porodzie, lecz pozostawiła po sobie żywe dziecko. Przy pomocy rady parów Filip mógłby „panować, wydawać rozkazy i rządzić" krajem i dzieckiem w okresie jego niepełnoletności, lecz nie miałby prawa zwoływania parlamentu, wypowiadania wojny ani aranżowania mariażu dziecka bez zgody parów. Była to praktycznie taka sama umowa, jaką Małgorzata Tudor zawarła w Szkocji. Gdyby zaś zmarli i matka, i dziecko, domyślną następczynią tronu miała zostać Elżbieta. Mówiło się, że sama Maria I woli Małgorzatę Douglas (kolejną kobietę) – córkę Małgorzaty Tudor z drugiego małżeństwa – ale to prawdopodobnie uznano by za naruszenie naturalnego porządku rzeczy na taką skalę jak koronacja Joanny Grey.

Jedną ze spraw, w których Filip chciał pomagać żonie, było pełne przywrócenie katolicyzmu i zwierzchności papieża. Częściowo z tego powodu został w kraju na cały rok, czyli znacznie dłużej, niż początkowo się spodziewano. Jednakże i w tej sprawie sygnały Marii okazały się znacznie mniej jasne, niż moglibyśmy oczekiwać na podstawie jej późniejszej reputacji.

Maria I nie była zacofaną dewotką, jak się ją przedstawia w legendach. Wychowała się w tradycji humanistycznej, w której nawoływano do reform (lecz przez małe „r"), przeprowadzanych w łonie Kościoła katolickiego. Jej troska o przywrócenie liturgii nabożeństw po łacinie oraz centralną pozycję mszy nie przeszkodziła jej w podkreślaniu znaczenia kazań, edukacji i dobrych uczynków – bardziej, niż dopuszczali katoliccy twardogłowi, kładący nacisk na transformacyjną moc samych ceremonii religijnych. Pod koniec panowania królowa nadal popierała plany unowocześnionego przekładu Nowego Testamentu na angielski. Zatrudniała też wielu protestantów i utrzymywała bliskie stosunki z lady Anne Bacon (znaną protestantką).

Jedną z kości niezgody była sprawa kościelnych majątków ziemskich. Ludziom, którzy odnieśli korzyść z rozwiązania zakonów, nie było spieszno do zwrócenia łupów. W pewnym stopniu dotyczyło to również samej Korony. W tej sprawie zdanie Marii I

Tudor różniło się nawet od zdania jej głównego doradcy. Reginald Pole był jej krewnym, w jego żyłach płynęła krew Plantagenetów. Ze względów religijnych długo przebywał na wygnaniu, a wiele lat wcześniej w Italii należał do grupy osób mających nadzieję na porozumienie między luteranami a Kościołem katolickim. Jednak w okresie do lat pięćdziesiątych XVI wieku jego poglądy zapewne uległy usztywnieniu; punkt widzenia grupy Spirituali z pewnością nie współgrał z coraz trudniejszymi czasami. Przebywający za granicą Pole nalegał, by cały kościelny majątek został zwrócony, a parlament natychmiast przywrócił zwierzchność papieża nad Kościołem w kraju. Maria rozumiała, że ze względów politycznych nie jest to możliwe. Pole mógł powrócić do Anglii dopiero w listopadzie 1554 roku – jako legat papieski, a do tego czasu można już było wprowadzić do ceremoniału otwierania sesji parlamentu modlitwę za papieża.

Podczas odbywającej się na dworze uroczystości dla uczczenia powrotu kraju do katolickiej owczarni Pole wygłosił mowę, w której wychwalał Filipa jako króla „o wielkiej potędze, mocy oręża i sile"; mówił też o cudownym ocaleniu przez Boga „bezradnej, nagiej i bezbronnej dziewicy" – Marii. Kilka dni później w katedrze Świętego Pawła biskup Gardiner wygłosił kazanie na ten sam temat; przedstawił w nim interesujący punkt widzenia: „Kiedy zwierzchnikiem [Kościoła] był król Henryk, można było zapewne coś o tym powiedzieć, ale jakim zwierzchnikiem był Edward? (...) Królowa jako kobieta również nie mogłaby być głową Kościoła". Kobiety, jak nigdy przedtem, otwarcie obejmowały rządy, czasem też stawały po przeciwnych stronach religijnych podziałów. Z tym że jedno niekoniecznie musiało odpowiadać drugiemu.

32
„…ani jednego roku na odpoczynek…"

Szkocja, Niderlandy, 1554–1558

Kiedy Maria I Tudor wstąpiła na tron, w zachodniej Europie przy władzy pozostawały jeszcze dwie kobiety: Maria de Guise i Maria Węgierska. Żadnej z nich utrzymywanie się przy władzy nie przychodziło jednak łatwo.

Skutki wstąpienia na tron i małżeństwa Marii Tudor nieuchronnie dały się odczuć na północ od angielskiej granicy. Maria de Guise napisała do nowej królowej Anglii uprzejmy list, w którym wyraziła nadzieję na utrzymanie pokoju, a Maria Tudor wysłała nań miłą odpowiedź. To jednak nie zakończyło sprawy. Bynajmniej. Obie władczynie otrzymały na chrzcie to samo imię i wyznawały tę samą religię, lecz w walce między europejskimi potęgami stały po przeciwnych stronach barykady: Maria de Guise po stronie Francji, Maria I Tudor po stronie Habsburgów.

Podczas gdy Maria de Guise starała się pozbawić poparcia gubernatora Szkocji, Jakuba Hamiltona, hrabiego Arran, i pozyskać możnego szkockiego arystokratę – hrabiego Lennox – rząd Marii Tudor dążył do tego, by hrabia Lennox wystawił Gwizjuszkę do wiatru: żeby „potajemnie porozumiał się z regentem [hrabią Arran] przeciwko [królowej] wdowie, nie tylko w celu usunięcia jej z kraju, lecz po to, by w razie możliwości samemu zostać królem i zasiać w Szkocji zamęt". To tyle, jeśli chodzi o siostrzaną więź łączącą królowe.

Zwycięstwo miało jednak przypaść Marii de Guise. W grudniu 1553 roku jej poseł udał się na francuski dwór w celu omówienia sytuacji w Szkocji. Francja musiała wiedzieć, że u władzy w Szkocji ma godniejszego zaufania sojusznika niż stale niepewny hrabia Arran. W rezultacie poddawano go coraz silniejszej presji, by zrezygnował ze stanowiska regenta i przekazał je Marii; 19 lutego 1554 roku hrabia pisemnie wyraził zgodę na to rozwiązanie.

Rodziły się też pytania o szczegóły dotyczące statusu i francuskiego dworu królowej Szkocji Marii Stuart, która wkroczyła już w wiek nastoletni. Brat Marii de Guise, kardynał, zaproponował, by jako jedenastolatka (czyli w wieku znacznie wcześniejszym, niż bywało to do tej pory) królowa została uznana za pełnoletnią i „zaczęła korzystać ze swoich praw", w tym z prawa wyznaczenia zastępczyni – rzecz jasna, swojej matki.

Dwunastego kwietnia 1554 roku Maria de Guise udała się z pałacu Holyrood do gmachu Tolbooth, gdzie uroczyście wręczono jej regalia (Honours of Scotland): miecz, berło i koronę. Przebywająca we Francji młoda królowa Szkocji Maria I Stuart wystosowała pokazowy w swej zręczności list do królowej Anglii Marii I Tudor: „Z woli Boga niech na wieki zostanie zapamiętane, że na tej wyspie w tym samym czasie były dwie królowe zjednoczone tak nienaruszalną przyjaźnią, jak więzami krwi i bliskim pokrewieństwem". W Szkocji zaś Maria de Guise, obecnie oficjalnie alter ego córki i królowa regentka, wróciła konno do Holyrood ze wszystkimi parafernaliami męskiego władcy.

Ceremonię przeprowadził, co znamienne, francuski ambasador d'Oysel, reprezentujący króla Henryka II. Jednym z pierwszych posunięć Marii de Guise – oprócz zastępowania ludzi wybranych przez hrabiego Arran własnymi kandydatami, głównie Francuzami – było mianowanie d'Oysela namiestnikiem. Raz jeszcze żona króla miała balansować między powinnościami wobec kraju rodzinnego i kraju męża. Raz jeszcze miała je uznać za identyczne. Raz jeszcze szkoccy poddani mieli się temu sprzeciwić.

Maria de Guise chciała przywrócić w kraju rozdartym wewnętrznymi sporami władzę królewską oraz scentralizowane rządy i ulepszyć wymiar sprawiedliwości (choć narzekała, że Szkoci – przekonani, iż dawne porządki są najlepsze – „tego nie zniosą"). Później w liście do przebywającego we Francji brata, kardynała de Guise, miała napisać: „Niebagatelna to rzecz: doprowadzić młody naród do stanu doskonałości i niebywałej uległości wobec tych, którzy chcą ujrzeć sprawiedliwe rządy (...). Mogę śmiało rzec, iż przez dwadzieścia minionych lat nie miałam ani jednego roku na odpoczynek i, jak sądzę, gdybym powiedziała, że ani miesiąca, nie pomyliłabym się wiele; albowiem strapienia duszy to próba najcięższa ze wszystkich".

W 1555 roku kolejna kobieta złożyła prośbę o dymisję, napisaną w dużej mierze w tym samym duchu. Maria Węgierska, namiestniczka Niderlandów, przeżyła trudne lata, coraz częściej zmuszana do pełnienia funkcji sekretarza przygnębionego i niedomagającego brata, Karola V, który zamierzał zrzec się swych tytułów oraz obowiązków i oddać się życiu religijnemu. Maria musiała mu pomagać w wysiłkach zmierzających do ustalenia, w jaki sposób najlepiej przekazać jego rozległe włości oraz załatać wyrwę, którą tworzyła ta kwestia w rodzie Habsburgów[1].

Maria Węgierska, wiedząc, że do Karola na emeryturze dołączy ich owdowiała siostra Eleonora, królowa wdowa Francji, postanowiła przyłączyć się do nich jako trzecia. Rodowe obowiązki (z którymi obie z Eleonorą się zgadzały) niegdyś postawiły je po przeciwnych stronach wielkiego europejskiego podziału mocarstw. Teraz siostrzana więź wreszcie wzięła górę nad polityką. Maria już wcześniej prosiła o zwolnienie ze stanowiska, obecnie zaś wyłożyła swoje motywy w niezwykłym liście: „kobieta nie zdoła nawet w czasie pokoju, a tym bardziej w czasie wojny, wypełniać obowiązków regentki zgodnie z wolą Boga, władcy oraz z własnym poczuciem honoru. W okresie pokoju oprócz wszystkich spotkań i trosk o codzienne sprawy, które wiążą się z każdym sprawowaniem rządów, każdy, kto włada tymi prowincjami, musi nieuchronnie godzić ze sobą możliwie jak najliczniejszych ludzi, by zaskarbić sobie sympatię i szlachetnie urodzonych, i przedstawicieli klas średnich (...). Kobieta, a zwłaszcza wdowa, nie może tak swobodnie przestawać z ludźmi. Pod tym względem sama z konieczności musiałam robić więcej, niż naprawdę chciałam. Ponadto kobieta, bez względu na jej pozycję, nigdy nie budzi tyle respektu i obawy, ile mężczyzna. Jeśli zaś rządzi się tymi krajami w czasie wojny, nie mogąc osobiście brać udziału w bitwie, staje się w obliczu niemożliwego do rozwiązania problemu. Zbiera się wszystkie ciosy i brzemię win za wszelkie popełniane przez innych błędy".

Był to wątek, do którego miała wracać: „Jako kobieta musiałam pozostawiać prowadzenie wojny innym". Tę kwestię znały również inne władczynie[2].

Maria Węgierska, „kobieta pięćdziesięcioletnia, której służba trwała co najmniej przez dwadzieścia cztery lata", jak pisała, służąca „jednemu Bogu i jednemu panu", mogła wreszcie postąpić zgodnie z własnym zamiarem. Jej brat odchodził na emeryturę, a służba pod rozkazami jego syna, Filipa, oznaczałaby dla niej „powtórne uczenie się od nowa całego abecadła". Filip zaś nie spieszył się z odwiedzeniem niderlandzkich włości, dlatego Maria musiała napisać do niego cierpki list: „Wszystko jest lepsze od czekania, aż stracisz swoje krainy, jedną po drugiej".

Ceremonia z 25 października, podczas której Maria zrzekła się stanowiska, a Filip objął władzę w Niderlandach, przebiegła w bardzo emocjonalnej atmosferze. Maria przemówiła do członków Stanów Generalnych, z którymi tak często w przeszłości toczyła spory, tymi słowy: „Gdyby moje zdolności, wiedza i siły dorównywały dobrej woli, miłości i oddaniu, które wkładałam w piastowanie tej funkcji, wiem na pewno, że nie byłoby kraju lepiej służącego swemu władcy i lepiej rządzonego niż wasz".

Maria Węgierska, przygotowując się do opuszczenia kraju, którym rządziła prawie ćwierć wieku, sporządziła testament. Zakończyła go nieoczekiwanie łagodną prośbą, by pewne noszone przez nią złote serduszko, pozostawione jej przez dawno zmarłego męża, przetopiono, a otrzymane za nie zyski – rozdano biednym. Serduszko nosiło dwoje ludzi, „którzy wprawdzie przeżyli długotrwałą cielesną rozłąkę, lecz nigdy nie dali się rozdzielić w miłości i sympatii", zatem stosownie będzie, że po jej śmierci „powinno zostać zniszczone i zmienić swą naturę, jak ciała tych kochających się osób".

Jesienią następnego roku Maria wraz z rodzeństwem wyruszyła w podróż do Kastylii (nie bez rozterek, gdyż Hiszpania była dla niej obcym krajem). Zaledwie osiemnaście miesięcy później, w lutym 1558 roku, zmarła Eleonora. Trapiona samotnością Maria, mimo sprzecznych uczuć, jakie budziło w niej życie publiczne, starała się znaleźć sobie kolejną rolę – doradczyni swej bratanicy, Joanny, siostry Filipa, rządzącej jako regentka Hiszpanią w okresie, kiedy brat przebywał na północy. Joanna jednak z pewnym chłodem odrzuciła ofertę Marii, twierdząc, że osobowość ciotki uniemożliwi jej zajęcie miejsca na drugim planie[3].

Karol V i Filip II starali się nakłonić Marię Węgierską do ponownego objęcia namiestnictwa w Niderlandach. „Wyjaśnij jej,

„...ani jednego roku na odpoczynek..." 373

jakie wsparcie będzie oznaczać jej obecność", pisał Filip do pośrednika w negocjacjach. „Wreszcie zaoferuj jej duże dochody i wielką władzę, daj jej też nadzieję, że nastanie pokój, który potrwa długo, gdyż wszyscy władcy są wyczerpani". Maria niechętnie wyraziła zgodę, lecz to nie miało już znaczenia, gdyż osiem miesięcy po śmierci swej siostry zmarła.

33
Siostry i rywalki

Anglia, 1555–1558

Maria Węgierska zmarła 18 października 1558 roku. Do tego czasu w Anglii kolejna kobieta przygotowywała się do objęcia władzy, choć daleko jej było do niechęci wobec tej perspektywy. Druga połowa panowania Marii I Tudor stanowiła w pewnym sensie batalię między królową a jej siostrą Elżbietą – między katoliczką a protestantką – i wcale nie było oczywiste, kto zwycięży.

Wiosną 1555 roku Elżbietę Tudor wezwano z Woodstock, gdzie była przetrzymywana, do Hampton Court. Tam jej siostra Maria I triumfalnie oczekiwała na narodziny dziecka, które zmiotłoby prawa królewny do sukcesji. Kiedy pod koniec kwietnia pojawiły się pogłoski, że królowa wydała na świat syna, wybuchła radość i zagrzmiały dzwony. Okazało się jednak, że było to poronienie, a właściwie coś jeszcze gorszego – ciąża urojona, pomyłka. Na początku maja francuski ambasador usłyszał, że wszystkie objawy, jakie miała trzydziestodziewięcioletnia królowa, były wynikiem „jakiejś pożałowania godnej choroby".

Pomyłka Marii I Tudor została wykorzystana w celu pogorszenia jej reputacji – jako oznaka skłonnej do obsesji osobowości, a nawet powód do żartów. Jednakże sprawiedliwiej byłoby winić za to nieporozumienie szesnastowieczny poziom wiedzy medycznej. Sama Maria została z wolna przekonana przez lekarzy, że jest w ciąży – podobnie jak jej matka Katarzyna przy okazji pierwszego poronienia nadal żywiła przekonanie, że nosi w łonie kolejny płód.

Królowa czekała w apartamentach przeznaczonych na poród i połóg przez cały maj, czerwiec i lipiec; opuściła je po cichu dopiero w sierpniu, i tylko po to, by się dowiedzieć, że jej mąż, król Hiszpanii Filip II, wyjeżdża. Imperium Habsburgów ponownie toczyło wojnę z Francją i Filip musiał przejąć obowiązki po ojcu. Kiedy cesarz Karol V zrzekł się na korzyść Filipa najpierw władzy w Niderlandach, a następnie koron obu hiszpańskich królestw – Kastylii i Aragonii – przysłał Marii list, w którym jej gratulował i życzył, by „mogła w przyszłości tytułować się królową licznych oraz wielkich królestw i była ich panią w stopniu nie mniejszym niż korony Anglii". Jednakże nie rozgraniczał w piśmie roli Marii jako królowej panującej i królowej małżonki.

Zaczynało być prawdopodobne, że Maria I Tudor umrze jako kobieta bezdzietna, to zaś naraziłoby porządek sukcesji na niebezpieczeństwo. Jak na ironię, Elżbieta (choć heretyczka) z hiszpańskiego punktu widzenia przedstawiała się jako lepsza kandydatka do tronu niż zdominowana przez Francję królowa Szkocji Maria I Stuart. Kobieta mogła przecież – jak twierdził jej brat Edward VI – z łatwością wyjść za katolickiego księcia i w ten sposób zmienić wyznanie.

W listopadzie 1556 roku Elżbieta Tudor otrzymała zaproszenie na dwór na święta Bożego Narodzenia, lecz zanim dobiegł końca pierwszy tydzień grudnia, wracała już do Hatfield. Prawie na pewno polecono jej poślubić wybranego przez Filipa pretendenta do jej ręki – tytularnego księcia Sabaudii, kuzyna Filipa poprzez małżeństwo jego ojca*, którego księstwo w 1536 roku zostało jednak zajęte przez Francję.

Wydaje się, że Elżbieta szybko odmówiła. Nie spotkała się nawet z dwiema habsburskimi krewniaczkami (siostrą cioteczną Filipa, Krystyną Duńską, i jego nieślubną przyrodnią siostrą Małgorzatą, księżną Parmy), które Filip przysłał, by ją przekonały. Krystyna po tym, jak nie zgodziła się wyjść za Henryka VIII, w 1541 roku – choć darzyła miłością innego mężczyznę – przez wuja, Karola V, została wydana za dziedzica księstwa Lotaryngii. Jej mąż jednak zmarł przedwcześnie i choć Krystyna sprawowała rządy jako regentka w imieniu ich młodego syna, w 1552 roku Francja najechała Lotaryngię i odebrała chłopca, żeby wychować go na francuskim dworze, zmuszając Krystynę do ucieczki do Niderlandów, pod protekcję ciotki Marii Węgierskiej.

Filip uważał Elżbietę za pionek cenny dla habsburskiej polityki i chronił ją do końca panowania siostry. Ona zaś coraz bardziej potrzebowała tej ochrony. Bez względu na to, czy Maria wierzyła, że fiasko jej ciąży stanowi oznakę boskiego niezadowolenia i potrzeby oczyszczenia kraju, stosy w Smithfield, na których płonęli heretycy, określiły pośmiertną reputację królowej i nadały jej miano krwawej Marii.

To protestantom przypadła szansa, by pisać historię, ale z faktami nie można dyskutować. Za panowania obojga protestantów – Edwarda i Elżbiety – spalono na stosie po dwóch heretyków (choć pozostali, w tym około dwustu katolickich księży lub sympatyków tego wyznania za panowania Elżbiety, zginęli za inne przestępstwa religijne). Za rządów Marii spłonęło prawie trzystu. Początkowe instrukcje królowej nakazywały karanie „rozważne",

---

* Ciotka księcia Sabaudii Emanuela Filiberta była żoną cesarza Karola V (przyp. tłum.).

lecz według niemal powszechnej zasady zatwardziali heretycy, którzy nie chcieli się wyrzec swoich poglądów, mieli być karani śmiercią. Były arcybiskup Canterbury, Cranmer, który zasłynął śmiercią na stosie za panowania Marii I, pod koniec rządów Edwarda VI przygotował środki, by w taki sam sposób karać upartych katolików.

Pierwszy mężczyzna zginął na stosie 1 lutego 1555 roku. Stracono też około pięćdziesięciu kobiet; Wyspy Normandzkie ujrzały dramat ciężarnej, która już na stosie wydała na świat dziecko – zaraz ponownie wrzucone w płomienie.

Dla Marii (a także dla Elżbiety) kryzys mógł się wiązać z kwestią przestrzegania prawa. Niestety, Kalwin domagał się wówczas od prawdziwych wyznawców, by otwarcie deklarowali swe poglądy. Sprawa miała też wymiar polityczny – katolicka Francja była mało prawdopodobnym sojusznikiem dla tych, którzy działali na rzecz protestantyzmu.

Na początku panowania Maria I nie chciała się pogodzić z faktem, że interesy Francji oraz imperium Habsburgów przez długi czas mogą być sprzeczne. Podobnie jak damy z wcześniejszego pokolenia, już po kilku tygodniach od wstąpienia na tron zaoferowała samą siebie na mediatorkę. Francuzi udzielili wtedy szyderczej odpowiedzi, ale rok później, w 1554 roku, Maria w żadnym razie nie porzuciła swego pomysłu; na początku 1555 roku francuski ambasador de Noailles uważał, że nadzieje na pokój w Europie wpływają korzystnie nawet na zdrowie królowej. Kiedy w lutym 1556 roku Francja i Habsburgowie ostatecznie zgodzili się na krótkotrwały rozejm, Maria nie odegrała żadnej roli w rozmowach, obecnie zaś Francja czynnie popierała rebelię przeciwko Marii.

Zanim nastała jesień 1556 roku, Francja ponownie toczyła wojnę z Habsburgami, a francuska armia atakowała Niderlandy. Do marca 1557 roku Filip II miał już powody, by pilnie starać się o wsparcie Anglii. Dziewiętnastego marca przybył do Greenwich, by wznowić małżeńskie obowiązki i namówić Anglię do przystąpienia do wojny. Pragnienie Marii I, by wspomóc walkę męża wojskiem i funduszami, spotkało się z długotrwałym oporem parlamentu i rady, był to bowiem krok, któremu miały zapobiegać warunki intercyzy. Jednakże francuskie wsparcie dla jeszcze jednej pomniejszej rebelii w Anglii pomogło członkom angielskiego rządu zmienić zdanie – wsparcie udzielone w tak nieodpowiednim momencie, że sugerowano, iż cała sprawa była dziełem hiszpańskich agentów prowokatorów.

Wojna przeciwko Francji w tamtym okresie oznaczała wojnę przeciw papieżowi. Trudno się zatem dziwić komentarzowi francuskiego ambasadora, że zrozpaczona Maria I jest w przededniu „doprowadzenia do ruiny własnego umysłu i swojego królestwa". Jednakże część wojennej retoryki brzmi interesująco. Thomas Stafford, przywódca buntu, jako uzasadnienie swoich działań wykorzystał teorię o złamaniu przez Marię warunków testamentu ojca przez zawarcie małżeństwa bez zgody doradców mianowanych przez Henryka VIII na stanowiska w radzie nieletniego Edwarda VI (argument absurdalny, lecz godny uwagi, bowiem takiego zarzutu zgodnie z wszelkim prawdopodobieństwem nie wysunięto by przeciwko monarsze płci męskiej). Maria w przemowie do członków rady „wyłożyła im powinność posłuszeństwa wobec męża oraz władzę, jaką miał nad nią według prawa boskiego i ludzkiego".

W czerwcu na francuski dwór wysłano herolda, który miał – w dosłownym sensie – rzucić Francji rękawicę. Henryk II stwierdził lekceważąco, że „skoro herold przybył w imieniu kobiety, nie musi słuchać niczego więcej, niż gdyby przybył w imieniu mężczyzny, któremu [król] udzieliłby szczegółowej odpowiedzi (...). Zważcie, jak się zachowuję wobec kobiety przysyłającej mi wojenne wyzwanie".

Jednakże Filip mógł już wysłać do Francji angielską armię w sile sześciu tysięcy żołnierzy. Sam wypłynął z Dover 6 lipca, by już nigdy nie powrócić. Oblężenie Saint-Quentin uznano za godną uwagi wiktorię angielsko-hiszpańską, ale kampania się popsuła, gdy w styczniu 1558 roku Francuzi zajęli Calais. Ostatni angielski bastion na kontynencie pozostawał w posiadaniu Anglii przez dwa stulecia, a jego utratę odebrano za granicą jako upokorzenie kraju oraz osobiste niepowodzenie Marii I. Badacz martyrologii protestantów John Foxe pisał, iż królowa w nieszczęśliwych ostatnich dniach życia wyznała zaufanej damie dworu, Susan Clarencius, że choć żal jej z powodu nieobecności męża Filipa, balsamiści znajdą nazwę Calais wyrytą w jej sercu.

Była to kolejna lekcja, którą Elżbieta Tudor na pewno sobie przyswoiła – wojna jest złem, którego trzeba unikać za wszelką cenę, dlatego warto mieć się na baczności przed zagranicznymi sojuszami oraz sojusznikami.

W styczniu 1558 roku Maria I ponownie poinformowała męża, że przy ostatniej wizycie uczynił ją brzemienną. Filip II wyraził stosowny zachwyt, lecz tym razem zapewne nieliczni zinterpretowali tę wieść jako coś więcej niż ciążę urojoną. Do kwietnia Maria już wiedziała, że się myliła, a wszyscy mieli świadomość, iż jej przyrodnia siostra Elżbieta prawdopodobnie zostanie jej następczynią. Przed rokiem wenecki ambasador pisał, że „wszystkie oczy i serca" zwracają się ku Elżbiecie jako sukcesorce Marii, ponadto ona i jej ludzie stoją za każdym spiskiem. Kiedy pod koniec lata 1558 roku stało się jasne, że Maria ciężko zachorowała, siatka Elżbiety czekała już w gotowości.

Przez całe czterdziestodwuletnie życie Maria I cierpiała z powodu złego stanu zdrowia, często nękana przez schorzenia związane ze stresem; dotyczyło to wielu kobiet występujących w drugiej połowie tej opowieści. Na początku października jej stan się pogorszył i królowa dodała kodycyl do testamentu. Gdyby nadal nie dochowała się „owocu ani dziedzica zrodzonego z mojego ciała", po niej tron miała objąć „moja następna dziedziczka i sukcesorka zgodnie z prawami i statutami tego królestwa" – Elżbieta.

De Feria, specjalny ambasador Filipa II, pospieszył do Hatfield, gdzie zastał niecierpliwie oczekującą Elżbietę. Chciał usłyszeć z jej ust uznanie zobowiązań wobec Filipa i Hiszpanii, lecz zamiast tego usłyszał oświadczenie, że Elżbieta wstępuje na tron wyniesiona przez sympatię ludu, którą Maria utraciła, „gdyż poślubiła cudzoziemca". De Feria przestrzegał, że „jest ona zdecydowana nie dać sobą rządzić nikomu". Tak też miało się okazać.

Wczesnym rankiem 17 listopada Maria I Tudor odeszła w spokoju. Gra w szukanie winnych szybko zawładnęła wspomnieniami o niej. Do 1588 roku protestancki wygnaniec Bartholomew Traheron mógł już pisać, że była „mściwa, okrutna, krwawa, samowolna, skłonna do wściekłości, przebiegła, przepełniona nieszczerymi procesami symulacji i dysymulacji, wyzbyta uczciwości, wyzbyta prawych uczynków, wyzbyta wszelkich stosownych cnót". Pięć lat po śmierci Marii swoje trzy grosze w dziele *Book of Martyrs* (*Księga męczenników*) wtrącił John Foxe.

Wenecki ambasador Michieli pisał o Marii I Tudor: „w pewnych sprawach jest wyjątkowa i nie ma sobie równych, nie tylko bowiem jest dzielna i mężna – w przeciwieństwie do innych kobiet, nieśmiałych i pozbawionych ducha – lecz tak odważna i stanowcza, że ani w obliczu przeciwności losu, ani w niebezpieczeństwie nigdy nie okazywała ani nie dopuszczała się żadnego tchórzostwa czy bojaźliwości, przeciwnie, stale zachowywała cudowne dostojeństwo i godność". Swój opis dyplomata ubarwił jednak przekonaniem, że płeć królowej „nie może odgrywać większego udziału w rządach niż stosownie umiarkowany".

Ponadto w debacie o ginokracji właśnie pojawił się najsłynniejszy głos. Wiosną 1558 roku szkocki reformator John Knox opublikował książkę *First Blast of the Trumpet against the Monstrous Regiment of Women* (*Pierwszy zew trąby do walki przeciw potwornemu zastępowi kobiet*), w której twierdził, że włożenie korony na głowę kobiety jest tak samo niewłaściwe jak „włożenie siodła na grzbiet niesfornej krowy" – jest „podważeniem dobrego porządku, wszelkiej słuszności i sprawiedliwości". Pisał, że to „rzecz najbardziej odrażająca w naturze, by kobiety panowały i sprawowały rządy nad mężczyznami"[1].

Knox twierdził, że kobiety na ogół są „wątłe, słabowite, niecierpliwe, nieudolne i głupie: z doświadczenia wynika, iż są niestałe, zmienne, okrutne i pozbawione ducha stosownego w radzie lub w pułku". Maria I Tudor była dla niego „straszliwą i potworną Jezabel". Głos Knoxa nie rozbrzmiewał samotnie; inni pisarze, tacy jak Christopher Goodman, Anthony Gilby i Thomas Becon, podobnie wiązali swoje ataki na katolicyzm Marii z jej płcią.

Fakty jednak przemawiają głośniej niż słowa, a faktem jest, że Maria I Tudor pomyślnie przejęła władzę i rządziła Anglią. John Aylmer w wydanej w 1559 roku pracy obalającej idee zawarte w książce Johna Knoxa (*An Harborowe for Faithfull and Trewe Subjectes, agaynst the Late Blowne Blaste, concerninge the Government of Wemen* [*Przystań dla wiernych i szczerych poddanych, głos przeciwko ostatniemu zewowi trąby, dotyczący kobiecych rządów*]) pisał, że „władczyni w Anglii nie jest tak niebezpieczną sprawą, za jaką biorą ją mężczyźni". Maria I Tudor, wnuczka Izabeli Kastylijskiej, dowiodła, że to możliwe. To była jej spuścizna, dar dla kobiet, które nadeszły po niej. Chociaż nigdy nie chciała widzieć w tej roli swej przyrodniej siostry, Elżbiety Tudor, która miała z owego legatu odnieść najbardziej bezpośrednią korzyść.

34
„Jeśli Bóg z nami…"

Francja, 1558–1560

Kiedy zmarła Maria I Tudor, a Elżbieta I Tudor wstąpiła na tron, we Francji trzy kobiety, które pewnego dnia miały być wezwane do objęcia odpowiedzialności za królestwo, nadal widziały swą przyszłość pod władzą męża. Jednakże europejskie podziały religijne już wzmocniły tkaninę ich losów – bez względu na to, czy ów proces był wyraźnie dostrzegalny.

W kwietniu 1558 roku piętnastoletnia Maria I Stuart osiągnęła przeznaczenie, do którego ją wychowywano – małżeństwo z Franciszkiem, czternastoletnim delfinem Francji. Odbicie Calais było zwycięstwem osiągniętym pod przewodem krewnych Marii, Gwizjuszy, ślub zaś miał być nagrodą dla nich. Ceremonia wypadła spektakularnie, choć na tle bujnej urody odzianej w biel Marii uwidaczniała się rachityczna słabowitość jej nowego męża[1].

„Te zaślubiny naprawdę uważano za najbardziej królewskie i triumfalne ze wszystkich oglądanych w tym królestwie od wielu lat", pisał wenecki ambasador, „ze względu na przepych i bogactwo klejnotów i szat szlachetnych panów i dam oraz wspaniałość uczty i okazałość serwisu stołowego, a także kosztowny wystrój maskarad i podobnych atrakcji".

"Jeśli Bóg z nami..." 383

Podczas uroczystej uczty po ceremonii sześć nakręcanych, mechanicznych okrętów o srebrnych masztach żeglowało po malowanym morzu z sukiennymi falami. Ich kapitanami byli królewscy urzędnicy, którzy zaprosili na pokład wybrane przez siebie damy. Król Henryk II wybrał samą Marię Stuart, delfin zaś matkę Katarzynę Medycejską. Maria de Guise, która nie mogła opuścić Szkocji, by przybyć na ceremonię, mianowała swoją matkę reprezentantką w negocjacjach. Ważna umowa została jednak zawarta zakulisowo.

Oficjalna intercyza (podobnie jak wcześniejsze ślubne traktaty Marii Tudor oraz Izabeli Kastylijskiej) starannie chroniła niezależność szkockiego narodu. Jednakże zgodnie z instrukcją wujów Gwizjuszy piętnastoletnia królowa kilka dni wcześniej podpisała jeszcze jeden, tajny traktat, że gdyby umarła jako bezdzietna, Szkocja stałaby się własnością Francji. Czy Elżbieta Tudor, nawet jako piętnastolatka, tak niefrasobliwie oddałaby własny kraj jednym podpisem?

Franciszka miano odtąd nazywać królem delfinem. Jeszcze bardziej problematyczna była decyzja podjęta pod koniec tego roku, kiedy w Anglii zmarła Maria I Tudor, dotycząca umieszczenia godła Anglii razem z francuskim i szkockim na wszystkich przedmiotach Marii Stuart i Franciszka. Oznaczało to wyraźną deklarację, że Francja nie uznaje protestanckiej Elżbiety – zdaniem katolików, dziecka nieślubnego – za królową. Zamiast tego w roli następczyni Marii I Tudor Francuzi widzieli Marię I Stuart, prawowitą prawnuczkę Henryka VII. Latem następnego roku, gdy Maria Stuart szła do kaplicy, zapowiadacze nawoływali o „przejście dla królowej Anglii".

Jeśli chodzi o francuskie koła rządzące, faktycznie przeważały chłodniejsze rady dyplomatów, zatem wkrótce zaczęto traktować Elżbietę Tudor jak królową Anglii. Jednakże kwestia praw Marii

Stuart do angielskiego tronu już zawsze miała stanowić problem w stosunkach między krewniaczkami z królewskiego rodu.

Przez całe lata pięćdziesiąte XVI wieku gwiazda Katarzyny Medycejskiej wznosiła się coraz wyżej. Kiedy Henryk II poparł jej roszczenia do dziedzictwa w Toskanii, wenecki ambasador Michele Soranzo napisał, że „królowej przypadnie cała zasługa, jeśli Florencja zostanie wyzwolona". (Ten sam dyplomata pisał, że Katarzynę „kochali wszyscy"). Gdy w 1557 roku nastąpił najazd na północną Francję, Katarzyna – ponownie rządząca jako regentka, podczas gdy Henryk II prowadził wojnę z królem Hiszpanii Filipem II – zrobiła wiele, by uspokoić paryżan i przekonać ich do wysłania Henrykowi ludzi i funduszy.

Europa jednak była coraz bardziej zmęczona wojną, a życiodajny pokój wynegocjowany pod koniec dekady nosił ślady działania kolejnej kobiety. Krystyna Duńska, wdowa po księciu Lotaryngii (oraz jedna z siostrzenic wychowanych przez Marię Węgierską), od kilku lat starała się, jak twierdziła, spowodować zawarcie pokoju między obydwoma mocarstwami. Na własnej skórze odczuła bowiem skutki konfliktu, w Lotaryngii podejrzana z powodu związków z Habsburgami i zmuszona w wyniku francuskich działań do życia na wygnaniu. W październiku 1558 roku napisała do brata ciotecznego, króla Hiszpanii Filipa II, że z radością przyjmie rolę mediatorki we wszelkich negocjacjach pokojowych, lecz on musi zapewnić jej bezpieczeństwo, „nie tylko dlatego, iż jestem kobietą, lecz z tego powodu, że – jak wiadomo – nie cieszę się łaskami Francuzów".

Rozmowy rozpoczęte jesienią tamtego roku trzeba było przerwać – zwłaszcza ze względu na pogrzeb Karola V oraz śmierć Marii Węgierskiej i Marii I Tudor. Jednak wiosną 1559 roku, krótko po ślubie syna Krystyny, młodego księcia Lotaryngii, z córką francuskiego króla Klaudią, podjęto je w miasteczku Cateau--Cambrésis, leżącym około dwudziestu kilometrów od Cambrai, gdzie trzy dekady wcześniej Małgorzata Austriacka i Ludwika Sabaudzka wynegocjowały Pokój Dam. Krewny Elżbiety I Tudor i jej przedstawiciel, baron Howard of Effingham, pisał do królowej: „Zgromadzenie zostało zwołane całkowicie dzięki pracy i staraniom księżnej (...), [która] jest stale obecna podczas wszystkich posiedzeń i spotkań".

Krystyna Duńska zasiadała u szczytu stołu, Francuzi po jej lewej stronie, Hiszpanie naprzeciw niej, Anglicy zaś po prawej. Podobnie jak w Cambrai tyle lat wcześniej, rozmowy kilkakrotnie utykały w martwym punkcie, a Krystyna już w drzwiach łapała ambasadorów, by uniemożliwić im wyjście. Wenecjanin Tiepolo pisał: „Księżna, nie bacząc na własne zmęczenie, uwijała się tu i tam między członkami komisji z największym zapałem, żarliwością i życzliwością, błagając ich, by zeszli się ponownie". W kwietniu ostatecznie zawarto ugodę.

Traktat z Cateau-Cambrésis położył kres ciągnącym się przez dziesięciolecia wojnom włoskim. Francja w zasadzie zgodziła się zrezygnować ze swoich historycznych roszczeń do ziem na Półwyspie Apenińskim. Warunek ten mocno przechylał szalę na korzyść Hiszpanii, lecz z ugodą wiązał się minus dla interesów całego rodu Habsburgów, gdyż ustępstwa na rzecz Francji odcinały Święte Cesarstwo Rzymskie od Hiszpanii. Niemniej sama Hiszpania wyszła z wojen wzmocniona.

Krystyna napisała do króla Francji: „Odczuwam najwyższą satysfakcję, że zdołałam spowodować tak wspaniałą ugodę, która nie może się nie okazać wielkim dobrodziejstwem dla świata chrześcijańskiego". Wróciła do Niderlandów w chwale bohaterki; z pewnością można ją uznać za godną „córę" Małgorzaty Austriackiej i Marii Węgierskiej.

Jak na ironię, samo jej zakorzenienie w Niderlandach i niezależna popularność w tym kraju przeszkadzały, zdaniem Filipa II, w uzyskaniu przez nią namiestnictwa, stanowiska, które od czasu przejścia Marii Węgierskiej na emeryturę było do wzięcia, i w czerwcu, zamiast do niej, powędrowało w ręce Małgorzaty Parmeńskiej. Krystyna Duńska następne dziewiętnaście lat spędziła w Lotaryngii jako doradczyni syna, a kolejnych dwanaście – we własnym lennie w Italii, stale bacznie wypatrując oznak nadmiernej presji wywieranej na te włości przez króla Hiszpanii Filipa II albo przez Francję w osobie Katarzyny Medycejskiej[2].

Na mocy traktatu z Cateau-Cambrésis najstarsza córka Katarzyny Medycejskiej i Henryka II, trzynastoletnia Elżbieta Walezjuszka, została obiecana na żonę królowi Hiszpanii Filipowi II (a księciu Sabaudii obiecano rękę Małgorzaty, siostry króla Francji). Wkrótce jednak traktat w pośredni sposób sprowadził na francuski ród królewski tragedię.

Latem 1559 roku podczas turnieju dla uczczenia ślubu córki Henryka II z Filipem II kopia przeciwnika ugodziła francuskiego króla w twarz. Przyłbica hełmu roztrzaskała się, a odłamek kopii wbił się w oko Henryka, który po dziewięciu dniach męczarni skonał.

Była to bezsprzecznie osobista tragedia dla Katarzyny Medycejskiej. Wnikliwy wenecki ambasador zanotował, że królowa „ponad wszystkich innych kocha króla". Zapewne jednak w tym wydarzeniu tkwiła też okazja dla niej albo – by ująć rzecz oględniej – wyzwanie, któremu odważyła się sprostać. Czyż Anna de Beaujeu, która pół wieku wcześniej utrzymała tron dla innego chłopięcego króla Francji, nie wybrała wdowieństwa jako okresu w życiu możnej kobiety cechującego się największymi obowiązkami, lecz także autonomią?

Nowy król Franciszek II, najstarszy syn Katarzyny Medycejskiej, był chorowitym nastolatkiem podatnym na wpływy. Słuchał jednak nie tylko Katarzyny, która w pierwszych dniach panowania syna mogła zasiąść u stołu władzy jedynie dzięki przymierzu z Gwizjuszami, krewnymi nowej królowej Marii. Kiedy Gwizjusze zaczęli działać, by zawładnąć piętnastoletnim królem, Katarzyna porzuciła zwłoki męża i przyłączyła się do nich. Swoją obecnością przydała ich posunięciom legalności; inni, którzy mogli mieć nadzieję na przejęcie choć części władzy, zwłaszcza wielki rywal Gwizjuszy, konetabl Francji de Montmorency, mogli jedynie wznosić lamenty.

Po zainstalowaniu się w Luwrze Katarzyna Medycejska pozwoliła sobie na powrót do żałobnego odosobnienia, jakiego oczekiwano od królowej wdowy Francji. Jej synowa Maria często odwiedzała ją w obitych czarnym jedwabiem komnatach. W liście do swej „prawdziwej przyjaciółki, zacnej siostry i kuzynki", Elżbiety I, królowej Anglii, Katarzyna napisała, że jej strata jest „tak świeża i okropna, sprawia tyle bólu, żalu i rozpaczy, że potrzebujemy, żeby Bóg – który nawiedził nas w tym nieszczęściu – dał nam siłę do jego zniesienia". Pewien odwiedzający ją gość pisał, że królowa tak „wypłakiwała sobie oczy", iż i jemu cisnęły się łzy.

Pod wpływem Gwizjuszy nowy król oznajmił de Montmorency'emu, że „pragnie go pocieszyć w jego podeszłym wieku"; praktycznie chodziło o odesłanie konetabla na emeryturę. Mąż Joanny d'Albret, Antoni de Bourbon, mógłby jako pierwszy książę krwi oczekiwać fotela przewodniczącego rady regencyjnej, lecz i jego odsunięto na bok – Katarzyna Medycejska skomentowała, iż Burbona wręcz „sprowadzono do rangi pokojówki". W przeciwieństwie do nich sama Katarzyna szybko otrzymała szczodre dofinansowanie. Tytuł, którego zażądała dla siebie – królowa matka zamiast konwencjonalnego miana królowej wdowy – wyraźnie pokazywał, że swoją rolę Katarzyna widzi w przyszłości, nie zaś w tym, co minęło. Chociaż angielski ambasador sir Nicholas Throckmorton w pierwszych dniach po śmierci Henryka II stwierdził, że „ród de Guise rządzi", po dwóch tygodniach wyraził opinię, iż Katarzyna „wprawdzie nie z nazwy, lecz w czynach i w efektach piastuje władzę regentki". Od pierwszych dni panowania jej syna wydane przezeń oficjalne dokumenty rozpoczynały się słowami: „Zgodnie z zacnym życzeniem królowej, mojej pani matki, której każdą opinię podzielam, z radością rozkazuję". Wszystkie zaś wyzwania stojące przed Francją – spory wewnętrzne, straszliwe zadłużenie spowodowane wojnami Henryka II, kontrowersje religijne – wystarczyły, by trzeba było wykorzystać talenty wszystkich możliwych doradców Franciszka II.

Do tamtego czasu protestantyzm zapuścił już macki w każdą warstwę francuskiego społeczeństwa. W ciągu paru lat w tysiącu zgromadzeń religijnych tę religię wyznawały dwa miliony wiernych; na tę wiarę przeszło dwóch siostrzeńców konetabla de Montmorency'ego, zwłaszcza admirał Gaspard de Coligny (będzie o nim głośno w późniejszych dziejach Francji). Król Henryk II przyjął wobec dysydentów twardą linię postępowania, teraz jednak sytuacja nie była taka prosta.

Nowa religia zakorzeniła się szczególnie w południowo-zachodniej części kraju oraz na terytorium Nawarry i prowincji Béarn. W ten sposób zasiane zostały (we Francji i na Wyspach Brytyjskich) ziarna, które zaowocowały starciem dwóch władczyń – Katarzyny Medycejskiej i Joanny d'Albret – stojących po przeciwnych stronach rozłamu religijnego.

W 1555 roku na południowej granicy Francji na tron wstąpiła kolejna władczyni. Pierwszą połowę lat pięćdziesiątych XVI wieku

Joanna d'Albret, następczyni tronu Nawarry, spędziła w roli żony i matki – pierwsze dziecko urodziła w 1551 roku. Smutnym zrządzeniem losu syn zmarł tuż przed drugimi urodzinami, lecz przedtem Joanna ponownie zaszła w ciążę. Henryk urodził się 14 grudnia 1553 roku w siedzibie rodu w Pau. Rodzinna legenda osnuta wokół jego narodzin głosi, że ojciec Joanny d'Albret obiecał sporządzić testament na jej korzyść, gdyby w trakcie porodu zaśpiewała miejscową pieśń do Przenajświętszej Panienki i gdyby jej syn po urodzeniu nie zapłakał. Kiedy powyższe warunki zostały spełnione, wręczył Joannie testament, ale wziął od niej dziecko ze słowami: „Tamto jest dla ciebie, dziewczyno, ale to jest dla mnie". Po narodzinach Joanny Hiszpanie szydzili, że „byk spłodził owieczkę". Dlatego ojciec Joanny, ukazując noworodka ludziom, stwierdził triumfalnie: „Owieczka urodziła lwa!".

Małżeństwo Joanny z Antonim de Bourbon było pełne miłości, a jedyny kłopot stanowił brak pewności siebie małżonki. W listach Antoniego do ukochanej roi się od zapewnień okraszonych nutką zniecierpliwienia: „żaden mąż nigdy nie kochał żony tak, jak ja kocham Ciebie. Mam nadzieję, moja Droga, że z czasem zdasz sobie z tego sprawę lepiej niż dotychczas". Żona powinna się wyzbyć obaw o jego bezpieczeństwo i wierność: „Wszystko, co posiadam, zachowuję dla małżonki z błaganiem, by postępowała tak samo". Kiedy indziej napisał: „Nie obraziłem ani Boga, ani Ciebie i nie pragnę tego uczynić. Na co dzień otaczają mnie kłusujące konie, czuję się znakomicie i nie potrzeba mi klaczy"[3].

W wyniku śmierci ojca wiosną 1555 roku Joanna d'Albret została Joanną III. List Antoniego do żony – napisany w okresie ostatniej, jak się okazało, choroby ojca – tchnie serdecznością, choć też wyraźną obawą: „Boję się, że Twoja natura każe Ci się gorączkować, więc błagam Cię o zachowanie spokoju. Zapewniam

Cię, że [w razie potrzeby] będziesz miała męża, który będzie dla Ciebie ojcem, matką, bratem i małżonkiem".

Małżeństwo Joanny d'Albret z Antonim – księciem, po którym się spodziewano, że obejmie władzę w imieniu żony – mogło być uważane za sposób obejścia anomalii kobiecych rządów. W taki sposób miały się sprawy w pierwszych przypadkach panujących królowych, gdyż Nawarra miała pewne tradycje panowania kobiet, nawet przed burzliwymi rządami babki Joanny, Katarzyny de Foix. Jednakże w tym wypadku równanie zadziałało w inny sposób. Joanna pouczyła przedstawicieli Stanów Béarn, że życzy sobie rządzić wspólnie z mężem, ponieważ „gdyby ona, ich królowa i władczyni, uznała go za swojego pana, oni powinni uczynić to samo, gdyż mąż jest panem osoby i majątku żony".

W przeciwieństwie do niej członkowie Stanów (którzy w drodze głosowania musieli ratyfikować wybranie nowej władczyni) zadeklarowali, że Joanna jest ich „prawdziwą i naturalną panią", do jej męża zaś z mocy prawa należy jedynie zarządzanie jej włościami. Dopiero po pięciodniowej debacie poddali się i zaakceptowali wspólne panowanie małżonków. Ceremonię koronowania Joanny III na królową oparto na tej z 1329 roku, kiedy korony włożyli Joanna II i jej mąż[4]. Małżonkowie nadal żyli we wzajemnym oddaniu. „Piszesz, że następnego lata chcesz nosić koafiurę, ja zaś myślę, iż nie mogłaś postanowić lepiej, bo w zeszłym roku było Ci z nią bardzo do twarzy. Posyłam Ci przez kuriera złoty łańcuszek", pisał Antoni.

Joanna starała się rozwiać rodzące się na francuskim dworze niepokoje, że Antoni prowadzi intrygę z cesarzem (za pośrednictwem wszędobylskiego szpiega Descurry, autora raportu o pierwszym małżeństwie Joanny z księciem Kleve) w sprawie odzyskania zaanektowanej przez Hiszpanię części Nawarry, podobnie jak jej matka Małgorzata z Nawarry próbowała tuszować intrygi męża.

Antoni, podobnie jak dawniej jego teść, desperacko pragnął zawrzeć takie porozumienie, ale Habsburgowie rozegrali z nim sprawę w podobny sposób. W końcu zaczął się rozglądać za innym źródłem poparcia i znalazł je w stronnictwie protestanckim. Trudno teraz mieć pewność, kto jako pierwszy zaczął się zbliżać do protestantyzmu: Joanna czy jej mąż. Na opisywanym tu etapie to Antoni korespondował z Kalwinem i to na niego zwracały się oczy francuskiej społeczności protestantów (czyli hugenotów). De Brantôme w słynnej charakterystyce Joanny napisał, że „uwielbiała taniec bardziej niż kazania", twierdził również, iż słyszał „od dobrze poinformowanej osoby" o wyrzutach, jakie żona czyniła Antoniemu za jego zainteresowania; mówiła, że „nawet jeśli on chce doprowadzić się do ruiny, to ona nie życzy sobie utraty majątku".

Niektórzy współcześni im protestanci rozmyślali już jednak o Joannie. Nowa królowa Anglii Elżbieta I (za namową ministra Williama Cecila) napisała list do króla i królowej Nawarry. Zwracając się do Antoniego, stwierdziła, że „pragnie spełniać jego życzenia i ofiaruje swe służby". Do Joanny zaś pisała w tonie bardziej krzepiącym, jak nękana kłopotami siostra: *Si Deus nobiscum, quis contra nos?* („Jeśli Bóg z nami, któż przeciw nam?"). Elżbieta pragnęła zawrzeć z Joanną znajomość, a że nie pozwalała na to dzieląca je odległość, miało się to odbyć drogą duchową, dzięki dobrej woli; królowa Anglii nie szczędziła Joannie wyrazów szacunku „nie tylko z powodu [Twojej] rangi w świecie, lecz też ze względu na szczere wyznawanie chrześcijańskiej religii, według której i ja modlę się do Stwórcy, by zachował [Cię] w swych łaskach, żebyś mogła nadal być orędowniczką Pisma Świętego". Religia tworzyła więzi między możnymi kobietami, ale ostatecznie stawała się też źródłem rozłamów między nimi.

35
„…w dziewiczym stanie"

Anglia, 1558–1560

Oprócz protestanckiego wyznania to płeć Elżbiety I Tudor od początku określiła warunki jej panowania. Postrzegana jako słabość – stała się cechą, którą Królowa Dziewica zdołała przekuć w siłę.

Z jednej strony jej długa gra, nęcąca złudną możliwością otrzymania jej ręki poprzez małżeństwo, miała się okazać jednym z najlepszych narzędzi jej dyplomacji. Z drugiej zaś – Elżbieta I, jak inne panujące królowe, nie prezentowała się w roli kobiety, kiedy jej to nie odpowiadało. W ceremonii pogrzebowej jej siostry, Marii I, kryły się oznaki doktryny dwóch monarszych ciał, jako że biskup Winchesteru w przemowie wyraził się o zmarłej, że była „królową, a więc tytułem równa królom", lecz idea ta znalazła najczystszy wyraz w panowaniu Elżbiety I. Zaledwie trzy dni po śmierci siostry królowa oświadczyła przed parlamentem: „Jestem tylko jednym ciałem uznawanym za naturalne, choć z [boskiego] przyzwolenia ciałem stosownym do rządzenia". Kilka lat później (w związku z niejasnym urywkiem dotyczącym postępowania z majątkiem) jej prawnicy wyjaśnili tę kwestię. Monarcha, jak wywodzili, jest „całkowicie pozbawiony dzieciństwa, starości, wrodzonych ułomności i słabości, jakim podlega naturalne ciało". W tym i śmiertelności oraz, jak należy przypuszczać, kobiecości. Najwyższy ideał rządów – „król wspierany przez doradców" – zyskał dodatkowy impuls w osobie władcy będącego kobietą. Nawet ofiarny John Aylmer w pracy obalającej tyradę Johna Knoxa przeciwko władczyniom pisał, że płeć Elżbiety ma znaczenie tym mniejsze, że Anglia nie jest „tylko monarchią" ani tylko oligarchią bądź demokracją, bowiem jej „rząd stanowi mieszaninę wszystkich trzech" systemów. Innymi słowy, płeć Elżbiety się nie liczy, bo tak czy inaczej władza królowej nie jest aż tak potężna[*].

Praca Knoxa, pierwotnie wymierzona w katolickie władczynie – Marię I Tudor i Marię de Guise – mogła teraz rzucić aż nazbyt oczywisty cień na protestantkę Elżbietę I. Jan Kalwin w prywatnym liście do Williama Cecila przyznał, że prowadzili z Knoxem dyskusję na ten temat. Według odczuć Kalwina panowanie kobiety było „odstępstwem od pierwotnego i właściwego porządku natury (…) w stopniu nie mniejszym niż niewolnictwo". Kalwin jednak uznawał istnienie biblijnej przypowieści o Deborze oraz idei pochodzącej od proroka Izajasza, według której „królowe powinny być karmiącymi matkami Kościoła". Obecnie Knox i inni przedstawiali Elżbietę jako wcielenie Debory – kobietę „niezwykłą", zwolnioną od „właściwego porządku natury" jedynie przez „szczególną opatrzność" boską.

Od początku zakładano, że wkrótce Elżbieta będzie dzielić władzę – na dobre lub na złe – z mężem. Dwudziestego pierwszego listopada 1558 roku, w ciągu czterech dni od śmierci poprzedniej królowej, hiszpański ambasador de Feria napisał do króla Filipa II, że „wszystko zależy od męża, jakiego ta kobieta może

---

[*] Aylmer w swoim traktacie w pamiętny sposób kontrastuje Elżbietę z większością kobiet „naiwnych, głupich, swawolnych, trzpiotowatych (…), pod każdym względem ogłupionych mętami z diabelskiego gnojowiska" (przyp. aut.).

sobie wziąć". Tymczasem każda podjęta decyzja miała w pewnym sensie charakter tymczasowy. W tych wczesnych dniach panowania Elżbiety nawet William Cecil, jej podpora, czynił wyrzuty posłańcowi, że doręczył dokumenty bezpośrednio królowej, choć dotyczą „sprawy tak wielkiej wagi, iż przekracza ona granice wiedzy kobiety". Cecil był tylko jedną z wpływowych osób, których głosy wtedy i później ponaglały królową, że mąż stanowi dla niej i dla królestwa „jedyne znane i prawdopodobne zabezpieczenie": „Bóg ześle naszej pani męża, a za jego sprawą i syna, możemy zatem żywić nadzieję, że nasi potomkowie doczekają się męskiej sukcesji". Na razie nadal wyglądało to prawdopodobnie.

Elżbieta i „jej ludzie", ostrzegał de Feria, „wysłuchają wszystkich ambasadorów, którzy mogą pertraktować o zawarciu małżeństwa". Trzy tygodnie później, 14 grudnia, pisał: „Wszyscy uważają, że [królowa] nie poślubi cudzoziemca, a nie mogą się zorientować, kogo faworyzuje, więc każdego dnia podnosi się na nowo krzyk o mężu". Wśród pretendentów, oprócz samego króla Hiszpanii Filipa II (niechętnego, lecz z rezygnacją przystającego na takie rozwiązanie), był również uparty król Szwecji Eryk XIV Waza. Brat Karola V, Święty Cesarz Rzymski Ferdynand I Habsburg, zaoferował jednego z młodszych synów; Szkocja zaproponowała hrabiego Arran. Do rodzimych kandydatów należeli: hrabia Arundel, sir William Pickering i – oczywiście – wieloletni faworyt (jak miały pokazać dwie następne dekady), koniuszy Elżbiety, Robert Dudley.

Z całą pewnością zakładano, że królowa musi kogoś poślubić. Sama Elżbieta I Tudor zauważyła, że „na świecie panuje silne przekonanie, iż kobieta nie może żyć, dopóki nie wyjdzie za mąż". Wysłannik Świętego Cesarza Rzymskiego zgodził się, że królowa („jak to kobieta") powinna niecierpliwie pragnąć „zamążpójścia i zabezpieczenia. To, że mogłaby chcieć pozostać dziewicą i nigdy nie wyjść za mąż, jest niewyobrażalne". Ona sama zaś mawiała: „Ja już złączyłam się małżeńskim węzłem z mężem, mianowicie z królestwem Anglii". Takiej retoryki używała też jej siostra, lecz miało się okazać, że Elżbieta traktuje ją poważniej.

Przykład Marii I Tudor, podobnie jak później Marii I Stuart, udzielił Elżbiecie straszliwego ostrzeżenia. Każde małżeństwo panującej królowej powodowało problem nie do przezwyciężenia – kto będzie dominował w związku? Elżbieta I Tudor po wstąpieniu na tron szybko napisała do innych panujących, że nie musi dalej toczyć waśni z czasów siostry. Wtedy „nic nie zrobiono ze strony Anglii, lecz wskutek powiązań i wskazówek ministrów rzeczonego króla [Filipa]", męża Marii I. W przeciwieństwie zaś do niej niezamężna Elżbieta I jest „wolną królewną".

John Aylmer próbował argumentować: „Powiadacie, że Bóg przeznaczył jej rolę poddanej własnego męża (...), zatem nie może być przywódczynią. Przyznaję, że o ile rzecz dotyczy małżeńskich obrączek i powinności żony, musi być poddaną, lecz jako władca może być zwierzchnikiem swojego męża". Królowa może podlegać mężowi w „sprawach związku małżeńskiego", a jednocześnie być jego przywódcą jako osoba „kierująca całą wspólnotą", twierdził autor. W praktyce jednak takie rozgraniczenie byłoby niemal niemożliwe.

Czwartego lutego 1559 roku parlament sporządził petycję ponaglającą Elżbietę do szybkiego zamążpójścia dla zapewnienia sukcesji. Gdyby bowiem miała pozostać „niezamężną, niejako westalką", byłoby to „sprzeczne ze względami publicznymi". Królowa odpowiedziała: „Od czasu, kiedy zaczęłam rozumieć" – czyli odkąd dorosła na tyle, by pojmować swą rolę sługi Boga – „z radością wybrałam ten rodzaj żywota, jaki wiodę teraz, który – mogę zapewnić – dotychczas najbardziej mnie zadowalał, i wierzę, że najmocniej podoba się Bogu". Ostatecznie, dodała, „to mi wystarczy: słowa ryte w marmurze obwieszczą, że panująca tak długo królowa żyła i umarła jako dziewica".

W kwestii, w której inne możne kobiety akceptowały zasady mieszczące się w zwykłych ramach społecznych, występując jako zastępczynie mężczyzny – bądź przynajmniej władczynie podległe mu pod pewnymi względami – niezamężna Elżbieta I Tudor podważyła z góry przyjęte opinie w niemal bezprecedensowym stopniu. Izabela Kastylijska, jak na ironię, stanowiła wielki wyjątek od tej reguły. Jednakże może to jej kontrowersyjna pozycja, jako kobiety niezamężnej, protestantki, panującej królowej, częściowo zbliżyła Elżbietę do od wieków ustalonego obrazu odgrywającego tak kluczową rolę w Kościele katolickim – dziewictwa.

Dziewictwo – czystość – w starożytności i średniowieczu uważano za furtkę otwierającą wejście do domeny nieomal trzeciej płci. Znaczenie czystości potwierdzali święci Augustyn i Hieronim, cała konwencja zakonna oraz pisarze wczesnego etapu ery współczesnej – od Malory'ego, podkreślającego czystość (męską) w *Śmierci Artura*, do tworzącego pod patronatem Elżbiety Petruccia Ubaldiniego, opisującego w książce o sześciu słynnych kobietach dawną królową wojowniczkę, której dziewictwo (jak włosy Samsona) odgrywało kluczową rolę w sukcesach wojennych. W średniowiecznej Skandynawii krążyły podobne opowieści o królach dziewicach, noszących męski strój i z powodzeniem dowodzących wojskiem do czasu, gdy – pokonane przez mężczyznę – wychodziły za niego.

Wydawało się, że Elżbieta I Tudor aprobuje właśnie taki obraz dziewictwa. Do cara Iwana Groźnego (który ośmielił się wyrazić sugestię, że „są inni mężczyźni rządzący w Anglii", podczas gdy „Ty jako panna pławisz się w dziewiczym stanie") napisała: „Rządzimy sami z honorem, jaki przystoi królowej dziewicy, wyznaczonej przez Boga". Dopiero w późniejszym okresie panowania Elżbiety jej status królowej dziewicy osiągnął apogeum, lecz nawet na tym niepewnym etapie rządów potrzebowała odróżnić się czymś od innych kobiet, nawet jeśli miał to być katolicki wizerunek Matki Boskiej.

Kwestia religijna odróżniała rządy Elżbiety od panowania nie tylko siostry, lecz też wszystkich poprzednich władczyń chrześcijańskiej Europy (chyba że uwzględnimy Joannę Grey). Elżbieta I była nie tylko królową panującą, lecz też taką, która nie uznawała się pod jakimkolwiek względem za podległą władzy papieża, wyróżniała się zatem niemal bezprecedensową autonomią.

Od samego początku było oczywiste, że religijny aspekt jej roli może stanowić szczególną przeszkodę. Pierwsza wersja otwarcie reformatorskiego projektu ustawy, przygotowana przez Cecila w najwcześniejszych miesiącach panowania królowej, spotkała się z oburzeniem, zwłaszcza z powodu roli przyznawanej Elżbiecie. Nicholas Heath, katolicki arcybiskup Yorku, ujął to następująco: „Kobieta nie może wygłaszać kazań ani udzielać świętych sakramentów, ani nie może być najwyższym zwierzchnikiem Kościoła Chrystusowego". W późniejszej poprawce zadeklarowano, że Elżbieta w swej pokorze nie życzy sobie tytułu najwyższego zwierzchnika Kościoła, tylko jego najwyższego namiestnika.

Tymczasem zaś Elżbieta I Tudor znalazła się o krok od pułapki czyhającej na każdą możną kobietę, gdyby tylko okazała się choć odrobinę nieostrożna (przed czym przestrzegała Anna de Beaujeu, a o czym przekonała się Anna Boleyn).

Od samego początku panowania Elżbiety I ambasadorowie informowali o jej bliskich relacjach z Robertem Dudleyem. W pierwszych miesiącach po jej wstąpieniu na tron jego wpływy wzrosły w tak niezwykłym stopniu, że w listopadzie 1559 roku ustępujący ze stanowiska hiszpański ambasador de Feria donosił w raporcie o istniejącym między obojgiem „sekretnym porozumieniu". Jego następca, ambasador de Quadra, dwa miesiące później opisywał Dudleya jako „przyszłego króla".

Była to idea niebezpieczna dla królowej, która musiała chronić swą reputację, poparcie wśród angielskiej arystokracji oraz zagraniczne sojusze. De Feria ujął to prosto: „Jeśli poślubi rzeczonego milorda Roberta, ściągnie na siebie taką wrogość, że pewnego wieczoru położy się do snu jako królowa Anglii, a następnego ranka wstanie jako zwykła pani Elżbieta". De Quadra pisał, że w Anglii nie byłoby mężczyzny, który nie „wykrzykiwałby przeciwko niemu [Dudleyowi] jako zgubie królowej". Pomijając już inne czynniki, Robert Dudley oczywiście był żonaty, choć przez większość czasu żył w separacji z żoną, Amy Robsart (z którą wziął ślub w młodości).

Kiedy rozpoczął się drugi rok panowania Elżbiety, wszyscy z niezwykłą gotowością wydawali się zakładać, że Amy Dudley stanowi problem, który da się rozwiązać. De Feria przytaczał plotki, że ma ona „chorą jedną pierś", i to, co wkrótce ma nadejść, można wytłumaczyć jedynie przyczynami naturalnymi (albo efektami działania szesnastowiecznej kuracji). De Quadra w notatce w bardziej złowieszczym tonie pisał o odesłaniu Amy do wieczności. Tak doszło do przygotowania sceny na wydarzenia, które miały się okazać pierwszym momentem określającym charakter rządów Elżbiety. Ósmego września 1560 roku Amy Dudley została znaleziona martwa u podnóża schodów w domostwie Cumnor Place, gdzie mieszkała; miała rany na głowie i skręcony kark.

Oczywiście mogła upaść wskutek nieszczęśliwego wypadku albo złego stanu zdrowia, choć ze względu na niskie schody to mało prawdopodobne. Mogła też popełnić samobójstwo; istnieją poszlaki świadczące o tym, że była zrozpaczona, choć i tu napotykamy zastrzeżenie dotyczące schodów. Mogła też zostać zamordowana przez kogoś, kto pragnął zrzucić winę na Roberta Dudleya, albo po prostu przez niego samego. Na podstawie istniejących dowodów nie da się rozstrzygnąć, które wyjaśnienie jest słuszne, ale w tym kontekście liczy się wpływ tego wydarzenia na reputację Elżbiety.

O ile skandal na tle seksualnym stanowił oczywisty sposób ataku na możną kobietę, o tyle żadna kobieta u władzy nie mogłaby dać lepszego pretekstu do ataków. Angielski ambasador w Paryżu, sir Nicholas Throckmorton, pisał, że włosy stawały mu na głowie na wieść o „niegodziwych i nieprzyzwoitych raportach", którymi delektowali się „złośliwi Francuzi". Informował, że królowa Francji żartuje sobie o ślubie królowej Anglii z własnym koniuszym, który zamordował swą żonę, by zwolnić dla niej miejsce. Co jeszcze poważniejsze, „słychać głosy, że [Anglicy] nie chcą już więcej kobiecych rządów".

Fundamentalne znaczenie miała reakcja Elżbiety. Do czasu wszczęcia śledztwa królowa odesłała Roberta z dworu. Kiedy zaś koroner stwierdził śmierć Amy z powodu nieszczęśliwego wypadku, a skandal ostatecznie wygasł, mimo wszystko nie wyszła za Dudleya. Oczywiste wydaje się tu pytanie: dlaczego?

W 1560 roku współcześni na pewno zakładali, że Elżbieta I Tudor chce poślubić Roberta Dudleya. Dopiero spojrzenie z perspektywy czasu zachęca nas do zastanowienia się, czy królowa – gdyby przyszło co do czego – naprawdę uznałaby ślub za możliwy ze względów emocjonalnych. Czy zbyt głębokich śladów na jej psychice nie pozostawiły młodzieńczy romans z Thomasem Seymourem, los matki, śmierć w połogu dwóch macoch oraz kilku żon czołowych dworzan? A może po prostu nie widziała sposobu pogodzenia związku małżeńskiego z potrzebą zachowania autorytetu?

Po latach królowa z pewnością wyrażała się o małżeństwie i macierzyństwie w sposób, który przywodził na myśl instynktowny strach, ale na krótką metę zachowywała się wobec Roberta Dudleya z coraz większą swobodą, jak gdyby sam fakt, że na razie nie może za niego wyjść, dawał jej perwersyjną możliwość pełniejszego nacieszenia się nim.

Jednakże Elżbieta I, obiektywnie rzecz biorąc, zachowała się właściwie, autorytatywnie, nienagannie. Zachowała się tak jak Małgorzata Austriacka w sprawie skandalu z udziałem Karola Brandona. W sposób, który miał ją odsunąć od skandalicznej solidarności kobiet, opisanej tak barwnie przez Johna Knoxa.

36
Niepokoje w Szkocji

Szkocja, 1558–1560

Kiedy Elżbieta I Tudor wstąpiła na tron Anglii, sprawy kraju ponownie wywarły wpływ na wydarzenia w Szkocji. Popierane przez Francję rządy Marii de Guise stały się bardzo niepopularne. Kiedy w 1557 roku Henryk II wypowiedział wojnę sprzymierzonej z Anglią Hiszpanii i zażądał najazdu na północne rejony Anglii w ramach taktyki pozorowanego ataku, Maria musiała się zgodzić. Ona i Maria I Tudor, zmuszone do wojny ze względu na lojalność wobec Hiszpanii, znalazły się w zasadzie w tej samej pułapce. Jak na ironię, kiedy w kwietniu 1558 roku królowa Szkocji Maria I Stuart wyszła za francuskiego delfina, niektórzy Szkoci żywili nawet nadzieję, że w osobie jej nastoletniego męża znajdą jakąś alternatywę dla rządów Marii de Guise.

Po wstąpieniu na angielski tron Elżbiety I szkoccy protestanci nabrali odwagi. Maria de Guise była przekonana, że ich żądania – chodziło o prawo odprawiania nabożeństw w języku narodowym i przyjmowania podczas mszy komunii pod postacią chleba i wina – mają motywację polityczną. Ona sama, podobnie jak wiele opisywanych tu kobiet, długo opowiadała się za reformą Kościoła katolickiego przeprowadzaną od wewnątrz. W 1557 roku zaapelowała do papieża o przysłanie kardynała, który w Szkocji miałby się zająć zreformowaniem kwestii noszących znamiona nadużyć. Jednak w tym wypadku miała do czynienia z czymś, co potraktowała jako element mieszania się Anglii w sprawy szkockie. Doradca Marii, pan d'Oysel, pisał: „Nigdy nie wiadomo, kto tu jest przyjacielem lub wrogiem, bo ten, kto rano jest z kimś w przymierzu, po obiedzie może się zwrócić przeciwko niemu". Obie strony czuły się zdradzone – lordowie wskutek postawy Marii, którą odczytywali jako decyzję o uczynieniu ze Szkocji praktycznie francuskiej prowincji, Maria zaś wskutek przejawianej przez najbliższych jej ludzi gotowości opowiedzenia się po stronie jej wrogów.

Zimą przełomu lat 1558/1559 protestanci złożyli serię petycji, w tym tak zwane wezwania żebracze, przybijane na furtach szkockich klasztorów i wzywające mieszkańców do opuszczenia nieruchomości. W aż nazbyt dogodnym momencie, na początku maja 1559 roku, z wygnania w kontynentalnej części Europy powrócił John Knox, oświadczając, że czyny francuskiej królowej regentki „obnażyły jad w jej sercu". Kazanie, które wygłosił 11 maja w Perth, wywołało burzliwe zamieszki połączone z dewastacją przez miejscową ludność kościelnych obrazów.

Maria de Guise wezwała Jakuba Hamiltona, księcia Châtelherault (dawniej hrabiego Arran, który obecnie przekazał ten tytuł synowi); oznajmiła, że to on, jako „druga osoba w Szkocji", ma działać. Lordowie „nie czują przede mną respektu, bo jestem tylko kobietą", uzasadniała. Mieszanina władzy i pochlebstwa poskutkowała, mimo pogłosek o sympatii księcia do protestantów; oboje wyjechali razem na czele niewielkiej armii. Jak się okazało, za małej, by stawić czoło siłom zwerbowanym przez protestanckich wrogów.

Zawarto ugodę, lecz niepokoje nie miały ucichnąć za życia Marii de Guise. Regentka, nie mogąc w praktyce wykorzystać francuskich wojsk, zmuszona do ucieczki z Edynburga do leżącego na wybrzeżu miasta Dunbar, musiała się martwić raczej o własne bezpieczeństwo niż o kurczące się szanse sprawowania władzy. Nowo zawarta ugoda dała protestantom swobodę praktyk religijnych w zamian za uznanie świeckiej władzy Marii, lecz regentkę zaszokowała wieść, że otaczany czcią pomnik świętego Idziego w myśl ascetycznych reguł religii reformowanej wykradziono i wrzucono w toń Nor' Loch, po czym wyłowiono i spalono. Byłaby jeszcze bardziej przerażona, gdyby się dowiedziała, że królowa Anglii Elżbieta I poleciła swojemu agentowi Ralphowi Sadlerowi wzniecać w kraju spory wewnętrzne i zmusić ją do podpisania traktatu o wiecznym pokoju z Anglią, by pokrzyżować plany Francuzom.

Przez całą jesień liczba stronników Marii de Guise zmniejszała się niemal codziennie, a głównym odstępcą stał się książę Châtelherault. W październiku Maria musiała uciekać do Leith, a lordowie obwieścili zawieszenie jej władzy regentki. W listopadzie jednak wróciła do Edynburga, lecz zachorowała, prawdopodobnie na przewlekłą chorobę serca, choć Sadler donosił w raporcie, że pogłoski o jej śmierci „są zbyt dobre, żeby były prawdziwe". Lekarze zalecili jej wystrzegać się chłodnego i wilgotnego klimatu (Szkocja!) oraz unikać trosk.

W styczniu 1560 roku na wody zatoki Firth of Forth wpłynęło osiem angielskich okrętów, więc Maria rozkazała Szkotom przygotować się do wojny z Anglią. Szkoccy Lordowie Kongregacji mieli jednak inne plany. Udali się na południe na spotkanie z przedstawicielem Elżbiety I Tudor i 27 lutego podpisali z nim w Berwick traktat, na mocy którego królowa Anglii obejmowała Szkocję swoją protekcją i obiecywała Szkotom pomoc wojskową w usunięciu z kraju Francuzów. Jednakże Maria nie zamierzała się pogodzić z traktatem całkowicie usuwającym ją w cień.

Kiedy angielskie wojska przekroczyły granicę, 1 kwietnia Maria de Guise schroniła się w bezpiecznym edynburskim zamku (tym bezpieczniejszym, że porucznik wojsk Elżbiety I książę Norfolk uważał, że jego władczyni nie zgodzi się na tak bezpośredni atak na osobę innej królowej). Maria, grając na zwłokę i śląc desperackie listy z prośbami o francuską pomoc wojskową, spotkała się z angielskimi wysłannikami. „Pani, wywołałaś tyle potężnych nieporozumień, że błagam cię, byś doprowadziła do zażegnania choć tego, bo leży to w twej mocy", rzekł jeden z nich.

Szkoccy protestanci „myślą, że [królowa] wdowa czyni więcej szkód niż pięciuset Francuzów", powiedział książę Norfolk. Maria, która napisała do swoich braci, Gwizjuszy: „nasze kłopoty i afery rosną tu z godziny na godzinę", odczuła, że napięcie odbija się na jej zdrowiu. Noga spuchła jej do tego stopnia, że „jeśli ktoś położy na niej palec, ten wchodzi jak w masło"; mówiło się, iż tylko dzięki wylewanemu morzu łez udaje się jej utrzymywać pod kontrolą objawy puchliny wodnej. Lordowie, jeden po drugim, przechodzili na stronę przeciwników.

Zdrowie regentki szybko się pogarszało. Tuż po północy 11 czerwca Maria de Guise zmarła; u jej boku czuwało kilku szkockich lordów, którzy z przyjaciół przedzierzgnęli się we wrogów. Szóstego lipca Szkocja i Anglia (oraz Francja, reprezentowana przez Gwizjuszy) podpisały traktat edynburski. Wszystkie angielskie i francuskie wojska miały się wycofać, a przebywająca we Francji królowa Szkocji, młoda Maria I Stuart, miała zaprzestać używania herbów Anglii.

W okresie nieobecności przebywającej we Francji królowej Szkocją miała rządzić rada złożona z dwunastu lordów wybranych wspólnie przez królową i szkocki parlament (jednym z pierwszych jego działań było ogłoszenie Szkocji krajem protestanckim). Gdyby Maria Stuart i jej mąż Franciszek II odmówili ratyfikowania traktatu, Anglia miała interweniować w imię ochrony szkockiej reformacji; odmowa była tym bardziej prawdopodobna, że z Marią – pogrążoną w żałobie po matce – nie skonsultowano postanowień traktatu.

Ponieważ wydawało się, że Maria I Stuart najwyraźniej zamierza zostać we Francji na stałe, rada pod kierunkiem księcia Châtelherault i coraz ambitniejszego przyrodniego brata Marii, lorda Jakuba Stewarta, wzięła sprawy kraju pod kontrolę. Wkrótce jednak miało nastąpić nieoczekiwane zrządzenie losu.

Maria de Guise w ostatnim liście pisała o stanie swojego zdrowia: „Nie wiem, co się zdarzy". Prawdopodobnie już wtedy orientowała się, że czeka ją rychła śmierć. Nie mogła jednak przewidzieć upadku, jaki wkrótce miał spotkać jej córkę Marię Stuart.

CZĘŚĆ VI

1560–1572

Większe i lepsze krainy chrześcijańskie popełnią wielki błąd, jeśli będą narzekać, że obecnie rządzą nimi królewny, których wrodzona inteligencja, zaprawiona w długotrwałych doświadczeniach pomyślnych i niepomyślnych kolei losu na wojnie i w sprawach wewnętrznych, może zawstydzić bardzo wielu królów.

Pierre de Ronsard
Mascarades et Bergeries, 1565

37
„Uraza i niezgoda"

Francja, 1560–1561

Francja stawała się sceną, na której rozgrywały się konflikty religijne Europy. W marcu 1560 roku doszło do spisku w Amboise, zorganizowanego przez protestantów w celu obalenia rządów Gwizjuszy. Być może wspierała go królowa Anglii Elżbieta I Tudor; niektórzy spiskowcy wymienili na torturach imię Ludwika de Bourbon, księcia de Condé – oddanego sprawie protestanckiej brata Antoniego, męża Joanny d'Albret – pojawiły się również sugestie dotyczące samego Antoniego.

Tamtego lata Joanna i Antoni, przebywający w domu w Nérac w towarzystwie księcia de Condé (Kondeusza), wystosowali do Kalwina prośbę o przysłanie kaznodziei Teodora Bezy (Théodore'a de Bèze). Kolejny duszpasterz w ekstatycznym tonie rozpisywał się o atmosferze, jaka powitała go w ich włościach: „Nauki głosi się otwarcie – publicznie. Ulice rozbrzmiewają śpiewem psalmów. Książki religijne sprzedaje się swobodnie i jawnie jak w domu [w Genewie]".

W liście z 25 sierpnia Beza pisał do Kalwina: „damy wyrażają się o Tobie serdecznie". Ważna rola wielkich dam w szerzeniu religii reformowanej była rzeczą powszechnie znaną – żona Kondeusza, Eleonora de Roucy de Roye, była pod tym względem kolejną znaczącą postacią. Jednak na razie niczego nie można było czynić jawnie. Antoni i Joanna w istocie wysłali jeszcze posła do papieża, chcąc zapewnić Rzym o swej prawowierności.

Tymczasem Katarzyna Medycejska z mocą argumentowała, że dalszym niepokojom religijnym można zapobiec przez objęcie francuskich protestantów wykalkulowaną tolerancją. Gwiazda Katarzyny stale się wznosiła. Królowa Szkocji Maria I Stuart była obecnie królową małżonką Francji, lecz zanim nastał rok 1560, podniosły się szmery niezadowolenia z powodu kontroli, jakiej ród Gwizjuszy poddał młodego króla. Polityka Katarzyny Medycejskiej – która pozwoliła Gwizjuszom wysunąć się na polityczny pierwszy plan, a sama trzymała się na uboczu jako matka i pogrążona w żałobie wdowa – zaczynała przynosić owoce.

Katarzyna starała się rozgraniczać ludzi autentycznie oddanych nowej wierze od zniechęconych reżimem Gwizjuszy, a nawet tych, którzy żywili protestanckie poglądy, od osób gotowych propagować je drogą wszczynania buntów. Edykt z Romorantin, wydany w maju 1560 roku, powstał za jej sprawą; ograniczał on procesy w kwestiach religijnych do sądów kościelnych, które nie mogły wydawać wyroków śmierci. Katarzyna z powodzeniem dążyła również do zawarcia pokoju z Anglią i do wycofania się Francji z czynnego udziału w sprawach Szkocji. Ta ostatnia decyzja być może przyszła jej łatwiej z powodu śmierci Marii de Guise.

Za sugestią czołowej postaci z obozu protestantów, admirała de Coligny'ego, Katarzyna Medycejska na sierpień zwołała posiedzenie pełnego składu rady; była to dyskretna próba okiełznania wyłącznych wpływów Gwizjuszy, którymi ród ten początkowo mógł się cieszyć. Sama wygłosiła pierwsze przemówienie, w którym wyraziła nadzieję, że doradcy zdołają opracować politykę, dzięki której król „zachowa swoje berło, jego poddani znajdą ulgę w cierpieniach, a malkontenci osiągną zadowolenie".

Nadchodzące wydarzenia miały jednak wyprzedzić ten pokojowy plan.

Pierwsze z nich dotyczyło Burbonów; Antoni i Kondeusz – który wolał pokładać wiarę w sile wojsk niż w zebraniach Katarzyny – przez całą jesień szykowali się do konfrontacji zbrojnej. Księcia de Condé aresztowano, uwięziono też jego żonę, a krążyły słuchy, że Gwizjusze sprzymierzeni z Hiszpanami zamierzają również schwytać Joannę d'Albret i jej syna. Drugie wydarzenie miało jeszcze bardziej definitywny charakter. Młody król Franciszek II, który mimo namiętności do łowów zawsze był wątły i chorowity, 9 listopada po polowaniu w chłodny dzień zachorował. Jego stan szybko się pogarszał. Katarzyna Medycejska pisała, jak trudno jej „patrzeć, jaki straszliwy, dojmujący ból znosi król, mój syn". W uchu Franciszka II utworzył się ropień, po czym wdała się posocznica. Wszyscy, nawet jego matka, musieli myśleć o najgorszym.

Następca tronu, młodszy syn Katarzyny – Karol – miał zaledwie dziesięć lat, toteż Stany Generalne musiałyby przegłosować ustanowienie regencji. Było prawdopodobne, że wybór członków zgromadzenia padnie na Antoniego de Bourbon, mimo że na jego bracie Kondeuszu ciążył wyrok śmierci. To zaś pozostawiłoby Katarzynie niewielkie pole manewru. Wykonała zatem śmiałe posunięcie: wezwała Antoniego de Bourbon i (w obecności Gwizjuszy) oskarżyła go o udział w zdradzieckim spisku.

Antoni, przerażony, że spadnie na niego taki sam wyrok jak na brata, zaproponował zrzeczenie się praw do regencji na rzecz Katarzyny Medycejskiej; usłyszawszy tę ofertę, królowa matka szybko zamknęła sprawę, wymieniając przykłady innych królowych matek rządzących w imieniu swych młodych synów, zwłaszcza trzynastowiecznej królowej Blanki Kastylijskiej, matki otaczanego czcią Ludwika IX. Także Gwizjuszy zaalarmował fakt, że zostaną wezwani do złożenia wyjaśnień w budzącej wątpliwości sprawie oskarżenia Kondeusza; byli też aż nadto świadomi tego, że gdy ich siostrzenica Maria Stuart nie będzie już królową, ich wpływy ucierpią. Katarzyna udobruchała obie strony konfliktu, każąc zwaśnionym paść sobie w ramiona. Napuściwszy rywali na siebie, pozornie wzniosła się ponad toczący się bój. Stała się manipulantką. Był to triumf jej osobistej dyplomacji.

Franciszek II zmarł po zaledwie szesnastu miesiącach panowania – 5 grudnia 1560 roku. Nadeszła chwila Katarzyny de' Medici. Angielski dyplomata pisał: „Królowa beztrosko przyjęła śmierć swego syna, króla Franciszka, ponieważ nie mogła nim kierować". Na zwołanym posiedzeniu rady oznajmiła: „Skoro Bogu spodobało się pozbawić mnie starszego syna, muszę się poddać boskiej woli, udzielić pomocy i służyć królowi, mojemu drugiemu synowi [Karolowi IX], na skromną miarę mojego doświadczenia".

Oświadczyła też radzie: „[postanowiłam] zatrzymać go [króla] przy mnie i rządzić państwem zgodnie z powinnością oddanej matki. Skoro zaś przyjęłam ten obowiązek, chcę, żeby wszystkie listy adresowano przede wszystkim do mnie; będę je otwierać w waszej przytomności, a zwłaszcza w obecności króla Nawarry [Antoniego de Bourbon], który jako najbliższy krewny króla zajmie pierwsze miejsce w radzie".

Antoni wyraził zgodę, zapewniając o swej lojalności, podobnie uczynili Gwizjusze. Obie strony przypisały działania, którymi dawniej wzbudziły wzajemną wrogość, rozkazom zmarłego Franciszka II; Katarzyna Medycejska, rada z zaaranżowanej sytuacji, włączyła się w tę grę pozorów. Czterdziestojednoletnia królowa matka zyskała ogromną władzę. Wenecki ambasador pisał, że jej wola stanowi najwyższy nakaz: „To ona od tej pory położy rękę na najważniejszych rokowaniach". Zanim rok dobiegł końca, sama proklamowała się gubernatorką królestwa, „Katarzyną, z łaski Boga królową Francji, matką króla". Przedwczesna śmierć Franciszka II miała olbrzymie konsekwencje dla wdowy po nim, Marii Stuart, a więc pośrednio też dla królowej Anglii Elżbiety I. Marię Stuart wychowywano w oczekiwaniu, że jej rola – królowej małżonki zamożnej Francji – przyćmi pozycję panującej królowej mało znanej Szkocji. Teraz jednak, gdy po niespełna dwóch latach małżeństwa zasiadła w zaciemnionej komnacie, jak zwyczaj nakazywał odbywającym żałobę królowym, musiała wiedzieć, że jej przyszłość uległa całkowitej i nieoczekiwanej odmianie.

We Francji była jeszcze jedna kobieta, na której los wywarły głęboki wpływ konsekwencje śmierci Franciszka II. Nie ulegało wątpliwości, że Katarzyna Medycejska posłużyła się Antonim de Bourbon jak pionkiem. Czy wieść o jego upokorzeniu i braku zdecydowania przekonała Joannę d'Albret, że powinna zająć własne stanowisko? Kalwinizm – ze swą apodyktyczną logiką i naciskiem na czarno-białą prostotę – musiał ją pociągać. Podczas bożonarodzeniowego nabożeństwa w Pau Joanna publicznie wyrzekła się Rzymu i, jak pisał jej biograf Nicolas de Bordenave, „uczyniła wyznanie wiary i przyjęła Komunię Świętą zgodnie z rytem rzeczonej religii reformowanej". De Bordenave zanotował, że gdy niechętna przedtem Joanna „złożyła wszystko w rękach Boga", uczyniła to „z taką niezmiennością, że nic – czy to napaści Szatana, czy wymierzone w nią ataki świata – nie mogło jej odwieść od przyjętego kursu"[1].

Wkrótce Joannę d'Albret powitali inni protestanccy gracze zasiadający przy międzynarodowej szachownicy. Jako pierwszy w połowie stycznia 1561 roku napisał do niej Kalwin, twierdząc, że nie potrzebuje udzielać jej rad: „Kiedy widzę, jak duch boży rządzi Tobą, Pani, mam więcej okazji do składania Ci podziękowań niż do zagrzewania Cię do czynu". Throckmorton, ambasador królowej Elżbiety I, otrzymał polecenie, by złożyć Joannie gratulacje z powodu jej „sympatii do prawdziwej religii"; dyplomata zauważył też, że czas oferuje „wspaniałe sposobności, by zachęcić przychylnie nastawionych".

Kalwin i królowa Elżbieta I wyrazili żal z powodu wyparcia się nowej religii przez Antoniego, zgodnie z obietnicą Katarzyny mianowanego obecnie generałem porucznikiem Francji. Ambasador Florencji wziął jego nominację za oznakę słabości Katarzyny i stwierdził, że „ostatecznie dowiodła, iż jest tylko kobietą". Jednakże nagroda dla Antoniego była mniejsza, niż miał nadzieję. Kiedy zasugerował, by w razie choroby Katarzyny jej obowiązki przechodziły na niego, usłyszał bezkompromisową odpowiedź: „Nigdy nie będę nazbyt chora, by nadzorować wszystko, co dotyczy służby królowi, mojemu synowi".

W połowie 1561 roku Joanna d'Albret, z opóźnieniem spowodowanym potrzebą załatwienia przed wyjazdem spraw w Béarn (zwłaszcza ochrony dla kalwińskich pastorów), wyruszyła w podróż na francuski dwór, by dołączyć do męża. Może miała nadzieję, że zdoła utwierdzić go w oddaniu wobec protestanckiej wiary.

Hiszpański ambasador pisał, że po drodze „heretycy wszędzie czekają na jej przybycie, jakby była Mesjaszem, są bowiem pewni, że uczyni dla nich cuda. Osobiście w to nie wątpię, bo wszędzie, dokąd się uda, nie napotyka oporu". Throckmorton poinformował Cecila, ministra Elżbiety I, że po wyjeździe Joanny z Orleanu dwadzieścia pięć zakonnic, „najpiękniejszych z sześćdziesięciu", zrzuciło habity i wspięło się na klasztorne mury, tak bowiem były obecnie przekonane o „zabobonie tkwiącym w klasztorze i przyjemnościach życia w towarzystwie ludzi świeckich". Wenecki ambasador nazwał Joannę kobietą „o strasznym rozumie".

Katarzynę, jak zauważył ambasador Hiszpanii, „czekają trudne czasy, jeśli mają mieszkać razem".

Joanna d'Albret sama uczyniła się ośrodkiem protestantyzmu na francuskim dworze – zorganizowała radę religijną, witała nowych ewangelistów, zyskiwała pewne poparcie wśród innych młodych dam dworu i regularnie uczęszczała na protestanckie nabożeństwa „przy drzwiach otwartych". Wysłała też list do Anglii, w którym chwaliła Elżbietę I Tudor, że jej „zasługa jest wielka, tym większa z uwagi na niewzruszoność, z jaką [królowa] staje w boskiej sprawie. [Joanna] z radością się dowiedziała, że z kaplicy królowej usunięto świece i lichtarze". W przeciwieństwie do żony Antoni uczęszczał w tamtych miesiącach na nabożeństwa – i protestanckie, i katolickie.

Antoni zasłynął jako kobieciarz i obecnie romansował z jedną z ładnych, młodych dam z otoczenia Katarzyny Medycejskiej. Wieść o tym z głęboką dezaprobatą przyjął Kalwin w Genewie i również on zaangażował się w próby uzdrowienia małżeństwa Antoniego i Joanny, lecz nic nie mogło przeważyć zachęt wysuwanych przez drugą stronę. Hiszpania zaoferowała mu nawet („w zasadzie") inne królestwo w ramach rekompensaty za utratę Nawarry.

„Zawsze trudziłam się dla rozwoju [religii]", pisała później Joanna d'Albret w swoich wspomnieniach. Mąż, „który wycofał się z początkowego do niej zapału, był dla mnie dotkliwym cierniem, nie powiem, że w stopie, ale w sercu". W przeciwieństwie do niego „ja zawsze, dzięki bożej łasce, podążałam prostą ścieżką". Wenecki poseł pisał, że Joanna nękała Antoniego „dzień i noc", podczas gdy on starał się wymóc na niej przynajmniej zewnętrzne oznaki uległości. Kiedy Joannie zakazano odprawiania kalwińskich nabożeństw w jej komnatach, udała się do apartamentów Kondeusza, a gdy Antoni wyraził sprzeciw, kiedy żona już miała wsiąść do powozu, wybuchła kłótnia „tak głośna, że wszyscy w zamku mogli ją dosłyszeć".

Gdy stan zdrowia Joanny, stale kiepski, pogarszał się, Antoni zmienił taktykę i zaczął dążyć do odcięcia się od niej. Rok po zmianie przez nią wyznania otwarcie sprzeciwił się tolerancji nawet w tej mierze, jaką proponowała Katarzyna Medycejska, i oznajmił swój zamiar „życia w najściślejszej przyjaźni z Gwizjuszami". Jednakże jego brat, książę de Condé, miał zająć jego miejsce – przywódcy zagrożonych hugenotów. Tymczasem wiosną 1561 roku powstał antyprotestancki sojusz Gwizjuszy i de Montmorency'ego przy poparciu Hiszpanii, cesarza i papieża – wyłącznie męski spisek, do którego członkowie chętnie zwerbowaliby również Antoniego.

W przeciwieństwie do nich Katarzyna Medycejska usilnie wspierała kolokwium w Poissy, które zebrało się latem przy daremnej, jak się okazało, próbie pojednania obu stron religijnego konfliktu. Królowa matka ogłosiła amnestię obejmującą wszystkie przestępstwa religijne popełnione od czasu śmierci jej męża, opóźniając wzięcie udziału przez francuskich duchownych w kontrreformacyjnym soborze trydenckim, ale tolerancja Katarzyny była pragmatycznym środkiem ochrony panowania syna. Czyniącemu jej wyrzuty zięciowi, królowi Hiszpanii Filipowi II, odpisała, że doświadczenia wynikłe z całych dziesięcioleci we Francji nauczyły ją, iż „przemoc jedynie nasila i pomnaża [tę zarazę], gdyż przez surowe kary wymierzane stale w tym królestwie nieskończona liczba pospólstwa tylko utwierdziła się w swoich wierzeniach".

Wydany przez nią w styczniu 1562 roku edykt zezwalał protestantom na praktyki religijne, jednak wyłącznie poza obrębem murów miejskich. Katolicy w kraju i za granicą powitali edykt ze zgrozą, mimo stałych zapewnień królowej matki, że ona i jej dzieci „chcą żyć w wierze katolickiej i posłuszeństwie wobec

Rzymu". Członkowie paryskiego parlamentu początkowo odmówili zarejestrowania aktu, wiążąc go w swoim formalnym proteście z płcią Katarzyny. „Prawa, tak kościelne, jak świeckie, twierdzą, że kobieta pozostaje w świętej więzi z mężem, a dzieci – ze swym ojcem, co oznacza, iż cała rodzina wyznaje tę samą religię, co ojciec rodu", czyli religię wyznawaną przez Henryka II. W wyniku nieprzestrzegania tej reguły, wywodzili członkowie parlamentu, powstają „tylko spory, uraza i niezgoda". Katarzyna zaś celowo pokazywała się wraz z dziećmi na każdym katolickim nabożeństwie.

W liście do swej córki, Elżbiety, żony Filipa II, Katarzyna poprosiła o ignorowanie wszelkich pogłosek: „Nie zamierzam zmieniać swojego życia, religii ani czegokolwiek. Jestem, kim jestem, po to, by chronić Twoich braci i ich królestwo". Jednakże Joanna d'Albret była ulepiona z całkiem innej gliny. Kiedy Katarzyna Medycejska poprosiła ją o zmitygowanie protestanckiej postawy, Joanna udzieliła bezkompromisowej odpowiedzi: „Pani, gdybym trzymała w rękach mego syna i wszystkie królestwa na świecie, wolałabym raczej cisnąć je na dno morza, niż utracić zbawienie".

Katarzyna Medycejska nie poddała się. Nadal starała się w znacznym stopniu urobić Joannę d'Albret. Kiedy wiosną 1562 roku Joanna szykowała się do opuszczenia paryskiego dworu, Katarzyna zatrzymywała ją przy sobie, nawet gdy razem z synem przyjmowała zagranicznych ambasadorów; wychodziły też do miasta na zakupy, „przebrane za mieszczki, w prostych czepkach na głowach". Rzeczywiście, Katarzynę identyfikowano z interesami Joanny do tego stopnia, że Elżbieta I Tudor poinstruowała Throckmortona, by „zachęcał królową matkę, królową Nawarry i księcia de Condé do okazywania niezmienności [oraz żeby przekazał im], że [królowa] ma zamiar stać u ich boku".

Nie można było jednak opierać się dłużej Antoniemu de Bourbon i hiszpańskiemu ambasadorowi, którzy domagali się odesłania Joanny z dworu. Spod jej opiekuńczych skrzydeł zabrano też syna, Henryka, który pod okiem ojca miał się uczyć od konserwatywnych nauczycieli katolickich. Joanna, której pozwolono pożegnać się z dzieckiem, oznajmiła mu, że jeśli kiedykolwiek pójdzie na mszę, wydziedziczy go – przynajmniej tak relacjonował kardynał z Ferrary. Ośmiolatek przestrzegał zastrzeżenia przez kilka miesięcy, ale w końcu – co było do przewidzenia – zaczął uczęszczać na msze wraz z ojcem i całą królewską rodziną. Do tamtego czasu temperatura konfliktu religijnego podniosła się już alarmująco.

Pierwszego marca 1562 roku książę de Guise w trakcie objazdu rodzinnych posiadłości w Szampanii w drodze na mszę przejeżdżał przez należące do jego siostrzenicy, Marii Stuart, miasteczko Wassy, gdy wtem usłyszał prowokujące odgłosy protestanckiego nabożeństwa dochodzące z budynku stojącego – wbrew prawu – w obrębie miejskich murów. Bez względu na to, czy jego zbrojna eskorta rzeczywiście zainicjowała wydarzenia, które przeszły do historii pod nazwą masakry w Wassy, na polu walki pozostało przeszło siedemdziesięciu martwych i ponad stu rannych protestantów. Nic dziwnego, że Joanna d'Albret cichaczem umknęła na południe do własnych włości. Oto wybuchła pierwsza wojna religijna, jak ją później miano nazywać, a po jej obu stronach stanęły wybitne kobiety.

38
„Dwie królowe na jednej wyspie"

Szkocja i Anglia, 1561–1565

Wydarzenia we Francji radykalnie odmieniły życie młodej kobiety, która spodziewała się, że przeżyje je w tym kraju. Kiedy władzę w państwie, gdzie królową miała być Maria Stuart, objęła Katarzyna Medycejska, królowa Szkocji musiała zwrócić wzrok w inną stronę. Po śmierci młodego męża, króla Franciszka II, Maria, jako bezdzietna wdowa, nie odgrywała już we Francji żadnej roli, a na tronie Szkocji nie było nikogo z królewskiego rodu.

W sierpniu 1561 roku królowa Szkocji Maria I Stuart zeszła na ląd w Leith z zamiarem objęcia rządów w kraju. Sposób, w jaki sobie z tym poradziła, stanowi temat zażartych dysput między historykami.

Maria I Stuart nie podejmowała we Francji prób ugruntowania swej pozycji. Już pierwszego dnia wdowieństwa zwróciła Katarzynie Medycejskiej należne królowej klejnoty. Szkocki świadek wspomniał, że przyczyną jej następnego posunięcia było „surowe i mściwe postępowanie" Katarzyny. Czterdziestodniowe odosobnienie mogło dać Marii potrzebny czas do namysłu. Jej krewni, Gwizjusze, naciskali na powtórne wydanie jej za mąż; szczególnie mocno forsowali (przez jej ciotkę Ludwikę z licznymi hiszpańskimi koneksjami) kandydaturę don Carlosa, następcy tronu Hiszpanii; otrzymywali też oferty od królów Danii i Szwecji oraz książąt Ferrary i Bawarii. Święty Cesarz Rzymski Ferdynand I Habsburg proponował jednego ze swych synów, Szkoci zaś podsuwali jej czołowego arystokratę, hrabiego Arran, syna księcia Châtelherault. Syn Filipa II Habsburga, don Carlos, był zaiste łakomym kąskiem, ale projekt ten zablokowała Katarzyna Medycejska, wysyłając zaszyfrowaną wiadomość do królowej Anglii – która też nie chciała się dostać między północną a południową szczękę hiszpańskiego imadła – że należy udaremnić to przedsięwzięcie. Córka Katarzyny – Elżbieta, dawna towarzyszka zabaw Marii – wyszła za Filipa II, ale dotychczas nie powiła dziecka, a Katarzyna nie chciała, by na dworze córki pojawiła się rywalka.

Sama Maria Stuart postanowiła wrócić do Szkocji. Angielski dyplomata Throckmorton poinformował w raporcie, że Maria ma poczucie, iż może liczyć na tamtejszą rodzinę i „jest pewna lorda Jakuba oraz wszystkich Stuartów". Zapewne świadczyło to o jej politycznej naiwności. Jej przyrodni brat, lord Jakub Stewart (Stuart) – zdolny, ambitny i szybko przejmujący kontrolę nad krajem, w którym tylko jego pochodzenie z nieprawego łoża uniemożliwiało mu objęcie sukcesji po ojcu Jakubie V – z pewnością wolałby, żeby jego pochodząca z prawego łoża, lecz całkiem niedoświadczona przyrodnia siostra trzymała się od niego z daleka.

Przewrotną korzyść zapewniał Marii sam fakt, że była młodą kobietą, którą – jak sądzili lordowie – da się manipulować. Maria I zgodziła się zachować religijne status quo z protestantyzmem jako wyznaniem oficjalnym (choć bynajmniej nie powszechnym), lecz ona sama miała mieć prawo uczestniczenia w katolickiej mszy w jej osobistej kaplicy w Holyrood. Mało jednak prawdopodobne, by w pełni pojmowała sens zawieranej ugody. Od samego początku stało się jasne, że lord Jakub uważa umowę za ograniczającą się wyłącznie do Holyrood, a wyłączającą nawet inne pałace królowej, w których Maria mogłaby przypadkiem przebywać. Problem miał jednak jeszcze bardziej fundamentalny charakter. Po śmierci Marii de Guise w 1560 roku Szkocja w toku reorganizacji przeobraziła się w kraj rządzony przez lordów wraz z parlamentem reformacyjnym, który zabronił odprawiania mszy i zniósł zwierzchność papieską. W Anglii listy księgowano jako nadesłane z „państwa szkockiego", jak gdyby Szkocja była republiką.

W tym tkwił cały szkopuł. W późniejszych stuleciach spekulowano, dlaczego Marii I Stuart nie powiodło się w Szkocji, skoro w Anglii Elżbieta I Tudor odniosła sukces. Jedna z odpowiedzi na pewno sprowadza się do tego, że Maria w chwili objęcia rządów miała osiemnaście lat. Elżbieta I Tudor, gdy wstępowała na tron, była niezwykle doświadczoną dwudziestopięciolatką, a jej siostra – Maria I Tudor – miała lat trzydzieści siedem. Jednak może zbyt wiele przypisuje się łącznym wpływom osobowości, uzdolnień i wykształcenia, a zbyt mało faktowi, że szkoccy notable i duchowni mieli mocno odmienną koncepcję relacji z monarchinią.

Nie można też pominąć kwestii ministrów. Niekiedy wyraża się żal, że Maria nie miała ministra tak zdolnego jak Cecil w służbie Elżbiety. To jednak niezupełnie prawda; w osobie Williama Maitlanda of Lethington („Michela Wyliego") królowej trafił się szkocki Machiavelli, który miał się stać jednym z jej głównych urzędników. Maitland, podobnie jak lord Jakub, był protestantem, a jego oddanie sprawie zacieśniania stosunków z Anglią ostatecznie poróżniło go z królową, choć Maria przez pierwszą połowę panowania również zwracała wzrok w stronę południowego sąsiada.

Po śmierci męża, Franciszka II, Maria Stuart powiedziała hrabiemu Bedford, który doręczył jej list kondolencyjny od Elżbiety I, że królowa Anglii „jawi się jej jako dobra siostra, której [Maria] ogromnie potrzebuje". Stale powtarzała myśl zawartą już w liście do Marii I Tudor, że ona sama i Elżbieta to dwie królowe „na jednej wyspie, obie mówiące w jednakim języku, obie najbliższe sobie krewne i obie panujące jako królowe". Nie potrafiła sobie uświadomić, że choć Elżbieta oznajmiła Maitlandowi, iż „musi" darzyć Marię miłością („jako najbliższą ze wszystkich pod względem pokrewieństwa"), dla Anglików kwestia roszczeń Marii do angielskiego tronu stała – i nadal miała stać – na przeszkodzie we wzajemnych stosunkach.

To dlatego Elżbieta na prośbę Marii o prawo bezpiecznego przejazdu do kraju przez jej królestwo, co pozwoliłoby uniknąć podróży morskiej, odmówiła do czasu, aż Maria ratyfikuje traktat edynburski, zawarty między Elżbietą a szkockimi lordami. Następnie królowa Anglii w typowy dla siebie sposób zmieniła zdanie, oferując – aż nazbyt późno – niezbędną eskortę. William Maitland, stale dążąc do zapewnienia Marii miejsca w przyszłej angielskiej sukcesji, równie gorąco jak ona pragnął zaaranżować spotkanie obu królowych, które (jak twierdził) „zrodzi dla nas spokój za ich czasów". Spotkanie to nigdy nie miało dojść do skutku, choć autorzy fikcji historycznych często je sobie wyobrażają, a i Maria prawie do śmierci bez przerwy usilnie o nie błagała.

Maria I Stuart wylądowała w Leith 19 sierpnia 1561 roku. Podczas jej oficjalnego wjazdu do Edynburga dwa tygodnie później powitalne parady sugerowały autentyczne zadowolenie z powrotu królowej, któremu towarzyszyła jednak gwałtowna wrogość wobec mszy. Wrogość tę niekoniecznie odczuwała cała ludność, ale taką doktrynę natarczywie propagował protestancki reformator John Knox.

Podczas pierwszej spędzonej w Holyrood niedzieli mszę odprawianą w osobistej kaplicy Marii przerwała hałaśliwa demonstracja. Królowa wezwała Johna Knoxa i zagadnęła go o jego stwierdzenie, że kobieta u władzy jest „potwornym zjawiskiem w naturze". Pojednawcza odpowiedź według standardów Knoxa brzmiała: „Jeśli królestwu nie przeszkadzają kobiece rządy, nie będę więcej odrzucać tego, z czym oni [poddani] się zgadzają (...), ale będę równie rad z życia pod rządami Waszej Książęcej Mości, jak święty Paweł pod rządami Nerona".

„Moi poddani, jak widzę, będą posłuszni tobie, panie, nie mnie", odpowiedziała Maria, powstrzymując łzy aż do wyjścia gościa. Nic dziwnego, że angielski ambasador Thomas Randolph zanotował opis zjawiska, które miało regularnie występować w życiu Marii – zaburzeń zdrowotnych, nazwanych przez dyplomatę napadami „nagłej pasji", spadających na królową „po wszystkich wielkich nieprzyjemnościach lub umysłowych zgryzotach".

Kiedy Maria I Stuart wymieniła skład swej pierwszej rady, usłyszano nazwiska samych mężczyzn. Siedmiu spośród dwunastu było protestantami. Thomas Randolph pisał: „Widzę tam nade wszystko lorda Jakuba i lorda Maitlanda z Lethington (...). Ona [królowa] cierpliwie słucha i wiele wytrzymuje". Maitland napisał do Williama Cecila w Anglii: „królowa, moja pani, zachowuje się pod każdym względem tak łagodnie, jak tylko moglibyśmy sobie życzyć" – i dodał, iż „przejawia mądrość znacznie ponad swój wiek". Wyraził też pogląd, że „królowa, Twoja władczyni [Elżbieta I], będzie mogła w dziedzinie religii wiele z nią zdziałać, jeśli tylko dobrze się poznają". Maria nadal żywiła gorącą nadzieję na spotkanie.

Wczesną wiosną 1562 roku plany wyznaczonego na koniec lata spotkania w Yorku były już na tyle zaawansowane, że uzgodniono nawet, w którym kantorze nastąpi wymiana szkockiej waluty, oraz przyjęto, iż Maria Stuart będzie mogła zabrać ze sobą świtę liczącą tysiąc osób i na osobności praktykować obrzędy swej religii. Obie strony miały odnieść korzyści. Aprobata ze strony Elżbiety miała uwiarygodnić Marię w oczach protestanckich poddanych, a także podtrzymywać nadzieje na objęcie przez nią sukcesji. Ale Elżbieta Tudor również wysoko ceniła sobie kontakty z Marią. Rywalka Marii w kolejce do angielskiej sukcesji, lady Katarzyna Grey, siostra „dziewięciodniowej królowej", lady Joanny, niedawno skompromitowała się przez potajemne zawarcie małżeństwa z hrabią Hertford[1].

Plan jednak legł w gruzach na wieść o masakrze w Wassy, w której ludzie księcia de Guise zabili grupę hugenotów. Kiedy w wyniku tego wydarzenia we Francji doszło do wybuchu pierwszej wojny religijnej, Elżbieta I włączyła się do niej po stronie hugenotów w nadziei odzyskania Calais, utraconego wskutek prohiszpańskich sympatii siostry.

Po udaremnieniu podróży Marii Stuart do Yorku, co wprawiło ją „w taką pasję, że przez cały dzień nie opuszczała łóżka", królowa wyruszyła na uroczysty objazd północnej części Szkocji. Wyznający katolicyzm hrabia Huntly, zwany „kogutem z północy", nie taił dezaprobaty dla wszelkiej proangielskiej polityki, ponadto nie przejawiał ochoty do skłaniania głowy przed władzą królowej. Objazd przerodził się zatem w rodzaj karnej ekspedycji, jedynej, w której Maria odniosła sukces. Jesienią 1562 roku Randolph pisał do Cecila: „Zapewniam, że nigdy nie widziałem królowej weselszej niż w tych wszystkich awanturach, nie okazywała bowiem niepokoju i nigdy nie posądzałem ją o takiego ducha, jaki w niej dostrzegam. Nie żałowała niczego poza jednym: że nie jest mężczyzną i nie mogła poznać życia, kiedy całą noc przesypia się pod gołym niebem albo maszeruje się groblą w kurcie i hełmie, w puklerzu z Glasgow i z pałaszem".

Kiedy jeden z kapitanów hrabiego Huntly rozkazał zamknąć przed królową bramy zamku w Inverness, rozkazała powiesić go na blankach muru obronnego; a gdy jeden z synów hrabiego wyruszył, żeby ją porwać (i, być może, zmusić do małżeństwa), Maria rozkazała go stracić. Stres jednak dał się jej we znaki. Po powrocie do Holyrood zachorowała. W pałacu czekały też na nią wieści z Anglii, które wielu aspektom jej polityki nadały inną perspektywę.

Elżbieta I Tudor również chorowała, powalona tak poważnym atakiem ospy wietrznej, że zdjęci przerażeniem o przyszłość kraju doradcy obstąpili jej łoże, spodziewając się najgorszego. „Śmierć zawładnęła wszystkimi moimi członkami", pisała później królowa. Maria Stuart autentycznie się o nią niepokoiła; rozkazała damom rozejrzeć się za receptą na emulsję, którą w dzieciństwie sama stosowała na tę chorobę, powstrzymującą tworzenie się blizn – zmory wszystkich kobiet. Jednakże musiała też myśleć o tym, co by było, gdyby...

Odpowiedź, która nadeszła, mogła ją załamać. „Słyszałem powtarzane szeptem pogłoski, że w trakcie ostatnich burzliwych wydarzeń na waszym dworze powstał plan, by preferować w sukcesji inne osoby zamiast mojej pani; nie sądzę, by miała to być prawda, nie widzę bowiem nikogo godniejszego", pisał z niedowierzaniem Maitland do Cecila. Elżbieta I wprawdzie pokonała ospę, ale gdy lordowie poczuli się zmuszeni do omówienia sprawy sukcesji po niej, tylko jeden głos został oddany na korzyść Marii.

Sytuacja ta we wszystkich aspektach miała kłaść się cieniem na relacjach Elżbiety i Marii. Następstwo tronu zawsze stanowiło dla Elżbiety problem. Powiedziała Maitlandowi: „Książęta nie mogą lubić własnych dzieci. Czy sądzisz, panie, że mogłabym pokochać swój całun?". Przez następne lata obie królowe nie spuszczały się wzajemnie z oczu, a w ich stosunkach aż roiło się od skomplikowanej retoryki.

Maria Stuart pisała o Elżbiecie Tudor tymi słowy: „Mam zaszczyt gościć ją w moim sercu i kochać jako drogą i naturalną siostrę". Niekiedy bywały matką i córką, w innych zaś okresach wysyłały sobie klejnoty i wymieniały się płomiennymi wierszami niczym kochankowie. W nadziei na spotkanie z królową Anglii Maria odkładała na bok wszelkie rozmowy o pretendentach do jej ręki i nowym małżeństwie, żartując, że nie chce nikogo oprócz Elżbiety. Wydaje się, że na obu dworach często pojawiała się fantazja o związku obu królowych, i choć Elżbietę postrzega się jako męską partnerkę, to właśnie wysoka Maria lubiła się przechadzać ulicami w męskim stroju.

W pierwszych dniach 1563 roku Marię doszły słuchy, że Cecil zamierza przegłosować w Parlamencie Akt o wykluczeniu, zagradzający jej drogę do angielskiego tronu. Musiała zatem pomyśleć o innych planach – małżeńskich. Jednakże to, co wydawało się jej nowo odkrytą możliwością, w oczach Elżbiety jawiło się jako groźba.

Elżbieta I Tudor od dawna znajdowała się pod stale rosnącą presją rady, żeby wyszła za mąż i wydała na świat następcę tronu, wciąż jednak zapewniała parlament, że zrobi to w najwcześniejszym „dogodnym" terminie. Można zrozumieć jej ambiwalentny stosunek do tej sprawy. Kiedy Maria I Stuart po raz pierwszy owdowiała i zaczęto dyskutować o jej powtórnym zamążpójściu, Throckmorton tak pisał o królowej Szkocji: „Za życia męża nie zdawano o niej szerszych relacji, gdyż z powodu ograniczeń stanu małżeńskiego i podległości wobec męża (którego obciążało brzemię troski o wszystkie jej sprawy) nie było poważniejszej sposobności, by się dowiedzieć, co w niej tkwi". Musiało to zabrzmieć bardziej jak ostrzeżenie niż zachęta.

Elżbieta nadal zabawiała się swoim głównym faworytem Robertem Dudleyem. Wiosną 1561 roku Cecil napisał w tajemnicy do Throckmortona: „Wiem na pewno, że milord Robert [Dudley] żywi więcej obaw niż nadziei, a powodów po temu dostarcza mu królowa". Jednakże tej samej wiosny Elżbieta mogła oświadczyć hiszpańskiemu ambasadorowi de Quadrze, że „nie może odmówić, iż czuje wielki szacunek dla licznych, wspaniałych przymiotów, które dostrzega u lorda Roberta. Rzeczywiście, nie zdecydowała się jeszcze poślubić ani jego, ani kogokolwiek innego; tylko codziennie coraz mocniej odczuwa brak męża".

Latem 1562 roku rozpuszczono plotki, że Elżbieta I potajemnie wyszła za Dudleya. Jednakże po kilku tygodniach szwedzki dyplomata Robert Keyle poinformował w raporcie, że królowa w obecności całej arystokracji oznajmiła Dudleyowi „z ogromną wściekłością, wśród ostrych reprymend i drwin", iż „nigdy nie poślubi ani jego, ani nikogo równie podłego".

W pewnym sensie była to gra, ale – jak przeważnie bywało ze wszystkimi małżeńskimi grami Elżbiety – niepozbawiona celu. W następnej dekadzie Elżbieta I Tudor miała się posługiwać przejawiającym stałe pretensje do jej ręki Robertem Dudleyem jako dyżurnym kandydatem, dostarczającym jej alibi, na wypadek gdyby inny, zagraniczny konkurent zbliżył się do niej za bardzo; po jego wycofaniu się mogła zaś bezpiecznie odtrącić „zalotnika"[2]. Jednakże blizny po ospie sprawiały, że jej doradcy na razie nie mieli ochoty na żadne gry. Kryzys ukazał niebezpieczeństwo całej sytuacji – królowa, bezdzietna kobieta pozbawiona bliskich krewnych. Parlament, który zebrał się w styczniu 1563 roku, postanowił, że Elżbieta I powinna wyjść za mąż. Obie izby zjednoczyły się w słaniu petycji ponaglających królową, by doznała zachwytu na widok „własnego urwisa", kimkolwiek miałby być jego ojciec.

„Kimkolwiek będzie wybraniec Waszej Królewskiej Mości, z całą pokorą i czcią zapewniamy i składamy obietnicę, że będziemy go szanować, kochać i służyć mu, jak nakazuje nasz najświętszy obowiązek". W praktyce oznaczało to mandat dla Roberta Dudleya. Elżbieta jednak nie skorzystała z zezwolenia. Zamiast tego powzięła z Maitlandem o wiele dziwniejszy plan – możliwego ożenku Dudleya z królową Szkocji. Upłynął kolejny rok, zanim ktokolwiek poważył się wspomnieć o tym Marii.

Kwestii powtórnego małżeństwa Marii I Stuart nigdy nie odłożono do lamusa, ale – podobnie jak na dworze Elżbiety I – jej doradcy nie mogli się zgodzić co do osoby kandydata na męża. Maitland sprzyjał mariażowi z don Carlosem, synem króla Hiszpanii Filipa II, bowiem groźba tak wspaniałego sojuszu – hiszpańskiej potęgi stojącej na północnej granicy – z pewnością mogłaby popchnąć Anglię do złożenia Marii kontrpropozycji w postaci pewnego miejsca w sukcesji po Elżbiecie I Tudor. Maria napisała do papieża list, w którym przedstawiała się jako „najbardziej oddana córka"; praktycznie starała się o jakiś znak serdeczności, który podniósłby jej atrakcyjność w oczach katolickich pretendentów do jej ręki. Jej krewni – Gwizjusze – starali się działać na rzecz innego małżeństwa, z trzecim* synem cesarza, arcyksięciem Karolem Styryjskim, lecz Katarzyna Medycejska użyła swych wpływów – jako teściowa króla Hiszpanii Filipa II – żeby się temu przeciwstawić, podobnie jak sprzeciwiła się pomysłowi małżeństwa Marii z młodocianym szwagrem Karolem IX, nowym królem Francji. Maitland napisał do Marii I z francuskiego dworu, że tutejsze ośrodki władzy „nie za bardzo obchodzi małżeństwo Waszej Wysokości ani to, z kim zostanie zawarte, o ile nie zagrozi ono tutejszej Koronie".

---

* Właściwie czwartym, gdyż trzeci syn cesarza, Jan, zmarł jako niespełna roczne dziecko (przyp. tłum.).

Pomysł ślubu z don Carlosem ostatecznie miał lec w gruzach pod wpływem doniesień o jego niepoczytalności. Wcześniej jednak dwie inne osoby postanowiły się włączyć w tę sprawę. Jedną z nich, niezwykle szeroko pojmującą swe kompetencje poddanego, był John Knox. Na wieść o wygłaszanych przez niego z ambony tyradach przeciwko jej małżeńskim planom Maria posłała po niego i z furią zapytała: „Co cię, panie, obchodzi moje małżeństwo?!". Niestety, Knox aż nazbyt chętnie udzielił odpowiedzi – stwierdził, że gdyby królowa wyszła za katolika, królestwo zostałoby „zdradzone".

Kiedy Maria po raz pierwszy owdowiała, Throckmorton pisał z podziwem, że „bardziej leży jej na sercu ciągłość honoru i to, żeby zamiast ulegać swym gustom, poślubić kogoś, kto będzie w stanie zachować jej wielkość". Jednakże teraz katolicyzm Marii Stuart zaczęto stawiać na równi z pożądliwym pragnieniem małżeństwa i stąd zrodził się stereotyp, że królowa w rządach kierowała się sercem, a nie głową. Wiernym w kościele Świętego Idziego Knox oznajmił, że psy „zjedzą ciało Jezabel", a tak lubiany przez Marię taniec to „marność niewiernych, przez którą lud popadnie w niewolę tyrana".

Wkrótce Knox zyskał bardziej uzasadniony powód do podejrzeń w postaci zachowania niejakiego Chastelarda, francuskiego poety przyjętego przez Marię na dwór. Pełne westchnień oddanie Chastelarda okazywane królowej wywodziło się wprost z fantazji dworskiej miłości, lecz być może poeta – podobnie jak Knox, który twierdził, że Maria w tańcu pocałowała Chastelarda w szyję – pomylił fantazję z rzeczywistością.

W pierwszych tygodniach 1563 roku Chastelarda dwukrotnie znaleziono ukrytego pod łożem królowej. Za pierwszym razem wszyscy przeszli nad tym do porządku dziennego, traktując zdarzenie jako pijacki wybryk; za drugim razem figlarza postawiono przed sądem, wydano nań wyrok i stracono. Chastelard miał ze sobą miecz i sztylet, a jedna z teorii głosiła, że został wysłany jako zamachowiec, by zgładzić Marię. Kolejna teoria widziała w nim agenta prowokatora, zamierzającego podkopać reputację królowej. Jednak Maria I zachowała się jak przystało na królową, tak jak w Anglii zachowała się Elżbieta I w sprawie śmierci Amy Dudley.

Drugim intruzem okazała się oczywiście sama Elżbieta. Królowa Anglii chciała wydać Marię Stuart za mąż – co, swoją drogą, rzuca ciekawe światło na jej pogląd na instytucję małżeństwa – ale tylko pod warunkiem, że ona sama będzie miała, jak to ujął Maitland, „najmniejsze powody do obaw". Jakby nie liczył się dla niej fakt, że ślub Marii oraz jakikolwiek zawarty przy tym sojusz pociągnąłby za sobą spektakularne skutki dla bezpieczeństwa północnej granicy Anglii, zwłaszcza że prawa Marii do angielskiego tronu można było równie dobrze potraktować jako najważniejszą część jej posagu.

Wydawało się, że Maria, choć z poczuciem urazy, jest gotowa pozwolić sobą pokierować, zadając nieco sarkastyczne pytanie, jakich to kandydatów na jej męża Elżbieta uznałaby za „godnych wyboru". Szkocja nigdy nie była w stanie bezpiecznie sprzeciwić się Anglii bez francuskiej pomocy, której Katarzyna Medycejska nie chciała teraz udzielić. Maria zaś pragnęła miejsca w kolejce do objęcia angielskiej korony.

W listopadzie 1563 roku Anglia przysłała definicję mężczyzny „godnego wyboru". Idealnym kandydatem byłby angielski arystokrata, zaangażowany w sprawę przyjaźni między Szkocją a jego ojczystym krajem. Gdyby to nie było możliwe, Anglia za specjalnym zezwoleniem mogłaby się zgodzić na cudzoziemca, o ile byłby on gotów po ślubie zamieszkać w Szkocji i nie pochodziłby z Hiszpanii, Francji ani cesarskich włości austriackich. Tylko wtedy Maria mogłaby liczyć, że będzie traktowana jako „jedyna siostra i córka" Elżbiety. Nic dziwnego, że w następnych miesiącach Maria zaczęła snuć własne plany.

Nigdy nie przystała na żądania Elżbiety, ale też ich nie odrzuciła. Zamiast tego wołała do swych dworzan, że angielski ambasador chciałby wydać ją za Anglika. „Czy królowa Anglii stała się mężczyzną?", odkrzykiwali dworzanie drwiąco. Ponadto Maria pytała, za kogo dokładnie Elżbieta chce ją wydać. Żadna odpowiedź jednak jej nie satysfakcjonowała.

W 1563 roku Elżbieta po raz pierwszy poruszyła w kontaktach z Maitlandem kwestię niesamowitego pomysłu, by Maria poślubiła jej faworyta, Roberta Dudleya, lecz nikt nie uznał za konieczne, by omówić z królową Szkocji ten obraźliwy projekt. Kiedy wiosną 1564 roku Thomas Randolph zmusił się do wymienienia nazwiska Dudleya, Maria na pozór poważnie włączyła się do dyskusji, lecz po prawdzie nigdy nie była skłonna „poniżyć się tak dalece".

Maria Stuart na pewno była bliższa rzeczywistości niż Elżbieta Tudor, zwłaszcza że ta ostatnia zasugerowała, iż wszyscy troje mogliby mieszkać na angielskim dworze na koszt Elżbiety i żyć niczym jedna „rodzina" – praktycznie *ménage à trois*. Jednakże z punktu widzenia Elżbiety pomysł chyba przedstawiał się logicznie: własny, lojalny, protestancki kandydat na tronie Szkocji i może – tylko może – rzeczywisty sposób na uniknięcie ślubu ze swym faworytem. Elżbieta wyznała sir Jamesowi Melville'owi, wytwornemu dyplomacie wysłanemu na południe ze Szkocji, że gdyby kiedykolwiek chciała mieć męża, „wybrałaby lorda Roberta, swego brata i najlepszego przyjaciela, lecz skoro postanowiła zakończyć życie w dziewictwie, chce, żeby poślubiła go królowa, jej siostra".

Podczas pobytu na angielskim dworze Melville często otrzymywał wezwania i musiał dowodzić, że naprawdę zasługuje na swoje miano dyplomaty. Elżbieta wypytywała go, która z nich jest piękniejsza; odpowiadał, że Elżbieta jest królową najpiękniejszą w całej Anglii, a Maria w całej Szkocji. Cera Elżbiety „jest jaśniejsza, lecz moja królowa jest bardzo urocza". A która z nich umiejętniej muzykuje? Melville odparł, że Maria „dość dobrze jak na królową" gra na lutni i wirginałach; Elżbieta zadbała o to, by następnego dnia dyplomata zastał ją grającą niczym zawodowy muzyk.

Podczas jednej z poważniejszych rozmów Elżbieta oznajmiła Melville'owi, że „w tym momencie to ona sama powzięła postanowienie, by aż do śmierci pozostać królową dziewicą". Dyplomata odpowiedział, że ta informacja jest zbędna. „Wiem, Pani, że jesteś wielka duchem. Uważasz, że gdybyś wyszła za mąż, byłabyś tylko królową Anglii, teraz zaś jesteś zarazem królem i królową. Nie możesz znieść [nad sobą] przywódcy". W Robercie Dudleyu miała mężczyznę – poddanego – którym mogła się cieszyć bez obaw o dominację.

Maria Stuart odrzuciła wysuniętą przez Katarzynę Medycejską propozycję, by Elżbieta wyszła za króla Karola IX, a Maria za jego brata, Henryka. Żadna z dorosłych królowych (w wieku, odpowiednio: trzydziestu i dwudziestu jeden lat) nie miała ochoty na małżeństwo z czternastoletnim lub trzynastoletnim chłopcem. Ponadto Maria odparła, że jako była królowa Francji nie może tam powrócić w pośledniejszej roli. W 1564 roku udawała, że rozważa kandydaturę Dudleya, który nieco się zbliżył do jej statusu po mianowaniu go przez królową Anglii hrabią Leicester, choć Melville zauważył, że Elżbieta w trakcie ceremonii łaskocze go w kark. Jednakże nowemu hrabiemu Leicester nie było pilno do żeniaczki. Plan się nie powiódł; Maria obecnie rozglądała się za innymi możliwościami.

Doświadczenie nauczyło Marię Stuart, że małżeństwo to konieczność – choć w Anglii Elżbieta Tudor wyciągnęła z wydarzeń inną naukę. Na początku 1565 roku Maria powiedziała Randolphowi: „Wiesz, panie, nie wyjść za mąż to dla mnie rzecz nie do przyjęcia. A odkładanie tego nazbyt długo pociąga za sobą wiele niewygód". Kimże zatem miał być ów szczęściarz?

Na scenie pojawił się już jakiś czas temu. Droga była otwarta przed następnym kandydatem – wprawdzie nie Dudleyem, lecz innym Anglikiem, synem niedawno przybyłej do Szkocji Małgorzaty Douglas. Ona bowiem, podobnie jak jej matka – Małgorzata Tudor – marzyła o zjednoczeniu Anglii i Szkocji. W jej marzeniach miało się to stać za sprawą jej syna: Henryka Stewarta, lorda Darnley.

39
Wyzwanie i pojednanie

Francja, 1562–1565

We Francji dwie kobiety również marzyły o jedności. Stały naprzeciw siebie – po przeciwnych stronach podziału religijnego – lecz żadna nie porzuciła myśli, że jakiś czynnik (płeć?) może mimo wszystko stworzyć między nimi więź.

Joanna d'Albret umknęła z francuskiego dworu w 1562 roku, gdy rozeszły się pogłoski, że jej mąż Antoni przygotowuje się do jej schwytania i uwięzienia. Mimo to w spisanych później wspomnieniach upierała się, że miała sekretne poparcie Katarzyny Medycejskiej, pragnącej wyzwolić się spod wpływów Gwizjuszy.

Jak pisała Joanna: „[Katarzyna] aprobowała wszystkie moje czyny i wygłaszała nieskończenie wiele skarg na mojego męża". Joanna znalazła się w gronie osób, które w tym okresie wycofały się i nie pomogły królowej matce w negocjacjach z bratem Antoniego, zagorzałym hugenotem, księciem de Condé. Przez kilka następnych lat zajmowała się głównie sprawami swoich włości. „Bóg (…) zawsze zsyłał mi tę łaskę, że mogłam chronić ów mały zakątek, Béarn, gdzie po trochu przybywa dobra, a ubywa zła".

Jeśli zaś chodzi o dyplomację, to starała się obierać neutralną ścieżkę. Jej syn Henryk, należący do grona następców tronu Francji, pozostawał we francuskich rękach, a hugenoci nie dysponowali na razie wystarczającą siłą wojskową, by stawić czoło królewskiej armii. Jednakże we własnym lennie Joanna wyraźnie prezentowała swoje stanowisko. Relacjonowała, że Antoni wysłał do Pau rozkazy, by parlament zawiesił wszelkie działania związane z religią reformowaną i wydalił wszystkich urzędników wyznania innego niż katolickie. Joanna z kolei wycofała zgodę na jego negocjacje z Hiszpanią w sprawie wymiany Nawarry na Sardynię; twierdziła, że udzieliła jej „pod przymusem i ze strachu, nie śmiąc odmówić mężowi": „Kiedy to sobie uświadomiłam, uznałam, że korzystałam z naturalnej władzy zwierzchniej nad poddanymi, którą dał mi Bóg, ja zaś scedowałam ją na męża ze względu na nakazane przez Boga posłuszeństwo; jednak dostrzegłam, iż to kwestia chwały Boga i czystości jego religii". Tak czy inaczej, małżeństwo chyliło się ku końcowi.

Gwałtowne zamieszki po masakrze w Wassy w 1562 roku zmusiły Katarzynę Medycejską do schronienia się (co zrobiła niechętnie) pod opiekuńczymi skrzydłami księcia de Guise, który przybył do Fontainebleau na czele tysiąca jeźdźców. Skoro protestanci zaapelowali o wsparcie do współwyznawców w Genewie, protestanckich książąt w Niemczech oraz królowej Anglii Elżbiety I, Katarzyna i Gwizjusze musieli szukać pomocy u króla Hiszpanii Filipa II oraz u papieża. Mimo fiaska jej polityki Katarzynie nie brakowało osobistej odwagi, gdy pojawiła się na szańcach wokół Rouen. „Mam tyle samo odwagi, ile oni", oświadczyła żołnierzom.

Jeszcze ktoś wykazał się w tych wojnach dzielnością. Mimo niezdecydowania Antoniego de Bourbon w sprawach polityki jego osobista odwaga była niepodważalna. Pewnego razu jednak powędrował w krzaki, by sobie ulżyć, i dostał postrzał w ramię. W ranę wdała się zgorzel. Kilka tygodni później, 17 listopada, Antoni umarł. Katarzyna pozwoliła Joannie, wdowie po nim, na przejęcie kontroli nad edukacją syna, choć ten przez następne lata pozostawał na dworze praktycznie jako zakładnik.

Wiosną 1563 roku Joanna d'Albret napisała do Katarzyny Medycejskiej długi list: „Ufam, Pani, że uznasz, iż nie uchybiłam obowiązkom, zwracając się do Ciebie osobiście ponad głowami innych (…). Mam pełną świadomość, Pani, Twojej doskonale dobrej woli i przyjaźni oraz pragnienia, by zapewnić dalszą pomyślność mojemu synowi i mnie; nie mogę zignorować Twoich uczynków, tak chwalebnych, że całuję ziemię, po której stąpasz. Wybacz, Pani, że piszę tak, jak mówiłam do Ciebie w St Germain, gdzie nie miałaś, jak się zdaje, nic przeciwko temu. Jednakże Twoje dobre intencje niweczą ci, których znasz za dobrze, bym musiała ich opisywać".

List zawiera też nawiązanie do ostatniego „godnego pożałowania" zdarzenia, gdyż nie tylko Antoni de Bourbon poniósł śmierć tamtej wiosny. W lutym 1563 roku książę de Guise został zabity przez zamachowca; królowa Szkocji Maria I Stuart przyjęła z żalem wieść o jego śmierci. Podejrzenia padły na Katarzynę; podobno powiedziała Kondeuszowi (pojmanemu w niewolę przez rojalistów), że śmierć Gwizjusza „uwolniła ją od groźby więzienia". Jak na ironię, zdarzenie to – z braku innych kandydatów – uczyniło ją również przywódczynią stronnictwa katolickiego, podczas gdy partii protestanckiej przewodzili Kondeusz i admirał de Coligny, wspomagani przez wzbudzającą emocje Joannę d'Albret.

Wszyscy mogli na krótką chwilę odetchnąć. Wydany w marcu edykt z Amboise dał hugenotom wolność sumienia oraz ograniczoną swobodę wyznania. Latem 1563 roku Katarzyna Medycejska chwyciła się sposobu zastosowanego wcześniej w Szkocji w celu potwierdzenia prawowitości władzy Marii de Guise – mimo sprzeciwu paryskiego parlamentu obwieściła, że jej trzynastoletni syn Karol IX jest już pełnoletni.

Młody król na mocy swego pierwszego aktu prawnego przekazał matce „upoważnienie do wydawania rozkazów"; stwierdził, że „będzie ona rządzić tyle samo, ile przedtem, albo więcej". Kiedy po kilku miesiącach Karol IX wydał dekret podtrzymujący kruchy pokój między klanami de Guise i de Coligny, królowa matka chwaliła go, że uczynił to „bez niczyich ponagleń". To jednak wydaje się, delikatnie mówiąc, mało prawdopodobne.

Tymczasem Joanna d'Albret również umacniała swoją władzę. W 1563 roku zakazała w swych włościach tradycyjnych procesji religijnych i sprowadziła od Kalwina dodatkowych pastorów. Jeden z nich pisał: „Królowa Nawarry zabroniła na swoich ziemiach wszelkiego bałwochwalstwa, daje przykład cnoty z niesłychaną stanowczością i odwagą". Wielu arystokratów i urzędników w służbie Joanny było przeciwnych jej reformie, a reformator Jean-Raymond Merlin zżymał się na nią, że „jest niedoświadczona (…) zawsze ulegała ojcu, który załatwiał wszystkie sprawy, albo mężowi, który je lekceważył".

Merlin mówił, że kilka miesięcy po wprowadzeniu protestantyzmu Joanna była przerażona wieściami o rozmieszczeniu na jej granicy hiszpańskich wojsk i choć nalegał, by zabroniła w pewnym miasteczku odprawiania mszy, ociągała się („sparaliżowana strachem") przed całkowitym odrzuceniem zwierzchności papieża. Hiszpański wysłannik, ponownie Descurra, doręczył jej notę protestacyjną od króla Hiszpanii. Joanna odpowiedziała: „Chociaż jestem tylko niewiele znaczącą królewną, Bóg powierzył mi rządy nad tym krajem, więc mogę je sprawować zgodnie z Jego Ewangelią i nauczać Jego praw. Zdaje się na Boga, który jest potężniejszy od króla Hiszpanii".

Wcześniej Filip II starał się zneutralizować owdowiałą Joannę, wydając ją za jakiegoś przedstawiciela swego rodu, teraz jednak oświadczył sekretarzowi stanu, że „to już za wiele, by mieć tę kobietę za synową".

Następnie Joanna d'Albret, ku swemu przerażeniu, otrzymała wysłany z Trydentu list od papieskiego emisariusza, kardynała d'Armagnac, zawierający ostrzeżenie przed wybraniem reformatorskiej ścieżki. Jednakże i na to pismo odpowiedziała ze wzbierającym oburzeniem: „Nikogo nie skazuję na śmierć ani na więzienie, które to kary stanowią nerwy i ścięgna systemu terroru – rumienię się za was i czuję wstyd, gdy fałszywie obwiniacie naszych współwyznawców o tyle zbrodni. Najpierw oczyśćcie ziemię z rozlanej przez was i waszych ludzi krwi tylu sprawiedliwych (...). Ponieważ w żadnej mierze nie odstąpiłam od wiary boskiego i świętego Kościoła katolickiego ani nie opuściłam jego owczarni, nakazuję wam wstrzymać łzy do czasu, aż zaczniecie ubolewać nad własnymi błędami (...). Pragnę, by wasz bezużyteczny list był ostatnim tego rodzaju pismem".

Dwudziestego ósmego września 1563 roku papież Pius IV wezwał Joannę do stawienia się przed inkwizycją w Rzymie pod zarzutem herezji. Gdyby się nie pojawiła, zostałaby ekskomunikowana, a zgodnie z obwieszczeniem każdy mógłby sobie przywłaszczyć jej ziemie. Na wypełnienie nakazu dano jej sześć miesięcy.

Z tego kłopotliwego położenia raz jeszcze wybawiła ją Katarzyna Medycejska, choć jej motywy nie wynikały wyłącznie z siostrzanych więzi. Mieszanie się papieża w prerogatywy francuskiej monarchii od dawna stanowiło przyczynę waśni. W grudniu przez specjalnego wysłannika Katarzyna zaprotestowała w Rzymie przeciwko działaniom papieża, wymierzonym „w starodawne prawa i przywileje Kościoła gallikańskiego".

Tymczasem król Hiszpanii Filip II planował porwanie Joanny i dostarczenie jej przed oblicze hiszpańskiej inkwizycji. Pewne szczegóły planu wyszły na jaw, gdy hafciarka zatrudniona przez

Elżbietę, córkę Katarzyny Medycejskiej – żonę Filipa II – przekazała informacje, które wymknęły się podchmielonemu agentowi. Dawna francuska królewna szepnęła słówko ambasadorowi matki – oto przykład lojalności wobec ojczyzny, górującej nad lojalnością małżeńską, albo kobiecej solidarności.

„Oddaję się całkowicie pod skrzydła Twej potężnej protekcji, Pani", pisała z wdzięcznością Joanna d'Albret do Katarzyny Medycejskiej. „Znajdę Cię wszędzie, gdzie tylko będziesz, i ucałuję Twoje stopy z większą ochotą niż papieskie". Jednakże protekcja miała swoją cenę. Joannę wezwano na francuski dwór, a Katarzyna napisała do niej, że musi zmitygować politykę religijną „w taki sposób, by nie doprowadzała jej poddanych do buntów ani krajów ościennych do udzielania im pomocy". Joanna powinna pozwolić wszystkim poddanym „żyć w wolności sumienia i praktykować własną religię bez przymusu przyjęcia którejkolwiek". Wydany przez Joannę w lutym 1564 roku edykt dopuszczał w pewnej mierze katolickie i kalwińskie praktyki religijne oraz darowywał wszelkie przewiny religijne, których nie uznano za zbrodnię obrazy majestatu.

Joannie d'Albret nie był spieszno stawić się na wezwanie Katarzyny Medycejskiej; musiała przecież na czas nieobecności zdać komuś rządy nad swymi włościami. Zanim jednak nastała wiosna 1564 roku, sama Katarzyna wyruszyła wraz z dworem i synem królem na trwający przeszło dwa lata objazd Francji – dziesięć tysięcy ludzi w dwudziestosiedmiomiesięcznej podróży z pełnym wyposażeniem, od przenośnych łuków triumfalnych aż po obwoźny ogród zoologiczny. Na początku czerwca Joanna wreszcie dołączyła do królewskiego objazdu w Mâcon w eskorcie trzystu kawalerzystów i ośmiu kalwińskich pastorów. Od samego początku wyraźnie okazywała swoje nieprzejednanie.

Kiedy nazajutrz po przybyciu Joanny, w święto Bożego Ciała, procesja przedefilowała pod jej oknami, członkowie świty wykrzykiwali obelżywe uwagi. Kilka dni później w Lyonie Joanna wraz z synem wysłuchała hugenockich kazań, aż wreszcie sprowokowana Katarzyna zakazała kalwińskich nabożeństw, zagarnęła syna Joanny, Henryka, na powrót pod własne skrzydła i przyrzekła ściąć każdego, kto nie będzie uczęszczał na msze. Jednakże, zgodnie z nadzieją Katarzyny, pod pewnymi względami objazd spełnił jednoczące zadanie, a w Lyonie wystawiono wspólną procesję katolickich i protestanckich dzieci dla uczczenia religijnej harmonii.

Pod koniec podróży Joanna d'Albret często prosiła o pozwolenie na powrót wraz z synem do swych włości, ale spotykała się z odmową. Henryk miał pozostać na dworze. W ramach kompromisu Joannie polecono wyjechać do Vendôme, włości leżących bliżej i stanowiących lenno francuskiej Korony.

W Vendôme też doszło do konfliktu między mianowanymi przez Joannę kalwińskimi namiestnikami a przedstawicielem króla, którego protestanci oskarżali o ich prześladowanie, ale przez kilka miesięcy Joanna miała się obracać wśród swoich. Wszyscy pragnęli wykluczyć ją ze spotkania, do którego wkrótce miało dojść w Bayonne – na granicy z Hiszpanią.

Katarzyna Medycejska miała nadzieję, że zobaczy się tam z córką Elżbietą – miało to być wytęsknione spotkanie osobiste oraz kluczowe dyplomatyczne posiedzenie na szczycie. Niestety – król Hiszpanii Filip II, rozdrażniony tolerancyjną polityką religijną Katarzyny, nie chciał osobiście wziąć udziału w spotkaniu ani nawet pozwolić na nie swej żonie w razie obecności Joanny d'Albret i księcia de Condé; powiedział, że nie życzy sobie, by jego małżonka spotkała się z „buntownikami i podżegaczami".

Spotkanie okazało się wspaniałym spektaklem dyplomatycznym, a bez wątpienia też rzadką osobistą przyjemnością dla Katarzyny Medycejskiej i jej córki. Chociaż nawet przy tej okazji dał o sobie znać konflikt interesów. „Jakże hiszpańska się stałaś, moja córko", powiedziała Katarzyna do Elżbiety z powodu jej całkowitego przejęcia nie tylko hiszpańskiego stylu stroju i manier, lecz także żywionych przez Filipa opinii. Razem z żoną Filip II wysłał księcia Alby, słynnego twardogłowego i zagorzałego katolika, który miał wymusić na Katarzynie podjęcie zdecydowanych kroków przeciwko hugenotom. Nie udało mu się, przeciwnie – sam fakt jego spotkania z Katarzyną wodzowie hugenotów odebrali jako zły omen.

Natychmiast po spotkaniu w Bayonne Katarzyna Medycejska w charakterystyczny dla siebie sposób podjęła kolejną próbę ułagodzenia protestanckich przywódców. Latem 1565 roku Joanna otrzymała zezwolenie na wyjazd z Vendôme do Nérac (stolicy księstwa Albret, od którego wzięła nazwisko); miała tam podejmować dwór odbywający powrotną podróż do domu. Katarzyna ponagliła Joannę do nawrócenia się na wiarę katolicką; Joanna zaś wykorzystała czas na przedstawienie Henryka czołowym osobistościom z kręgu hugenotów. Kiedy na początku lata 1566 roku królewski cyrk wreszcie dotarł do Paryża, udała się tam i ona, lecz hiszpański ambasador nadal uskarżał się na jej nieprzejednaną postawę.

40
"Majestat i miłość niezbyt dobrze pasują do siebie"

Szkocja, 1565–1567

Latem 1565 roku królowa Szkocji Maria I Stuart poślubiła swego krewnego, Henryka Stuarta, lorda Darnley. Późniejsze wydarzenia składają się na jeden z dobrze znanych wątków brytyjskiej historii – katastrofalny łańcuch epizodów i błędów. Czy Maria Stuart, jak Joanna d'Albret, zbuntowała się przeciwko temu, co ludzie z jej otoczenia uważali za dobrze funkcjonujący porządek i system władzy? Czy z miłości postradała rozum? Czy podjęła najlepszą, jej zdaniem, próbę zatrzymania władzy nad krajem w swoich (i mężowskich) rękach, choć jej hazardowa rozgrywka okazała się nieprzemyślana? Opinie współczesnych od samego początku były w tej sprawie sprzeczne.

Kiedy Maria I Stuart poznała Henryka, lorda Darnley, i zgodnie z wszelkimi sygnałami szybko straciła dla niego głowę, wydawała się pasować do stereotypu, jakiego John Knox używał, by zdyskredytować całą ideę kobiecych rządów – zauroczona ofiara nieposkromionej zmysłowości. Królowa powiedziała angielskiemu ambasadorowi Randolphowi: „Książęta nigdy nie mogą się kierować własną wolą, ale moje serce, które pozostaje moją własnością, jest niezmienne". Osiemnastoletni, rosły (wyższy nawet od Marii mierzącej ponad sto osiemdziesiąt centymetrów), elegancki lord Darnley, był ekspertem w dziedzinach zaliczanych do męskich zajęć i posiadał wykształcenie nadające mu polor dworskiej ogłady, choć – jak miało się okazać – polor iluzoryczny.

Kiedy w lutym 1565 roku Maria I wyruszyła, żeby przywitać lorda Darnley na szkockim wybrzeżu, ewentualna historia miłosna miała swój podtekst. Angielski parlament podważył prawa Marii do angielskiego tronu pod pretekstem, że jest cudzoziemką, a przy tym kobietą i katoliczką. Jednakże gdyby mogła połączyć swoje roszczenia z roszczeniami urodzonej w Anglii Małgorzaty Douglas, córki Małgorzaty Tudor i matki lorda Darnley, albo z roszczeniami jej syna – mogłaby to być zupełnie inna historia.

W tym miejscu aż się prosi o pytanie, dlaczego Elżbieta I Tudor wyraziła zgodę na wyjazd lorda Darnley i jego ojca, hrabiego Lennox, na północ, do Szkocji, gdy poprzedniego roku zwrócili się do niej o pozwolenie. Hrabia Lennox podał wiarygodny powód – sprawy związane ze szkockimi włościami – ale przecież Elżbieta musiała się domyślać, co może się zdarzyć. O pomyśle ślubu Marii z lordem Darnley zaczęto dyskutować już dawno temu. Czy można sobie wyobrazić, że Elżbieta celowo podsunęła Marii zatruty kielich, wiedząc, iż lord Darnley będzie dla niej najgorszym z mężów?

Właśnie Elżbieta I Tudor – nieumyślnie, a może wręcz przeciwnie – przypieczętowała ów romans. Maria Stuart domagała się od Elżbiety jakiegoś definitywnego zobowiązania co do jej pozycji w sukcesji. W połowie marca nadeszła odpowiedź Elżbiety: „Nic nie zostanie uczynione do czasu, aż Jej Królewska Mość (Elżbieta) wyjdzie za mąż albo powiadomi o swoim postanowieniu, że nie zamierza zawrzeć małżeństwa". Nic dziwnego, że angielski ambasador Thomas Randolph potrzebował dwóch dni, by zebrać się na odwagę i doręczyć wiadomość.

Po paru tygodniach Maria i lord Darnley już jawnie zalecali się do siebie, przy czym królowa odrzuciła konwenanse i osobiście pielęgnowała go, gdy zachorował. Kiedy Elżbieta I wysłała rozkazy wzywające hrabiego Lennox i lorda Darnley z powrotem do Londynu, Maria nakazała im zostać. W postanowieniu tym utwierdzało ją poparcie Francji i byłej teściowej, Katarzyny Medycejskiej, której odpowiadała presja wywierana na Elżbietę.

Jeszcze przed ślubem lord Darnley zaczął pokazywać swoje prawdziwe oblicze – człowieka „dumnego, lekceważącego innych i podejrzliwego", a przy tym skłonnego do pijaństwa i agresji. Rodzi się pytanie, czy Maria I o tym wiedziała; czy jakiekolwiek zauroczenie jego osobą już w niej wygasło. Throckmorton, wysłany na szkocki dwór z misją sprowadzenia lorda Darnley do Anglii, stwierdził, że królowa jest „owładnięta miłością i namiętnością gorętszą, niż to przystoi" nawet „osobom niskiego stanu". Randolph zaś napisał do Roberta Dudleya, hrabiego Leicester, że Maria przeszła taką przemianę swej natury, iż „ma jedynie kształt kobiety, którą była przedtem". Czy postradała rozum z miłości – czy może już dostrzegła, że miłość wymyka się jej z rąk?

„Co się z nią stanie albo jakie życie będzie z nim wiodła, niech dociekają inni", prorokował ponuro Randolph. Throckmorton cytował jego słowa hrabiemu Leicester i Cecilowi: „Majestat i miłość niezbyt dobrze pasują do siebie ani nie usiedzą razem na jednym tronie". Randolph jednak był stronniczym świadkiem, a królewskich mariaży nie zawierało się dla przyjemności, ten zaś wcielano w czyn bez względu na czyjekolwiek opinie. Marii nie poruszała dezaprobata Maitlanda ani przyrodniego brata, Jakuba (obecnie hrabiego Moray). Królowa odczuwała też zrozumiałe rozczarowanie ich proangielską polityką, natomiast kolejny potężny gracz w sprawach szkockiej polityki, kapryśny i ambitny hrabia Morton, był krewnym lorda Darnley. Pod koniec kwietnia

Randolph pisał w raporcie dla Cecila: „Za czasów papiestwa nie odniesiono tu triumfów większych niż podczas tegorocznej Wielkanocy w trakcie rezurekcji i sumy. Nie chciała teraz trąbki, werbla, piszczałki, dud ani bębenków (...). W poniedziałek ona i różne jej damy, ubrane niczym żony mieszczan, chodziły pieszo tu i tam po mieście i zbierały od wszystkich napotkanych mężczyzn datki na ucztę". Maria pławiła się w euforii.

Podejmowanym przez Elżbietę Tudor próbom zakazania finalizacji związku Maria Stuart przeciwstawiała się z mieszaniną udawanego niezrozumienia („Elżbieta zawsze mawiała, że Maria powinna wyjść za Anglika, czyż nie?") i jawnego gniewu. „Nigdy nie zdołasz mnie przekonać, panie, że zawiodłam twoją panią", oznajmiła Maria Randolphowi, „raczej to ona zawiodła mnie; z utraty przyjaźni wynikną niedogodności także dla niej, nie tylko dla mnie".

Ślub odbył się 29 lipca 1565 roku w prywatnej kaplicy Marii; panna młoda miała na sobie suknię w kolorze wdowiej bieli. Ceremonię odprawiono według liturgii katolickiej, choć lord Darnley oddalił się przed rozpoczęciem mszy. Heroldowie ogłosili pana młodego królem Szkocji; Randolph pisał do hrabiego Leicester: „ta królowa stała się oto mężatką, a jej mąż w tymże samym dniu ślubu został królem". Jednakże królem „tak dumnym i złośliwym, że wydaje się raczej panem całego świata niż tym, któregośmy jeszcze niedawno znali i słyszeliśmy o nim jako o lordzie Darnley".

Królewski status lorda Darnley pod wieloma względami stanowił pusty tytuł. Maria I nigdy nie zdołała wystarać się dla niego o uprawnienia królewskiego współmałżonka (Crown Matrimonial), które zapewniłyby mu pozycję monarchy Szkocji niezależnego od Marii, nawet w wypadku jej śmierci. Wielki problem panujących królowych – pozycja małżonka – zaskoczył Marię. Ale zaskoczył też samego lorda Darnley.

W pierwszych miesiącach małżeństwa Maria i Henryk, lord Darnley, byli w stanie połączyć wszystkie lęki i przekuć je w aktywność. Wyruszyli na czele wojsk (Henryk w specjalnie wykutym pozłacanym napierśniku), żeby ścigać i karać tych lordów, którzy pod wodzą przyrodniego brata królowej, hrabiego Moray, podnieśli jawny bunt. Ponieważ nigdy naprawdę nie nawiązano walki z umykającym nieprzyjacielem, wyprawa ta stała się znana jako „wypad z gonitwą". Jednakże Maria I okazała swą przewagę, a każdego dnia coraz więcej lojalnych Szkotów gromadziło się przy niej, chcąc wesprzeć jej sprawę.

Królowa wysłała do Elżbiety I wiadomość, że nie życzy sobie więcej mieszania się w sprawy jej kraju; ma nadzieję, że wraz z kuzynką znów będą mogły być najlepszymi przyjaciółkami, lecz tylko wtedy, gdy Elżbieta ogłosi następcami tronu ją i lorda Darnley. Pozyskała dla swej sprawy większość lordów i oderwała kilku buntowników trzymających się hrabiego Moray. Kiedy zaś na zaproszenie Marii do kraju wrócił Jakub Hepburn, hrabia Bothwell, i przejął dowodzenie nad armią, bunt po prostu stopniał. To jednak tylko uwidoczniło podziały między królewskimi małżonkami.

Z jednej strony lord Darnley dążył nie tylko do zdobycia większej władzy, lecz też do uznania przez władców Europy jego praw do ujęcia steru rządów w kraju. Z drugiej zaś – z każdym dniem coraz wyraźniej wychodziła na jaw jego niezdatność do tej roli (swoimi ambicjami oraz wywoływanymi skandalami przypominał zachowanie męża Małgorzaty Tudor, hrabiego Angus). A w tej talii były jeszcze dwa dżokery. Jednym z nich stał się fakt, który Maria I Stuart musiała sobie uświadomić przed końcem 1565 roku – zaszła w ciążę. Drugi zaś stanowiły pogłoski o łaskach okazywanych przez Marię prywatnemu sekretarzowi, Piemontczykowi Davidowi Rizziemu. „Nie wiem, jak zdołają się utrzymać rządy korzystające z rad dwóch lub trzech cudzoziemców, a lekceważące opinie głównych doradców", pisał z dezaprobatą Randolph, który określał Rizzia mianem paskudnego rozbijacza małżeństw. Ambasador ostrzegał hrabiego Leicester: „Biada mi, jeśli syn Davida zostanie królem Anglii". Było to z całą pewnością pozbawione podstaw pomówienie, ale zachowanie Marii wobec Rizzia nie mogło nie ujawnić jej bardzo odmiennych uczuć względem Henryka, lorda Darnley.

Trzynastego lutego 1566 roku Randolph poinformował hrabiego Leicester: „Teraz wiem na pewno, że ta królowa żałuje małżeństwa, nienawidzi króla [lorda Darnley] i wszystkich jego krewnych". Lord Darnley starał się dociec przyczyny tej nienawiści. Henryk Stuart (ponaglany przez stronnictwo rozczarowanych Szkotów) wprawił się w stan podsycanej zazdrością furii pod wpływem przekonania, że to Rizzio jest ojcem dziecka, które nosi Maria.

„Wiem, że jeśli stanie się to, co zamierzone, w ciągu tych dziesięciu dni Davidowi poderżną gardło za zgodą króla", przewidywał Randolph. Potrwało to nieco dłużej, ale 9 marca 1566 roku grupa arystokratów, w tym lord Darnley, wdarła się do komnaty Marii I i zabiła Rizzia niemal na jej oczach.

Podpisane przez Henryka Stuarta zobowiązanie zawierało deklarację: „Niniejszym listem obwieszczamy wszystkim ludziom: my, Henryk, z łaski Boga król Szkocji i mąż Jej Królewskiej Mości (…) uznaliśmy to za szkodliwe, by [królowa] cierpiała z powodu molestowania lub uwodzicielstwa pewnych znanych osób, nikczemnych i bezbożnych, a zwłaszcza włoskiego przybysza imieniem Davie".

Zatem on sam i grupa lordów powzięli „zamysł, by pojmać owe znane osoby, wrogów Jej Królewskiej Mości, nas, arystokracji i całej wspólnoty, ukarać je wedle ich przewinień, a w razie jakichkolwiek trudności całkowicie je odizolować". W tej sprawie, a także w wielu innych, lord Darnley okazał się figurantem w rękach bardziej zdecydowanych osób. Rzeczą niezwykłą była jednak obraza, jakiej dopuszczono się wobec Marii.

Królowa doszła do siebie na tyle, by przekonać męża, że ostatecznie jego wspólnicy zaczną zagrażać życiu ich obojga, są to bowiem przepotężni ludzie, którzy ośmielili się zabić jej sługę nieomal w jej obecności. Oboje wymknęli się z pałacu Holyrood i uciekli mimo ciąży Marii – był to śmiały rajd przez cały kraj, reminiscencja wyprawy podjętej przez jej babkę Małgorzatę Tudor. Z hrabią Bothwell, który szybko znalazł się u jej boku, królowa triumfalnie powróciła do Edynburga i zdołała odzyskać pewną kontrolę nad sytuacją.

Elżbieta Tudor była autentycznie przerażona wieściami o zniewagach spadających na Marię Stuart – powiedziała hiszpańskiemu ambasadorowi, że mordercy Rizzia wdarli się do komnaty Marii „niczym do kobiety z pospólstwa". Jeśli mogło się to przydarzyć jednej z dwóch królowych na wyspie, drugiej tym trudniej było zachować jakiekolwiek poczucie nietykalności.

Elżbieta, wmawiając Marii Roberta Dudleya, bez przekonania zastanawiała się nad własnym ślubem z arcyksięciem Karolem, synem cesarza, choć była gotowa na małżeństwo tylko „jako królowa, a nie jako Elżbieta". Wtedy pojawiła się też sugestia mariażu z Francją – a w odwodzie zawsze pozostawał Robert Dudley. Nawet kiedy Maria Stuart już zamówiła ślubny strój, Elżbieta Tudor wyznała hiszpańskiemu ambasadorowi, że poślubiłaby Roberta, gdyby tylko był „synem króla"; tymczasem Święty Cesarz Rzymski wysyłał kolejnego posła. Wydaje się prawdopodobne, że do 1566 roku Robert musiał już podejrzewać, iż nadzieje na ślub z królową donikąd go nie doprowadzą, ale w matrymonialnej grze Elżbiety z nim i przynajmniej z jeszcze jednym kandydatem wciąż pozostało do rozegrania kilka ruchów.

Kusząca możliwość zdobycia jej ręki stała się dla Elżbiety jednym z najlepszych narzędzi dyplomacji. Prawie czterdzieści lat wcześniej wenecki obserwator zanotował, że Anglicy wykorzystują młodą królewnę Marię w taki sposób, jak łowca używa przynęty do wabienia ptaków. Elżbieta działała podobnie.

W Szkocji, co niewiarygodne, udało się połatać sytuację po skandalu związanym ze śmiercią Rizzia. Było to konieczne, bowiem Maria spodziewała się dziecka Henryka Stuarta. Gdy jednak w czerwcu królowa rozlokowała się w komnacie przeznaczonej na poród i czas połogu, owa komnata znajdowała się w edynburskim zamku, a nie w jednym z jej przestronniejszych pałaców. Edynburski zamek rzeczywiście był miejscem zakorzenionym w historii Szkocji, lecz też warownią, która często dowodziła, że może zapewnić mieszkańcom bezpieczeństwo.

Dziewiątego czerwca Maria I wezwała lordów, żeby wysłuchali jej testamentu, co stanowiło rozsądny środek ostrożności w przypadku każdej kobiety przygotowującej się do urodzenia dziecka. Poród był długi i trudny – Maria, zamroczona bólem, wykrzyknęła, że gdyby wiedziała wszystko, nigdy nie wyszłyby za mąż, a hrabina Atholl próbowała „zaklęciami" przerzucić jej cierpienia na inną kobietę. Ostatecznie jednak 19 czerwca narodziny zdrowego chłopca, królewicza Jakuba, przypieczętowały panowanie Marii.

Szkocki ambasador w Anglii zadbał o to, by przekazać Elżbiecie I wszystkie drastyczne szczegóły porodu; opowiadał, że jego pani była „tak obolała, iż żałowała, że kiedykolwiek wyszła za mąż". Mówił, że zrobił to, by „odrobinę ją odstraszyć" od małżeństwa (w oczywistym interesie Szkocji leżała śmierć Elżbiety Tudor w panieńskim stanie, wówczas bowiem następcą tronu zostałyby Maria Stuart albo jej syn). Jednakże w październiku tego roku, kiedy Elżbieta, w celu zebrania funduszy, po trzyletniej przerwie musiała ponownie zwołać sesję parlamentu, deputowani wrócili do Londynu z jeszcze mocniejszym postanowieniem zajęcia się kwestią sukcesji.

Kiedy lord Darnley przyszedł, by zobaczyć syna, Maria I przy świadkach oświadczyła, że to on jest ojcem dziecka. Niezwykły był fakt, że musiała to zrobić. Latem 1566 roku, gdy Maria pozwoliła sobie na krótki urlop, by wydobrzeć, próbowała nawiązać z mężem cieplejsze stosunki, lecz nieznośny lord Darnley je storpedował. We wsi Traquair królewska para zamierzała zapolować na jelenie, ale Maria szepnęła mężowi na ucho, że wolałaby nie jechać. Możliwe, że była wówczas w kolejnej ciąży. Henryk Stuart odparł głośno, że to nic nie szkodzi – jeśli straci to dziecko, zrobią sobie następne. Był to drobny incydent, ale zwiększył dramatyzm problemów Marii. Nieprzejednana postawa męża mogła jedynie sprawić, że królowa łaskawszym okiem spojrzy na innych, udzielających jej większego wsparcia.

Jesienią królowa Maria I udała się do Jedburgha, żeby przewodniczyć sesji sądu wyjazdowego; było to jedno z regularnie podejmowanych przez nią zadań, które dowodziły, że aspirowała do roli poważniejszej niż tylko ładna figurantka. Podczas pobytu w tamtych stronach w połowie października pojechała do zamku Hermitage, gdzie hrabia Bothwell przechodził rekonwalescencję po tym, jak został zraniony przez grasantów w rejonie Border. Później wykorzystano ten incydent, by oczernić królową sugestią potajemnego romansu, lecz w rzeczywistości Maria I zabrała ze sobą liczną świtę, w tym przyrodniego brata, hrabiego Moray. W drodze powrotnej koń zrzucił Marię w bagno; następnego dnia królowa zachorowała, a wkrótce zaistniały realne powody, by martwić się o jej życie. Biskup z Ross plastycznie opisał jej stan: „Jej Królewska Mość zaczęła przypominać martwą, wszystkie jej członki stały się zimne, oczy się zamknęły, usta były zaciśnięte, a stopy i ramiona zesztywniałe i chłodne".

Królową zdołano ocucić. Jak relacjonował wenecki dyplomata we Francji, po odzyskaniu przytomności stwierdziła, iż „chorobę spowodowało jej niezadowolenie z decyzji podjętej przez króla, jej męża". Ktoś zatem musiał coś zrobić w sprawie lorda Darnley.

Kiedy Maria I zaczęła odzyskiwać siły, udała się z grupą lordów do leżącego nieopodal Edynburga Craigmillar; prawdopodobnie właśnie tam zawiązano spisek. A może kilka różnych spisków. Marię przekonano nawet, by wybaczyła członkom spisku na życie Rizzia, wszyscy bowiem mieli przed sobą jednego prawdziwego wroga. Kiedy 17 grudnia syn Henryka Stuarta został ochrzczony w zamku w Stirling, ojciec, choć tam przebywał, nie wziął udziału w ceremonii. Zamiast niego zagranicznych gości powitał hrabia Bothwell, który zyskiwał coraz większe znaczenie.

W pierwszych tygodniach 1567 roku chory lord Darnley leczył się w Glasgow, mieście leżącym w sercu rodzinnych posiadłości. Henryk Stuart prawie na pewno cierpiał na kiłę, a fakt, że Maria wkrótce musiałaby podjąć z nim współżycie, odegrał ważną rolę w jej postanowieniu, by odzyskać wolność. Kiedy królowa udała się w odwiedziny do męża, bardzo niepokojono się o jej bezpieczeństwo, od dawna też mówiono, że lord Darnley mógłby spróbować uprowadzić małego Jakuba i samodzielnie sprawować rządy jako regent, przetrzymując Marię w niewoli.

Pytanie, jak daleko doprowadziło Marię pragnienie wolności, wzbudzało i nadal wzbudza olbrzymie kontrowersje. Łatwo można ustalić nagie fakty. Pod koniec stycznia królowa przekonała Henryka Stuarta do wspólnego powrotu do Edynburga, gdzie mąż na własne życzenie zamieszkał w pobliskim domostwie Kirk o'Field do czasu ukończenia kuracji. Maria często go odwiedzała; 9 lutego bawiła tam z wesołą kompanią, choć wyszła wcześniej, żeby pojawić się na weselu giermka.

O drugiej nad ranem 10 lutego Edynburgiem wstrząsnął huk eksplozji. Przebywająca w Holyrood Maria I natychmiast pchnęła gońca, by ustalić, co się stało; wkrótce się dowiedziała, że Kirk o'Field został obrócony w gruzy. W dziennym świetle znaleziono ciało lorda Darnley, lecz nie w budynku – uduszony, leżał w ogrodzie, skąd najwyraźniej, bezskutecznie, próbował uciec.

O zamordowaniu Henryka Stuarta, lorda Darnley, napisano już całe tomy, a na kartach tej książki nie ma miejsca na rozważania nad dowodami. Ważne jednak są dwie sprawy: natychmiastowe podejrzenia wszystkich stron padły na Jakuba Hepburna, hrabiego Bothwell; uznano, że usunął z drogi rywala, Marię zaś powszechnie posądzano o współudział. Być może jest też trzecia kwestia: większość dzisiejszych historyków uważa, że królowa mogła nie znać szczegółów planu. Wprawdzie do umiejętności monarchów ze średniowiecza i wczesnego okresu ery współczesnej należała zdolność wyrażenia życzenia, by jakąś przeszkodę usunięto, lecz też dbano o dyskrecję odnośnie do tego, w jaki sposób to się stanie.

W Craigmillar Maitland już wcześniej zasugerował rozwód bądź unieważnienie małżeństwa, lecz Maria zaniepokoiła się, że mogłoby to wpłynąć na prawowitość pochodzenia syna. Kiedy Maitland, jak się zdaje, stwierdził, że trzeba będzie znaleźć inny sposób, królowa wykrzyknęła, by nie robiono nic, co naraziłoby na szwank jej reputację lub honor. Fakt, że później nie zapobiegła temu, o czym – jak musiała się domyślać – pomyśleli lordowie, stanowił jeśli nie grzech zaniechania, to przynajmniej akt głupoty. Jeśli jednak nawet była to głupota, większość ludzi ostatecznie miała uznać Marię Stuart za winną.

Maria I na pewno działała w tej sprawie niemądrze. Już sam brak przygotowania do poradzenia sobie z tym kryzysem może sugerować, że nie przewidziała jego dokładnych szczegółów.

Zamiast przestrzegać najściślejszych wymogów żałoby jako żona, a jako królowa zdystansować się od osób podejrzewanych o ten postępek, Maria przejawiała niekonsekwencję. Zamówiła czarne draperie do swej komnaty w edynburskim zamku, ale w trakcie podróży zatrzymała się, by wziąć udział w kolejnym weselu. Kilka razy wyprawiała się do pobliskiego Seton na parodniowy urlop. Widziano, jak w towarzystwie stale obecnego hrabiego Bothwell zabawia się strzelaniem z łuku. Była zmienna w nastrojach, choć wywieszki obwiniające Jakuba Hepburna o śmierć Henryka Stuarta powitała z bólem i gniewem. Przedstawiano ją jako syrenę – sławetny symbol lekkich obyczajów.

Elżbieta I napisała do niej z Anglii z niezwykłą gwałtownością: „Moje uszy tak osłupiały, umysł tak mi się zmącił, a w serce wstąpiła taka groza na przekazaną w raporcie straszliwą wieść o wstrętnym mordzie na osobie Twego nieżyjącego męża i mojego zabitego kuzyna, że dotąd ledwie mogę zebrać siły, by o tym pisać (...). Nie będę przed Tobą kryła, że większość ludzi mówi, iż będziesz patrzeć przez palce na ten postępek, zamiast go pomścić (...). Zaklinam Cię, radzę Ci i błagam, byś wzięła sobie tę sprawę do serca tak dalece, że nie będziesz się obawiała tknąć nawet najbliższego człowieka, jeśli brał w tym udział". Elżbieta wyraźnie się bała, że działania Marii narażą na szwank siostrzane sprzysiężenie królowych. Innym razem królowa Anglii pisała, że gdyby Maria nie użyła takiej szczerości „i roztropności", żeby świat ogłosił jej niewinność, zasłużyłaby „na wydalenie z szeregów królewien, a w takim wypadku życzyłabym Ci raczej honorowego pogrzebu niż splamionego życia".

Na pokazowym procesie 12 kwietnia Jakub Hepburn, hrabia Bothwell, został uniewinniony. Wyrok był tym pewniejszy, że Edynburg wypełniali ludzie Hepburna; hrabia Lennox, ojciec lorda Darnley, nie śmiał nawet się pojawić, a Maria Stuart pomachała mu na pożegnanie, gdy miał stanąć przed obliczem sądu. Tydzień później hrabia Bothwell posunął się jeszcze dalej – wezwał lordów na kolację w gospodzie Ainslie's Tavern i zażądał, by wszyscy podpisali dokument wzywający królową do wyjścia za mąż, i to za Szkota. A kto byłby lepszym kandydatem niż sam hrabia Bothwell?

Kolejny krok Maria wykonała jako królowa i matka. Udała się do Stirling, gdzie wychowywał się jej syn, starając się przejąć kontrolę nad dzieckiem. Kiedy oficjalny strażnik królewicza Jakuba nie chciał go wydać, Maria musiała ponownie wyruszyć w drogę do Edynburga. Dwudziestego czwartego kwietnia wyjechała ze swojego rodzinnego miasta Linlithgow i ruszyła w powrotną drogę do stolicy. Następne wydarzenia opisał (w liście do kraju z 3 maja) hiszpański ambasador Guzman de Silva: „Kiedy zbliżyła się na sześć mil od Edynburga, napotkała hrabiego Bothwell na czele czterystu konnych. Podjechali do królowej z dobytymi mieczami i objawili zamiar uprowadzenia jej (...). Zabrano ją do Dunbar, gdzie przybyła o północy i gdzie nadal przebywa. Niektórzy mówią, że wyjdzie za niego". Następnie ambasador napisał najważniejsze: „Uważa się, że cała sprawa została ukartowana, więc gdyby coś wynikło z tego małżeństwa, królowa mogłaby utrzymywać, że ją do tego zmuszono".

W tym cały szkopuł. Chociaż pierwsza reakcja Marii – wydanie swoim ludziom rozkazu, by jechali po pomoc – sugeruje autentyczną zasadzkę zastawioną przez hrabiego Bothwell, trudniej zrozumieć jej późniejszą reakcję. Królowa przebywała w Dunbar dwanaście dni, a na podstawie późniejszych dowodów można przypuszczać, że pod koniec tego okresu zaszła w ciążę. Jakub Hepburn przez część czasu był nieobecny, bowiem pospiesznie aranżował rozwód z żoną, chcąc odzyskać wolność przed korzystniejszym mariażem. Warunki „niewoli" królowej – o ile można tak nazwać tę sytuację – nie uniemożliwiały Marii ucieczki, gdyby naprawdę chciała uciec.

Istniało ponure podejrzenie, które Kirkaldy of Grange, przyjaciel Maitlanda, ujął następująco: „[Maria] zamierzała skłonić hrabiego Bothwell, by ją zniewolił"; żeby uniknąć odium winy, jakim okryłaby się, gdyby jawnie związała się z mężczyzną uważanym za mordercę jej męża, pomogła mu zorganizować przedsięwzięcie, które miało uchodzić za uprowadzenie i zniewolenie.

Być może prawdopodobniejsze wytłumaczenie jest takie, że Maria rzeczywiście była zaskoczona i oburzona uprowadzeniem przez hrabiego Bothwell, lecz ten zdołał ją do siebie przekonać. W ostatnich miesiącach, bądź co bądź, zyskała poczucie, że jest on jedynym w Szkocji mężczyzną, na którym naprawdę może polegać, który wydawał się zaspokajać jej rozpaczliwą potrzebę oparcia i ochrony. Jeśli jej powiedział, że musiał ją pochwycić dla jej własnego bezpieczeństwa, a jej jedyną nadzieją jest wyjście za niego, jeśli jej pokazał dokument z Ainslie's Tavern... Takie wyjaśnienie sama Maria wysłała do swego ambasadora na francuskim dworze. Długa, drobiazgowa opowieść układa się w przekonującą lekturę: „(...) gdy ujrzeliśmy się w mocy hrabiego Bothwell, bez sług oraz innych, do których moglibyśmy się zwrócić o radę (...), niczym osamotniona ofiara na jego łasce, powzięliśmy wiele postanowień, lecz nie umieliśmy znaleźć wyjścia. On w dodatku nie dał nam zbyt wiele czasu na samotne medytacje, stale wywierając presję ciągłymi i natarczywymi zalotami. W końcu, gdy nie widzieliśmy nadziei pozbycia się go, a nikt w Szkocji nie uczynił nic dla naszego wybawienia, musieliśmy powściągnąć niezadowolenie i zaczęliśmy rozmyślać o tym, co proponował. (...) Aczkolwiek poczynania hrabiego Bothwell uznaliśmy za grubiańskie, jego słowa i odpowiedzi były łagodne. Kiedy na początku brawurą zdobył pierwszy punkt, nie ustawał, aż perswazją i natarczywymi zalotami, ani trochę niewspomaganymi siłą, ostatecznie doprowadził nas do ukończenia dzieła rozpoczętego w takim momencie i formie, jakie jego zdaniem mogły najlepiej się przysłużyć jego zamierzeniu (...)".

Zakończenie, jakie mogło najlepiej przysłużyć się zamierzeniu hrabiego Bothwell, polegało na poślubieniu królowej, lecz i ona miała swoje powody, by się na to zgodzić. Pisała, że Szkocja jest „i tak podzielona na stronnictwa" (równie dobrze to samo mogłaby powiedzieć jej babka – Małgorzata Tudor), zatem „nie da się jej utrzymać w porządku, o ile nasza władza nie doczeka się pomocy i umocnienia ze strony mężczyzny".

Szóstego maja, przedzierając się przez posępne tłumy, wjechali z powrotem do Edynburga; Jakub Hepburn prowadził konia Marii. Dwunastego maja królowa oficjalnie uniewinniła go za jej uprowadzenie i nadała mu tytuł księcia Orkney. Piętnastego maja odbyła się ich ceremonia ślubna według liturgii protestanckiej.

Okazało się, że uczucia Marii, podobnie jak w małżeństwie z lordem Darnley, ponownie są sprzeczne. Już po kilku dniach francuski ambasador Du Croc pisał do Katarzyny Medycejskiej: „To małżeństwo królowej też jest nieszczęśliwe, ona zaś zaczyna go już żałować". Maria wezwała dyplomatę po tym, jak stał się świadkiem jej kłótni z mężem, i oznajmiła: „Jeśli widzisz mnie, panie, w melancholii, to dlatego że nie chcę być wesoła i nigdy nie będę, nie życzę sobie bowiem niczego prócz śmierci".

Du Croc informował w raporcie: „Wczoraj, gdy oboje byli w komnacie, [królowa] zawołała głośno o nóż, żeby się zabić; słyszały to osoby w przedpokoju". Jakub Hepburn, hrabia Bothwell, podobnie jak lord Darnley, postanowił rządzić jako król, przy czym górował nad poprzednikiem siłą i zdolnościami. Dwór jednak stawał się farsą, z której codziennie odchodzili chyłkiem ludzie tacy jak Maitland.

Szóstego czerwca hrabia Bothwell, który wiedział, że hrabia Morton i inni lordowie zamierzają go obalić i planują atak, zabrał Marię z Edynburga w bezpieczniejsze miejsce. W upalny dzień 15 czerwca siły królewskie i wojska lordów stanęły naprzeciw siebie pod Carberry.

Jakub Hepburn był gotów rozstrzygnąć sprawę w jednym starciu. Ostatecznie interweniowała Maria, która z pewnością wiedziała, że w ten sposób nie odzyska jakiejkolwiek użytecznej kontroli nad krajem. Zawarto ugodę stanowiącą, że królowa – na honorowych warunkach – zostanie wzięta do niewoli, hrabia Bothwell zaś odejdzie wolny. Marię przeraziła jednak reakcja żołnierzy oraz mieszkańców Edynburga, dokąd odprowadzili ją lordowie. W podartej sukni, na przemian szlochając i miotając groźby, słuchała tłumu skandującego: „Spalić dziwkę!". Czy był to prawdziwy romans, który zakończył się fiaskiem, miłość, której Elżbieta w długotrwałym małżeństwie ze swym krajem nigdy do końca nie utraciła?

Siedemnastego czerwca królową Marię I pod strażą z Holyrood odstawiono do zamku na wyspie w zatoce Loch Leven, gdzie niemal natychmiast poroniła, podobno bliźnięta[1]. Dwudziestego czwartego czerwca wciąż jeszcze osłabioną królową zmuszono do podpisania aktu abdykacji. Pięć tygodni później jej mały syn został ukoronowany jako król Jakub VI, a regencję podczas jego niepełnoletności miał sprawować przyrodni brat królowej, hrabia Moray.

Królowa Elżbieta I ponownie napisała do „siostry władczyni": „Jeśli zdołamy wyobrazić sobie cokolwiek leżącego w naszej mocy, a służącego Twojemu honorowi i bezpieczeństwu, uczynimy to, by wyglądało, że masz w nas dobrą sąsiadkę, drogą siostrę i wierną przyjaciółkę". Elżbieta miała świadomość, że od ciosu zadanego jednemu władcy, w dodatku płci żeńskiej, ucierpi każda monarchia. „Wyraźnie oznajmij lordom, że jeśli postanowią cokolwiek w celu pozbawienia królowej, swej władczyni, królewskiego stanu (...), wystąpimy jawnie przeciwko nim, żeby dać przykład całej potomności", napisała do angielskiego ambasadora w Szkocji.

Być może wizja gniewu Elżbiety powstrzymała przetrzymujących Marię lordów przed posunięciem się do śmiercionośnej skrajności. Niemniej w oczach Elżbiety Tudor Maria Stuart popełniła niewybaczalną zbrodnię. Wytworzyła wokół wszystkich władczyń aurę głupoty, dokładnie potwierdzając podejrzenia żywione w tej kwestii przez mężczyzn takich jak John Knox.

41
„Córa debat"

Niderlandy, Francja, Anglia, 1566–1571

W kontynentalnej części Europy również utrwalały się podziały religijne. W Niderlandach Małgorzata Parmeńska, rządząca jako namiestniczka w imieniu przyrodniego brata, króla Hiszpanii Filipa II, stanęła w obliczu sytuacji jeszcze trudniejszej niż ta, która dręczyła jej ciotkę – Marię Węgierską, kiedy sprawowała namiestnictwo w imieniu swojego brata, Karola V[1].

Cesarz Karol V, który wychował się w Niderlandach, znaczną część okresu panowania spędził na podróżowaniu po swych obszernych włościach. Filip II, choć nazbyt skrupulatny, by nie składać należnego hołdu Niderlandom i kulturze tych ziem, był w każdym calu Hiszpanem zdecydowanym rządzić z Madrytu, a raczej z przestronnego, nowego pałacu Escorial, który budował w pobliżu stolicy. W tej sytuacji w Niderlandach, traktowanych zaledwie jak kolonia, narastało niezadowolenie, a Filip II nie za bardzo rozumiał sprawy siedemnastu mocno różniących się od siebie prowincji składających się na jego północne posiadłości. Małgorzata Parmeńska, otrzymawszy o wiele mniejsze uprawnienia niż jej poprzedniczki, starała się wprowadzać w życie polecenia Filipa, doręczane z wielotygodniowym opóźnieniem spowodowanym odległością.

Na razie nikt nie określał sprzeciwów mieszkańców Niderlandów mianem walki o niepodległość. Niepokoje rozpatrywano w kategoriach religijnych. W niderlandzkiej Radzie Stanu zaczął dominować *stadhouder* Wilhelm Orański, który awansował częściowo pod wpływem Marii Węgierskiej, cieszył się też dużym zaufaniem jej samej oraz Karola V. Wilhelm, zawarłszy sojusz z protestanckimi książętami niemieckimi poprzez małżeństwo z Anną Saksońską, zaczął siać w radzie ferment ciągłymi sprzeciwami wobec zarządzeń Filipa na gruncie religijnym. Chociaż sam był katolikiem, nie chciał uznać prawa monarchy do decydowania w sprawach wiary poddanych. Wcześniej Filip II, wstrząśnięty rosnącą siłą protestantów we Francji, wydał Małgorzacie Parmeńskiej rozkaz ścisłego wprowadzenia w życie wydanych przez Karola V *Placarten* – edyktów nakładających surowe kary za herezję. Wilhelm oświadczył radzie: „król się myli, jeśli sądzi, że Niderlandy – otoczone krajami, w których zezwala się na swobody religijne – mogą w nieskończoność popierać krwawe edykty".

W kwietniu 1565 roku konfederacja szlachty, w której wybitną postacią był Ludwik, młodszy brat Wilhelma, wręczyła Małgorzacie Parmeńskiej petycję z prośbą o zaprzestanie prześladowań protestantów. W następnym roku przez Niderlandy przetoczyła się fala ikonoklazmu, czyli niszczenia katolickich obrazów religijnych przez protestantów różnych wyznań; właśnie takie wieści stanowiły najpewniejszy sposób, by zbulwersować Filipa II. Niepokoje religijne podsyciły też trudności ekonomiczne; pewien obserwator ujął to następująco: „Głupotą jest wprowadzanie w życie tych edyktów, gdy zboże tak podrożało".

W pierwszym odruchu Małgorzata zgodziła się na żądania konfederatów, pod warunkiem że razem z nią będą dążyć do przywrócenia porządku. W Italii rady założyciela zakonu jezuitów, Ignacego Loyoli, wywarły dobroczynny wpływ na burzliwe małżeństwo Małgorzaty z księciem Farnese, z kolei jej patronat okazał się kluczowym czynnikiem, który pozwolił rodzącemu się Towarzystwu Jezusowemu stanąć na własnych nogach. Jednakże Małgorzata, podobnie jak Katarzyna Medycejska i królowa Anglii Elżbieta I, wydawała się rozgraniczać wierzenia religijne i społeczne nieposłuszeństwo. Mimo to, znów jak w przypadku Katarzyny Medycejskiej, jej próby działania zgodnie z przekonaniami miały się zakończyć fiaskiem. W Anglii Elżbieta I trzymała się dłużej.

W raportach wysyłanych przez Małgorzatę Parmeńską do Filipa II pobrzmiewała nuta rozpaczy. „Wszystko pogrążyło się w takim nieporządku, że w większej części kraju nie ma ani prawa, ani wiary, ani króla". Mimo pełnego paniki tonu namiestniczka podjęła ukoronowane powodzeniem działania w celu opanowania sytuacji. Większość szlachty, zadowolonej z tego, że petycja miała zostać przekazana Filipowi II, stanęła u boku Małgorzaty, w kraju zapanował spokój. Gdy na cześć Małgorzaty wybito triumfalny medal, na którym figurowała w postaci Amazonki dzierżącej miecz i gałązkę oliwną, z Hiszpanii wysłano na północ twardogłowego księcia Alby, który miał poradzić sobie z tym, co Filip II uznał za bunt, podczas gdy prośba o zgodę na przemarsz przez Francję do Niderlandów hiszpańskiej armii w sile od dziesięciu do dwudziestu tysięcy ludzi stała się kolejną przyczyną niepokoju francuskich protestantów i solą w oku Katarzyny Medycejskiej.

Po przybyciu na miejsce książę Alby ustanowił Radę Zaburzeń, organ bezpośrednio mu podporządkowany, który miał wprowadzić w życie edykty Karola V z najwyższą surowością. W ciągu następnych pięciu lat stracono ponad trzy tysiące osób. W czerwcu 1568 roku na Wielkim Placu w Brukseli odbyła się egzekucja sześćdziesięciu niderlandzkich arystokratów, w tym kuzyna francuskiego admirała de Coligny'ego. Jednakże do tamtego czasu

Małgorzata Parmeńska złożyła urząd namiestniczki (we wrześniu 1567 roku).

Rezygnacja Małgorzaty była formą protestu przeciwko władzy księcia Alby – większej niż jej uprawnienia – a może też przeciwko jego polityce, choć przypisywanie jej motywów humanitarnych może być błędem. Wyjechała do miasta L'Aquila w Italii, gdzie została mianowana gubernatorką Abruzji, choć nadal kojarzono ją z surowymi rządami Hiszpanii. Na pochodzącym z 1622 roku obrazie z kolekcji berlińskiego muzeum historycznego *The tied-up Dutch provinces before Duke Alba*[*] widzimy księcia Alby na tronie, sądzącego siedemnaście zakutych w kajdany kobiet, reprezentujących poszczególne prowincje. Kardynał Grenville dzierży miechy wzmagające żar wściekłości księcia, podczas gdy znajdująca się za nim Małgorzata Parmeńska wyławia dobra ofiar z rzeki krwi[2].

Wydarzenia w Niderlandach odbiły się echem w całej Europie. W Anglii wieści o hiszpańskich poczynaniach pod koniec 1567 roku ostatecznie położyły kres rozważaniom o propozycji mariażu Elżbiety I z synem cesarza, arcyksięciem z rodu Habsburgów. Ponadto Wilhelm Orański, który umknął do Niemiec, starał się wyprzeć Hiszpanów z Niderlandów. W dążeniu do sformowania armii wyglądał pomocy nie tylko od niemieckich książąt, lecz też od francuskich protestantów. Kiedy francuski dwór powrócił z „wielkiego objazdu", stało się jasne, że jednym z głównych źródeł niezgody stanie się pragnienie hugenotów (zwłaszcza admirała de Coligny'ego, który zyskał niemal ojcowską władzę nad

---

[*] Tak w oryginale, choć – jak wynika z informacji zawartych na stronie internetowej Rijksmuseum w Amsterdamie – omawiany obraz pędzla anonimowego malarza znajduje się w zbiorach tej placówki pod tytułem *Allegory of the Tyranny of the Duke of Alba in the Netherlands* (przyp. tłum.).

młodym królem Karolem IX), by wspomóc braci protestantów po drugiej stronie granicy.

Ucisk mieszkańców Niderlandów wpłynął nawet na Joannę d'Albret. Przez cały 1566 rok przebywała w Paryżu, prawdopodobnie raczej we własnej rezydencji zamiast w nieprzyjaznej atmosferze samego dworu. Obserwując panującą na dworze seksualną rozwiązłość, pisała z odrazą: „To nie mężczyźni zapraszają kobiety, a kobiety mężczyzn". Coraz ciężej chorowała i coraz bardziej wadziła się z innymi damami dworu, zwłaszcza z Anną d'Este (byłą księżną de Guise), a tym samym również z jej matką – Renatą, dawną protegowaną Małgorzaty z Nawarry. Zabierała też syna, Henryka, na krótkie, na pozór niewinne odwiedziny okolicznych włości.

Katarzyna Medycejska była wyraźnie zaskoczona, gdy w połowie lutego 1567 roku hiszpański ambasador poinformował ją, że Joanna wraz z synem wymknęła się spod francuskiej kontroli i wróciła do południowo-zachodnich prowincji. „Ta kobieta jest najbardziej bezwstydną i zażartą kreaturą na świecie", wściekała się królowa matka.

Joanna d'Albret zanotowała w swych wspomnieniach, jak często nawoływała do pokoju i jak często Katarzyna z synem starała się zwabić ją z powrotem na dwór „pod pretekstem uczynienia mi zaszczytu i powierzenia roli mediatorki między królem a poddanymi wyznającymi religię reformowaną". Jednakże ścieżka Joanny podążała w innym kierunku.

We wrześniu 1567 roku hugenoccy przywódcy – Kondeusz i de Coligny – nie ufając obietnicom tolerancji religijnej składanym przez francuską Koronę, podjęli bezowocną próbę porwania młodego króla. Wynajęto sześć tysięcy szwajcarskich gwardzistów do eskortowania Katarzyny i jej syna w drodze powrotnej do Paryża, ale Kondeusz i de Coligny przystąpili do oblężenia miasta. Ich ataki spełzły na niczym i musieli się wycofać na południe. Nic jednak dziwnego, że w maju 1568 roku, zaledwie po kilku tygodniach od ostatecznego wynegocjowania pokoju z buntownikami, Katarzyna Medycejska ciężko się rozchorowała. Kiedy wyzdrowiała, de Coligny i Kondeusz zbiegli. Królowa matka powzięła zamiar, by ich „wytropić, pokonać i zniszczyć". Czy jej wrogość rozciągała się również na Joannę?

Tej jesieni, gdy Kondeusz i de Coligny udali się do La Rochelle, hugenockiej fortecy na wybrzeżu południowo-zachodniej Francji, gdzie protestantyzm zyskał największe poparcie, Joanna d'Albret wyruszyła z córką Katarzyną i piętnastoletnim synem Henrykiem, by do nich dołączyć. „Nie należy sądzić (...) że przedsięwzięłam tę podróż z lekkim sercem", zwierzała się we wspomnieniach, które poleciła spisać po około ośmiu tygodniach pobytu w tamtych stronach. „Można mi wierzyć, że nie obyło się to bez konfliktu z innymi i z sobą samą (...); musiałam walczyć nie tylko z zewnętrznym wrogiem, wojna toczyła się w moich trzewiach. Nawet moja wola sprzysięgła się przeciwko mnie".

Musiała pozostać w La Rochelle – „pozbawiona przyjemności pobytu we własnych rezydencjach, lecz aż nazbyt szczęśliwa, znosząc cierpienia w imię Boga" – prawie przez trzy lata. Pisała do Katarzyny Medycejskiej: „[pełnię] służbę mojemu Bogu i prawdziwej wierze". Niemniej było mało prawdopodobne, że tym sposobem udobrucha Katarzynę.

Joanna d'Albret pisała też do królowej Anglii Elżbiety I, której „dobrą wolę" nieustannie wychwalała. Pisała również broszury propagandowe i kierowała organem nazywanym Radą królowej Nawarry, zarządzającym miastem i wszelkimi aspektami kampanii niezwiązanymi ściśle ze sprawami wojska. Przydzieliła przyprowadzonych ze sobą żołnierzy do prac nad wzmocnieniem fortyfikacji

La Rochelle. Pod koniec 1568 roku hiszpański ambasador doniósł w raporcie, że Joanna „nadal dzieli przywództwo" z Kondeuszem. Kiedy w stoczonej 13 marca 1569 roku bitwie pod Jarnac książę de Condé trafił do niewoli, po czym został zamordowany, nominalne przywództwo sprawy hugenockiej spoczęło w rękach dwóch piętnastolatków: Henryka z Nawarry – syna Joanny, oraz jego stryjecznego brata, syna Kondeusza. To Joanna wyprowadziła obu chłopców, by przyjęli owację hugenockich wojsk. To Joanna napisała do Elżbiety I błagalny list, by ta „nadal żywiła sympatię do tak sprawiedliwej i legalnej sprawy (…). Wśród nas wielcy i mali postanowili poświęcić w tym sporze życie i majątek w służbie Bogu". Chociaż Katarzyna Medycejska wspomniała o niej, że „maszeruje wraz z admirałem", gdy de Coligny razem z chłopcami wyruszył na kolejną kampanię, Joanna została w La Rochelle, żeby uporać się z potrzebami aż sześćdziesięciu tysięcy uchodźców, którzy napłynęli do miasta.

Większość hugenockich przywódców myślała o zawarciu pokoju – jednak nie Joanna d'Albret, która omal nie dostała się do niewoli, gdy poza obrębem murów nadzorowała wznoszenie nowych umocnień. To dzięki determinacji Joanny walka trwała do wiosny 1570 roku. To ona miała później obstawać przy swobodzie praktyk religijnych jako cenie pokoju, w przeciwieństwie do subtelniejszej i bardziej pragmatycznej propozycji Katarzyny, oferującej wolność sumienia, co sugerowało okazywaną na zewnątrz uległość.

Joanna napisała do Katarzyny Medycejskiej: „Trudno mi przekonać samą siebie, jako że miałam niegdyś zaszczyt bliskiego poznania uczuć Waszej Królewskiej Mości, że zamiarem Waszej Wysokości jest sprowadzenie nas do takiej ostateczności albo do pozbawienia nas w ogóle możności wyznawania jakiejkolwiek religii, to bowiem oznaczałoby odmówienie nam publicznego odprawiania naszych rytuałów (...). Wszyscy postanowiliśmy raczej umrzeć, niż porzucić naszego Boga, którego nie możemy zachować, o ile nie otrzymamy pozwolenia czczenia go publicznie, tak jak ludzkie ciało nie może żyć bez mięsa czy napoju".

Wojna, w którą stronę nie spojrzeć, stawała się coraz bardziej zażarta. Pod La Rochelle syn Katarzyny Henryk, książę Andegawenii[*], dowodzący w walkach wojskami koronnymi, poczynał sobie z przerażającym barbarzyństwem. Krążyły plotki, że Katarzyna, kiedy wcześniej znalazła się w kłopotach, próbowała otruć Kondeusza zatrutym jabłkiem (wątek niczym z bajki o Królewnie Śnieżce), a pewien człowiek, aresztowany w drodze na służbę u de Coligny'ego, rzeczywiście miał przy sobie paczuszkę z trucizną; ponadto hiszpański ambasador informował w raporcie, iż królowa matka starała się pozbyć protestanckich wodzów metodami z dziedziny czarnoksięstwa.

Katarzyna Medycejska bardzo rozpaczała, gdy jej córka Elżbieta, żona króla Hiszpanii Filipa II, zmarła w połogu w październiku 1568 roku. To również oznaczało, że królowa matka Francji nie ma już szczególnego wpływu na wdowca po Elżbiecie, w którym od dawna budziła odrazę swą pragmatyczną postawą wobec religii. Katarzyna pisała, że zazdrości Elżbiecie I, gdyż „wszyscy jej poddani dzielą z królową religię; we Francji to zupełnie inna sprawa". Jednakże Elżbieta Tudor mogłaby zareagować na te słowa jedynie westchnieniem: „Gdyby tylko tak było...".

Na początku maja 1568 roku przetrzymywana przez lordów Maria Stuart uciekła z niewoli w zamku na wyspie w zatoce Loch Leven. Trzynastego maja jej stronnicy ponieśli klęskę w bitwie

---

[*] Chodzi o późniejszego króla Polski Henryka Walezego (przyp. tłum.).

pod Langside, a 16 maja Maria przeprawiła się przez zatokę Solway Firth i umknęła przez granicę do Anglii.

Maria wierzyła w zapewnienia Elżbiety Tudor o siostrzanej solidarności; wierzyła, że Elżbieta niezwłocznie pomoże jej w odzyskaniu tronu. Pod wieloma względami był to pierwszy odruch Elżbiety – królowa odwoływała się do królowej. Wzbudziło to jednak niezadowolenie większości jej doradców, zwłaszcza Cecila. Nastawienie zaś samej Elżbiety było skomplikowane. Kiedy Maria wysłała list, w którym zaapelowała do siostrzanych uczuć Elżbiety, „nie królowej, lecz damy szlachetnego rodu", ta chełpiła się zakupem należących do Marii słynnych czarnych pereł – dwudziestu pięciu, wielkością i barwą przypominających winogrona – w którym przelicytowała samą Katarzynę Medycejską.

Maria niechętnie zgodziła się na zasugerowane przez Elżbietę śledztwo dotyczące jej poczynań oraz pogłosek o jej udziale w pozbawieniu życia męża, lorda Darnley. Dochodzenie wszczęto jesienią w Yorku. Szkoccy lordowie starali się zapewnić orzeczenie o winie Marii, przedstawiając niesławne „listy ze szkatułki" – rzekome dowody przedstawiające królową jako zbrodniczą cudzołożnicę, prawie na pewno sfałszowane. Nawet mając przed sobą owe wątpliwe dokumenty, członkowie komisji nie wydali żadnego rzeczywistego werdyktu, a Marii pozostała rola „gościa" jej „drogiej kuzynki i przyjaciółki", Elżbiety – bezterminowa wytworna niewola.

Śledztwo wywołało różne reperkusje. Komisja obradowała pod kierownictwem Tomasza Howarda, księcia Norfolk, krewnego Elżbiety i najważniejszego para z własnymi roszczeniami do tronu Anglii. Księcia Norfolk początkowo zbulwersowały listy, które wydawały się dowodzić „nadmiernej" miłości Marii do hrabiego Bothwell. Otrzymane przez księcia Norfolk instrukcje od rządu Elżbiety zawierały klauzulę, że każda osoba intrygująca przeciwko małżeństwu Marii „zostanie *ipso facto* uznana za zdrajcę i poniesie śmierć", ale gdy jeden ze szkockich lordów zasugerował księciu, iż najlepszy sposób zneutralizowania Marii i zabezpieczenia angielskiej sukcesji polega na jej poślubieniu, ów pomysł zapuścił korzenie w umyśle księcia.

Nie ma pewności co do przebiegu wydarzeń w następnych kilku miesiącach, ale aspiracje księcia Norfolk wyraźnie stały się na angielskim dworze czymś w rodzaju tajemnicy poliszynela. Niebezpieczny zaś był fakt, że łączyły się one z niezadowoleniem parów z północnej Anglii, z których wielu nigdy nie porzuciło wiary katolickiej. W rezultacie jesienią 1569 roku wybuchło tak zwane powstanie hrabiów Północy, które za cel przyjęło uwolnienie Marii, jeśli nie rzeczywiste osadzenie jej na tronie zamiast Elżbiety.

Rebelia upadła, a wielu jej uczestników poniosło najsurowsze kary. Książę Norfolk powędrował do Tower, gdzie przez kilka miesięcy gnił w więzieniu. A co z Marią? Królowa Szkocji pisywała do księcia Norfolk jak do przyszłego męża; wysłała mu wykonane własnoręcznie wyszywanki przedstawiające owocujący krzak winorośli (samą Marię) oraz rękę przycinającą uschniętą gałąź (Elżbietę). Wobec Marii Stuart nie podjęto żadnych bezpośrednich działań odwetowych, ale przetrzymywano ją w ściślejszym odosobnieniu.

W lutym 1570 roku papież wydał bullę *Regnans in excelsis*, w której pozbawiał Elżbietę „rzekomych praw do jej królestwa" i sankcjonował działania każdego katolika, który próbowałby ją zdetronizować. Ten fakt ogromnie podniósł napięcie panujące w Anglii, zwiększając i uwydatniając podatność Elżbiety na cios. W wierszu, napisanym prawdopodobnie w roku 1571, Elżbieta Tudor tak oto scharakteryzowała Marię Stuart:

Choć córa debat waśni ziarna sieje – próżny trud,
Nie wzejdzie plon, gdzie z władzy rąk pokoju zaznał lud.

Jej słowa miały się okazać prorocze.

We Francji Katarzyna Medycejska postawiła sobie za cel złagodzenie napięcia. Podpisany 8 sierpnia 1570 roku traktat z St Germain ostatecznie przyniósł pokój – wolność sumienia i swobodę praktyk religijnych, ograniczoną do pewnych miejsc. Ale przecież zawierano już inne traktaty pokojowe i żaden nie trwał długo. W każdym razie Joanna d'Albret w trakcie długotrwałych negocjacji nazwała go „pokojem ulepionym ze śniegu spadłego tej zimy, który stopnieje w upale najbliższego lata". Katarzyna miała jednak plan, by go scementować. Już w maju 1569 roku sir Henry Norris poinformował królową Anglii Elżbietę I, że Katarzyna Medycejska planuje „w praktyce wycofać z gry królową Nawarry", oferując swą córkę, Margot, na żonę syna Joanny, Henryka. Małżeństwo było ulubionym sposobem Katarzyny na rozwiązanie każdej dyplomatycznej trudności.

Katarzyna rozmyślała też o innym mariażu. Anglia miała wówczas więcej powodów niż kiedykolwiek, by dążyć do bezpieczeństwa sojuszu z Francją przeciwko rosnącej sile i agresji Hiszpanii. Latem 1571 roku „wykryto" spisek Ridolfiego (o którym ministrowie Elżbiety I faktycznie mogli wiedzieć od dawna), mający na celu osadzenie Marii Stuart i księcia Norfolk na tronie Anglii przy poparciu Hiszpanii, a także dowiedziano się o gromadzeniu sił inwazyjnych pod wodzą księcia Alby.

W związku z tym Elżbieta I w grudniu 1571 roku okazywała uległość wobec sugestii Katarzyny, że mogłaby wyjść za Franciszka, księcia Alençon, zamiast za jego starszego brata, niechętnego księcia Andegawenii (d'Anjou). Franciszek, jak chłodno zauważyła jego matka Katarzyna, był „o wiele mniej skrupulatny" niż brat w sprawach religii, a nawet sympatyzował z hugenotami. Ogólnie rzecz biorąc, mniej „przypominał osła" – jak entuzjastycznie dorzucił poseł Elżbiety – i był „stosowniejszy niż tamten", jeśli chodzi o możliwość dorobienia się potomków.

Anglia i Francja zawarły traktat z Blois, w którym postanawiały się wspierać w walce z hiszpańskim nieprzyjacielem. Scementowanie tego sojuszu więzami dynastycznymi wydawało się obecnie bardziej pożądane niż kiedykolwiek wcześniej. W czerwcu nadeszła oficjalna propozycja małżeństwa z księciem Alençon. Ambasador Elżbiety (a później szef siatki szpiegowskiej) Francis Walsingham obawiał się, że niski i zeszpecony bliznami po ospie siedemnastoletni d'Alençon nie przejdzie najważniejszej próby, zważywszy na „delikatne oko Jej Królewskiej Mości". Niemniej gdy dwór wyruszył na coroczny letni objazd, mariaż nadal wydawał się realną perspektywą.

Anglia i Francja przeżywały kłopoty, lecz teraz oba kraje mogły żywić nadzieje na ich pomyślne rozwiązanie. Owe nadzieje okazały się jednak zwodnicze.

42
Masakra w noc świętego Bartłomieja

Francja, 1572–1574

Królowa Elżbieta I przebywała w należącym do Roberta Dudleya wielkim zamku Kenilworth, gdy dotarła do niej wieść o wydarzeniu, które wstrząsnęło jej światem, jednym z tych naprawdę zmieniających oblicze historii – masakrze w noc świętego Bartłomieja. Początkowo wydawało się, że historia ta rozgrywa się między Katarzyną Medycejską a Joanną d'Albret, ale jej reperkusje miały dotknąć wszystkich.

W pierwszych miesiącach 1571 roku Wilhelm Orański, przebywający na wygnaniu lider niderlandzkich protestantów, starał się zorganizować zbrojną inwazję na swoją ojczyznę z terytorium Niemiec. Chociaż jego brat był w szeregach hugenockich buntowników stacjonujących w La Rochelle, książę Oranii chciał przeciągnąć Francję na swoją stronę, powołując się na zadawnioną wrogość wobec Hiszpanii, zapewne wciąż silniejszą niż podziały religijne. Idea ta ogromnie pociągała młodego króla Francji, pragnącego dowieść swego męstwa w bitwie, toteż wkrótce z ust Karola IX dały się słyszeć narzekania na „zbytnią bojaźliwość" Katarzyny. Niedawno ożeniony z austriacką arcyksiężniczką Elżbietą Habsburżanką, pobożną, młodą córką Świętego Cesarza

Rzymskiego, Karol IX zaczynał się zżymać na matczyną dominację[1]. W marcu 1571 roku, kilka dni po oficjalnym wjeździe do Paryża dla uczczenia swojego ślubu, król wygłosił w parlamencie mowę, w której chwalił „niezmordowaną pracę, energię i mądrość" Katarzyny dbającej o sprawy państwowe przez cały ten czas, gdy on był za młody, by robić to samemu; z przemówienia wynikał wniosek, że te dni mają się ku końcowi.

Charakter Katarzyny Medycejskiej nakazywał jej sprzeciw wobec kosztownych wojen (to jeszcze jedna kwestia, w której zgadzała się z królową Anglii Elżbietą I), ale gotowa była wykorzystać możliwość udzielenia przez Francję wsparcia holenderskim protestantom, żeby wymóc na Joannie d'Albret zgodę na ślub jej syna, Henryka, z Margot, córką Katarzyny. (Nikogo nie obchodziła niechęć Margot wobec ślubu z heretykiem. Katarzyna zagroziła córce, że w razie odmowy uczyni ją „najnędzniejszą damą w królestwie", ale niechęć Joanny to już inna historia).

Między Katarzyną Medycejską a Joanną d'Albret teoretycznie wciąż istniała osobista więź. Na początku 1571 roku Joanna pisała do Katarzyny o swej niechęci wobec sprowadzenia syna na francuski dwór: „jak Ci dobrze wiadomo, Pani, mam podejrzliwy charakter i stąd wynikają moje obawy, że choć masz dobre intencje – w co nie wątpię – ci, którzy w przeszłości zdołali je w odniesieniu do nas zmienić (...), nadal się cieszą Twoim uznaniem (...). Obawiałabym się tymi słowy rozgniewać Cię, Pani, gdyby Twoja uprzejmość dla mnie w młodych latach nie przyzwyczaiła mnie do przywileju przemawiania do Ciebie szczerze i w cztery oczy".

Napisała o sobie wzruszająco *„je suis ung petit glorieuse"* („jestem dumną istotką" albo „jestem odrobinę dumna"). Rzeczywiście taka była; Biron, jeden z posłów, którzy mieli z nią negocjować, opisał koledze „zagniewaną twarz, którą miałem przed sobą". Pewien Włoch pisał, że „ta królowa ma nader fantastyczny

[*„molto fantastico"*] charakter (...). Często się zmienia i wymyka się co minutę. Ma nadzieję, że ostatecznie zdoła we wszystkim postawić na swoim".

Joanna d'Albret działała pod znaczną presją, zwłaszcza ze strony niektórych sojuszników. Głównym celem admirała de Coligny'ego było uzyskanie francuskiej pomocy dla holenderskich protestantów, Joanna zaś chciała przede wszystkim zachować odziedziczone włości oraz pozycję syna we francuskiej sukcesji. Nuncjusz papieski w raporcie z 31 sierpnia poinformował, że „między nimi istnieje wielka niezgoda, gdyż królowa [Joanna] chce rządzić swoimi sprawami samodzielnie, bez ingerencji admirała, natomiast on stara się ją nakłonić do posłuszeństwa królowi". Chociaż Joanna miała wątpliwości co do mariażu syna z katoliczką Margot, musiały ją też zaniepokoić podejmowane przez de Coligny'ego próby ożenienia go z kim innym – w 1571 roku przez kilka tygodni istniał nawet projekt ożenku z królową Anglii Elżbietą I.

Jesienią tego samego roku de Coligny przyjechał na dalsze negocjacje na dwór; jego list żelazny podpisali Karol IX, Katarzyna Medycejska oraz jej następny syn, książę Andegawenii. Przyjaciele przestrzegali de Coligny'ego, by nie jechał. Przyjęto go jednak niemal aż nazbyt łagodnie. Admirał nawet towarzyszył królowej matce na mszy, choć pilnował się, by nie zdejmować kapelusza ani nie schylać głowy przed hostią. Młody król Karol IX wkrótce ponownie dostał się pod wpływ de Coligny'ego. Hiszpański poseł opisał, jak admirał poradził królowi, by nie omawiał planów związanych z Niderlandami z matką, gdyż „to nie są kwestie, które omawia się z kobietami i urzędnikami. Kiedy królowa matka to usłyszała, bardzo pogorszyły się stosunki między nią a rzeczonym admirałem".

Jeszcze większą presję wywierano na Joannę, by również ona przyjechała na francuski dwór. W ramach pośredniej formy szantażu starano się budzić w niej obawy związane z możliwością odnowienia jej młodzieńczego mariażu z księciem Kleve w celu zdyskredytowania małżeństwa z Antonim de Bourbon, a tym samym wzbudzenia wątpliwości co do prawowitego pochodzenia jej syna, Henryka. Latem 1571 roku zdrowie Joanny dało jej pretekst do gry na zwłokę: „Nie zdołam dostatecznie podziękować za zaszczyt, że życzysz sobie mnie widzieć", pisała do Karola IX, „ale, choć z wielkim żalem, Miłościwy Panie, muszę zadośćuczynić wymogom mojego zdrowia". Skoro nie mogła dłużej zostać w La Rochelle, pojechała na kurację do wód w Eaux-Chaudes.

Na niekończące się zapewnienia Katarzyny Medycejskiej, że może bezpiecznie powierzyć się opiece francuskiego dworu, Joanna d'Albret odpisała cierpko z La Rochelle: „Trudno mi sobie wyobrazić, dlaczego uważasz za konieczne nadmienić, że chcesz zobaczyć mnie i moje dzieci, lecz nie po to, by uczynić nam krzywdę. Wybacz, że przy lekturze tych listów bierze mnie śmiech, gdyż rozwiewasz obawy, których nigdy nie odczuwałam. Nigdy nie uważałam, że się żywisz małymi dziećmi, jak to niektórzy mówią".

W końcu, jak relacjonował historyk de Bordenave, Joanna nie mogła dłużej się opierać. „Do tych, którzy najbardziej ją ponaglali, należeli przywódcy jej własnej wspólnoty religijnej". Joanna „skłoniła głowę przed ich wolą, żeby nie mogli obwiniać jej uporu o to, że nie ziściło się (…) tyle dobrych rzeczy".

Joanna zgodziła się pojechać na dwór, lecz pod pewnymi warunkami. Jednym z nich miała być możliwość negocjowania bezpośrednio z Katarzyną. Czy oto zanosiło się na inny rodzaj Pokoju Dam?

Druga strona oczywiście również stawiała warunki. Papież zaklinał się, że prędzej wytoczy ostatnią kroplę krwi, niż przyzna niezbędną dyspensę umożliwiającą ślub, jeśli pan młody nie powróci na łono Kościoła katolickiego. Jego poseł poinformował go jednak, że większość Francuzów, nawet katolicy, pragnie tego ślubu, "porównując go z małżeństwem Chlodwiga I i Klotyldy" – króla Franków i jego żony, która przekonała go do przejścia na chrześcijaństwo – podczas gdy Katarzyna Medycejska ostrzegawczo powoływała się na przykład Henryka VIII.

W styczniu 1572 roku Joanna d'Albret niechętnie wyruszyła w drogę powozem wielkości domu z płonącym w środku piecem, żeby dołączyć w Blois do francuskiego dworu. Florencki ambasador Petrucci 14 lutego pisał: "Dzisiaj królowa matka [Katarzyna] udała się do Chenonceau na spotkanie z królową Nawarry. Wymieniły uściski i pozdrowienia (...), a królowa Nawarry z miejsca poprosiła o coś do jedzenia. Potem obie królowe natychmiast przeszły tylko we dwie do komnaty".

Listy Joanny do syna (który wtedy jej nie towarzyszył) wiele mówią, a niekiedy są naprawdę urocze. Królowa polubiła przyszłą synową: "Gdyby przyjęła naszą religię, mogę powiedzieć, że moglibyśmy się uważać za najszczęśliwszych ludzi na świecie". Swoje trzy grosze wtrąciła też trzynastoletnia córka Joanny, Katarzyna de Bourbon: "Widziałam Dostojną Panią [Margot] i stwierdziłam, że jest bardzo piękna (...). Traktowała mnie miło i podarowała mi pieska, którego bardzo lubię".

Początkowe próby zachowania przez Joannę optymizmu nie trwały długo. Podejrzewała, że Katarzyna i jej królewski syn próbują ją okpić, i prawdopodobnie miała rację. Hugenocki świadek wydarzeń opisał, jak Karol IX publicznie poświęcał Joannie mnóstwo uwagi, po czym na osobności pytał matkę, czy dobrze odegrał swoją rolę: "Zostaw to mnie, a zagnam ich w twoją sieć".

Żarliwa katoliczka radziła Katarzynie, jak ma postępować z Joanną: "Jak kobieta z kobietą, rozwścieczają, a sama zachowaj spokój". Petrucci opisał długą i trudną rundę negocjacji, podczas której Katarzyna zasugerowała, by pozwoliły rozstrzygnąć różnice zdań swoim pełnomocnikom, na co Joanna zripostowała, że nie ufa nikomu poza sobą: „Nie ma ani chwili przerwy w rokowaniach, gdyż *Nawarra* jest taka uparta (...), a żadnych rzeczywistych rezultatów nie da się uzyskać bez jej zgody".

Ósmego marca Joanna wysłała długi, wyrażający wzburzenie list do syna: „Cierpię katusze, tak dojmujące męki, że gdybym nie była na nie przygotowana, pokonałyby mnie (...). Nie mogę swobodnie rozmawiać ani z królem, ani z Dostojną Panią [Margot], tylko z królową matką, która mnie prowokuje [*me traite a la fourche*] (...). Traktuje mnie tak bezwstydnie, że można by rzec, iż cierpliwością, którą udaje mi się zachować, przewyższam samą Gryzeldę (...). Zaszłam tak daleko tylko dzięki przekonaniu, że królowa i ja będziemy negocjować i zdołamy dojść do zgody. Ona jednak tylko ze mnie drwi".

Nawet postawa Margot odbiegała od sposobu, w jaki ją przedstawiano: „Odparła, że gdy rozpoczynały się te negocjacje, wszyscy dobrze wiedzieliśmy, iż jest żarliwie oddana swej religii. Powiedziałam jej, że ci, którzy podjęli wobec nas pierwsze działania, przedstawiali sprawę w bardzo odmienny sposób".

Kolejny list, napisany przez Joannę trzy dni później do jednego z doradców, pobrzmiewa tonem jeszcze silniejszego wzburzenia: „Zapewniam, że często pamiętam o Twoim ostrzeżeniu, by nie wpadać w gniew". Walczyła o to, by trzymać syna z dala od dworu, kiedy dylematy jeszcze nie zostały rozstrzygnięte, a także o przekonanie sceptycznych francuskich dworaków, że Henryk jest równie oddany religii reformowanej, jak ona sama.

„Co się tyczy urody Dostojnej Pani Małgorzaty [Margot], przyznaję, że ma dobrą figurę, choć zbyt ciasno ściągniętą gorsetem. Jej oblicze zaś psuje nadmierny makijaż, co mi się nie podoba".

Wielokrotnie podejmowanym tematem była korupcja pleniąca się na francuskim dworze. Wszyscy byli świadomi, że mogą paść ofiarą szpiegostwa lub oszustwa. Królowa Nawarry przysięgała, że w ścianach jej komnaty wywiercono otwory dla szpiegów.

Joanna d'Albret pokładała wiarę we wsparciu ze strony Anglii, twierdziła, że królowa Elżbieta I zawrze traktat z Francją tylko wtedy, gdy Korona w kwestii mariażu potraktuje Nawarrę właściwie. Jednak o ile poczucie wagi stojącej za nią międzynarodowej opinii świata protestanckiego było dla Joanny ważne, o tyle międzynarodowy świat protestancki również potrzebował tego aliansu.

Francis Walsingham, działający we Francji jako angielski ambasador, nawiązał z Joanną szczególne relacje. Dwudziestego dziewiątego marca napisał do Cecila o tym, jak „za zgodą królowej matki [Joanny] posłała po nas jako ministrów i ambasadorów chrześcijańskiej księżnej, którą z wielorakich powodów darzy szacunkiem, by naradzić się z nami (...) w kwestii pewnych trudności".

Joanna chciała omówić ze swymi współwyznawcami pewne zawiłe punkty doktryny dotyczące małżeństwa katoliczki i protestanta oraz kluczowe kwestie możliwości dalszego wyznawania przez nich odrębnych religii. Doradcy nalegali, by w niektórych punktach zachowywała stanowczość, ale najważniejsze nadal były postępy w sprawie ślubu. „Od powodzenia mariażu z Nawarrą zależy przedsięwzięcie we Flandrii", pisał Walsingham.

Pod koniec marca Karol IX ustąpił. Gdyby Henryk z Nawarry przyjechał do Paryża na ślub, król miał się wycofać ze wszystkich pozostałych punktów spornych. Nawet duchowni, do których Joanna zwróciła się z pytaniem, czy ślub będzie można uznać za legalny, jeśli nie zostanie zawarty przed obliczem zgromadzenia wiernych wyznania kalwińskiego, stwierdzili, że tak, „zważywszy na naglącą konieczność sprawy".

Joanna napisała do Henryka krzepiący list, w którym pouczyła syna, jak powinien się zachowywać na francuskim dworze: „bądź uprzejmy, lecz mów śmiało, nawet gdy król odwoła Cię na stronę, zważ bowiem, że wrażenie, jakie zrobisz w chwili przyjazdu, zostanie na zawsze (...); staraj się stroszyć włosy i upewniaj się, czy nie masz w nich wszy". I dodała uroczą uwagę: „Twoja siostra ma bardzo irytujący kaszel, który zmusza ją do leżenia w łóżku. Pije ośle mleko i nazywa małego osiołka swoim bratem".

Czwartego kwietnia podjęto oficjalną decyzję, którą miano wprowadzić w czyn. Następnego dnia Joanna d'Albret napisała do królowej Elżbiety I: „Nie będę zatem zwlekać, Miłościwa Pani, z poinformowaniem Cię o tym wydarzeniu, żebym mogła radować się wraz z Tobą (...). Usilnie błagam, Miłościwa Pani, byś wybaczyła mi śmiałość, do której zachęca mnie Twoja dobroć, ośmielam się bowiem gorąco pragnąć rychłej sposobności złożenia Ci gratulacji z powodu podobnego zdarzenia dotyczącego osobiście Ciebie".

Intercyza podpisana 11 kwietnia nie zawierała żadnej wzmianki o kwestiach religijnych, stanowiła tylko o dziedziczeniu różnych włości. Spowodowało to przekonanie Francuzów, że Henryk – o ile nie sama Joanna – wkrótce powróci na łono rzymskiego Kościoła. Biskup z Maçon uważał to za zwycięstwo Katarzyny: „Królowa matka obrała najlepszą z możliwych drogę (...), poskromiła wyniosłość królowej Nawarry, przemogła jej chwiejność i nakłoniła do zaakceptowania warunków (...); niedługo ujrzymy powrót księcia [Henryka] na łono Świętego Kościoła".

Wyczerpana Joanna wyjechała na odpoczynek do Vendôme, ale wkrótce potrzeba podjęcia przygotowań do zbliżającego się ślubu sprowadziła ją ponownie do Paryża. Anna d'Este pisała do swej matki, Renaty, księżnej Ferrary: „Jest tu królowa Nawarry, niezbyt zdrowa, lecz bardzo mężna. Nosi więcej pereł niż kiedykolwiek".

Później, w maju, sama Joanna tak pisała do nieobecnej Katarzyny: „Obejrzałam Twoje fontanny w Tuileries, kiedy pan de Retz zaprosił mnie na prywatną kolację. W trakcie odbytej z nim wycieczki do miasta widziałam wiele rzeczy na nasz ślub. Jestem w dobrej formie i czekam na Twój przyjazd". To ostatnie zdanie jednak nie było zgodne z prawdą.

Zdrowie Joanny d'Albret szwankowało od czasów, gdy była dzieckiem, i stopniowo się pogarszało; nękające ją dolegliwości w klatce piersiowej prawie na pewno były objawami gruźlicy. Czwartego czerwca po powrocie z zakupów poczuła się zmęczona i zaczęła gorączkować. Położyła się do łóżka, a dwa dni później od nowa spisała testament. Odwiedzili ją Katarzyna Medycejska, Margot, nawet książę Andegawenii, lecz Joanna wydawała się pogodzona ze swym losem; uważała przecież życie za bardzo męczące (*„fort ennuyeuse"*).

Protestanccy kronikarze tworzyli długie, hagiograficzne opisy heroicznych, ostatnich dni jej życia: „Kiedy ból się nasilił, nie straciła odwagi, przejawiając w tej ostatniej walce godną podziwu pewność siebie i z zadowoleniem przygotowując się na śmierć". Chociaż stała po przeciwnej stronie religijnego podziału niż Katarzyna Aragońska, podobnie jak ona napominała córkę, by „trwała stanowczo i niewzruszenie w służbie Bogu mimo niezmiernie młodego wieku", a Katarzyna de Bourbon (jak wcześniej Maria Tudor) wiernie przestrzegała tych nakazów.

Ostatnie dni życia Joanna spędziła na słuchaniu Pisma Świętego wraz z komentarzami oraz na lekturze Psalmu 31 i Ewangelii świętego Jana. Zebrani wokół jej łoża kalwińscy pastorzy z podziwem i ulgą odnotowali, że nie troszczy się o doczesne przygotowania do ślubu, które wcześniej bez reszty ją pochłaniały. Modliła się: „O, mój Zbawicielu, przybądź spiesznie, by wybawić mą duszę od niedoli tego życia i uwolnić ją z więzienia tego cierpiącego ciała, żebym mogła nie obrażać Cię więcej i udać się z radością na spoczynek, który mi obiecałeś i do którego tak tęskni moja dusza. Powiedzcie mojemu synowi, że ostatnim porywem serca pragnę, by wytrwał w wierze, w której się wychował".

Umarła 9 czerwca 1572 roku. Sugestia, że to Katarzyna Medycejska otruła ją za pomocą pary perfumowanych rękawiczek, po raz pierwszy pojawiła się w 1574 roku w ramach opublikowanego zjadliwego ataku na królową matkę, lecz napisano go z perspektywy późniejszych wydarzeń. O tej sugestii – nawet pomijając fakt, że stan zdrowia Joanny uprawdopodobniał naturalną śmierć – nie wspominał żaden ze współczesnych jej autorów relacji z omawianych wydarzeń. Wenecki ambasador Cavalli pisał jednak, że śmierć Joanny naprawdę „spowodowała najgorszy z możliwych obrót spraw dla hugenotów".

Papieski poseł wychwalał Boga za zgon „tak ważnego nieprzyjaciela Jego Świętego Kościoła", a hiszpański ambasador otrzymał z kraju wieść, że „cały Madryt raduje się z tego, iż diabeł wreszcie ją dostał!". Mimo wszystko Joannie d'Albret dopisało szczęście – uniknęła bowiem wydarzeń z następnych trzech miesięcy.

Katarzyna Medycejska poświęciła wszystkie siły na uniezależnienie syna, Karola IX, od wpływu admirała de Coligny'ego, obawiała się bowiem, że ten poprowadzi kraj na wojnę z Hiszpanią. Deklarowała, że wraz z księciem Andegawenii wycofa się do swych posiadłości na prowincji, a nawet (jak twierdzono) – do Florencji. Karol dał za wygraną (bardziej obawiając się, jak wspominał pewien obserwator, matki i brata niż hugenotów). Wśród scen, w których „mieszały się gwałtowność i tkliwe wyrzuty", król błagał matkę, by nie wycofywała się z życia publicznego. Podczas zwołanego 10 sierpnia pilnego posiedzenia rady zebrani przytłaczającą większością głosów opowiedzieli się za pokojem.

Gdy jednak admirał ostrzegł, że Katarzyna może pożałować tego, co zrobiła, musiało to zabrzmieć niczym groźba.

Katarzyna i książę Andegawenii zadecydowali, że de Coligny wywiera zbyt nieprzyjazny wpływ i należy go usunąć, a przynajmniej takie stwierdzenie zawierają wspomnienia marszałka de Tavannes, jednego z doradców Katarzyny i fanatycznego katolika (spisane przez jego syna dwadzieścia lat później). Autor dodał jednak, iż „ten zamysł nie został przedstawiony królowi". Katarzyna, praktyczna jak zawsze, chciała najpierw zakończyć sprawę ślubu i związanych z nim uroczystości.

Henryk z Nawarry po pogrzebie matki w Vendôme przyjechał do Paryża. Zapewne przypomniał sobie młodość spędzoną na francuskim dworze, gdyż wydawało się, że znajduje wspólny język z Karolem IX, kiedy obaj czekali w letnim skwarze, aż miasto wypełni się weselnymi gośćmi, chłopami z otaczających miasto wsi, wygnanymi z domów przez suszę i głód, oraz hugenotami.

Katarzyna Medycejska po powrocie z wizyty u córki, Klaudii, stwierdziła, że katoliccy kaznodzieje pomstują z ambon i sieją nienawiść do protestanckich gości. Rozwścieczony hiszpański ambasador zaś domagał się wyjaśnień, dlaczego trzy tysiące hugenockich żołnierzy rozlokowało się w pobliżu granicy Niderlandów. Królowa matka uprzytomniła sobie wyraźniej niż kiedykolwiek, że de Coligny'ego trzeba zneutralizować.

Jednakże pierwszą sprawą miał być ślub. Szesnastego sierpnia w Luwrze odbyły się zaręczyny, a dwa dni później – prawdziwa ceremonia ślubna. Jak uzgodniono z Joanną d'Albret, Henryk z Nawarry nie uczestniczył w ślubnej mszy; reprezentował go brat panny młodej, książę Andegawenii. Należało pokonać jeszcze jedną przeszkodę – uzyskać zgodę panny młodej.

Margot wspominała później w swych pamiętnikach, że gdy w kwietniu Katarzyna Medycejska oficjalnie zapytała córkę o zgodę, nie miała „woli ani wyboru, należały one do niej". Błagała jednak Katarzynę, żeby pamiętała o jej silnej katolickiej wierze, wzbudzającej w niej niechęć do poślubienia heretyka. Ponadto, jak tyle wydawanych za mąż panien z królewskich rodów – jak Małgorzata Tudor lub Katarzyna Aragońska – musiała odczuwać uzasadnione i prorocze obawy, że gdyby coś ułożyło się nie tak, alians postawiłby ją po przeciwnej stronie konfliktu niż rodzinę.

Odziana w błękit, ze „wszystkimi klejnotami koronnymi", Margot szukała ucieczki w biernym oporze; wykonywała kolejne ruchy, uklękła obok pana młodego, lecz zwlekała z odpowiedzią na pytanie kardynała, czy bierze sobie Henryka za męża. Wreszcie Karol IX postąpił do przodu i pchnął jej głowę w dół, jak gdyby skinieniem wyraziła zgodę. (Później Małgorzata miała wykorzystać ten brak zgody jako podstawę do unieważnienia małżeństwa; rozwiązanie to pobrzmiewa echem ślubu Joanny d'Albret z księciem Kleve sprzed około trzydziestu lat). Uczty miały trwać przez cztery dni, a największą atrakcją królewskiego balu maskowego stała się rycerska pantomima, w której Karol i jego bracia najpierw wysłali Nawarczyka i jego towarzyszy do piekła, by później ich wyratować.

Dwudziestego drugiego sierpnia uroczystości miały się ku końcowi. Kiedy admirał de Coligny szedł do swej kwatery z posiedzenia rady, która w Luwrze wznowiła pracę tego ranka, rozwiązał mu się but; admirał schylił się, by go poprawić. W tej samej chwili rozległ się odgłos wystrzału. Kula, która miała zabić de Coligny'ego, strzaskała mu tylko ramię i niemal urwała palec u ręki.

Katarzyna Medycejska zasiadała do obiadu z księciem Andegawenii, gdy przekazano jej wieść o zamachu. Nawet uważny hiszpański ambasador nie zdołał wyczytać z jej beznamiętnej twarzy, że nie próba zamachu wróży jej katastrofę, lecz jego niepowodzenie. Kiedy nadeszła wiadomość, Karol IX był na korcie tenisowym; w obliczu nowego szwagra, Henryka z Nawarry, oraz innych najważniejszych hugenotów król obiecał przeprowadzenie pełnego dochodzenia i rozkazał, by mieszkańcy miasta nie chwytali za broń.

Kiedy tego samego dnia po południu Karol IX odwiedził de Coligny'ego, towarzyszyli mu Katarzyna i książę Andegawenii, lecz admirał dał znak, że ma do powiedzenia coś przeznaczonego wyłącznie dla królewskich uszu. Książę Andegawenii później ujął rzecz następująco: „Królowa, moja matka, przyznawała od tamtego czasu, że nigdy nie znalazła się w bardziej krytycznym położeniu". Nie dowiedzieli się, co powiedział de Coligny, lecz w powrotnej drodze do Luwru widać było wyraźnie, że Karol IX jest na nich wściekle rozgniewany.

Nic dziwnego zatem, że książę Andegawenii, gdy nad ranem odwiedził matkę, zastał ją na nogach. Sam powiedział później, że przepełniało ich desperackie pragnienie, by „wykończyć admirała dowolnymi środkami. A skoro nie można już było użyć fortelu, trzeba było uczynić to jawnie, ale w tym celu należało koniecznie pozyskać dla naszych zamiarów króla".

Na ulicach ludzie wznosili okrzyki przeciwko królowi i Katarzynie Medycejskiej, nie z powodu podejrzenia o próbę morderstwa, lecz dlatego że pozwolili się otoczyć hugenotom. Ci bowiem byli już uzbrojeni, zamierzając prosto z wesela wyruszyć do walki w Niderlandach. Wielu katolików obecnie uznało, że i oni muszą się przygotować.

Opinie z tamtych czasów – oraz te współczesne – szalenie różnią się co do tego, kto ponosi winę za próbę zgładzenia de Coligny'ego. Wenecki ambasador pisał: „Wszyscy przypuszczali, że stało się to z rozkazu księcia de Guise z powodu rodowej zemsty, gdyż okno, z którego padł strzał, należało do domostwa jego matki". Jednakże później dyplomata zmienił zdanie, dowiedziawszy się z różnych rozmów, „że cała sprawa od początku do końca była dziełem królowej.

Obmyśliła to, uknuła spisek i wcieliła go w czyn z pomocą nikogo innego, tylko swojego syna, księcia Andegawenii".

Wydawało się, że Margot, córka Katarzyny, zgadza się z tym poglądem: najpierw obwiniano Gwizjuszy, lecz następnie Karolowi IX wyjawiono, iż jego brat i matka „mieli w tym swój udział". Katarzyna Medycejska i jej synowie (a wraz z nimi rada królewska) zaczęli przynajmniej popierać ideę zamachu na de Coligny'ego, kiedy wcielono ją w czyn, natomiast nie ma pewności, czy to Gwizjusze byli owymi geniuszami zła czy tylko kozłami ofiarnymi. Czy Katarzyna rozumowała na tyle makiawelicznie, by zdawać sobie sprawę, że jeśli na Gwizjuszy spadnie całe odium winy za omawiane wydarzenia, ona pozbędzie się nie tylko zagrożenia ze strony hugenotów/Burbonów, lecz też drugiego potężnego rodu możnowładców, który podważał jej pozycję jako podpory tronu?

Wieczorem 23 sierpnia Katarzyna wysłała jednego ze swych stronników do króla, żeby poinformował go nie tylko o tym, że matka i brat wiedzieli o próbie targnięcia na życie de Coligny'ego, lecz o tym, iż w niebezpieczeństwie znalazł się obecnie cały ród królewski. Karolowi IX zdradzono również, że hugenoci planują atak właśnie tej nocy.

Wtedy do boju wkroczyła Katarzyna, wielokrotnie i z uporem powtarzając, że hugenoci sprawiają same kłopoty. Słaby młody król najpierw nie chciał im uwierzyć, ale ostatecznie dał się przekonać. Podobno wykrzyknął: „Więc zabić ich wszystkich!". „Wszystkich", czyli głównych hugenotów figurujących na sporządzonej przez Katarzynę liście, którą monarcha zatwierdził – ale nie wszystkich hugenotów w Paryżu, a nawet we Francji.

Sygnał do ataku o trzeciej nad ranem miało dać bicie w dzwon w Palais de Justice. Do tego czasu zaalarmowano milicję, zamknięto wszystkie wyjścia z miasta, a koryto Sekwany przegrodzono barkami związanymi łańcuchami. Książę de Guise osobiście poprowadził grupę, która udała się do domu de Coligny'ego, zadźgał admirała i wyrzucił jego zwłoki przez okno.

Od samego początku było jasne, że żadne dostojeństwo nie zapewni wystarczającej ochrony przed przemocą. Margot, niedawna panna młoda, przebywała razem z siostrą Klaudią, przybyłą do Paryża na wesele, w apartamentach matki, kiedy stało się oczywiste, że coś się szykuje. Jednak „nikt nie powiedział mi o tej sprawie ani słowa", zapisała w swoich *Pamiętnikach*. „Hugenoci traktowali mnie podejrzliwie jako katoliczkę, a katolicy – bo poślubiłam króla Nawarry. (...) Byłam w sypialni królowej, mojej matki, siedząc na kufrze obok mej siostry z Lotaryngii [Klaudii], która wyglądała na głęboko przybitą, kiedy moja matka zobaczyła mnie i wysłała do łóżka (...). Siostra odrzekła, że odsyłając, poświęca mnie, jeśli bowiem [hugenoci] coś odkryją, bez wątpienia zemszczą się na mnie. Matka odparła, że jeśli Bóg zechce, nie stanie mi się krzywda, lecz tak czy inaczej muszę wyjść z powodu obawy przed obudzeniem ich podejrzeń (...). Opuściłam komnatę, zdumiona i oszołomiona, nie wiedząc, czego mam się obawiać".

W kwaterach protestanckiej grupy królewskich gości nowo poślubiony mąż Margot, król Nawarry Henryk, wysłał ją do łóżka. Obudziły ją łomotanie do drzwi i krzyki wzywające jej męża; Małgorzata przekonała się, że to nieznajomy, szlachcic w służbie Henryka, ranny i ścigany przez czterech łuczników. „Żeby się ratować, rzucił się na moje łoże i objął mnie, ja zaś skręciłam w korytarz, a on, nadal trzymając się mnie, podążył za mną. Nie wiedziałam, kim jest i czy nie zamierza mnie zniewolić ani czy łucznicy ścigają jego czy mnie. Oboje krzyczeliśmy, jednako przerażeni".

Kapitan gwardii zjawił się w samą porę, by spełnić prośbę Margot o darowanie tamtemu mężczyźnie życia. Następnie odprowadził ją do apartamentów jej siostry, dokąd Małgorzata „dotarła bardziej martwa niźli żywa"; tam rozkazała opatrzyć rannego i zmieniła zakrwawioną odzież.

Skoro nikt nie był na tyle możny, by nie wpaść w kłopoty, nie było też ludzi na tyle niskiego stanu, by ich oszczędzono. Hugenoci – wszyscy aż nazbyt łatwo rozpoznawalni w czarno--białych strojach – padli ofiarą rzezi. W straszliwych opowieściach krwawymi zgłoskami zapisała się przemoc wobec kobiet, w tym brzemiennych, którym rozpruwano brzuchy, oraz małych dzieci, wrzucanych całymi koszami w wody Sekwany[2]. W źródłach protestanckich, co prawda stronniczych, pisano o kobiecie, która wyskoczyła przez okno, chcąc uniknąć schwytania, lecz przy upadku złamała obie nogi; ciągnięto ją po ulicach za włosy, a ręce odrąbano w nadgarstkach, żeby zrabować jej złote bransolety. Inną kobietę, tuż przed porodem, dźgnięto w brzuch i wyrzucono na ulicę, gdzie skonała razem z dzieckiem, którego głowa wystawała już z jej ciała. Następnie mordercy splądrowali dom ofiary.

Nawet książę de Guise był tak zbulwersowany skalą rzezi (oraz faktem, że Katarzyna przypisywała mu winę za masakrę), iż widziano, jak na ulicach stawał w obronie hugenotów; rzekomo otworzył przed nimi drzwi domu, by udzielić im azylu. Hiszpański ambasador widział rosnący stos trupów: „Podczas gdy piszę, wyrzucają ich, obdartych do naga, i ciągną po ulicach, plądrują ich domy, nie oszczędzając ani jednego dziecka. Chwała Bogu, że pozyskał francuskich książąt dla swej sprawy. Oby natchnął ich serca, by dalej poczynali sobie tak, jak zaczęli!".

Księża zachęcali do rozlewu krwi, ale spośród trzech lub czterech tysięcy ludzi zabitych w stolicy nie wszyscy musieli być hugenotami. Niektórzy zginęli raczej z powodu osobistej zemsty niż wiary religijnej, gdy orgia masakry nabrała straszliwego impetu.

Ofiary z listy najdostojniejszych osobistości, spisanej przez Katarzynę i Karola IX, w większości poniosły śmierć w ciągu pierwszych dwóch godzin rzezi. Jednakże pożoga, gdy już została rozniecona, nie dawała się ugasić. Tego królewska grupa nie przewidziała. Po południu król wysłał rozkaz przerwania masakry, lecz został on zignorowany. Dopiero po trzech kolejnych dniach w Paryżu zapanował spokój, lecz do tego czasu mimo nowych rozkazów króla zamieszki rozprzestrzeniły się na prowincję. Zanim burza wygasła na południu Francji, nastał październik; w całym kraju, zdaniem niektórych, zginęło trzydzieści tysięcy osób (choć szacunkowe rachunki strat szalenie się różnią). Rodzina królewska skryła się w Luwrze, podczas gdy naokoło trwała rzeź. Później (jak podają dwa źródła) Katarzyna doszła do siebie na tyle, że gdy pokazano jej głowę odciętą okaleczonemu, wykastrowanemu trupowi admirała de Coligny'ego, kazała ją zabalsamować i wysłała w prezencie papieżowi.

Z tego punktu nie mogło już być odwrotu. „Musisz dobrze zrozumieć, że nie da się zbyt roztropnie rządzić samą uprzejmością i brakiem pewności siebie", pisała trzy czwarte stulecia wcześniej Anna de Beaujeu. Ten wybuch przemocy rozdarł Europę i aż nadto wyraźnie uwidocznił jej rozłam.

Francuski ambasador w Hiszpanii poinformował w raporcie, że Filip II po usłyszeniu tych wieści dosłownie tańczył z radości. Na pewno napisał do Katarzyny Medycejskiej list z gratulacjami z powodu „tego chwalebnego wydarzenia", a w rozmowie z francuskim ambasadorem przyznał, że francuskim posunięciom „zawdzięcza flandryjskie Niderlandy". W Niderlandach zaś hiszpański generał, książę Alby, poczynał sobie coraz brutalniej. W październiku tamtego roku zezwolił swoim ludziom na ograbienie i wymordowanie mieszkańców miasta Mechelen, gdzie niegdyś wiodła luksusowy żywot Małgorzata Austriacka. Papież zaś nakazał śpiewać *Te Deum*, dopóki nie poinformowano go, że masakry we Francji nie planowano, a pierwotna próba zamachu była wydarzeniem bardziej politycznym niż z gruntu religijnym.

W przeciwieństwie do nich królowa Anglii Elżbieta I zareagowała oburzeniem. Pisała do Walsinghama, że mord popełniony na domniemanych hugenockich spiskowcach, którzy nie „odpowiedzieli przed prawem", był dostatecznym złem. „Słyszymy o tym jako o czynie wyjątkowo przeniknętym złem oraz straszliwym i niebezpiecznym przykładzie (...). Jeśli jednak dodamy więcej szczegółów – te kobiety, dzieci, dziewczyny, małe niemowlęta i oseski, jednocześnie mordowane i wrzucane do rzeki (...), to tylko powiększa nasz żal i smutek".

Kiedy Elżbieta I wreszcie zgodziła się przyjąć francuskiego ambasadora Fénelona, ani jeden dworzanin nie chciał zamienić z nim słowa czy choćby spojrzeć na niego, gdy dyplomata szedł do komnaty audiencyjnej. Podobno zastał tam królową, jej damy i członków Tajnej Rady – wszystkich przyodzianych w żałobną czerń. Skierowana do Fénelona przemowa królowej była łagodna w porównaniu z wyrzutami, które usłyszał z ust doradców. Cecil oznajmił mu, że była to największa zbrodnia od czasu ukrzyżowania Jezusa. Nikt po stronie angielskiej nie mógł obecnie nawet myśleć o mariażu z francuskim rodem królewskim. Jeśli to król Francji był „autorem i sprawcą tego czynu, budzi wstyd i konsternację", pisał do Walsinghama hrabia Leicester. To samo, naturalnie, dotyczyło jego matki.

Inny mariaż, który rozniecił straszliwą pożogę, został doprowadzony do końca. Henryk z Nawarry (i jego stryjeczny brat Kondeusz) zostali zabrani z komnaty, w której Margot przeżyła tak brutalne i niespodziewane zdarzenie, i przyprowadzeni przed oblicze króla, gdzie usłyszeli zapewnienie, że nic im nie grozi. Małgorzata twierdziła, że matka zadała jej pytanie o to, czy małżeństwo zostało skonsumowane, bowiem w przeciwnym razie można by je unieważnić. Margot, obawiając się o życie Henryka, nie chciała wyrazić zgody na tę wyraźną sugestię i udzieliła odpowiedzi twierdzącej. Jednakże dwaj hugenoccy książęta musieli formalnie powrócić do Kościoła katolickiego. Katarzyna, której być może dało się we znaki przemęczenie, wybuchnęła prostackim rechotem, gdy obaj uczynili przed ołtarzem znak krzyża. Ponadto Henryk miał zadbać, by prowincja Béarn przeszła z powrotem na katolicyzm. Zaiste, Joanna d'Albret umarła.

Katarzyna Medycejska jednak również poniosła stratę – straciła swoją reputację. Wkrótce zdała sobie sprawę, jak wielki ciężar winy za tę aferę będzie musiała wziąć na swoje barki. Wymierzone w nią pamflety atakowały kobiece rządy oraz jej rzekome nieprawości; inni autorzy ponownie nawiązywali do jej florenckich korzeni i przypominali, że Machiavelli zadedykował *Księcia* jej ojcu[3].

Francuski ambasador w Wenecji pisał, że masakra obejmująca nie tylko hugenockich przywódców, „lecz [skierowana] przeciwko tylu biednym i niewinnym ludziom", oznacza, iż Wenecjanie (choć sami wyznania katolickiego) „nie zadowolą się żadną wymówką, przypisując wszystkie poczynania tylko Tobie oraz panu d'Anjou".

Ponadto królowa matka straciła szansę na pokój we Francji. Hugenoci, przekonani, że cały ślub był jedynie pułapką, stanęli przed trudnym wyborem – musieli, jak to ujęła Elżbieta I, „umknąć albo umrzeć". Ci, którzy w La Rochelle wystąpili zbrojnie przeciw Koronie, oddali się pod protekcję Elżbiety I, obecnie ich „naturalnej panującej księżnej aż po wieczne czasy". Kiedy siły rojalistów przystąpiły do długotrwałego, zażartego oblężenia miasta, kobiety zbierały się na murach, by rzucać w atakujących kamieniami.

Poparcie udzielane przez Elżbietę I protestantom z kontynentu przez pewien czas pozostało częściowe i niezdecydowane. Dopiero w 1585 roku ostatecznie dała się przekonać do wysłania holenderskim protestantom wojskowego wsparcia. Zgodziła się nawet, choć nie bez przydługiego komentarza o dziwnym charakterze tej prośby, wystąpić jako matka chrzestna córki Karola IX, którą jego żona urodziła mu tamtej jesieni. Uznała za rozsądne sprawiać wrażenie, że wierzy w zapewnienia Francuzów, iż król przeciwdziałał jedynie hugenockiemu spiskowi, a to, co nastąpiło, było tragicznym wypadkiem. Tak czy inaczej, na razie nie było mowy o jej ewentualnym małżeństwie z najmłodszym synem Katarzyny, księciem Alençon.

Elżbietę Tudor, podobnie jak Katarzynę Medycejską (a przed nią Marię Tudor), ukształtował strach. Był to jeden z powodów, dla którego one i Maria Stuart, wychowująca się jako ulubienica francuskiego dworu, nigdy nie mogły być siostrami w jakikolwiek realny sposób.

Porażkę poniosła w wyniku tych wydarzeń jeszcze jedna królowa. Wśród efektów ubocznych masakry dawała się zauważyć jedna rzecz – nowe, zgodne stanowisko ministrów Elżbiety co do niebezpieczeństwa, jakie reprezentowała królowa Szkocji Maria. W marcu 1571 roku jej stronnik, biskup diecezji w Ross, pisał o wielkim niebezpieczeństwie, w jakim znalazło się życie królowej Szkocji, bowiem Cecil i inni domagali się jej stracenia.

Doradcy Elżbiety I nieomal jednomyślnie uważali, że Marię (która tak niedawno znalazła się w centrum uwagi wewnętrznego buntu katolików) należy wykluczyć z sukcesji, jeśli nie zgładzić. Miało upłynąć jeszcze piętnaście lat, zanim spór między Elżbietą Tudor a Marią Stuart osiągnął punkt kulminacyjny, ale jego zakończenie było już widać jak na dłoni.

Część VII

Po roku 1572

W darach Fortuny nie ma nic niezmiennego ani trwałego; dziś widzi się wyniesionych wysoko mocą Fortuny, którzy dwa dni później doznają dotkliwego poniżenia.

Anna Francuska (Anna de Beaujeu),
Enseignements à ma fille (*Nauki dla mojej córki*), opublikowane 1517–1521

43
Punkty zwrotne

Anglia, Francja, 1572–1587

Okres od początku lat siedemdziesiątych XVI wieku do połowy tej dekady stanowi punkt zwrotny historii władztwa kobiet w Europie. Kwestia małżeństwa królowej Elżbiety I zeszła na nieco dalszy plan, by po raz ostatni powrócić ze wzmożoną siłą, zanim ostatecznie odejdzie w niebyt. Książęce rozrywki Elżbiety w postaci złożonej w 1575 roku wizyty w Kenilworth, rezydencji hrabiego Leicester, stanowiły ostatni akord długich zalotów, a także sprzyjały próbom uzyskania przez hrabiego zezwolenia na pomoc niderlandzkim protestantom przeżywającym kłopoty. Elżbieta Tudor skończyła czterdzieści lat i według ówczesnych standardów osiągnęła wiek zbyt dojrzały na macierzyństwo. Doradcy musieli się pogodzić z jej postanowieniem zachowania dziewictwa.

Jednakże w małżeństwie królowej nie chodziło tylko o następstwo tronu, choć niewątpliwie była to sprawa ważna. Wzrost aktywności katolików na kontynencie mógł jedynie zwiększyć zapotrzebowanie Anglii na sojusze. W połowie lat siedemdziesiątych XVI wieku rozpoczęła się katolicka infiltracja na wielką skalę w Anglii, a król Hiszpanii Filip II wypatrywał też sposobności w Irlandii. Od dawna zaś rozważano ideę mariażu z synem Katarzyny Medycejskiej.

Przez pewien czas po masakrze w noc świętego Bartłomieja (w której zmasakrowano również jej reputację) Katarzynę zaprzątała głównie elekcja jej ulubionego syna, Henryka, księcia Andegawenii, na wakujący tron Polski (echo działań Ludwiki Sabaudzkiej podczas elekcji Świętego Cesarza Rzymskiego). Henryk w stosownym czasie miał porzucić zdobyty tron Polski, gdy zwolniło się miejsce na francuskim. Coraz słabszy, umierający syn Katarzyny, Karol IX, oskarżał ją: „Pani, tyś przyczyną tego wszystkiego! Wszystkiego!". Niemniej na łożu śmierci rozkazał sporządzić nowy dokument zapewniający matce regencję do czasu powrotu Henryka z Polski. Król umarł 30 maja 1574 roku, trzymając matczyną dłoń. Katarzyna powiedziała później: „Po Bogu uznawał tylko mnie".

Wstąpienie na tron Francji ukochanego Henryka było dla Katarzyny jednocześnie triumfem i problemem. Pisała, że gdyby straciła i jego, pogrzebałaby się żywcem, a powrót syna „stanie się źródłem radości i nieustannego zadowolenia", on zaś w listach określał się jako jej „oddany sługa". Sekretarz angielskiego ambasadora w pierwszych dniach panowania nowego króla pisał, że władza Katarzyny „jest tak wielka jak zawsze". Jednak nie wszyscy się z nim zgadzali. Kiedy po niespiesznej podróży powrotnej Henryk wreszcie dotarł do Francji, Katarzyna zobaczyła w nim młodego mężczyznę, którego pomysły nie zawsze odpowiadały jej własnym. Radziła mu, żeby w nowej roli Henryka III Walezjusza pokazał, czyje zdanie przeważa, on zaś niezwłocznie położył kres praktyce przedstawiania dokumentów państwowych najpierw jej, choć matka i syn nadal wspólnie udzielali audiencji, a obserwatorzy wciąż mogli pisać w raportach, że królowa matka „bardzo dużo rozkazuje".

Tymczasem konflikty religijne bynajmniej nie słabły. Podczas gdy młodszy brat Henryka III – Franciszek, książę Alençon – rozważał przyłączenie się do hugenotów, król Nawarry Henryk uciekł z francuskiego dworu i wrócił do swych włości w południowo-zachodniej części kraju. Tam zrzekł się religii katolickiej, do której przyjęcia zmuszono go po nocy świętego Bartłomieja. W kilku południowych prowincjach Francji hugenoci mogli działać, właściwie dysponując autonomią. To Katarzyna Medycejska po podpisaniu kruchego pokoju musiała dostarczyć przesłanie króla w rejon, który na dobrą sprawę był wrogim terytorium. Nadal była potrzebna, lecz panująca w rodzinie niezgoda marginalizowała jej pozycję[1].

Po wstąpieniu Henryka III na tron jego brat Franciszek, długo skłócony z rodziną i od dawna rozważający pomysł mariażu jako sposobu na podbudowanie własnej pozycji, poczuł się zniechęcony bardziej niż kiedykolwiek wcześniej*. W 1578 roku sprzymierzył się z rebeliantami w Niderlandach, przyjąwszy z rąk protestantów tytuł obrońcy swobód Niderlandów przed hiszpańską tyranią.

Królowa Anglii Elżbieta I wiele energii poświęciła na połatanie relacji między holenderskimi protestantami a rzeczonym hiszpańskim tyranem, toteż jej pierwszą reakcją było wysłanie do króla Filipa II listu z wyrazami solidarności. Prawa monarchy zawsze przeważały w niej nad więzami wiary. Jednakże na dłuższą metę dla Anglików zawsze istotne było pozostawanie w dobrych stosunkach z każdym, kto dzierży porty morskie na drugim brzegu kanału La Manche. Istotny zaś dla księcia Alençon był dostęp do angielskich żołnierzy i funduszy. W każdej grze sojuszy mariaż

---

* Po wstąpieniu Henryka III na tron Franciszek d'Alençon sam przejął tytuł księcia Andegawenii (d'Anjou), co może być mylące. Zatem dla większej jasności nadal będę nazywać go księciem Alençon (przyp. aut.).

nadal stanowił dla wszystkich najlepszą figurę, jaką można było zagrać.

Jednakże to ostatnie posunięcie w długotrwałej grze małżeńskiej Elżbiety I Tudor nie miało bez reszty politycznego charakteru, przynajmniej z jej strony. W 1579 roku w ślad za swym osobistym wysłannikiem Jeanem de Simierem przybył do Anglii sam d'Alençon, by wszcząć gorączkowe zaloty, które każda ze stron podjęła z czymś w rodzaju pełnej zachwytu fantazji. Katarzyna Medycejska też rozprawiała na temat wizyty w Anglii w celu załatwienia tej sprawy – kolejne ze spotkań, które nigdy nie miało się ziścić. Gra ciągnęła się z przerwami przez kilka lat, aż w kulminacyjnym momencie Elżbieta I publicznie oznajmiła księciu Alençon, że za niego wyjdzie, tylko po to jednak, by następnego dnia zmienić zdanie.

Wiosną 1582 roku d'Alençon ponownie wyruszył do Niderlandów ze szczodrą dotacją w angielskiej monecie. Kiedy w 1584 roku zmarł, Elżbieta I napisała do Katarzyny Medycejskiej, że nawet jej matczyny żal nie może być większy niż ten, który odczuwa ona sama: „Pani, gdybyś mogła ujrzeć obraz mego serca, zobaczyłabyś wizerunek ciała bez duszy". Niemniej początek lat osiemdziesiątych XVI wieku praktycznie wyznaczył moment ponownego przyjęcia przez królową Elżbietę I roli wiecznej dziewicy. Coraz częściej przedstawiano ją jako Dianę – boską łowczynię bezgranicznie oddaną czystości.

Pozostałe władczynie do pewnego stopnia wciąż były świadome faktu, że ich płeć stanowi potencjalną więź. W 1578 roku informowano, że Katarzyna Medycejska wychwala chrześcijańskie umiłowanie pokoju Elżbiety Tudor: „Jest ona też kobietą, zatem – jak przystoi jej płci – niczego nie pragnie bardziej niż ogólnego spokoju". W korespondencji z Elżbietą często pozowała na rodzicielkę piszącą do swego dziecka, podobnie jak Elżbieta w listach do Marii Stuart. W czerwcu 1572 roku Katarzyna napisała do Elżbiety: „Kocham Cię, jak matka kocha córkę"; wznowiła tę retorykę w dość krótkim czasie po masakrze w noc świętego Bartłomieja w świetle potencjalnego ślubu Elżbiety z księciem Alençon.

W latach siedemdziesiątych XVI wieku Katarzyna została też sponsorką pracy napisanej w obronie władztwa kobiet pod tytułem *Discourse on the legitimate succession of women* (*Rozprawa o pełnoprawnym udziale kobiet w sukcesji*), opublikowanej we Francji przez Szkota Davida Chambersa. De Brantôme pisał o prywatnej rozmowie, w której Katarzyna ubolewała nad istnieniem prawa salickiego i żałowała, że jej córka Margot nie może odziedziczyć królestwa „na mocy jej słusznych praw, podobnie jak inne królestwa również przypadają potomkom po kądzieli", ponieważ „jest tak samo albo i bardziej zdatna do rządzenia jak wielu znanych mi mężczyzn i królów". Siostrzana więź stanowiła również ideał, do którego nieprzerwanie odwoływała się królowa Szkocji Maria Stuart. Jednakże w stosunkach między Elżbietą a Marią ów ideał od dawna zatracił wszelki realny wpływ[2].

44
Gardez

Fotheringhay, 1587

Każdy, kto kiedykolwiek zasiadł do szachownicy, wie, że jeśli gracz zdoła zagrozić królowi przeciwnika, udziela mu rycerskiego ostrzeżenia: „Szach". Kiedy uczyłam się grać w szachy w drugiej połowie XX wieku, poznałam też starszą, częściowo zachowaną tradycję – jeśli graczowi uda się doprowadzić do ustawienia, w którym następny ruch umożliwi zbicie drugiemu graczowi królowej, musi w ten sam sposób ostrzec: „*Gardez*". To francuskie słowo – *(vous) gardez* – oznacza „Strzeż się". Królowa, by tak rzec, jest do wzięcia.

Oczywiście Maria Stuart w pewnym sensie była do wzięcia od chwili, w której oddała się w ręce Elżbiety Tudor. Niebezpieczeństwo jednak polegało na tym, że pod wpływem jej działań – a nawet samego jej istnienia – Elżbieta poczuła się zagrożona w identyczny sposób.

Maria nigdy nie zaprzestała knucia spisków. Kiedy wiek XVI wszedł w lata osiemdziesiąte, pod wpływem obalenia i stracenia ostatniego z jej wrogów w Szkocji, hrabiego Morton, nabrała nadziei, że wkrótce wróci do kraju i prawdopodobnie będzie rządzić wspólnie z synem Jakubem VI, zapewne nawet za zgodą Elżbiety. I choć nic z tego nie wychodziło, ona lub jej stronnicy nigdy nie przestali zerkać na drugi tron – angielski. Wkrótce zaś nie można było odgraniczyć samej Marii Stuart od tych, którzy uważali się za szermierzy jej sprawy.

W 1584 roku – po zamachu na Wilhelma Orańskiego w Niderlandach oraz po kilku katolickich spiskach przeciwko Elżbiecie I – uchwalono Zobowiązanie o współdziałaniu. Sygnatariusze tego dokumentu poprzysięgli nie tylko bronić królowej Elżbiety, lecz też zgładzić każdego, kto będzie próbował wyrządzić jej krzywdę, oraz wszystkich, „w których imieniu" takie próby zostaną podjęte. Sama Maria złożyła ironiczną propozycję podpisania dokumentu.

Ustawa, przegłosowana przez parlament wiosną następnego roku, zawierała zmodyfikowane wersje bardziej drakońskich fragmentów Zobowiązania, wymagając przynajmniej procesu sądowego dla oskarżonych. W tym samym czasie król Szkocji Jakub VI poinformował matkę, że wobec przetrzymywania jej w niewoli nie ma innych możliwości poza „odmową współpracy z nią we władaniu Szkocją bądź traktowania jej inaczej niż królowej matki". Natomiast Elżbieta, jak zapewnił ją poseł króla, mogła liczyć na sympatię Jakuba, „jakby był jej rodzonym synem". Oboje posługiwali się w listach rodzicielsko-synowską retoryką, przy czym Elżbieta była matką chrzestną Jakuba, co w XVI wieku traktowano jak istotną więź.

Maria pogrążyła się w otchłani cierpienia. „Bądź łaskaw zauważyć, że to ja jestem prawdziwą i jedyną królową", odpisała synowi. „Nie obrażaj mnie więcej tytułem królowej matki (...); nie ma w Szkocji króla ani królowej oprócz mnie". W liście do Elżbiety zaś zapewniała: „Bez niego ja, dopóki żyję, mam i będę miała prawa królowej i władczyni (...), on zaś beze mnie znaczy zbyt mało, by nawet myśleć o wzroście znaczenia". Została jednak zignorowana i kiedy rok później Jakub VI podpisał z Anglią traktat, straciła wartość nawet pionka, którym jedna lub druga strona mogłaby zechcieć zagrać.

Skoro życie Marii Stuart nie przedstawiało już wartości dla innych, miało tylko warunkową wartość dla niej samej. Nie miała powodu, by nie użyczyć swej osoby następnemu spiskowi. Spisek, uknuty przez młodego katolickiego zapaleńca Anthony'ego Babingtona, był dobrze znany głównemu szpiegowi Elżbiety, Walsinghamowi, i stanowił dlań bardzo poręczne narzędzie. Walsingham pisał do hrabiego Leicester, że ta sprawa, jeśli zostanie „dobrze rozegrana, skręci kark wszystkim niebezpiecznym praktykom". Oraz tym, którzy się ich dopuszczą.

Co do winy Marii nie mogło być wątpliwości, ale gdy w sierpniu 1586 roku przyszło do aktu oskarżenia, ona nadal zapewniała, że zawsze przedstawiała się jako „dobra siostra i przyjaciółka" Elżbiety Tudor. W październiku sprawa została osądzona w zamku w Fotheringhay, gdzie przetrzymywano Marię. Podsądna, po protestach, że jako królowa nie podlega wyrokom składu sędziowskiego, nadal nieprzekonująco zapewniała o swej niewinności: „Nigdy nie zgubiłabym własnej duszy, knując zagładę najdroższej siostry".

Krokodyle łzy? A jednak Maria sprawiała wrażenie, jakby wciąż tylko połowicznie wierzyła we własne słowa. Nic dziwnego, że sama Elżbieta wydawała się zdumiona. Królowa syknęła gniewnie do strażnika Marii: „[Powinieneś] przekazać swej nikczemnej pani, iż podłością zmusza [mnie] do [wydania] ze szczerym żalem tych rozkazów, i powiedzieć jej ode mnie, by prosiła Boga o przebaczenie". Jednak Elżbieta zaklinała się również: „Gdyby to dotyczyło tylko jej i mnie, gdyby Bogu spodobało się uczynić nas obie dojarkami dźwigającymi kubły na barkach, sprawę należałoby pozostawić między nami; choćbym wiedziała, że dążyła i nadal będzie dążyć do zniszczenia mnie, nie mogłabym się zgodzić na jej śmierć".

Wyrok „winna" 4 grudnia podano do publicznej wiadomości. Królowa Elżbieta obwieściła: „Z wielką i głęboką przykrością przychodzi nam myśleć lub sobie wyobrażać, że ona, królewna z urodzenia, naszej płci i krwi, mogła obmyślić lub dobrowolnie przystać na tak nienaturalny i potworny fakt przeciwko nam". Jednakże musiała jeszcze podpisać nakaz wymierzenia kary, jakiej wymagał taki postępek – egzekucji.

W grudniu rada niechętnie doręczyła Elżbiecie list od Marii, która błagała kuzynkę, by okazała „względy równej sobie"; jeśli pominąć prośby dotyczące losu służących oraz dyspozycje związane z pochówkiem, list był obliczony na rozgłoszenie w kraju całej potworności przyszłej śmierci Marii.

„Nie oskarżaj mnie pochopnie", napisała Maria, „jeśli w przededniu opuszczenia tego świata i odejścia do świata lepszego przypomnę Ci, że pewnego dnia będziesz musiała odpowiedzieć na postawione Ci zarzuty (...), a moja krew i niedola mego kraju zostaną zapamiętane". Pod listem podpisała się: „Twoja siostra i kuzynka, bezprawnie uwięziona, Marie, Royne".

Kilka lat wcześniej Maria dała Elżbiecie do zrozumienia, że jest gotowa przelać krew; hiszpańskiemu ambasadorowi Mendozie oznajmiła, iż ma nadzieję, że Bóg przyjmie jej śmierć jako ofiarę „złożoną przeze mnie dobrowolnie w intencji zachowania Jego Kościoła". Mimo tej gotowości Maria nie zamierzała ani na chwilę pozwolić Elżbiecie zapomnieć o okropnym czynie, który królowa miała popełnić.

Hrabia Leicester napisał do Walsinghama: „Przyszedł list od szkockiej królowej, który wycisnął łzy, lecz wierzę, że niczego więcej nie wskórał, aczkolwiek zwłoka to rzecz zbyt niebezpieczna". Kiedy nadszedł nowy rok, Elżbieta stroniła od ludzi, lecz antykwariusz William Camden relacjonował, że słyszano, jak królowa mruczy do siebie: „Uderzyć lub oberwać; uderzyć lub oberwać". Dopiero jej krewny, lord Howard of Effingham, 1 lutego wreszcie przekonał ją, by położyła kres tej nieznośnej zwłoce. Królowa podpisała nakaz stracenia Marii, przekazując go z dostatecznym niezdecydowaniem, by później twierdzić, że nigdy nie zamierzała wcielić go w czyn. Jednakże jej doradcy pod wodzą Cecila zgodzili się wziąć na siebie odpowiedzialność z tytułu wykonania nakazu.

Machiavelli radził swemu księciu, że jeśli zachodzi konieczność popełnienia zbrodni, należy zlecać to innym. W tym oraz w pozostałych przypadkach Elżbieta I sprawiała wrażenie, że dobrze przyswoiła sobie nauki i jego, i Anny de Beaujeu. Królowa jako motto przyjęła maksymę *Video et taceo* („Widzę, ale milczę"). Anna de Beaujeu zaś pisała: „Musisz patrzeć tak, żeby zauważać wszystko, nie widząc niczego; słuchać tak, żeby dosłyszeć wszystko, lecz nie wiedzieć o niczym; mówić tak, żeby odpowiadać każdemu, lecz nie powiedzieć niczego, co mogłoby komuś zaszkodzić". A zwłaszcza niczego, co mogłoby zaszkodzić sprawowanej przez siebie władzy.

Siódmego lutego Marii oznajmiono, że następnego ranka zostanie stracona. Napisała, że umrze jako dobra Szkotka i dobra Francuzka – dość osobliwa podwójna rola – lecz nade wszystko jako dobra katoliczka. Jej ziemskie rządy okazały się katastrofą skompensowaną jedynie (w tradycyjnej roli królowej jako małżonki) sukcesami, jakie mógł osiągnąć jej syn Jakub. Maria znalazła sobie jednak inną rolę – podążającej do nieba męczenniczki.

Scena jej egzekucji jest dobrze znana w całym okropieństwie i tragizmie. W wysłanym do Cecila raporcie opisano, jak kaci pomagali damom Marii zdjąć z niej ozdoby i wierzchnią odzież, jak pomagała im w tym sama skazana, „jak gdyby tęskniła za tym, by już odejść". Maria błagała Elżbietę „na honor i godność nas obu oraz na wspólną płeć", by jej sługom pozwolono być z nią do końca. Możnowładcy eskortujący Marię na miejsce stracenia przez krótki czas próbowali powstrzymać towarzyszące jej damy, ale jej gorączkowe protesty przeważyły. „Przez cały czas, gdy zdejmowano z niej szaty, nie zmieniała wyrazu twarzy, tylko z uśmiechem ozwała się tymi słowy, że nigdy nie było takich oblubieńców, którym nie byłaby chętna, i nigdy się nie rozbierała przed taką kompanią. (…) Namacała pień, złożyła głowę, przekładając przezeń podbródek obiema rękami, które tam pozostawiła, tak że zostałyby odcięte, gdyby ich nie dostrzeżono (…). Następnie leżała bardzo spokojnie na pniu, a jeden z katów lekko przytrzymywał ją jedną ręką; wytrzymała dwa ciosy zadane toporem przez drugiego kata, wydawszy tylko bardzo cichy jęk lub w ogóle nie wydawszy dźwięku, nie unosząc przy tym żadnej części ciała z miejsca, gdzie spoczywała; następnie kat odciął jej głowę poza jedną małą chrząstką, rozciętą na kawałki, uniósł głowę, by pokazać ją zgromadzonym, i rzekł: Boże, chroń królową". Korespondent Cecila napisał, że wargi Marii „poruszały się tam i z powrotem jeszcze przez kwadrans" po śmierci.

Teraz, gdy była już martwa, w państwach kontynentalnej części Europy mogła zostać bezpiecznie obwołana katolicką bohaterką. Katarzyna Medycejska powiedziała szkockiemu ambasadorowi: „Z największym żalem przyjmuję to, że nie zdołaliście uczynić więcej dla biednej królowej Szkocji. Nigdy nie było tak, żeby jedna królowa miała prawną zwierzchność nad inną, która w poszukiwaniu bezpieczeństwa oddała się w jej ręce" (czy było to wspomnienie o Joannie d'Albret?). Król Hiszpanii Filip II napisał do swojego ambasadora Mendozy: „Nie możesz, Panie, wyobrazić sobie żalu, który odczuwam na myśl o królowej Szkocji". Ale fakt faktem – mógł teraz dalej przygotowywać olbrzymie przedsięwzięcie, Wielką Armadę mającą opanować Anglię, i nie musiał zadawać sobie pytania, czy naprawdę chce umieścić na angielskim tronie królową oddaną Francji.

Kiedy wczesnym rankiem następnego dnia wieść o egzekucji dotarła do Elżbiety, ta „pogrążyła się w żalu", jak to ujął Camden – uległa histerycznemu i teatralnemu paroksyzmowi, który miał przekonać Europę o jej niewinności, choć bez wątpienia zrodził się z rzeczywistego i złożonego koktajlu emocji.

Bez obawy o nadmierny dramatyzm można powiedzieć, że Elżbieta Tudor wiedziała, iż tamtego dnia umarła również siostrzana więź królowych. Czy patrząc wstecz, na początki tych wydarzeń, można wyobrazić sobie inny scenariusz? Czy Elżbieta mogłaby zostać mentorką Marii Stuart? Chyba nie – na przeszkodzie stanęłaby religia wraz ze wszystkimi skutkami dotyczącymi praw do angielskiego tronu. Nadmiernym uproszczeniem byłoby stwierdzenie, że religia pogrzebała wszelką realną możliwość nawiązania siostrzanej więzi między kobietami dzierżącymi władzę w Europie. W katolickiej części kontynentu, bądź co bądź, było mnóstwo możnych dam, które mogłyby nadal prowadzić między sobą grę. Prawdopodobnie jednak zawsze była to delikatna roślina, kwitnąca jedynie w bardzo szczególnych warunkach. A pod koniec XVI wieku klimat stawał się coraz chłodniejszy.

Posłowie

Co do mnie, nigdy tak nie nęciło mnie chwalebne miano króla ani monarsza władza królowej jak pełna zachwytu świadomość, że Bóg uczynił mnie swoim narzędziem (...). Nigdy na moim miejscu nie zasiądzie królowa przewyższająca mnie żarliwą miłością do kraju, troską o poddanych oraz ochotą narażenia życia dla waszego dobra i bezpieczeństwa.

Elżbieta I Tudor, *Złota przemowa*,
30 listopada 1601 roku

Osiemnaście miesięcy, które upłynęły od chwili śmierci Marii Stuart, dla Elżbiety Tudor były czymś w rodzaju kolejnego punktu zwrotnego. Zwycięstwo nad Wielką Armadą latem 1588 roku wynikało bardziej ze szczęścia i złej pogody niż ze sztuki dowodzenia i w pewnym sensie odzwierciedlało to, czego królowa zawsze się obawiała – kryzys wojenny, nad którym ona, jako kobieta, nie mogła objąć bezpośredniego dowodzenia. Mimo to jej przemowa do żołnierzy w Tilbury, gdy okręty Armady wpłynęły już na wody kanału La Manche, a syn Małgorzaty Parmeńskiej planował inwazję na Anglię z Niderlandów, stała się największym symbolem jej panowania: „Wiem, że mam ciało słabej i wątłej kobiety, ale serce i odwagę króla, i to króla Anglii – za nikczemną niegodziwość uważam to, że książę Parmy lub którykolwiek z książąt Europy ośmiela się wtargnąć w granice mojego królestwa. Przeto, by żadna niesława nie powstała z mej przyczyny, sama narażę swoją królewską krew; sama będę waszym generałem".

Jak często przedtem, w przemowie grała na swej kobiecości i bezbronności, przekuwając je w siłę. Podpis pod współczesnym malowidłem wiszącym w kościele w hrabstwie Norfolk przytacza inny wariant słów Elżbiety, w którym królowa omawia tę kwestię bardziej agresywnie: „Wróg może rzucić mi wyzwanie z racji płci, bo jestem kobietą, zatem ja mogę przypuścić podobny atak na ich rodzaj – oni są tylko mężczyznami".

Elżbieta I dopilnowała, by jej damy zostały z tyłu, i wjechała konno między żołnierzy z królewskim mieczem w dłoni, „czasem jak kobieta, a zaraz po tym z obliczem i krokiem żołnierza", jak to ujął Camden dwadzieścia lat później. Niemniej hrabia Leicester w dniach poprzedzających przemowę w Tilbury powiedział królowej, że jej osoba „jest najświętszą i najwykwintniejszą rzeczą na świecie, o jaką możemy się troszczyć, a ta myśl musi przyprawiać o dreszcz każdego mężczyznę". Jednocześnie odwoływała się do rycerskich uczuć poddanych i wzbudzała ich podziw siłą oddziaływania. Jeżeli było to olbrzymie fiasko pokoju, do którego ona i jej siostry królowe tak często dążyły, to umożliwiło ono Elżbiecie przybranie osobowości wojowniczki – roli, w której podziwiano głównie męskich władców[1].

Koniec lat osiemdziesiątych XVI wieku wyznaczył początek „drugiego panowania" królowej Elżbiety I, bynajmniej nie tak pomyślnego jak poprzednie. W szerszym kontekście lata siedemdziesiąte i osiemdziesiąte to okres epickich batalii, rozgrywanych w całej północnej Europie przez katolików i protestantów, rozłamu we Francji, zagrożenia Anglii i utwierdzenia się Hiszpanii w roli katolickiego krzyżowca sięgającego długimi mackami zamorskich ziem.

Wieloletni ulubieniec i stronnik Elżbiety, hrabia Leicester, zmarł po kilku tygodniach od zwycięstwa nad Wielką Armadą ku wielkiemu, przeżywanemu w samotności żalowi królowej. Przez kilka następnych lat co roku traciła kolejnego ważnego doradcę. W 1598 roku William Cecil, który przeżył najdłużej, pozostawił jako następcę na fotelu pierwszego ministra swego syna, Roberta. Natomiast hrabiego Leicester, jako głównego faworyta królowej, zastąpił jego pasierb, hrabia Essex; a relacje z nim rzuciły nader niepochlebne światło na jej kobiece rządy.

Hrabia Essex, młody i wojowniczy mężczyzna, długo rozpieszczany przez Elżbietę, zaczął traktować starzejącą się kobietę pogardliwie i ostatecznie wszedł na drogę otwartego buntu. Podobno kiedyś wyraził się w niewybaczalny sposób: „Warunki życia królowej są równie koślawe jak jej cielsko". W latach dziewięćdziesiątych XVI wieku, w dekadzie trudności ekonomicznych i niepewności o przyszłość, dworem Elżbiety wstrząsnęła seria skandali na tle seksualnym, które nie tylko źle rzutowały na jej autorytet, lecz też ożywiały zadawniony stereotyp władczyni otoczonej aurą lubieżności.

Podeszły wiek nie położył kresu oszczerstwom rzucającym cień na reputację Elżbiety. W latach osiemdziesiątych katolicki polemista Nicholas Sanders wydał obelżywą historię życia Anny Boleyn, potraktowaną jako okazja do przeprowadzenia spisu uczynków matki i córki, które autor uważał za grzeszne. W latach dziewięćdziesiątych zaś Richard Topcliffe, niesławny śledczy Elżbiety, mógł głośno fantazjować o tym, jak obmacywał jej nogi i brzuch. A kiedy po jej śmierci Robert Cecil napisał, że królowa była „kimś więcej niż mężczyzną, a w duszy czasem niezupełnie kobietą", stanowiło to odwrotną stronę medalu – ideę władcy stojącego ponad własną płcią, która niegdyś umacniała kobiecą władzę Elżbiety.

Do królowej nadal zwracano się zgodnie z kanonami dworskiej miłości, lecz jej uroda od dawna gasła. Anna de Beaujeu przestrzegała córkę, że gdy stuknie jej czterdziestka, żadne szaty nie przysłonią zmarszczek na jej obliczu. Kiedy Cecil – sługa wierny, lecz pragnący zabezpieczenia swej przyszłości oraz następstwa tronu – nawiązał korespondencję z królem Szkocji Jakubem VI, podkreślał potrzebę zachowania tajemnicy, tłumacząc to wiekiem i zniedołężnieniem Elżbiety, „idącymi w parze z właściwą jej płci zazdrością". Nawet sama królowa, czyniąc weneckiemu posłowi wyrzuty z powodu faktu, że Wenecja nie utrzymywała na jej dworze stałego ambasadora, pytała gorzko: „Czy to moja płeć sprowadziła na mnie tę niełaskę?". Płeć, musiała dorzucić mężczyźnie ze złością, „nie umniejsza mojego prestiżu".

W ostatnich latach życia Elżbiety Tudor, nawet po śmierci Marii Stuart, w gronie czołowych kandydatów do zastąpienia jej na tronie znalazło się kilka kobiet. Król Hiszpanii Filip II jako główną katolicką pretendentkę forsował swą córkę, infantkę Izabelę. Kiedy w 1601 roku Cecil sporządził listę kandydatów, po figurującym na pierwszym miejscu królu Szkocji Jakubie VI drugie miejsce zajmowała Arbella Stuart (córka młodszego brata lorda Darnley); zapewne Jakuba należałoby zdyskwalifikować, gdyż urodził się za granicą. Dla tłumu bacznych obserwatorów z innych krajów Arbella była postacią interesującą przede wszystkim dlatego, że można ją było wydać za mężczyznę, który w ten sposób przejąłby jej prawa – kogoś z grona, od samego Roberta Cecila aż po jednego z wnuków Małgorzaty Parmeńskiej.

Kłopot polegał na tym (o czym informowali w raportach uważni posłowie), że Anglia na razie miała dość królowych. Katolicki komentator spraw związanych z sukcesją, publikujący pod nazwiskiem Doleman, ujął rzecz następująco: „[kobiety] nie należy preferować przed tyloma mężczyznami (...); trzy kobiety, panujące w Anglii jedna po drugiej, to dużo, podczas gdy w okresie przeszło tysiąca lat przed nimi nie rządziło [w tym kraju] aż tylu władców tej płci".

W końcu za niemal powszechną zgodą Elżbietę I zastąpił na tronie mężczyzna, protestancki syn Marii Stuart Jakub VI (jako król Anglii Jakub I). W proklamacji wyraźnie obwieszczono, że tron zawdzięcza pochodzeniu w linii żeńskiej „z ciała Małgorzaty [Tudor] (...) i Elżbiety z Yorku". Jednakże pełna inwencji koncepcja monarchii Jakuba miała charakter całkowicie patriarchalny. Królów należy „porównywać do ojców rodzin", oświadczył przed angielskim parlamentem, „albowiem król jest prawdziwym *parens patriae*, politycznym ojcem swojego ludu".

Jakub w młodości uczył się pod kierunkiem protestanta George'a Buchanana, który odegrał czołową rolę w oczernianiu Marii Stuart. Buchanan pisał, że kobiecie nie przystoi „wydawać wyroków, najmować zaciężnych wojsk i prowadzić armii", tak jak mężczyźnie prząść wełny czy wykonywać „inne posługi [przeznaczone dla] słabszej płci". Taki miał być motyw przewodni pisanych w następnych dekadach prac o udziale kobiet w sukcesji (lub raczej przeciwko niemu).

Elżbieta I była jedną z dwóch wielkich postaci władczyń końca XVI wieku – drugą była oczywiście Katarzyna Medycejska. Jednym z powodów wielkiego oburzenia Katarzyny śmiercią Marii Stuart był impuls, jakim jej męczeństwo stało się dla Ligi Katolickiej pod przewodem Gwizjuszy, która praktycznie zastąpiła w kraju hugenotów, jako główny motor buntu[2]. Kiedy w 1588 roku Gwizjusze najechali Paryż, próbując porwać jej syna Henryka III, to Katarzyna musiała sobie z nimi poradzić, gramoląc się przez wzniesione w całym mieście barykady i pozostając w stolicy, by układać się z napastnikami, podczas gdy król umknął. Mimo to „autorytet i uznanie", jakimi Katarzyna cieszyła się w oczach syna, niemal całkowicie się rozwiały.

Kiedy król, kierując się własnym impulsem, na dwa dni przed Bożym Narodzeniem 1588 roku nakazał zgładzenie w zamachu ostatniego księcia de Guise, Katarzyna zawyrokowała, że syn „zmierza ku upadkowi". Miała rację. Zaledwie siedem miesięcy później jej ostatni pozostały przy życiu syn, sam bezdzietny, został zamordowany przez dominikanina, rozwścieczonego sojuszem, który Henryk III zawarł z protestantem – Henrykiem z Nawarry. Katarzyna nie dożyła jednak dnia, kiedy syn Joanny d'Albret, którego ślub doprowadził do masakry w noc świętego Bartłomieja, został ogłoszony królem Francji – Henrykiem IV Burbonem. Zmarła zaledwie dwa tygodnie po zamachu na Gwizjusza. Henryk IV napisał jej epitafium: „Cóż może zrobić biedna kobieta z pięciorgiem dzieci w ramionach po śmierci męża i z dwoma rodami we Francji – naszym oraz Gwizjuszy – starającymi się naruszyć prawa Korony? Czyż nie musiała odgrywać dziwnych ról, by zwieść to jednych, to drugich, a mimo to ochronić, jak to uczyniła, swoje dzieci, które kolejno panowały dzięki mądrości tak zdolnej kobiety? Dziwię się, że nie dopuściła się czegoś gorszego!".

W 1593 roku Henryk IV został przyjęty z powrotem na łono rzymskiego Kościoła po słynnej, choć apokryficznej deklaracji, że Paryż wart jest mszy. Co powiedziałaby na to Joanna d'Albret? Śmierć Henryka z ręki zamachowca w 1610 roku wyniosła do władzy jako regentkę Francji kolejną kobietę, jego żonę – Marię de' Medici, krewną i następczynię Katarzyny Medycejskiej. W swoich próbach sprawowania rządów Maria nigdy jednak nie zdołała przejąć kontroli nad krajem.

W ostatnich latach XVI i na początku XVII wieku nadal pojawiały się pewne przykłady kobiecych rządów. Król Hiszpanii Filip II uczynił swą córkę, infantkę Izabelę, oraz jej męża współwładcami Hiszpańskich Niderlandów; zapoczątkowali oni złoty wiek tej krainy. Królowa Elżbieta „twierdzi, że chce mnie uważać za córkę; wyobraźcie sobie tylko, ileż korzyści przyniosłaby mi taka matka!", powiedziała dość dwuznacznie infantka. Jednakże najsłynniejsza siedemnastowieczna władczyni, królowa Szwecji Krystyna Waza, miała zrezygnować z tronu, twierdząc, że „żadna kobieta nie nadaje się do rządzenia"; to samo odczucie powróciło echem w słowach królowej Wiktorii, która twierdziła: „My, kobiety, (…) nie nadajemy się do panowania". Może słusznie marzenie o władzy kobiet, posuwające się przez cały XVI wiek na północ, zgasło ostatecznie w wodach Bałtyku.

Przynajmniej z perspektywy północnej Europy kusi, by zadać pytanie, czy koniec XVI wieku nie zapoczątkował procesu ograniczania autonomii kobiet, zmniejszania się liczby władczyń krajów, wyciszania debaty o ginokracji oraz rozważań, czy dziewczęta nie powinny się kształcić tak jak chłopcy. W tym czasie królowa Amazonek w Szekspirowskiej komedii *Sen nocy letniej* oraz w innych utworach pojawia się już jako kobieta ujarzmiona przez mężczyznę i małżeństwo.

Kontrreformacja naprawdę odkryła jeden z najskuteczniejszych rodzajów oręża w odnowionym i odświeżonym kulcie Matki Boskiej, niebiańskiej królowej. Jezuici popularyzowali korzystanie z różańca (na którym odmawia się *Zdrowaś, Mario*), odtworzyli sanktuaria i sprzyjali innym zakonom oddanym Matce Boskiej. Marię obwołano prawdziwą bohaterką spod Lepanto, gdzie w 1571 roku Liga Święta zorganizowana przez papieża pod wodzą Hiszpanii stoczyła wielką bitwę morską i pokonała Turków. Papież ogłosił dzień bitwy, 7 października, świętem Matki Boskiej

Zwycięskiej. Jednakże jezuici, którzy we wczesnym okresie działalności tak bardzo polegali na wsparciu szlachetnie urodzonych kobiet, obecnie woleli się zwrócić ku mniej kontrowersyjnym męskim patronom. W tym okresie nastąpił też rozkwit żeńskich zakonów religijnych, który miał trwać również w czasach późniejszych, ale ich członkinie znalazły się za klauzurą.

W świecie protestanckim również było daleko do jakiejkolwiek poprawy sytuacji kobiet. Protestanci (i ich głównie żonate duchowieństwo) długo równoważyli katolicki ideał dziewictwa ideałem rodziny, w której głową jest ojciec. W tej sytuacji pozostało niewiele miejsca na koncepcję dziewicy wojowniczki. We wczesnym okresie wydawało się, że protestancka reformacja zaoferuje kobietom jakieś szanse. Te jednak obecnie zdawały się gasnąć[3].

Po upływie stulecia od śmierci Elżbiety I na tronie Anglii znów zasiadła kobieta, kolejna, która objęła panowanie po swej starszej siostrze. Jednakże starsza siostra królowej Anny Stuart, Maria II Stuart, twierdziła, że „kobiety nie powinny się mieszać do rządów". Teoretycznie Maria panowała razem z mężem Wilhelmem III Orańskim, faktycznie zaś scedowała nań całą władzę. Chociaż w przeciwieństwie do niej królowa Anna Stuart zepchnęła męża, duńskiego księcia Jerzego Oldenburga, na dalszy plan, obie siostry Stuart panowały nad narodem przyznającym monarsze o wiele mniejszą władzę od tej, którą cieszyła się Elżbieta I Tudor.

W kontynentalnej części Europy kobiety nadal odgrywały istotną rolę. Dynastia Habsburgów podtrzymywała dawną praktykę powierzania kobietom z rodziny roli regentki. Jedną z tych ważnych postaci była Anna Austriaczka (z domu Habsburg), regentka i matka króla Francji Ludwika XIV Burbona. Niemniej w połowie XVIII wieku władza Marii Teresy Habsburg, arcyksiężnej Austrii oraz królowej Węgier*, której udało się pomyślnie przeprowadzić elekcję męża na Świętego Cesarza Rzymskiego, co przyniosło jej tytuł cesarzowej, stanowiła pewien rodzaj odrodzenia[4]. Oczywiście dotyczyło to również cesarzowych władających Rosją przez znaczną część XVIII wieku – Katarzyny I, Anny, Elżbiety oraz Katarzyny II Wielkiej – one jednak działały w bardzo odmiennym systemie politycznym, rządzącym się innymi regułami.

Elżbieta Tudor i Katarzyna Medycejska grały w szachy, podobnie jak Izabela Kastylijska, Anna de Beaujeu, Małgorzata Austriacka i Ludwika Sabaudzka. Chociaż królowa Szkocji Maria Stuart również zasiadała do szachownicy, jej osoba nie kojarzy się w szczególny sposób z tą grą. Katarzyna, która nauczyła się grać jeszcze w Italii i popularyzowała szachy po przybyciu do Francji, starała się podobno o okazję do rozegrania partii, w której jej przeciwnikiem miał być wielki włoski mistrz Paolo Boi. Elżbieta, która grywała ze swym znamienitym nauczycielem Rogerem Aschamem, dostatecznie znała symbolikę szachów, by po zwieńczonym sukcesem turnieju nagrodzić sir Charlesa Blounta „szachową królową ze złota suto zdobionego emalią". Blount nosił figurę przywiązaną do ramienia.

Jednakże nawet udział kobiet w grze w szachy do przełomu wieków XVII i XVIII zaczął zanikać. Niezliczone średniowieczne obrazy przedstawiające mężczyznę i kobietę przy szachownicy odeszły w niepamięć; w 1694 roku Thomas Hyde w pracy poświęconej szachom utyskiwał, że nazywanie najaktywniejszej szachowej bierki „królową" jest z pewnością „niewłaściwe".

A jednak... Tradycja kobiecych rządów, takich jak te z XVI wieku, nie może ostatecznie zniknąć (choć w późniejszych latach bywała pomijana). Od tamtych czasów w kronikach Zachodu

---

* A także królowej Czech (przyp. tłum.).

odnotowano przypadki, w których kobiety mogły rządzić państwami – i wiele z nich czyniło to nader skutecznie. Odtąd nikt nie może powiedzieć, że to niemożliwe.

Wiele batalii stoczonych przez owe kobiety nadal ma duże znaczenie. Prawie trzydzieści lat temu Antonia Fraser w przełomowej książce *Boadicea's Chariot* przeanalizowała szereg królowych wojowniczek – od starożytności aż do Żelaznej Damy Margaret Thatcher. Autorka zidentyfikowała kilka tropów kobiecego przywództwa – Syndrom Czystości i Syndrom Zachłanności, rolę kobiety jako Świętej (Zbrojnej) Przywódczyni albo mediatorki, prześledziła ich związki od mitologii celtyckiej i Cesarstwa Rzymskiego aż do przywódczyń naszych czasów: Goldy Meir, Margaret Thatcher, Indiry Gandhi.

Władczynie szesnastowiecznej Europy niemal dokładnie pasują do wyróżnionych przez Fraser wzorców – od dwójmyślenia, które kobietę odnoszącą sukcesy kazało klasyfikować jako „mężczyznę *honoris causa*", aż do wielu przypadków kobiet sięgających po władzę na zasadzie, jak to ujęła autorka, syndromu dodatku: jako wdowa, matka lub siostra możnego mężczyzny. Wystarczy rzucić okiem na gazetę, by się przekonać ponad wszelką wątpliwość, jak skutecznie powyższe tropy nadal funkcjonują w dzisiejszych czasach.

Batalie stoczone przez opisane tu królowe i regentki mają znaczenie, kiedy tylko w dyskusji podnosi się kwestie dotyczące kobiet obejmujących władzę lub rozprawia się o tym, czy kobiety uczestniczące w życiu publicznym mogą dzierżyć tę władzę w odmienny sposób. Żadne z tych pytań nie doczekało się jeszcze wyczerpującej odpowiedzi, ale na nowo zaistniała paląca potrzeba ich zadawania. Piszę te słowa w chwili, gdy kobieta przygotowuje się do rywalizacji o urząd związany z największym na świecie zakresem władzy – prezydenturę Stanów Zjednoczonych – a w Wielkiej

Brytanii kobieta po raz drugi zasiada na fotelu premiera. Do nazwisk Hillary Clinton i Theresy May trzeba też dopisać Angelę Merkel, Nicolę Sturgeon i inne, których osiągnięcia stanowią częściowo spuściznę ich poprzedniczek z wcześniejszych stuleci.

> Czy jest w kobietach coś, co warto cenić?
> Czy było, lecz królowej zgon to zmienił?
> Zbyt długo nas, mężczyźni, tak sądzicie,
> Dowiedzie wam, choć martwa, że błądzicie.
> Kto więc nad naszym nierozsądkiem biada,
> Niech wie: dziś to oszczerstwo, niegdyś zdrada.
>
> *Na cześć i ku wiecznej pamięci wielkiej*
> *i możnej księżnej, królowej Elżbiety*
> (*In Honour of That High and Mighty Princess*
> *Queen Elizabeth of Happy Memory*)
> Anne Bradstreet, 1643

Przypis o źródłach bibliograficznych

Źródła związane z całą książką oraz z prologiem

Niniejsza książka wiele zawdzięcza szczególnie trzem innym pozycjom – rzecz jasna, oprócz wspomnianej w przedmowie książki Garretta Mattingly'ego *The Defeat of the Spanish Armada* (Jonathan Cape, 1959). Moje wiadomości o roli szesnastowiecznych władczyń rządzących ziemiami poza brytyjskim wybrzeżem pogłębiła lektura dzieła Williama Montera *The Rise of the Female Kings in Europe 1300–1800* (Yale University Press, 2012); dzięki temu lepiej sobie uświadomiłam, że nasza anglocentryczna historia w popularnym wydaniu nie spieszyła się z podjęciem tego tematu. Od dawna interesowałam się koncepcją dziedzictwa przekazywanego z matki na córkę i w połowie moich dociekań naukowych zelektryzował mnie ogrom dokonań Sharon L. Jansen w tej dziedzinie wiedzy, zebranych w pracy *The Monstrous Regiment of Women: Female Rulers in Early Modern Europe* (Palgrave Macmillan, 2002). Osobiście wyobrażam sobie to zjawisko według nieco innego wzorca niż Jansen, śledząca współczesne linie dziedziczenia w królewskich rodach panujących w czterech odrębnych regionach, niemniej autorka wykonała cenną pracę, która sama w sobie stanowi ogromną spuściznę.

To samo muszę powiedzieć o przełomowej pozycji Antonii Fraser *Boadicea's Chariot: The Warrior Queens* (Weidenfeld & Nicolson, 1988), którą w końcowej fazie pisania tej książki przeczytałam powtórnie, raz jeszcze podziwiając olśniewającą wirtuozerię, z jaką autorka bada wzorce władztwa kobiet – od historii starożytnej aż do współczesności. Lady Antonię poznałam wiele lat temu, nie przy okazji pracy historycznej, lecz przy wspólnie obejrzanym – a raczej odcierpianym w lodowatej wiosennej aurze – meczu krykieta. Byłam jej wtedy wdzięczna za wielkoduszną propozycję pokrzepienia się łykiem rozgrzewającej mikstury z jej piersiówki, ale dziś jestem jej wdzięczna nieskończenie bardziej.

Niewdzięcznością byłoby nie wspomnieć o wykonanej w tej dziedzinie pracy naukowej, zwłaszcza o serii wydawnictwa Palgrave Macmillan *Queenship and Power* pod redakcją Carole Levin i Charlesa Beema, która zaowocowała między innymi książką Sharon L. Jansen. Do innych szczególnie ważnych tytułów z tej serii należą: książka samego Beema *The Lioness Roared: The Problems of Female Rule in English History* (2008) oraz praca Eleny Woodacre *Royal Mothers and their Ruling Children: Wielding Political Authority from Antiquity to the Early Modern Era* (2015); niemniej wszystkie wydawnictwa z tej serii wnoszą cenny wkład w naukowy plon zebrany na tej stale żyznej niwie. Wśród mnóstwa innych książek na ten temat chciałabym wyróżnić jeszcze jedną – *A History of Women's Political Thought in Europe, 1400–1700* (Cambridge University Press, 2009) pióra Jacqueline Broad i Karen Green.

Chciałabym też przypomnieć czytelnikowi o pracy wykonywanej w bardzo odmiennym środowisku – w internecie. Szczególny wkład wniesiono tam w przedstawienie szesnastowiecznych władczyń w szerszym kontekście możnych kobiet na całym świecie w kolejnych stuleciach; zawsze będę żałować, że z postaci żyjących dokładnie w tej samej epoce, co „moje" władczynie, królowa (Rani) Padmavati z Radźputany, jadąca do bitwy na grzbiecie własnego słonia bojowego, nie mieści się w zakresie tematyki niniejszej pracy.

Propozycje dalszych lektur

Wstęp

Moje pojęcie o zmianach reguł gry w szachy ukształtowało się pod wpływem książki Marilyn Yalom *Birth of the Chess Queen* (Pandora Press, 2004). Bogactwo wiadomości na temat szesnastowiecznego wkładu w debatę o ginokracji można znaleźć w przypisach do wspomnianej wyżej książki Sharon L. Jansen, zwłaszcza na stronach 229–231.

Część I: 1474–1513

Poprzednio pisałam o wydarzeniach w Anglii w tych latach w książce *Blood Sisters: The Women Behind the Wars of the Roses* (Harper Press, 2012). O Małgorzacie Tudor (i jej następcach w Szkocji) pisała Linda Porter we frapującej pozycji *Crown of Thistles: The Fatal Inheritance of Mary Queen of Scots* (Macmillan, 2013), ponadto Małgorzata i jej siostra Maria stały się bohaterkami pracy Marii Perry *Sisters to the King* (Andre Deutsch, 1998).

Standardową anglojęzyczną biografię Izabeli Kastylijskiej *Isabel the Queen: Life and Times* (Oxford University Press, 1992) napisała Peggy K. Liss. Warto też zwrócić uwagę na artykuł Barbary F. Weissberger w książce pod redakcją Anne J. Cruz i Mihoko Suzuki *The Rule of Women in Early Modern Europe* (University of Illinois, 2009). Julia Fox napisała ważną podwójną biografię *Sister Queens: Katherine of Aragon and Juana, Queen of Castile* (Weidenfeld & Nicolson, 2011). Katarzyna stała się też bohaterką wielu osobnych biografii, zwłaszcza *Katarzyna Aragońska*.

Hiszpańska królowa Henryka VIII Gilesa Tremletta (Wydawnictwo Astra, 2013) oraz *Katharine of Aragon* Patricka Williamsa (Amberley, 2013).

Małgorzacie Austriackiej poświęcono trzy stosunkowo nowe anglojęzyczne biografie: *The First Governess of the Netherlands: Margaret of Austria* Eleanor E. Tremayne (Methuen & Co, 1908), *Margaret of Austria: Regent of the Netherlands* Jane de Iongh w tłumaczeniu Mary D. Herter Norton (Jonathan Cape, 1954) oraz *Fortune, Misfortune, Fortifies One: Margaret of Austria, Ruler of the Low Countries, 1507–1530* Shirley Harrold Bonner (Amazon, 1981). Wiadomości o Karolu Brandonie czytelnik znajdzie w książce Stevena Gunna *Charles Brandon: Henry VIII's Closest Friend* (Amberley, 2015). Listy Małgorzaty opublikowano w pracy Ghislaine de Boom, *Correspondance de Marguerite d'Autriche*... (Bruksela, 1935); patrz też: André J.G. Le Glay, *Correspondance de l'Empereur Maximilien I et de Marguerite d'Autriche* (Paryż, 1839).

Wiele kobiet z francuskich rodów królewskich nie doczekało się osobnych biografii po angielsku, ale praca Pauline Matarasso *Queen's Mate: Three Women of Power in France on the Eve of the Renaissance* (Routledge, 2001) zawiera wiarygodne rozważania na temat Anny de Beaujeu, Anny Bretońskiej oraz Ludwiki Sabaudzkiej (we wcześniejszym okresie życia). Późniejsze lata życia Ludwiki opisała Dorothy Moulton Mayer w książce *The Great Regent: Louise of Savoy 1476–1531* (Weidenfeld & Nicolson, 1966). Praca Anny de Beaujeu pod tytułem *Anne of France: Lessons for my Daughter* ukazała się w przekładzie i pod redakcją Sharon L. Jansen (L.D.S. Brewer, 2004). W internecie można znaleźć *Journal* Ludwiki Sabaudzkiej pod redakcją Claude'a Barnarda Petitota w pracy *Collection complète des mémoires relatifs à l'histoire de France* (Paryż, 1826).

Na szczególne podziękowania zasługują Patricia F. oraz Rouben C. Cholakianowie, autorzy książki *Marguerite of Navarre* (Columbia University Press, 2006), za opracowanie idei, że pewne fragmenty *Heptamerona* mają charakter autobiograficzny (patrz niżej). Korzystałam z wydania *Heptamerona* Małgorzaty z Nawarry w przekładzie Paula A. Chiltona (Penguin, 1984) [wydanie polskie: Małgorzata z Nawarry, *Heptameron*, tłum. Teresa Giermak-Zielińska, Collegium Columbinum, Kraków 2012, przyp. tłum.]. Patrz też: *Lettres de Marguerite d'Angoulême*, red. F. Génin (Paryż, 1841), *Nouvelles Lettres* (Paryż, 1842) oraz Pierre Jourda, *Marguerite d'Angoulême, Duchess d'Alençon, Reine de Navarre* (Paryż, 1930). Prace de Brantôme'a na temat Małgorzaty, patrz: Pierre de Bourdeille de Brantôme, *Oeuvres complètes* (Paryż, 1864–1882).

„...dwóch długich listów, podpisanych po prostu inicjałem «M»": wersje w zbiorach British Library's Cotton MS (Titus B. i. ff 142) wyszły spod pióra sir Richarda Wingfielda, ambasadora wysłanego do Niderlandów w celu przeprowadzenia negocjacji w sprawie propozycji mariażu Karola, bratanka Małgorzaty Austriackiej, i Marii, młodszej siostry Henryka VIII. Listy są po angielsku, przypuszczalnie przetłumaczone przez Wingfielda z francuskojęzycznych oryginałów, a British Library jedynie przyznaje, że „M" można „przypuszczalnie" identyfikować jako inicjał Małgorzaty. Jednak na podstawie wewnętrznych dowodów – miejsc, okazji, długich rozmów z królem – trudno byłoby znaleźć inną osobę, którą mógłby oznaczać inicjał „M". Ponadto Wingfield na odwrocie listów odnotował, że zostały napisane w „Loivain", czyli Louvain na terytorium Małgorzaty, i że dotyczą „sekretnych spraw księcia Suffolk". Patrz też: John Gough Nichols (red.), *The Chronicle of Calais in the Reigns of Henry VII and Henry VIII to the Year 1540*, Camden Society, t. XXXV, Londyn, 1846.

„...o ile wydarzenia z Heptamerona są w jakimś sensie autobiograficzne": patrz praca Cholakianów, op. cit., s. 21–38. Wcześniejsi autorzy wspominają o możliwym związku Małgorzaty i de Bonniveta, ale w sposób typowy dla swoich czasów. Francis Hackett w wydanej w 1934 roku biografii Franciszka I pisze, że de Bonnivet obserwował Małgorzatę „z powściągliwą żądzą, natomiast ją, nadzorującą pracę mniszek, oznaki jego uwagi przyprawiały o dreszcz. Zapraszała go – skoro i Franciszek nie stronił od użycia siły – sposobem, w jaki to znosiła i tolerowała". Hackett, podobnie jak Mayer, biografka Ludwiki Sabaudzkiej, zgadzał się z teorią, że Ludwika, „przebiegła i doświadczona matrona", sprzyjała ich romansowi, gdyż de Bonnivet mógł dać Małgorzacie dziecko, czego nie zdołał uczynić jej mąż. O seksualnych obyczajach i możliwych wątkach autobiograficznych w dziełach Małgorzaty pisały też Broad i Green, op. cit., s. 70–71 i 79–89. Chilton we wstępie do *Heptamerona* stwierdza, że „w okresach, kiedy kobiety przejawiają pewność siebie, tej tendencji odpowiada chęć dopuszczania się wobec nich przemocy"; Małgorzata mogła reagować na klimat generalnie nacechowany agresją.

Część II: 1514–1521

Oprócz biografii podanych wyżej, patrz: Antonia Fraser, *The Six Wives of Henry VIII* (Weidenfeld & Nicolson, 1992); David Starkey, *Six Wives: The Queens of Henry VIII* (Chatto & Windus, 2003); Alison Weir, *The Six Wives of Henry VIII* (Bodley Head, 1991), a także Glenn Richardson, *The Field of Cloth of Gold* (Yale University Press, 2013).

Część III: 1522–1536

Zagadka Anny Boleyn stała się inspiracją dla wielu dzieł literackich, choć najbardziej wszechstronną i autorytatywną biografią pozostaje *Życie i śmierć Anny Boleyn* Erica Ivesa (Wydawnictwo Astra, 2012). Bardziej kontrowersyjne poglądy zawierają książki: *Anne Boleyn: Fatal Attractions* (Yale, 2010) George'a W. Bernarda, głównego propagatora teorii o winie Anny, przynajmniej do pewnego stopnia, oraz *The Rise and Fall of Anne Boleyn: Family Politics at the Court of Henry VIII* Rethy M. Warnicke (CUP, 1989). Praca Alison Weir *Królowa w Tower. Upadek Anny Boleyn* (Wydawnictwo Astra, 2017) zawiera frapującą analizę okoliczności dochodzenia, które doprowadziło do egzekucji Anny, natomiast książka Tracy Borman *Thomas Cromwell. Nieopowiedziana historia najwierniejszego sługi Henryka VIII* (Wydawnictwo Astra, 2016) ukazuje całą historię z drugiej strony, a praca Suzannah Lipscomb *1536: The Year that changed Henry VIII* (Lion, 2009) zawiera analizę roku upadku królowej. Za fascynującą uważam też książkę Nicoli Shulman *Graven with Diamonds* (Short Books, 2011), w której Thomas Wyatt posłużył autorce jako pryzmat do obserwacji kultury dworskiej w dobie upadku Anny.

Opis zażartych zmagań religijnych, których Anna Boleyn była tylko jednym z elementów, Diarmaid MacCulloch zamieścił we wspaniałej pracy *Reformation: Europe's House Divided 1490–1700* (Allen Lane, 2003).

„**...czy brat nie życzy sobie jej powrotu**": możliwe, że to podczas tej zniechęcającej podróży do kraju Małgorzata napisała do brata nieopatrzony datą, zagadkowy, desperacki list. Wydaje się, że gorączkowo pragnęła się dowiedzieć, czy Franciszek przyśle po nią, dręczona myślą, co brat może zrobić, obawą, iż może „porzucić właściwą drogę"; bała się też, czego może zażądać od niej „w dowód uległości". List, w którym Małgorzata błaga, by brat go spalił, tchnie wstydem, który tak często zdawała się odczuwać, albo podsycaną przerażeniem świadomością potrzeby zachowania tajemnicy. Génin, znakomity dziewiętnastowieczny redaktor jej pism, nie ma wątpliwości, czego Franciszek domagał się od siostry ku jej zgrozie – żeby zamieniła ich wzajemną relację w związek kazirodczy, pod względem fizycznym oraz emocjonalnym. Trudno jednak obecnie dociec, co w treści listu zmusza do tak skrajnego sposobu jego interpretacji, który rzeczywiście z trudem pasuje do stale powtarzanych przez Małgorzatę propozycji natychmiastowego przybycia do brata. (Ponadto w pierwszej połowie XIX wieku kazirodztwo było wśród pisarzy absolutnie ulubionym straszakiem). Barbara Stephenson w książce *The Power and Patronage of Marguerite of Navarre* (Ashgate, 2004) na stronie 119 przekonująco argumentuje, że list mogła napisać jakaś inna „Małgorzata".

„Żaden z listów Henryka VIII do Anny Boleyn...": istnieje całkiem dosłownie tyle samo rozmaitych wersji chronologii listów Henryka, ilu pisarzy zajmujących się tym tematem. Zbyt krótko zgłębiam to zagadnienie, by dołączyć do ich grona. Przemawia do mnie jednak teoria Erica Ivesa, w której autor ustala kolejność pierwszych trzech listów, choć sama przyjęłabym nieco inną chronologię.

„o ile wspomnienia (...) są dokładne": Nancy Lyman Roelker przytacza na stronie 127 w pełnym brzmieniu list, napisany ponoć przez Joannę:

„Piszę, by Cię poinformować, że aż do tej chwili podążam śladem zmarłej królowej, mojej najszacowniejszej matki – niech jej Bóg wybaczy – w tym, iż waham się między dwiema religiami. Nieżyjący już brat, król Franciszek I, ostrzegł rzeczoną królową (...), żeby nie nabijała sobie głowy nowymi doktrynami, więc od tamtego czasu ograniczała się do zabawnych historii. Poza tym dobrze pamiętam, jak dawno temu nieżyjący już król [Nawarry], mój najszacowniejszy ojciec (...) zaskoczył nieżyjącą królową w jej komnatach na modlitwie z pastorami Rousselem i Farelem, jak z wielkim rozdrażnieniem uderzył ją w prawy policzek i surowo zabronił mieszać się w sprawy doktrynalne. Wygrażał mi kijem, co kosztowało mnie wiele gorzkich łez oraz utrzymywało mnie w strachu i posłuszeństwie, dopóki oboje nie pomarli".

Niestety, autentyczność tego listu jest kwestionowana; patrz: Broad i Green, op. cit., s. 111–112.

Część IV: 1537–1553

Biografię Marii Węgierskiej napisała Jane de Iongh, przekład Mary D. Herter Norton (*Mary of Hungary: Second Regent of the Netherlands*, Faber & Faber, 1959); Marii de Guise – Rosalind K. Marshall (*Mary of Guise*, Collins , 1977). Najnowszą biografią Marii Tudor jest przejmujące dzieło Anny Whitelock *Mary Tudor: England's First Queen* (Bloomsbury, 2009), po niej zaś książki: *Maria Tudor. Pierwsza królowa* Lindy Porter (Wydawnictwo Astra, 2013) i *Mary Tudor* Judith Mary Richards (Routledge, 2008). Głównym anglojęzycznym studium biograficznym postaci Joanny d'Albret pozostaje praca Nancy Lyman Roelker *Queen of Navarre: Jeanne d'Albret* (Harvard University Press, 1968).

Części VI i VIII

Przedtem dwukrotnie pisałam o panowaniu Elżbiety I w książkach: *Elżbieta I i Robert Dudley. Prawdziwa historia Królowej Dziewicy i mężczyzny, którego kochała* (Wydawnictwo Astra, 2014) oraz *Arbella: England's Lost Queen* (Bantam, 2003). Spisy pozycji bibliograficznych w tych pracach zawierają obszerniejszą listę lektur i źródeł, lecz od tamtego czasu ukazały się książki, z których skorzystałam. Do prac pióra Alison Weir *Elizabeth the Queen* (Jonathan Cape, 1998) i Anne Somerset *Elizabeth I* (Weidenfeld & Nicolson, 1991) dołączyła obecnie książka Lisy Hilton *Elizabeth: Renaissance Prince* (Weidenfeld & Nicolson, 2014), której spojrzenie z europejskiej perspektywy uznałam za szczególnie cenne. Wybitną biografią królowej Szkocji Marii Stuart nadal pozostaje *My Heart is My Own* Johna Guya (HarperCollins, 2004).

Do książek Roberta J. Knechta *Catherine de' Medici* (Routledge, 1998) i Leonie Friedy *Catherine de Medici* (Weidenfeld & Nicolson, 2003) dołączyła praca Nancy Goldstone *Królowe rywalki. Katarzyna Medycejska i królowa Margot* (Prószyński i S-ka, 2016). Kilka francuskich źródeł pierwotnych jest obecnie dostępnych w internecie: *Lettres de Catherine de Médicis* (Paryż, 1880), *Mémoires et poésies de Jeanne d'Albret* (Paryż, 1893), N. de Bordenave, *Histoire de Béarn et Navarre* (Société de l'Histoire de France, Paryż, 1873), *Mémoires et Lettres de Marguerite de Valois* (Paryż, 1842).

Krystyna Duńska należy wprawdzie do licznego grona europejskich dam, które nie doczekały się niedawno wydanej po angielsku biografii, ale w internecie jest dostępna biografia pióra Julii Cartwright *Christina of Denmark: Duchess of Milan and Lorraine 1522–1590* (Nowy Jork, 1913).

Do szczególnie cennych prac naukowych zaliczam: *High and Mighty Queens of Early Modern England: Realities and Representations* pod redakcją Carole Levin, Debry Barrett-Graves oraz Jo Eldridge Carney (Palgrave Macmillan, 2003); *A Monarchy of Letters: Royal Correspondence and English Diplomacy in the Reign of Elizabeth* autorstwa Rayne Allinson (Palgrave Macmillan, 2012) oraz *The Rule of Women in Early Modern Europe* pod redakcją Anne J. Cruz i Mihoko Suzuki (University of Illinois, 2009), zwłaszcza artykuły Carole Levin o Elżbiecie, Mary C. Ekman o Joannie d'Albret i Mihoko Suzuki o Elżbiecie oraz Katarzynie Medycejskiej. (Patrz też: esej Susan Doran na ten sam temat w pracy pod redakcją Glenna Richardsona *The Contending Kingdoms: England and France 1420–1700*, Ashgate, 2008).

Podziękowania

Niniejsza książka mogłaby nigdy nie osiągnąć obecnej formy bez pomocy jednej osoby – mojej wieloletniej przyjaciółki (i nieoficjalnej redaktorki!) Margaret Gaskin, która, jak często czyniła wcześniej, przyszła mi w sukurs i spędziła wiele godzin, pomagając mi w nadawaniu realnego kształtu pewnym nader wymagającym elementom surowego materiału. Jej talenty kompensują moje braki. Dziękuję, Margaret. Jest jeszcze ktoś, komu dziękowałam przy okazji publikacji każdej napisanej książki – historyczka Alison Weir. Jej niesłabnące wsparcie i entuzjazm nigdy nie zawodzą przyjaciół.

Wielu innych historyków okazało mi uprzejmość i pomoc, czytając tekst lub odpowiadając na moje pytania. Szczególnie wiele zawdzięczam uprzejmości dr Eleny Woodacre z University of Winchester, która zebrała przychylnie nastawiony zespół naukowych ekspertów, ci zaś przeczytali poszczególne części książki i zadbali, by to dzieło autorki o ogólnym profilu wykształcenia zawierało jak najmniej błędów. Oto lista osób, u których zaciągnęłam dług wdzięczności: dr Jonathan Spangler, dr Lucinda Dean, Cathleen Sarti, Rocio Martinez Lopez, Estelle Paranque i Una McIlvenny, a także Aislinn Muller. Jestem też bardzo wdzięczna profesor Carole Levin z University of Nebraska-Lincoln, która zainspirowała mnie swoją pracą oraz udostępniła mi cytat z „New York

Timesa", stanowiący filar przedmowy książki. Chciałabym też podziękować dr Tracy Borman, dr Lindzie Porter i Nicoli Tallis, a także dr Sarze Wolfson i profesor Louise Wilkinson za pracę przy zorganizowaniu konferencji pod hasłem „Władza królowych i dyplomacja w Europie przed erą współczesną", która odbyła się we wrześniu 2014 roku w Canterbury Christ Church University i którą uznałam za największą pomoc. Nie muszę dodawać, że za wszelkie pozostałe w książce usterki odpowiedzialność ponoszę wyłącznie ja.

Chcę podziękować również moim agentom – Peterowi Robinsonowi w Wielkiej Brytanii i George'owi Lucasowi w USA – oraz wydawcom. W Wielkiej Brytanii w dawnym i obecnym wydawnictwie Oneworld dziękuję Fionie Slater za entuzjastyczne zamówienie tej książki, Samowi Carterowi za tak uprzejme jej przejęcie, szczególnie zaś Jonathanowi Bentleyowi-Smithowi za praktyczną pomoc i cierpliwość, wykraczające poza zakres obowiązków. W USA, w wydawnictwie Basic Books, dziękuję Larze Heimert i Leah Stecher za przenikliwość i zaangażowanie. Im wszystkim, a także pozostałym, chcę powiedzieć: Mam tylko nadzieję, że książka okazała się warta Waszych starań.

Dalsze wiadomości na temat debaty o ginokracji i jej znaczenia dla kobiet w dzisiejszych czasach, a także informacje o pewnych cieszących się dużymi wpływami kobietach, o których w tej książce zaledwie wspomniałam, można znaleźć na stronie internetowej gameofqueensbook.com.

Przypisy końcowe

Wstęp

1. W Rosji, dokąd zmiana dotarła później, królowa naprawdę zastąpiła w szachach wezyra dopiero w XVIII wieku, za panowania Katarzyny Wielkiej. Podobnie początkowe pojawienie się tej figury szachowej na początku tamtego tysiąclecia zbiegło się w czasie, o ile tak można powiedzieć, z krótkim okresem renesansu kobiecego autorytetu.
2. Także i później; przykładem służy Międzynarodowa Kobieca Konferencja Pokojowa z 1915 roku, wyraz nadziei na zakończenie I wojny światowej.

Rozdział 1: Wprowadzenie

1. Angielski ambasador często widywał bratanice i bratanków Małgorzaty przy zabawie pod gołym niebem wokół ogniska albo zimą w saniach otaklowanych na podobieństwo statku.

Rozdział 2: „Nauki dla mojej córki"

1. Ugoda z Segowii, zawarta kilka tygodni po objęciu przez Izabelę tronu Kastylii, stanowiła, że herb królowej będzie poprzedzał herb jej męża na wszystkich kanclerskich dokumentach, jednakże on jako pierwszy będzie składał podpis; był to typowy i skuteczny kompromis. Nie obyło się bez głosów krytykujących ugodę, według których

Ferdynand – sam prawnuk wcześniej panującego kastylijskiego króla – powinien władać Kastylią, „jest bowiem mężczyzną".

2. Wiele opisanych w tej opowieści kobiet przynajmniej uważało za rzecz roztropną publiczne powoływanie się na dziedzictwo ojca, a nie matki.

3. Kwestia, czy owe rzekomo kobiece cnoty same w sobie nie nakładają jednak na kobiety ograniczeń, pozostaje aktualna po dziś dzień.

Rozdział 3: Młodzieńcze doświadczenia

1. Był to wybieg, którym później posłużyło się kilka innych wykształconych we Francji królowych.

2. Wspomniany dziennik był nie tyle diariuszem w znanej nam formie, ile notatnikiem – być może sporządzonym do celów związanych z astrologią – w którym w późniejszym okresie życia zapisała wszystkie istotne wydarzenia z określonych dni w roku.

Rozdział 4: „Los jest bardzo okrutny dla kobiet"

1. Po przedwczesnej śmierci Izabeli zmarłą siostrę zastąpiła trzecia z kolei córka hiszpańskich władców, Maria, poślubiając Manuela.

2. Lemaire miał ostatecznie zamienić służbę u Małgorzaty na stanowisko na dworze Anny Bretońskiej; to przykład obrazujący, jak kontakty między kobietami mogli w sposób zamierzony lub niezamierzony podtrzymywać ich urzędnicy.

3. Naleganie Małgorzaty, że chce zatrzymać przy sobie serce Filiberta, niewiele się różniły od zachowania, które sprawiło, iż jej bratową Joannę obwołano szaloną.

4. Pewien kronikarz z XVII wieku pisał, że Anna de Beaujeu „przez chwilę" rozważała zagarnięcie korony dla siebie.

Rozdział 5: Królewny na ślubnym kobiercu

1. Szesnastowieczny szkocki historyk John Leslie twierdził, że dyskutowano nad inną ewentualnością: gdyby męska linia potomków

Henryka VII miała kiedykolwiek wymrzeć, angielski tron miał przypaść w sukcesji potomkom Małgorzaty. Skoro tak, godne to i sprawiedliwe, oznajmił proroczo Henryk VII, gdyż „Anglia nie zostanie dołączona do Szkocji, tylko Szkocja do Anglii". Jednakże wówczas, gdy dwaj synowie Henryka żyli i mieli się dobrze, musiało się to wydawać mało prawdopodobne.

Rozdział 6: Zmiana pozycji

1. Ferdynand pisał również do córki w sympatyczniejszym tonie: „Dobre małżeństwo to największe błogosławieństwo na świecie (…) i źródło wszystkich pozostałych rodzajów szczęścia", co można odczytać jako pośredni hołd złożony Izabeli Kastylijskiej.
2. Graniczne miasto Cambrai stało się później sceną osobistego triumfu Małgorzaty; jego nazwa co jakiś czas będzie wracać w tej opowieści.

Rozdział 7: Fałszywe zarzuty

1. Kiedy czternastoletniego Franciszka zabrano spod opieki matki na królewski dwór, Ludwika narzekała na kartach dziennika, że po wyjeździe syna jest „całkiem sama", została z nią bowiem tylko Małgorzata. Trudno też nie pomyśleć o Henryku VIII, który w nadchodzących latach miał się uważać za bezdzietnego, choć był ojcem zdrowej córki.
2. Po latach aresztowana Anna Boleyn miała wyrazić nadzieję, że Henryk VIII chce tylko wystawić ją na próbę.

Rozdział 9: Koło Fortuny

1. Kiedy zaręczyny Eleonory z następcą tronu Portugalii nie doszły do skutku, wydano ją za jego ojca, samego króla Portugalii Manuela I, który wcześniej był już żonaty z dwiema jej hiszpańskimi ciotkami, córkami Izabeli Kastylijskiej. Nic dziwnego, że Habsburgowie słynęli ze skutków, jakie pociąga za sobą krewniaczy dobór par małżeńskich.

Rozdział 11: „Jedna z dam najbardziej doświadczonych przez los"

1. Jej wnuczka Maria miała żywić podobne przekonanie o niemożliwości sprawowania przez kobietę samodzielnych rządów, bez „męskiej stanowczości". Miała też dokonać równie katastrofalnego wyboru.
2. To dziecko, lady Małgorzata Douglas, miało się stać matką lorda Darnley, a jej przyrodni brat Jakub – ojcem jego żony, królowej Szkocji Marii Stuart; tym samym Małgorzata była podwójną założycielką zjednoczonej monarchii brytyjskiej.
3. To może zakrawać na ironię, jeśli wziąć pod uwagę dalszy życiorys Henryka.

Rozdział 13: Pole Złotogłowia

1. To może oznaczać, że w przeciwieństwie do typowego, oficjalnego tańca w masce mężczyźni i kobiety tańczyli razem.

Rozdział 14: Reperkusje

1. Zgodnie z tradycją żaden książę oficjalnie nie miał prawa tytułować się Świętym Cesarzem Rzymskim, dopóki nie został ukoronowany w Rzymie przez papieża. Jednakże poprzednik Karola V, Maksymilian I, zerwał z tą tradycją, uzyskawszy od papieża prawo nazywania się cesarzem elektem. Karol – ostatni posiadacz tego tytułu – został ostatecznie ukoronowany przez papieża, ale dziesięć lat później.

Rozdział 17: „...wierną, lojalną kochanką i przyjaciółką..."

1. Maria nie została oficjalnie mianowana księżną Walii, lecz nie oznaczało to osobistej niełaski. Jako dziewczynka mogła stale uchodzić tylko za przypuszczalną, a nie oczywistą następczynię, gdyż jej ojciec mógł spłodzić – jeśli nie z Katarzyną, to z jakąś przyszłą żoną – syna z prawego łoża. Tę samą kwestię dyskutowano w latach

czterdziestych XX wieku przy poszukiwaniu odpowiedzi na pytanie, czy przyszłą królową Elżbietę II można mianować księżną Walii; zdecydowano wówczas, że niestety nie. Ten stan rzeczy uległ zmianie dopiero w wyniku zrewidowania w XXI wieku praw sukcesji.
2. Trwającego przez całe wieki nurtu, „przy którym renesans jest zaledwie zmarszczką na powierzchni literatury", jak pisał C.S. Lewis.
3. Chociaż to wyrażenie stworzono nieco później, tego rodzaju pozycję widywało się już we Francji. Franciszek I daleki był od tego, by tracić głowę z miłości, lecz metresa Anne d'Heilly, dla której po powrocie spod Pawii porzucił Françoise de Foix, jawnie występowała u jego boku podczas państwowych uroczystości.
4. Wiersz powstał być może pod wpływem walki o władzę, którą stoczyły Izabela Kastylijska i jej rywalka do kastylijskiego tronu „la Beltraneja". W czasach córki Izabeli utwór nadal wywoływał oddźwięk.

Rozdział 18: Nowe bierki na szachownicy

1. Lub raczej położonej najdalej na zachód części Węgier, pozostałej pod władzą Habsburgów. Druga część dostała się pod władzę tureckich Osmanów, a kolejna przekształciła się w odrębne księstwo Siedmiogrodu, które samo mogło się poszczycić godną uwagi władczynią w osobie Izabeli Jagiellonki; nieślubną córką jej pradziadka była Katarzyna Sforza. Izabela Jagiellonka miała jako pierwsza władczyni wydać edykt o powszechnej tolerancji religijnej.
2. Henryk odziedziczył również pobliską rozległą prowincję Béarn. Chociaż Nawarra miała dać Małgorzacie, a później jej córce, tytuł królowej, Béarn było znacznie bogatszym lennem.

Rozdział 19: „...równie dobrze mogą wystąpić damy..."

1. W każdym razie legalność pochodzenia była czymś, co mógł przyznać papież. Dziecko można było uznać za urodzone z prawego łoża

– jak w przypadku córki Małgorzaty Tudor, Małgorzaty Douglas – nawet po rozwodzie lub unieważnieniu małżeństwa rodziców, o ile tylko wzięli oni ślub w dobrej wierze.

Rozdział 23: „Rodowita Francuzka"

1. Maria Tudor, dawna pani Anny Boleyn, również była nieobecna. Stan jej zdrowia naprawdę był kiepski i w ciągu roku siostra króla zmarła; towarzyszyły temu plotki, że zabił ją „smutek" z powodu porzucenia żony przez Henryka. Jej wrogie wobec Anny nastawienie kontrastowało z postawą drugiej siostry króla, przebywającej w Szkocji Małgorzaty Tudor, która do Anny, gdy ta została królową, pisywała jako do „naszej najdroższej siostry" i cieszyła się z ciepłego przyjęcia na dworze Anny swej córki, Małgorzaty Douglas.

Rozdział 24: „Inklinacje do Ewangelii"

1. Chociaż i Zwingli, i obecnie Luter odrzucali ideę, że poświęcone przez kapłana podczas mszy chleb i wino stają się dosłownie ciałem i krwią Chrystusa, Luter nadal obstawał przy „rzeczywistej obecności" Jezusa podczas ceremonii, co odrzucali Zwingli oraz jego „sakramentarianie".

2. Podczas późniejszej wojny Małgorzata, która przeprowadzała inspekcje wojsk i sporządzała raporty o stanie ich gotowości oraz brała udział w przesłuchaniu pewnego szpiega, żałowała, że nie może zrobić więcej, gdyż niegodziwość cesarza wystarcza, „by wszystkie niewiasty pragnęły być mężczyznami". „Skoro jako kobieta nie mogę Ci udzielić takiej pomocy, jakiej bym chciała, nie przestanę gromadzić na polu bitwy zanoszących modły suplikantów", pisała słowami, których echo miała podchwycić święta Teresa z Ávili w swym planie odrodzenia Kościoła z pomocą armii modlących się wiernych.

Rozdział 25: „...wątpić w swój koniec..."

1. Często pada pytanie, czy płód był zdeformowany – w jednym z późniejszych raportów nazwano go „bezkształtną masą mięsa" – co w szesnastowiecznym umyśle mogło zrodzić myśl o czarach lub praktykach satanistycznych. Chociaż w XV wieku oskarżenia o czary wysunięto pod adresem kilku wielkich dam – w szczególności wobec Joanny z Nawarry, wdowy po Henryku IV Lancasterze, oraz Jakobiny Luksemburskiej, matki królowej Anglii Elżbiety Woodville – to w czasach Anny nie podnoszono tej kwestii ani nie umieszczono uprawiania czarów na liście stawianych jej formalnych zarzutów. Rolę obawy przed czarami w tamtym stuleciu oraz, być może, jej znaczenie dla upadku władzy kobiet pod koniec wieku opisał Diarmaid MacCulloch (op. cit., s. 561–570). Mówi się, że Stulecie Królowych zrodziło również epokę polowań na czarownice. W latach 1400–1800 w Europie i koloniach Ameryki Północnej z powodu zarzutów o czary stracono od czterdziestu do pięćdziesięciu tysięcy osób, a ich liczba rosła od 1560 roku, kiedy zjawisko palenia na stosach heretyków jako takich uległo ograniczeniu. Uważa się, że oskarżenie o czary w naturalny sposób zastąpiło zarzut herezji, z tą różnicą, że dotyczyło szczególnie (choć bynajmniej nie wyłącznie) kobiet. Opublikowana w 1487 roku książka *Malleus Maleficarum* (*Młot na czarownice*) zawiera stwierdzenie o większym prawdopodobieństwie, że czarami będą się parać kobiety, papieska bulla z 1484 roku aprobowała działania wymierzone w czarownice, a ogłoszony w 1532 roku przez Karola V kodeks karny *Lex Carolina* przewidywał karę śmierci dla heretyków i czarownic. Krucjata przeciw czarownicom stanowiła element próby narzucenia przez Hiszpanów porządku w Niderlandach w latach sześćdziesiątych XVI wieku.
2. Za panowania Elżbiety I Parker został arcybiskupem Canterbury.
3. Śmierć księcia Richmond stała się dla króla faktem tym bardziej bolesnym, że kilka tygodni wcześniej odkryto, iż jego siostrzenica

Małgorzata Douglas – córka Małgorzaty Tudor i kolejna następczyni tronu – potajemnie zaręczyła się z Thomasem Howardem; za ten czyn osadzono ją w Tower.

Rozdział 27: Pionki i królewny

1. Diana miała za sobą długą karierę na dworze jako kolejna dama wychowana częściowo pod opieką Anny de Beaujeu, służyła żonom króla Franciszka I, a także jego matce Ludwice Sabaudzkiej. Była spokrewniona z Katarzyną dzięki wspólnemu pochodzeniu z rodu La Tour d'Auvergne.
2. Małgorzata poleciła też francuskiemu ambasadorowi w Anglii, de Marillacowi, by wstawił się za Anną Kliwijską, obecnie kimś w rodzaju powinowatej.
3. Później Kalwin najbardziej zasłynął z prac nad zreformowaniem duszpasterstwa w Genewie oraz z doktryny predestynacji, według której wszystkie wydarzenia oraz losy wszystkich dusz są z góry przesądzone wyrokami Boga.

Rozdział 28: Nowe wiatry

1. Angielska reformacja pociągnęła za sobą męczeństwo kobiet po obu stronach: Elizabeth Barton – Świętej Dziewicy z Kentu – która wygłaszała proroctwa wymierzone w małżeństwo Henryka VIII z Anną Boleyn i zawisła za to na szubienicy, oraz protestantki Anne Askew, spalonej na stosie, a przedtem poddanej bestialskiej torturze rozciągania na krośnie.

Rozdział 30: „Sposób dokonania sukcesji"

1. Kiedy w październiku 1551 roku Maria de Guise złożyła wizytę na dworze Edwarda VI po drodze z Francji do Szkocji, Marię Tudor zaproszono do pomocy w jej ugoszczeniu. Niestety, odmówiła, tłumacząc się złym stanem zdrowia, zapewne w obawie przed

dalszą presją. To jedno z kilku opisanych w tej opowieści spotkań, co do których można jedynie ubolewać, że się nie odbyły.

Rozdział 31: „Herkulesowa odwaga"

1. Żona króla mogła jednak się cieszyć statusem *femme sole*, czyli kobiety zdolnej do samodzielnego zajmowania się sprawami finansowymi i prawnymi bez męskiego protektora.
2. Militarny aspekt roli monarchy nie był jedynym problemem w przypadku władczyń. Maria Tudor, jak jej mescy poprzednicy, zadbała o nadanie jej zdolności leczenia skrofułów, zwanych „królewską chorobą", a także innych schorzeń, przez dotyk; do uzdrawiającego dotknięcia monarchy przywiązywano ogromne symboliczne znaczenie. Francuzi wykorzystywali rzekomą moc uzdrawiania, posiadaną przez monarchów, jako jedno z uzasadnień prawa salickiego, gdyż nadawała ona królowi rolę quasi-kapłańską, której kobieta – co samo przez się zrozumiałe – nie mogła odgrywać.
3. W XII wieku Henryk I, starając się zapewnić sukcesję swej córce Matyldzie, próbował wydać dekret stanowiący, że kraj nie będzie podlegać jej mężowi.

Rozdział 32: „...ani jednego roku na odpoczynek..."

1. Ostatecznie syn Karola, Filip II, miał otrzymać Hiszpanię i ziemie w Nowym Świecie oraz Niderlandy. Święte Cesarstwo Rzymskie oraz włości austriackie miały przypaść w udziale tej gałęzi rodu, której głową był brat Karola – Ferdynand. Nie tak Karol pierwotnie to zaplanował; chciał, żeby Filip odziedziczył po nim tytuł Świętego Cesarza Rzymskiego. Sporządzone przez Marię Węgierską skrupulatne memorandum dotyczące przyszłego przydziału władzy oraz obrony habsburskich interesów pokazuje, jak głębokie podziały zrodziła omawiana kwestia.

2. Mógłby to być jeden z motywów stojących za sławetnym pacyfizmem Elżbiety I Tudor.
3. Wydana za mąż za ciotecznego brata Jana Manuela (João Manuel) z dynastii Aviz, następcę tronu Portugalii, Joanna została wezwana do objęcia regencji w Hiszpanii po mężu, który zmarł zaledwie trzy tygodnie po narodzinach ich jedynego syna. Matka pozostawiła dziecko pod opieką babki, Katarzyny Habsburg, najmłodszej córki Joanny Szalonej, dawnej hiszpańskiej królewny i regentki Portugalii. Karol V pisał do syna, że wydawane Joannie instrukcje powinny się opierać na wytycznych dla Marii Austriackiej (Węgierskiej), „lecz ponieważ [Joanna] ma aktywniejsze usposobienie (…), koniecznie nalegaj, by ona i jej doradcy (…) powstrzymywali się od nowych interpretacji otrzymanych instrukcji, na co, jak wiadomo, niekiedy sobie pozwalają". Joanna założyła El Monasterio de las Descalzas Reales (Klasztor Królewskich Klarysek Bosych); ponadto uważa się, że została przyjęta do zakonu jezuitów pod pseudonimem Mateo Sanchez.

Rozdział 33: Siostry i rywalki

1. Knox spędził wcześniej kilka lat przy wiośle francuskiej galery, skazany wyrokiem za udział w antyfrancuskiej rebelii, co z pewnością wpłynęło na radykalizację jego postawy.

Rozdział 34: „Jeśli Bóg z nami…"

1. Nakładając biały strój, w którym tak było jej do twarzy, Maria złamała tradycję. We francuskiej rodzinie królewskiej biel była kolorem nie ślubu, lecz żałoby, co okazało się aż nazbyt prorocze.
2. Ambicje Krystyny podążające w innym kierunku również zostały udaremnione. Po śmierci w więzieniu jej ojca, króla Danii Chrystiana II, prawo do tronu przeszło na jej starszą siostrę Dorotę, którą jednak — jako bezdzietną i już posuniętą w latach kobietę — przekonano, by przekazała go Krystynie. Chociaż Krystyna nigdy nie

uzyskała pomocy potrzebnej do odzyskania tronu, od 1561 roku tytułowała się prawowitą królową Danii, Norwegii i Szwecji. Jej córki również miały się stać wpływowymi kobietami: starsza została gubernatorką Sieny, a młodsza – regentką Tyrolu.
3. W mniej pogodnym tonie, lecz wnikliwiej pisał też do Joanny: „masz naturalną skłonność do dręczenia męża i wszystkich kochających Cię osób".
4. Członkowie Stanów troszczyli się o to, by w razie śmierci Joanny Antoni nie stał się ich władcą, a tron dziedziczyły wyłącznie dzieci królowej. Chodziło o to samo rozgraniczenie między królem a królem małżonkiem, które w Anglii dręczyło Marię I i Filipa, a w Szkocji miało pozbawić małżeńskiej korony męża królowej Marii I Stuart, lorda Darnley.

Rozdział 37: „Uraza i niezgoda"

1. Joanna wynajęła de Bordenave'a do napisania historii należących do niej prowincji. Zamówiła również książkę pod tytułem *Mémoires* – ściślej rzecz biorąc, był to liczący sto dwadzieścia stron tom wypełniony usprawiedliwieniami, napisany dla niej w pierwszej osobie. W pamięć zapadają szczególnie słowa: „Gdybym chciała podjąć się obrony własnej płci, znalazłabym mnóstwo przykładów" oraz zdanie początkowe: „Zawsze uważałam, że jeśli jakaś osoba sama nie jest z siebie zadowolona, zadowolenie z niej innych w jej sumieniu osiąga jedynie połowiczną wartość".

Rozdział 38: „Dwie królowe na jednej wyspie"

1. Przez większość okresu panowania Elżbiety I wszystkie osoby mogące objąć po niej sukcesję były kobietami. Siostry Grey i Małgorzata Clifford wywodziły się od siostry Henryka VIII, Marii, a Małgorzata Douglas i jej wnuczka Arbella Stuart – od drugiej siostry Henryka, Małgorzaty.

2. Królowa wykorzystywała Dudleya jako tło, na którym mogła występować w glorii niezachwianej czystości. Anna de Beaujeu pisała: „Wyobraźmy sobie piękny, a zatem dobrze strzeżony zamek, który nigdy nie stał się celem ataku; tym samym nie zasłużył na pochwały, a żaden rycerz nie dowiódł, że jest godzien uznania za waleczność. Przeciwnie – najbardziej wychwala się rzecz, która znalazła się w ogniu, lecz nie znać na niej ani śladu po nim".

Rozdział 40: „Majestat i miłość niezbyt dobrze pasują do siebie"

1. Uznawano to za dowód, że królowa (jak twierdzili jej wrogowie) musiała sypiać z hrabią Bothwell jeszcze przed pobytem w Dunbar, gdyż w przeciwnym razie płody nie byłyby wystarczająco rozwinięte, żeby tworzyć wyraźną parę.

Rozdział 41: „Córa debat"

1. Małgorzata Parmeńska w gronie namiestniczek wyróżniała się tym, że jej mąż (drugi) Oktawian (Ottavio) Farnese nadal żył. Jednakże pozostał w Italii i rządził swoim księstwem Parmy, podczas gdy ich syn Aleksander towarzyszył Małgorzacie w Niderlandach.

2. Później Małgorzata została doradczynią znacznie młodszego od niej przyrodniego brata, również pochodzącego z nieprawego łoża, księcia Jana (don Juana) de Austria, mianowanego generalnym namiestnikiem Niderlandów w 1576 roku, a także jego następcy – własnego syna, Aleksandra Farnese. Poproszono ją o wspólne sprawowanie namiestnictwa z synem; ona miała się zajmować administracją cywilną, podczas gdy on – genialny dowódca – kierować działaniami, które do tamtego czasu przerodziły się w kampanię wojskową na pełną skalę. Nie byli jednak w stanie współpracować ze sobą i Małgorzata ponownie złożyła urząd.

Rozdział 42: Masakra w noc świętego Bartłomieja

1. Świętym Cesarzem Rzymskim nie był już Ferdynand I Habsburg, który zmarł w 1564 roku, tylko jego syn, który otrzymał po dziadku imię Maksymilian.
2. Także pod tym względem omawiana masakra stała się poprzedniczką wydarzeń z 1789 roku, w których dochodziło do brutalnych napaści o charakterze seksualnym, na przykład na księżną de Lamballe.
3. Dwadzieścia lat później Christopher Marlowe obsadził ją w sztuce *Masakra w Paryżu i śmierć księcia Gwizjusza* w roli scenicznego czarnego charakteru: „Ja będę rządzić, chociaż to ich zdobi / Korona; lecz niech w zgodzie będą z matką! / Inaczej łatwo potrafię ich zgubić".

Rozdział 43: Punkty zwrotne

1. Henryk z Nawarry skierował jednak do niej wnikliwą uwagę: „Cieszysz się i żywisz kłopotami, Pani — w spoczynku nie potrafiłabyś dalej żyć".
2. W tych latach Elżbieta I nawiązała korespondencję z „sułtanką matką" Safiye, urodzoną w Albanii żoną osmańskiego władcy Murada III, która po śmierci męża w 1595 roku prowadziła działania na rzecz objęcia tronu przez ich syna, Mehmeda III, i sama sprawowała taką władzę, że angielski ambasador mógł napisać w raporcie, iż Mehmed jest „całkowicie kierowany przez starą sułtankę". Murad, którego osobista komunikacja z Elżbietą była najeżona trudnościami proceduralnymi, często uznawał listy pisane ręką małżonki za przydatny sposób zwrócenia się do osoby, którą uważał za przedstawicielkę słabszej płci. Safiye, aktywnie działająca na rzecz utrzymywania dobrych stosunków z Anglią, opisywała Elżbietę („najbardziej wyjątkową istotę rodzaju kobiecego na świecie") jako naśladowczynię Matki Boskiej. Obie wymieniały upominki. Safiye przysłała Elżbiecie „szatę, szarfę, dwa wyszywane złotem ręczniki kąpielowe, trzy

chusteczki oraz diadem wysadzany rubinami i perłami". Elżbieta zaś odwzajemniła się przysłaniem powozu, w którym Safiye – budząc zgrozę miejscowej ludności – wyjeżdżała z haremu na przejażdżki po ulicach. Między Muradem a Elżbietą wywiązywały się nawet dyskusje o wspólnych działaniach wojskowych, podobnie jak niegdyś między dziadkiem Murada, Sulejmanem, a Ludwiką Sabaudzką. Czy Ludwika była jeszcze jedną niekonwencjonalną osobą, która w poszukiwaniu sojuszników chciała wyjść poza krąg męskich władców Europy?

Posłowie

1. Niderlandzcy sprzymierzeńcy Elżbiety, projektując medale przedstawiające zatopione hiszpańskie okręty, podobno dodali napis: „Dzieło władczyni".
2. Szczególną zaciekłością odznaczała się księżna de Montpensier (córka zamordowanego w 1563 roku Franciszka, księcia de Guise, a tym samym cioteczna siostra Marii Stuart). Stale nosiła u paska parę nożyc; groziła, że wytnie nimi tonsurę na głowie króla i zmusi go do zamknięcia się w klasztorze.
3. Miały się odrodzić w Anglii w czasach kolejnego kryzysu – wojny domowej. Znaczenie wysiłku kobiet po obu stronach szczegółowo opisała Antonia Fraser w książce *The Weaker Vessel: Woman's Lot in Seventeenth-Century England* (Weidenfeld, 1984). Diarmaid MacCulloch w swoim dziele *Reformation* (s. 657) pisał: „Asertywność kobiet umożliwiały okresy niepewności i kryzysu (...). Kiedy czasy stawały się spokojniejsze, stopniowo ograniczano stojące przed kobietami możliwości oraz pisano historię na nowo".
4. Maria Teresa podyktowała autobiograficzną relację o swoich poczynaniach, zatytułowaną – jakby na wspomnienie Anny de Beaujeu – *Instructions drawn up from motherly solicitude for the special benefit of my posterity*. Cesarzowa pouczała syna, że nawet „średni

pokój zawsze jest lepszy od pomyślnej wojny", niemniej w 1743 roku uczciła odbicie Pragi spektaklem *Karuzel dam*, w którym wdała się w turniejowe zmagania z inną szlachetnie urodzoną damą.

Spis ilustracji

Gra w szachy, 1555, Sofonisba Anguissola (ok. 1532–1625): ART Collection/Alamy Stock Photo/Indigo Images

Izabela I Kastylijska, Ms 604/1339 f.64v *King Ferdinand II of Aragon and Isabella of Castile*, z: *Devocionario de la Reina Juana „la Loca"* (Modlitewnik królowej Joanny „Szalonej"), ok. 1482 (welin): Musée Condé, Chantilly, Bridgeman Images/PhotoPower

Anna de Beaujeu, fragment prawego skrzydła Tryptyku z Moulin (*Triptyque de la Vierge Glorieuse*), 1498–1499, Jean Hey lub Hay (ok. 1475–ok. 1505), znany jako Mistrz z Moulin, zakrystia kościoła Notre Dame w Moulin, Francja: ART Collection/Alamy Stock Photo/Indigo Images

Pole Złotogłowia, Wikimedia Commons

Małgorzata Austriacka (Habsburżanka), ok. 1490 (olej na desce dębowej), Mistrz z Moulin (Jean Hey), (*fl.* ok. 1483–ok. 1529): ART Collection/Alamy Stock Photo/Indigo Images

Miniatura w manuskrypcie przedstawiająca francuską królową Ludwikę Sabaudzką: Bridgeman Images/PhotoPower

Małgorzata z Nawarry, ok. 1527, Jean Clouet (ok. 1485–1541), obraz znaleziony w kolekcji Walker Art Gallery: Archivart/Alamy Stock Photo/Indigo Images

Małgorzata Tudor: sir Francis Ogilvy/The National Library of Scotland

Anna Boleyn, 1534 (olej na desce), Szkoła Angielska: Image Asset Management/Indigo Images

Katarzyna Aragońska: Image Asset Management/Indigo Images

Elżbieta I jako królewna, ok. 1546, obraz przypisywany Williamowi Scrotsowi (1537–1553): GL Archive/Alamy Stock Photo/Indigo Images

Królowa Maria I (1516–1558) 1554 (olej na desce), Anthonis Mor van Dashorst (Antonio Moro) (ok. 1519–1576/77): GL Archive/Alamy Stock Photo/Indigo Images

An Allegory of Tudor Succession: Family of Henry VIII (*Rodzina Henryka VIII: alegoria dynastii Tudorów*): Wikimedia Commons

Maria de Guise (1515–1560), 1537, obraz znaleziony w kolekcji National Gallery of Scotland, Edynburg: Fine Art Images/Indigo Images

Maria Austriacka (znana również jako Maria Węgierska), ok. 1520 (olej na welinie na desce), Hans lub Johan Maler (*fl.* 1510–1523): Society of Antiquaries of London, Wielka Brytania/Bridgeman Images/PhotoPower

Małgorzata Parmeńska: Stedelijk Museum 'Het Prinsenhof', Delft, Holandia/Erich Lessing/AKG/BE&W

Joanna d'Albret: Peter Horree/Alamy Stock Photo/Indigo Images

Katarzyna Medycejska (1519–1589) (olej na desce), Szkoła Francuska: Musée Condé, Chantilly, Peter Horree/Alamy Stock Photo/Indigo Images

François Dubois (1529–1584) – *Le massacre de la Saint-Barthélemy* (*Masakra w Noc św. Bartłomieja*), 24 sierpnia 1572: Niday Picture Library/Alamy Stock Photo/Indigo Images

Elżbieta I: His Grace the Duke of Bedford and the Trustees of the Bedford Estates, z Woburn Abbey Collection

Portret Marii Stuart, królowej Szkocji, François Clouet (1510–1572): World History Archive/Alamy Stock Photo/Indigo Images

Indeks

Odniesienia do przypisów końcowych i przypisów dolnych oznaczono literą „p".

Agryppa Henryk Korneliusz 50–51, 349
Albany, drugi książę, Jan Stuart (Stewart) 13, 123, 148, 151–153, 155–156, 160, 162, 204–207, 211–212, 288
Albret Joanna d' 12, 22, 31, 33, 37, 245, 323, 325–329, 340, 342, 387–390, 409, 411, 413–415, 417–418, 434, 436–440, 442, 463–465, 469, 471–475, 477–482, 489, 503, 510, 524–525
Alby, książę (Ferdynand Álvarez de Toledo) 33, 441, 461–462, 469, 487
Alençon, książę, Franciszek 11, 115, 141, 217, 281, 469–470, 490, 495–497
Alençon, książę, Karol 22, 107, 115, 141, 144, 217, 222

Ales, Alexander 273, 299, 302
Andegawenii, książę Henryk (d'Anjou), *patrz* Henryk III Walezjusz, król Francji 466, 469, 473, 479–484, 494–495
Angoulême, hrabia, Karol d'Orléans 11, 22, 70–71, 84–85, 107
Angus, szósty hrabia, Archibald Douglas 13, 21, 148–150, 152, 154, 156, 160–162, 203–204, 212–214, 239, 446
Anna Austriaczka 512
Anna Bretońska 10, 22, 26, 40, 72–74, 84–87, 120, 129–130, 192, 519, 529
Anna Kliwijska 17, 21, 309, 312, 535
Anna Stuart, królowa Wielkiej Brytanii 512

Armagnac kardynał d' 438
Arran, drugi hrabia, Jakub Hamilton 14, 100, 317–319, 337, 368–370, 394, 402, 420
Ascham Roger 346, 513
Ashley Kat 346
Askew Anne 535
Aylmer John 381, 393, 395

Babington Anthony 500
Barton Elizabeth 535
Beaton David, kardynał 317, 319
Beaufort Małgorzata 38, 78, 89–90, 118, 141, 143, 149, 156, 356
Beaujeu Anna de (Anna Francuska) 10–11, 22, 25, 39, 40, 50, 53, 62–66, 68–71, 73–74, 81, 84, 105–106, 127, 129, 141–142, 155, 187, 196, 199, 211, 230, 245, 256, 294–295, 300, 319, 341, 386, 397, 487, 491, 502, 508, 513, 519, 529, 535, 539, 541, 543
Berquin Louis de 244, 246, 273
Beza Teodor (Théodore de Bèze) 409
Blount Elizabeth 162, 167, 227
Boi Paolo 513
Bois Simon du 142, 265
Boleyn Anna 8, 11, 17–18, 21, 29–30, 37–39, 50–52, 54–58, 103, 109, 116, 125, 132, 140, 173, 179, 197, 201–202, 208–210, 215, 228–235, 237–238, 251–252, 262, 272–276, 279–280, 282–286, 294–304, 309, 312, 320, 341, 358–359, 363, 397, 507, 521–523, 530, 533, 535, 544
Boleyn George 173, 298, 300–301
Boleyn Mary 140, 203, 228, 231–232, 237
Boleyn Thomas 54–55, 132, 174–175, 193, 220, 262,
Bonnivet, senior de, Guillaume Gouffier 11, 114–115, 141–142, 165, 171, 179, 194, 216–217, 230, 521
Bothwell, czwarty hrabia, Jakub Hepburn 14–15, 21, 32, 446, 448, 450–457, 467, 539
Bothwell, pierwszy hrabia, Patryk Hepburn 91
Bourbon Antoni de 12, 22, 340, 387, 389, 411–413, 418, 435–436, 474
Bourbon Antonina de 314
Bourbon, książę, Karol de 141, 188, 196
Bourbon Nicolas 273
Brandon Karol, *patrz* Suffolk, pierwszy książę 17, 21, 91, 108–113, 117, 139–140, 142, 155–156, 179, 205, 209, 236, 400, 519

Brantôme, senior de, Pierre de Bourdeille 114, 145, 194, 270, 289, 327, 391, 497, 520
Briçonnet Guillaume, biskup Meaux 194-196, 220
Brosse Jacques de la 319
Buchanan George 509
Burghley, baron, patrz: Cecil William

Campeggio, kardynał 251-253, 255, 261
Carles Lancelot de 51, 56, 202, 279, 298
Carlos don, książę Asturii 362, 420, 428-429
Castiglione Baldassare 47, 65-66, 105, 307
Cavendish George 166, 208-209 254
Cecil Robert 507-508
Cecil William 19, 391, 393-394, 397, 414, 421, 423-426, 444-445, 467, 477, 488, 490, 502-503, 507
Cerda don Juan Manuel de la 134
Chambers David 497
Chapuys Eustace 275-283, 286, 295-297, 303, 305, 312
Chastelard 429-430
Chièvres, pan de, Guillaume de Croÿ 133-136

Chrystian II, król Danii 9, 23, 133, 241-242, 537
Clinton Hillary 515
Coligny, admirał Gaspard de 388, 410, 436-437, 461-466, 473, 480-485, 487
Condé, książę de (Kondeusz) 409, 411-412, 415-417, 434, 436, 440, 463-466, 488
Cordatus Conrad 291
Cranmer Thomas 275, 283, 302, 377
Cromwell Thomas 17, 279, 285, 298, 303, 312

Darnley, lord, Henryk Stuart (Stewart) 14-15, 21, 32, 433, 442-448, 450-453, 456, 467, 508, 531, 538
Descurra Juan Martinez 325-326, 328, 390, 437
Douglas, lady Małgorzata 13, 15, 152-153, 161, 204, 213-214, 366, 433, 443, 531, 533, 535, 538
Dudley Amy 19, 398-399, 430
Dudley Jan 345, 347-348, 355
Dudley Robert, pierwszy hrabia Leicester 18-19, 394, 397-400, 426-428, 431-433, 444, 448, 471, 524, 539

Edward IV, król Anglii 66, 141
Edward VI Tudor, król Anglii 18, 21, 30–31, 334, 343–349, 353, 355, 367, 375–378, 535
Eleonora, królowa Portugalii i Francji 9, 23, 131–133, 196, 223–225, 266, 281, 292–293, 321, 370, 372, 530
Elyot sir Thomas 349
Elżbieta I Tudor, królowa Anglii 15, 17, 18–19, 21, 31, 34, 37, 39–40, 42–43, 62, 83, 266, 272, 284, 296–297, 305, 310, 312, 333–335, 338–339, 345–347, 355–356, 358–360, 363–364, 366, 374–377, 379–383, 385, 387, 391–401, 403–404, 409, 413–415, 417, 420–428, 430–432, 435, 439–441, 443–446, 448–449, 453, 457–458, 461–462, 464–473, 477–478, 488–490, 493, 495–502, 504–509, 511–513, 515, 524, 537–538, 540–541, 544
Elżbieta Walezjuszka 386
Elżbieta z Yorku 16, 21, 38, 78, 89, 92–93, 109, 124
Erazm z Rotterdamu 52, 89, 110, 155, 191, 269, 291, 334
Essex, drugi hrabia, Robert Devereux 507

Este Anna d' 463, 478

Fénelon Bertrand 488
Ferdynand I Habsburg, Święty Cesarz Rzymski 8, 23, 28, 227, 394, 420, 540
Ferdynand II Aragoński 7, 23, 25–27, 59–62, 75, 77–80, 90, 94–98, 101, 103–104, 131, 134, 157–158, 163, 205, 235, 361
Filibert II, książę Sabaudii 23, 70, 80–83, 136, 143, 264, 376, 529
Filip Piękny, książę Burgundii 7–8, 23, 25–27, 67, 75, 80, 95–98, 240, 263, 323
Filip II Habsburg, król Hiszpanii 9–10, 18, 21, 31, 34, 360–362, 364–367, 371–373, 375–377, 380, 384, 386, 393–395, 416–417, 420, 428, 435, 437–441, 459–461, 466, 487, 493, 495, 503, 508, 511, 536, 538
Filipa z Geldrii 314–315
Fleuranges, senior de 130, 137–138, 170, 185
Foxe John 272, 379–380
Franciszek I Walezjusz, król Francji 11, 16, 22–23, 27–29, 31, 138–146, 151, 164–165, 167–168, 170–174, 176, 179–189, 193–194, 196–197, 216–225,

230, 234, 239–240, 243, 246, 249, 257, 260–261, 280, 282, 288–290, 296, 313–315, 321–332, 335, 338, 340, 521–523, 532, 535
Franciszek II Walezjusz, król Francji 12, 22, 32, 387–388, 404, 411–413, 419, 421
Fraser Antonia 514, 517, 521, 541
Fryderyk III Wettyn „Mądry", książę Saksonii 170

Gandhi Indira 514
Giustinian 156, 166, 171
Grey, lady Joanna 18, 21, 31, 348, 353–355, 363–364, 366, 397, 538
Grey, lady Katarzyna 424, 538
Guevara don Diego de 53
Guise, książęta de 12, 313, 418, 435–436, 483, 485–486, 510, 541
Guise Maria de (Maria Lotaryńska) 14, 21, 30, 313–319, 333, 336–338, 368–370, 383, 393, 401–405, 410, 421, 424, 524, 535, 544
Gwizjusze 12, 14, 32, 313–314, 339, 368, 382–383, 387, 404, 409–412, 416, 419, 428, 434–436, 484, 509–510

Hadrian VI, papież 192, 207
Henryk II, król Nawarry 11, 22, 244–245, 265, 287–288, 323, 326
Henryk II Walezjusz, król Francji 12, 22, 31, 336–341, 361–362, 367, 369, 383–384, 386, 388, 401, 417
Henryk III Walezjusz, król Francji 12, 22, 33–34, 495, 509–510
Henryk IV Burbon, król Francji 12, 22, 33–34, 464–465, 477, 481–482, 485, 488–489, 510
Henryk VII Tudor, król Anglii 16, 21, 27, 38, 55, 76, 89–91, 93–98, 100–103, 106, 108, 118, 124, 141, 143, 158, 227, 235, 243, 356, 378, 383, 530
Henryk VIII Tudor, król Anglii 9, 13, 16–18, 21, 23, 27, 29–30, 39, 52, 54–55, 58, 100–102, 104, 106–113, 117–121, 123–124, 130, 132, 134, 139, 142, 146–148, 150–162, 165–167, 171, 173–177, 179–183, 187–188, 193, 201, 203–209, 211–214, 219, 226–239, 250–255, 261–262, 272, 274–277, 279–286, 295–297, 299–300, 303, 305–306, 309–313, 315–316, 318–322, 333–336, 343, 348, 353,

360, 376, 378, 475, 520, 523, 530, 535, 538
Henryk z Nawarry, *patrz* Henryk IV Burbon, król Francji
Howard Katarzyna 21, 309, 312
Howard of Effingham, pierwszy baron, William Howard 385, 502
Huntly, czwarty hrabia, George Gordon 424

Iwan Groźny, car Rosji 396
Izabela, królowa Danii 9, 241–242
Izabela Aragońska, królowa Portugalii 252, 255, 276, 278
Izabela Bawarska 63
Izabela Klara Eugenia Habsburżanka, infantka hiszpańska 508, 511
Izabela Portugalska 23, 227, 240, 343
Izabela I Kastylijska 7–8, 16, 23, 25–26, 35–37, 39, 58–62, 65–66, 75–79, 82, 88–90, 93–95, 118–119, 133–134, 235, 305, 353, 356–357, 361, 381, 383, 396, 513, 518, 528, 530, 532, 543

Jakub IV Stewart, król Szkocji 13, 21, 27, 90–92, 98–100, 119–121, 123, 157
Jakub V Stewart, król Szkocji 13–14, 21, 27, 30, 121–123, 149, 206, 212–214, 239–240, 312–313, 315–317, 420
Jakub VI Stuart, król Szkocji (oraz król Anglii jako Jakub I) 15, 21, 32, 34, 420, 457, 498–499, 508–509
Jan, książę Asturii 8, 61–62, 75, 79
Jerzy Oldenburg, książę Danii 512
Joanna „Szalona", królowa Kastylii 7, 26–27, 60–61, 537
Joanna Walezjuszka, księżna Orleanu 22, 69, 85, 414

Kalwin Jan (Jean Calvin) 19, 31, 287, 331, 360, 377, 391, 393, 409, 413–415, 437, 535
Karol V Habsburg, Święty Cesarz Rzymski 7–9, 16, 23, 28–29, 31, 143, 171, 173, 174–176, 182–188, 191–192, 196, 205, 207, 219–221, 223–227, 229, 233, 235–236, 240, 242, 244, 246–250, 252, 256, 259, 261, 263–264, 267–270, 275, 278, 281, 290–292, 296, 321, 323, 326, 329–330, 343, 359–360, 370, 372, 375–376, 384, 394, 459–461, 531, 534, 537
Karol VIII Walezjusz, król Francji 8, 10, 22–23, 25–27, 63, 68–69, 73–74, 79–80, 84–85, 175

Karol IX Walezjusz, król Francji 12, 22, 32–33, 412, 428, 432, 436–437, 463, 471–475, 477, 480–484, 486, 490, 494
Karol „Zuchwały" 66
Karolina Sabaudzka 63, 69, 217
Katarzyna Aragońska 16–18, 21, 23, 27, 29–30, 37, 39, 55, 58, 75, 78, 88–89, 93–95, 98, 101–102, 108, 117–121, 124, 148, 153, 155–162, 165–167, 173–180, 182–183, 202–205, 207–208, 210–211, 226–228, 230–231, 233–238, 250–253, 255–256, 262, 275–278, 280–281, 283–286, 294–298, 304, 309, 311–312, 322, 333, 349, 360, 364, 479, 482, 518, 544
Katarzyna Medycejska 11–12, 14, 22, 28, 32–33, 243, 267–269, 271, 288–289, 305–306, 315, 321–323, 336, 338–340, 383–384, 386–388, 410–417, 419–420, 428, 430, 432, 434–436, 438–441, 444, 456, 461, 463–467, 469–476, 478–484, 487, 489–490, 494–497, 503, 509–510, 513, 525, 544
Kennedy Janet 99
Keyle Robert 427
Klaudia, królowa Francji 22, 86–87, 106, 130, 139–141, 144–146, 173–174, 176, 178–179, 182, 192–193, 217
Klemens VII, papież 28, 208, 229, 236–237, 242
Kleve, książę 325–330, 341, 390, 474, 482
Knox John 20, 31, 381, 393, 400, 402, 422–423, 429, 442, 458, 537
Kolumb, Krzysztof 26, 77
Krystyna Duńska 9, 23, 31, 242, 292, 320, 376, 384–386, 525, 537
Krystyna Waza, królowa Szwecji 511

Lennox, czwarty hrabia, Matthew Stuart 13, 368, 443–444, 453
Leon X, papież 28, 192, 242–243
Loyola Ignacy 460
Ludwik II Jagiellończyk, król Węgier 8, 23, 241
Ludwik XI Walezjusz, król Francji 10, 22, 25, 63, 66, 68–69, 71
Ludwik XII Walezjusz, król Francji 10, 16, 21–22, 26–27, 85–87, 100, 103, 106, 129–132, 137–139, 143, 147, 151, 251
Ludwika Sabaudzka 10–11, 22, 29, 37–38, 40, 63, 66, 70–72, 74–75, 80, 82, 84–87, 106, 115, 129, 137, 140–144, 146, 151,

155, 164, 167, 170–171, 173–175, 178–179, 181–183, 185, 187–189, 192–193, 195–196, 203, 216–218, 220, 223–224, 239, 244, 247, 250, 256, 258–260, 264, 266, 271, 286–287, 292, 314, 323, 342, 385, 494, 513, 519, 521, 535, 541, 543

Luter Marcin (Martin Luther) 19, 27–28, 169–170, 190–192, 219, 246, 266, 274, 287, 289, 291, 298, 360, 367, 533

Machiavelli Niccolò 40–42, 107, 257, 421, 489, 502

Magdalena Walezjuszka, królowa Szkocji 313

Maitland William 422–423, 425, 428, 430–431, 444, 452, 455–456

Maksymilian I Habsburg, Święty Cesarz Rzymski 7–8, 23, 26, 97, 131, 134–136, 163–164, 168, 531

Malory sir Thomas 396

Małgorzata Andegaweńska 117–118, 313, 356

Małgorzata Austriacka 9–10, 17, 22–23, 29, 38–40, 45, 49–58, 66, 68, 70, 72–74, 76, 78–79, 80–83, 86–87, 95–97, 101–113, 116, 119, 124–125, 129–137,
140–141, 155, 165, 168, 170, 172, 174–175, 182–183, 185–187, 189–193, 206–207, 209, 216–221, 223, 230, 232, 240–242, 246–247, 249–250, 255–261, 263–264, 269–271, 276, 286–287, 292, 349, 385, 400, 487, 513, 519–520, 543

Małgorzata Parmeńska 9, 23, 33, 242, 268–269, 386, 459–462, 505, 508, 539, 544

Małgorzata Tudor 13, 15, 27, 39, 55, 89–94, 98–100, 117, 119–124, 147–156, 159–162, 203–204, 206–207, 211–215, 236, 239–240, 312–313, 316–317, 333, 348, 366, 433, 443, 446, 448, 456, 482, 509, 518, 533, 535, 543

Małgorzata Walezjuszka (Margot) 22

Małgorzata z Nawarry (Małgorzata d'Angoulême) 11–12, 37, 106–107, 114–116, 124–125, 140, 165, 181–182, 192, 194, 221, 232, 243–245, 259–260, 265–266, 272–273, 281–282, 287–290, 316, 321, 323–326, 328–330, 334–336, 341–342, 390, 463, 520, 543

Małgorzata z Yorku 54, 67, 75, 80–81, 97, 191

Manuel I, król Portugalii 23, 236
Maria Aragońska, królowa Portugalii 18, 277–278, 284–286, 309, 311
Maria Burgundzka 7–8, 23, 25–26, 67, 168, 264
Maria Teresa, cesarzowa 541
Maria Węgierska 8–9, 23, 29, 31, 40, 240–241, 269–270, 290–293, 296–297, 320–321, 343–347, 361, 368, 370–373, 376, 384–386, 459–460, 524, 536, 544, 537, 544
Maria I Stuart, królowa Szkocji 12, 14–15, 18–22, 30, 32–34, 39–40, 317–318, 320, 338–339, 348, 369, 375, 382–384, 395, 401, 404–405, 410, 412–413, 418–426, 428–433, 436, 442–458, 466–469, 497–505, 508–509, 513, 525, 531, 538, 541, 544
Maria I Tudor, królowa Anglii 10, 18, 23, 31, 37, 130–132, 137–140, 155–156, 173, 180, 205, 212, 227–228, 234, 236, 253, 305, 310–312, 334–335, 343–345, 347, 353–362, 364–369, 374–384, 392–393, 395, 401–403, 421–422, 479, 490, 524, 533, 535–536
Maria II Stuart, królowa Anglii 512

Matylda, cesarzowa 356, 536
May Theresa 515
Medici Alessandro de' 242
Medici Lorenzo de' 84, 243
Medici Maria de' 510
Meir Golda 514
Melanchthon Philip 288
Melville sir James 431–432
Mendoza Inigo de 233, 235, 252–253, 255–256, 501, 503
Merkel Angela 515
Montmorency konetabl de 218, 223–224, 327, 340, 387–388, 416
Moray, pierwszy hrabia, Jakub Stewart 14, 444, 446, 450, 457
Morton, szósty hrabia, William Douglas 444, 457, 498
Morus Tomasz (Thomas More) 90

Norfolk, książę, Thomas Howard 54, 302, 404, 467–469
Norris Henry 298–300, 469

Orleanu, książę 69, 84–85
Ormonde, dziewiąty hrabia, James Butler 197, 208
Oysel pan d' 369–370, 402

Parker Matthew 300
Parr Katarzyna 21, 266, 312, 333–334, 345–346

Paweł III, papież 30
Percy Henry 208–209
Pius IV, papież 438
Pizan Christine de 40, 62, 64, 71, 109, 114, 249
Poitiers Diana de 322, 339
Pole Margaret 312
Pole Reginald 367
Pommeraye Gilles de la 280

Randolph Thomas 423–424, 431, 433, 442–445, 447
Renard Simon 356, 358–359, 361
Renata Walezjuszka 130–131, 143, 192, 463, 478
René z Sabaudii 81–82
Richmond, książę, Henry Fitzroy 227–228, 305, 534
Rizzio David 14, 446–449, 451
Ross, książę, Aleksander 148, 154
Roussel Gerard 287, 523
Roye Eleonora de Roucy de 409
Ryszard III, król Anglii 123

Sadler Ralph 313, 318, 403
Saint-Gelais Jean de 72
Sanders Nicholas 507
Seymour Joanna 344
Seymour Thomas 345
Sforza Katarzyna 42, 532

Skip John 273, 298
Smeaton Mark 298–301
Somerset, pierwszy książę, Edward Seymour 92, 344–345
Stafford Thomas 378
Stefan z Blois, król Anglii 356
Stewart Henry 15, 214, 239, 313, 433
Stewart, lady Janet 161
Strozzi Clarice 243
Stuart Arbella 508, 538
Suffolk, pierwszy książę, Karol Brandon 17, 110, 354, 520
Sulejman Wspaniały 28, 220, 241, 541

Thatcher Margaret 514
Throckmorton sir Nicholas 388, 399, 414, 417, 420, 426, 429, 444
Topcliffe Richard 507
Torquemada Tomás de 26, 77
Traheron Bartholomew 380
Tudor Artur 16, 78, 88–90, 92–93, 100, 181, 235, 237, 252, 255, 364
Tyndale William 274

Ubaldini Petruccio 396

Vives Juan Luis 211

Walsingham Francis 470, 477, 488, 500–501
Weston sir Francis 300
Wilhelm Orański, książę Oranii 460, 462, 471, 499
Wilhelm III Orański, król Anglii 512
Wolsey Thomas, kardynał 17, 100, 118–119, 138–139, 158–160, 165–166, 175–176, 182–183, 186–187, 197, 201, 203–204, 206–209, 212–213, 220–221, 233–237, 247, 253–256, 261–262, 276, 279, 303
Worcester, lady, Elizabeth Somerset 298
Wyatt, Thomas 209–210, 300–301, 522
Wyatt, sir Thomas (młodszy) 363–364

Zuzanna, księżna Burbonii 141, 187–188, 196
Zwingli Ulrich 29, 220, 289, 533

Spis treści

Gra królowych: spis postaci 7
Chronologia wydarzeń 25
Wstęp. 35
Od autorki 45

Część I 1474–1513. 47
  1 Wprowadzenie 49
  2 „Nauki dla mojej córki" 59
  3 Młodzieńcze doświadczenia 66
  4 „Los jest bardzo okrutny dla kobiet" 75
  5 Królewny na ślubnym kobiercu 88
  6 Zmiana pozycji 95
  7 Fałszywe zarzuty 105
  8 Flodden 117

Część II 1514–1521 127
  9 Koło Fortuny 129
 10 „Wspaniały prezent noworoczny" 137
 11 „Jedna z dam najbardziej doświadczonych przez los" 147
 12 W uznaniu „nieocenionych i chwalebnych zasług" . . 163
 13 Pole Złotogłowia 173
 14 Reperkusje 185

Część III 1522–1536 199
15 „Zbyt dzika, by ulec" 201
16 Pawia 216
17 „…wierną, lojalną kochanką i przyjaciółką…" 226
18 Nowe bierki na szachownicy 239
19 „…równie dobrze mogą wystąpić damy…" 249
20 Pokój Dam 258
21 Wyjścia i wejścia 263
22 „Tak oto będzie" 272
23 „Rodowita Francuzka" 279
24 „Inklinacje do Ewangelii" 287
25 „…wątpić w swój koniec…" 294

Część IV 1537–1553 307
26 Córki w niebezpieczeństwie 309
27 Pionki i królewny 320
28 Nowe wiatry 333
29 Dostosowania 337
30 „Sposób przekazania sukcesji" 343

Część V 1553–1560 351
31 „Herkulesowa odwaga" 353
32 „…ani jednego roku na odpoczynek…" 368
33 Siostry i rywalki 374
34 „Jeśli Bóg z nami…" 382
35 „…w dziewiczym stanie" 392
36 Niepokoje w Szkocji 401

Część VI 1560–1572 407
37 „Uraza i niezgoda" 409

38 „Dwie królowe na jednej wyspie" 419
39 Wyzwanie i pojednanie 434
40 „Majestat i miłość niezbyt dobrze pasują do siebie". . 442
41 „Córa debat" 459
42 Masakra w noc świętego Bartłomieja 471

Część VII Po roku 1572 491
43 Punkty zwrotne 493
44 Gardez 498

Posłowie 505
Przypis o źródłach bibliograficznych 516
Podziękowania 526
Przypisy końcowe 528
Spis ilustracji 543
Indeks 545